화엄원인론

중화전심지선문사자승습도

화엄원인론·
중화전심지선문사자승습도

원저 규봉 종밀
역주 신규탁

2010년 6월 10일 초판
2024년 9월 1일 개정증보판 1쇄

펴낸이: 신규탁
펴낸곳: 운당문고
등 록: 2020-000223호
주소 경기도 고양시 일산동구 호수로 640
청원레이크빌 1508호
메일 ananda@yonsei.ac.kr
값 27, 000원

ISBN 979-11-972912-4-1 (93150)

화엄학연구소총서 4

# 화엄원인론
# 중화전심지선문사자승습도

규봉 종밀

신규탁 역주

운당문고

# 화엄원인론
# 중화전심지선문사자승습도

제1편 법집 서문
제2편 인간의 근원을 탐구하는 논문
제3편 선종에 관한 배휴 정승과의 편지
제4편 규봉 종밀 선사의 행장과 편지
제5편 규봉 종밀 선사의 비문

규봉 종밀
신규탁 역주

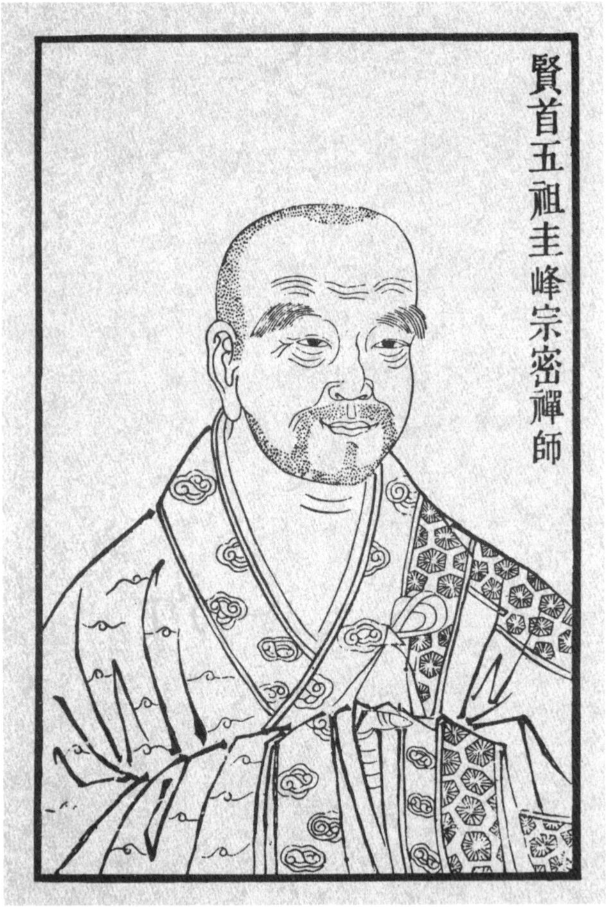


〈사진 1〉 현수 오조 규봉 종밀 선사 진영

〈사진 2〉 규봉 종밀 선사 비 전액

〈사진 3〉 규봉 종밀 선사 비 전면

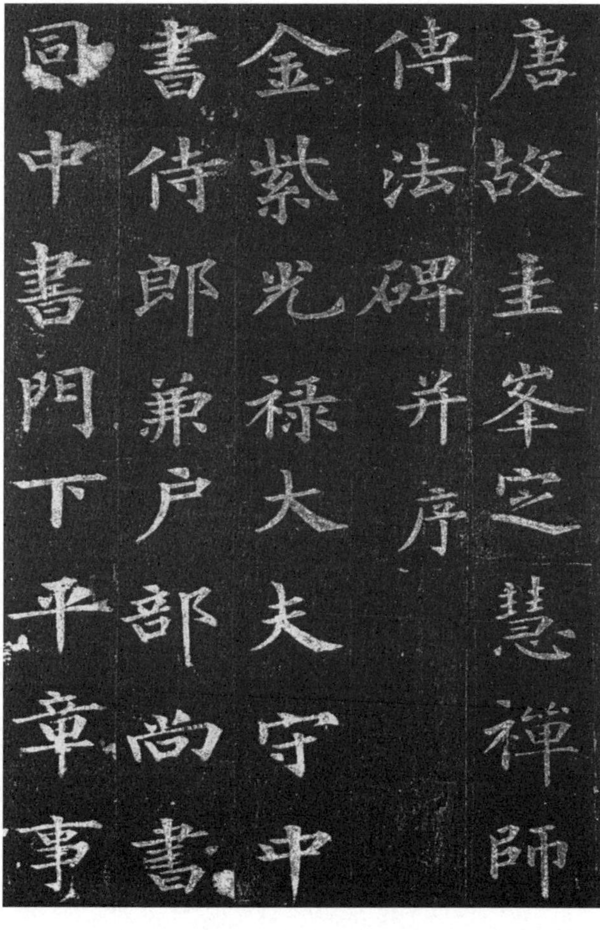


〈사진 4〉 규봉 종밀 선사 비 첫 부분

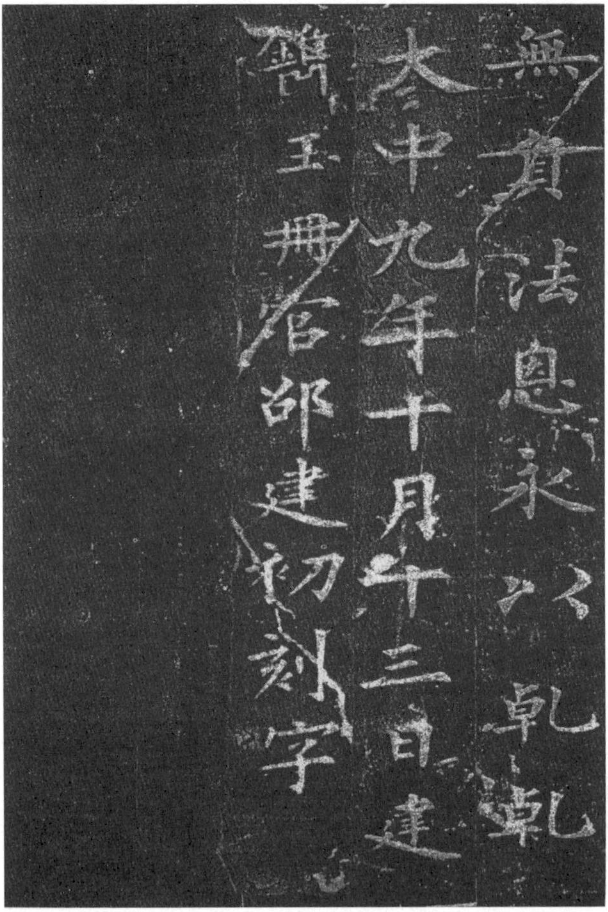


〈사진 5〉 규봉 종밀 선사 비 마지막 부분

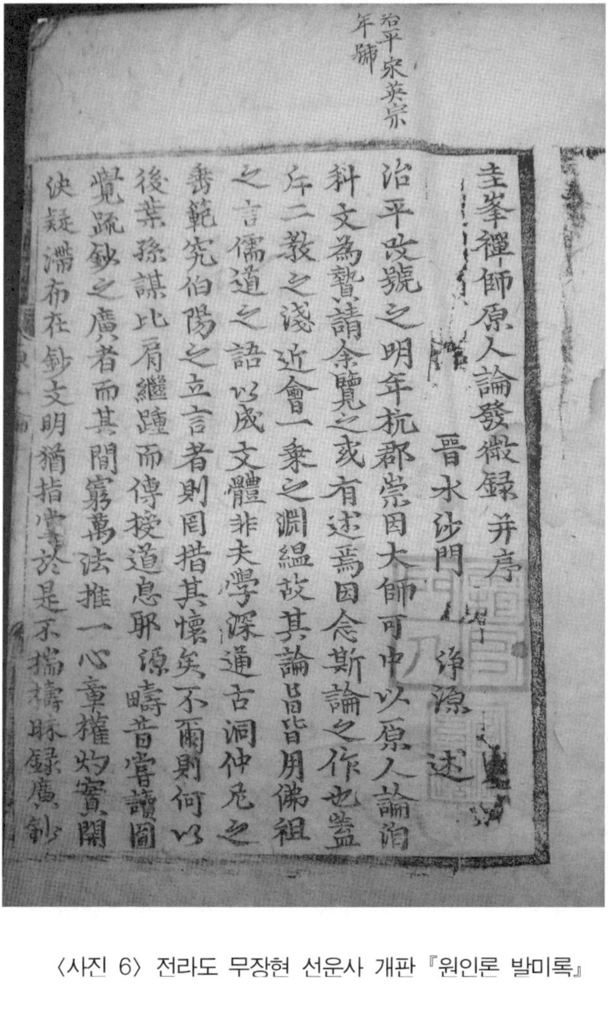

〈사진 6〉 전라도 무장현 선운사 개판『원인론 발미록』

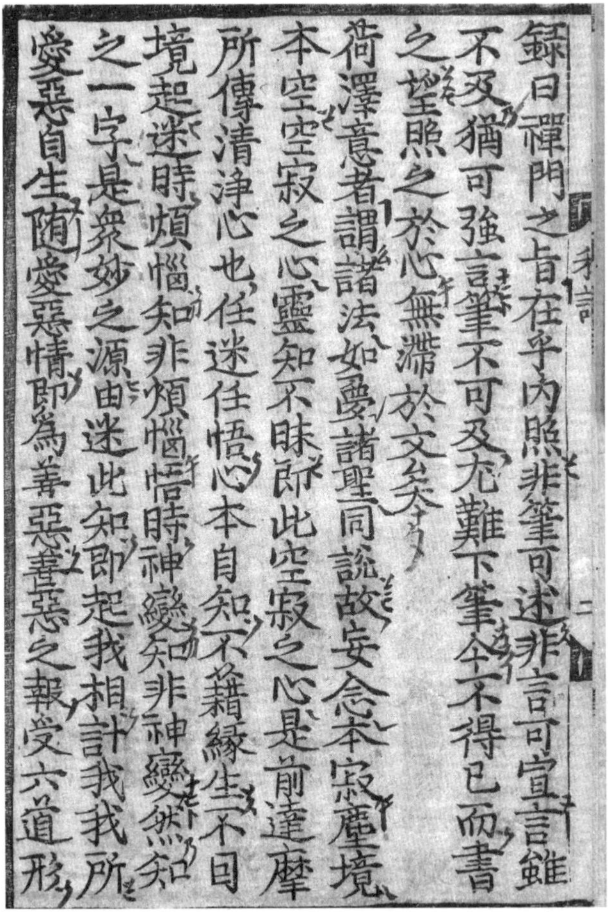
錄曰禪門之旨在乎內照非筆可述非言可宣言雖
不及猶可強言筆不可及尤難下筆今不得已而書
之鑒照之於心無滯於文矣
荷澤意者謂諸法如夢諸聖同說故妄念本寂塵境
本空空寂之心靈知不昧即此空寂之心是前達摩
所傳清淨心也任迷任悟心本自知不藉緣生不因
境起迷時煩惱知非煩惱悟時神變知非神變然知
之一字是衆妙之源由迷此知即起我相計我我所
愛惡自生隨愛惡情即爲善惡善惡之報受六道形

〈사진 7〉 묘향산 보현사본 『법집별행록 절요 병입 사기』

역자 서문

## 역사 속에 역동하는 종밀의 철학

인도의 역사와 문화 속에서 탄생한 불교는 북방으로 퍼져 중앙아시아와 동북아시아 고대 사상 형성에 역동했고, 한편 남쪽으로는 해로를 통해 이 지역의 역사와 문화와 어울렸다. 한국의 경우는 지리적으로 동북아시아에 속하면서 한자를 매개로 이 지역 불교 사상을 계발하고 부흥하는 데 일조하였다.

이 책에 번역 소개하는 5편의 문서는 지역적으로 북방 불교권에서 생산된 철학적 사유의 산물이다. 그것도 지금으로부터 약 1,200여 년 전, 당나라 수도 장안과 낙양 지역을 중심으로 특별한 삶을 살다간 학승이자 수행승인 규봉 종밀(780~841) 선사와 그를 둘러싼 품격 있는 지성의 자취이다.

이러한 지성에 일찍이 철학적 관심을 기울였던 종교 사상가로 고려 시대의 보조 지눌(1158~1210) 선사를 꼽을 수 있다. 보조는 선종과 교종의 만남과 대립, 그리고 그 공존에 각별히 주목했다. 그 후 조선 초, 불교와 유교의 교체기에는 무학 대사의 제자 함허 득통(1376~1433) 선사가 종밀 선사의 유교와 도교 비판에 주목하기도 했다. 또 세월이 한참 흘러 일제강점기에는 3·1운동의 불교계 대표였던 용성 진종(1864~1940) 선사가 기독교까지 포함하여 불교와 도교 및 성리학을 비평하면서, 다시 종밀 선사를 주목했다. 대한민국 정부 수립 이후에는 해인사의 퇴옹 성철(1912~1993) 선사가 '돈오돈수' 사상을 현창하면서, 종밀 선사를 주목했다.

역사라는 무대가 달라지면서, 또 그 무대에서 연출하는 수행자의 주체적인 삶과 철학에 따라, 종밀 선사의 각종 사상은 빛과 그림자처럼 숨고 드러남을 거듭해왔다. 수용이든 비판이든 나아가 종합적 지향이든, 종밀 선사의 철학은 한국 불교계의 현장 속에 면면하게 역동했다. 전통적인 강사들의 손에서 종밀의 책은 떠난 적이 없었다. 근자에 들어 백암 성총(1631~1700)이 그렇고, 설파 상언(1707~1791)이 그렇고, 연담 유일(1720~1799)이 그렇고, 인악 의첨(1746~1796)이 그렇고, 백파 긍선(1767~1852)이 그렇고, 함명 태선(1824~1902)이 그렇고, 경운 원기(1852~1936)가 그렇고, 석전 박한영으로 많이 알려진 구암사 사문 영호 정호(1870~1948)가 그렇고, 운허 용하(1892~1980)가 그렇고, 월운 해룡(1929~생전)이 지금도 그렇다.

비록 전통 승려 교육 기관이었던 강원(講院)이 역사의 무대에서 사라진 때지만, 당나라 시대의 청량 징관

(738~839)과 규봉 종밀(780~841), 그리고 송나라 시대의 장수 자선(965~1038)과 진수 정원(1011~1088) 등의 저술을 읽지 않고 조선 이후의 한국불교 전통을 말한다는 것은 불가능하다.

여기에 번역 소개하는 종밀 선사의 글들은 형식부터가 다르다. 기존의 경전이나 논서에 주석을 붙이는 형식이 아니라, 주제를 가지고 소위 논증적으로 자신의 견해를 드러낸다. 사람이면 누구에게나 원초적으로 주어져 있는 청정하고 무한한 도덕적 인지능력에 종밀은 주목한다. 그리하여 그 능력을 어떻게 살릴 것인가를 화두에 올려놓고, 불교 사상의 내부는 물론 불교 밖의 사상까지 비평적으로 종합한다. 게다가 세월 속에 파묻히고 굴절된 선종 족보 관련 기막힌 역사를 증언하고 있다.

종밀 선사가 남긴 지성을 비판적으로 수용하던, 아니면 비판적으로 극복하던, 그것은 지금을 사는 당사자의 몫이다. 이런 입장에서 외국 문자의 장애물을 걷어내어, 한국어로 사유하고 한글로 표기하는 독서인들에게 종밀 선사의 생각을 풀어헤쳐 보이고자 한다. 하지만 번역이란 아무래도 원저자의 의도를 해칠 염려가 있고, 게다가 글이 짧은 본인 같은 교수들은 내용은 고사하고 문장에 휘둘릴 수 있다. 따라서 원문을 함께 실어, 한편으로는 규봉 스님께 송구스러운 마음을 덜고, 한편으로는 눈 밝은 독자께서 대조 열람하실 수 있도록 했다.

내일이면 봄 학기가 시작되는데, 지나간 겨울을 생각하니 참으로 눈도 많이 내렸다. 연세대학교와의 귀한 인연으로 책만 보는 데도 식량 걱정은 없었다. 언제 생각해도 은혜롭고 고마울 뿐이다. 더구나 책을 볼 수 있는 눈을 열어주는 봉선사가 있고, 사부님이 계시니 분명 가피 중의 가피이다. 다경실 사부님께서 더욱 강녕하시어 운악산문이 날로 번성하며, 성종(性宗) 내의 교학이 북극성 되어 팔만사천 뭇별이 머리 두는 곳이 되기를 기도한다.

2010년 2월 일

연세대학교 외솔관 601호 연구실에서

탈공 신규탁

## 개정 증보에 즈음하여

여기에 소개하는 종밀 스님의 저술은 2010년 6월 10일 초판 1쇄로 세상에 선보였었다. 독자의 수요가 많아 판을 거듭했으나 지금은 품절 되었다. 재판에 즈음하여 오탈자 수정도 하고, 그간 필자가 발표한 관련 논문 2편과 '제자 종밀과 스승 청량 사이에 오고 간 편지'를 번역해서 보탰다. 편지를 번역하면서, 학문과 구도의 삶을 사이에 둔 스승 제자의 끌리는 만남이 요즘 들어 더욱 간절했다.

작년 2023년 6월 16일 봉선사 월운 스님께서 입적하시니, 사부님 뵈온 지난 47년의 장면은 허공을 보아도 떠오른다. '고마움'과 '허전함'이라는 감정을 온몸으로 느끼며 지낸다. 사부님 영정 준비 중이니 영찬(影讚)을 붙이라는 문형제의 청에 따라, 「華嚴宗主 月雲堂 海龍 都講伯(화엄종주 월운당 해룡 도강백)」이라 제(題) 하여, 전후 두 구를 평성 증(烝)과 양(陽) 자로 운(韻) 잡고, 본 번역서를 다경실 영단에 올립니다. 모쪼록 증명 공덕 보태주옵소서.

結集寶藏阿難承 경전결집 아난존자 이어받고
譯經義解羅什應 불경번역 구마라습 본받으며
教判科圖道安跋 교상판석 도안법사 뒤따르고
仰之彌高耘虛仍 스승공경 운허강백 닮으셨네.

慈悲善巧積資糧 자비롭고 좋은솜씨 밑천삼아
下攏群品切擧揚 하염없는 중생들을 이끄시니
道俗虔虔不忘習 승속모두 공경스레 익히면서
瞻仰禮足爇名香 향불살라 우러르며 절합니다.

2024년 6월 30일
경기도 파주 고령산 보광사 화엄학연구소에서
월운 문하생 신규탁

| 차 례 |

## ▣ 부록

# 일러두기

1. 이 책은 당(唐)나라 규봉 종밀(圭峰宗密; 780-841) 선사의 저서와 그에 대한 당시 지식인들의 평가적인 글을 모아서, 원문을 교감하고 한글 번역한 것이다.
2. 이 책의 번역에 사용된 대본은 다음과 같다.
   1) 법집 서문: 『전당문(全唐文)』(권743)에 실린 「화엄원인론서(華嚴原人論序)」.
   2) 인간의 근원을 탐구하는 논문: 『대정신수대장경(大正新脩大藏經)』(권45)에 실린 『원인론서(原人論序)』와 『원인론(原人論)』.
   3) 선종에 관한 배휴 정승과의 편지: 『신찬만자속장경(新纂卍字續藏經)』(권63)에 실린 『중화전심지선문사자승습도(中華傳心地禪門師資承襲圖)』.
   4) 규봉 종밀 선사의 행장과 편지: 『대정신수대장경(大正新脩大藏經)』(권51)에 실린 『경덕전등록(景德傳燈錄)』.
   5) 규봉 종밀 선사의 비문: 『규봉정혜선사비(圭峰定慧禪師碑)』(戶峴文管會·陝西師範圖書館 共稿, 陝西省: 三秦出版社, 1985)에 실린 명나라 중기 탁본.

3. 이 책에서 다루는 내용은 학문적인 요소는 물론 불교적 삶과 가치관에도 중요한 좌표를 제시한다. 수행과 교리에 관심이 높아가는 독서인들을 염두에 두어 번역문만으로도 의미가 통할 수 있도록 풀었다. 한편 원문에는 없지만, 화엄교학의 훈고 전통에 따라 과단(科段)을 나누고 제목을 붙여서 총체적 구조를 드러내 보였다.
4. 이 책에 실린 자료들은 당대(唐代)의 선종과 화엄교학과의 관계를 비롯하여, 선종 내부의 다양한 계보, 더 나아가서는 유・불・도의 3교의 교섭 관계를 연구하는데 귀중한 단서가 된다. 번역문과 함께 한자 원문을 나란히 싣고 또 문헌적 주석을 붙여서 이 분야 연구자의 비평적 근거를 마련하였다.
5. 이 책의 번역에 사용한 부호는 다음과 같다.

『 』 서명.
「 」 편명.
“ ” 인용.
‘ ’ 이중 인용 및 중요 개념어.
[ ] 원문교감.
〈 〉 종밀 자신의 협주(夾注).
( ) 독자의 이해를 위한 번역자의 보충.

제1편

# 법집 서문

# 일러두기

1. 한글 번역의 대본은 『전당문(全唐文)』(권743) 「배휴(裵休)」조(條)에 실린 「화엄원인론서(華嚴原人論序)」이다.
2. 한글 번역에서는 정원 법사의 설에 근거하여 제목을 「법집 서문」으로 고쳤다. 송(宋) 진수 정원(晉水淨源; 1011~1088) 법사의 『원인론발미록(原人論發微錄)』(신찬속장58-719중~하)에 의하면, 후인들이 잘 몰라서 이 서문을 『보현행원품소초』 또는 『원인론』의 서문으로 끌어다 붙였는데, 내용으로 보면 맞지 않다고 한다. 그래서 정원 법사는 이 서문을 『법집(法集)』의 「서(序)」라고 하였다. 본 번역은 정원 법사의 설을 따른다.

# 제1장
# 『법집』 서문
## 華嚴原人論序[1]

『금강반야경』에서 "문자의 본성은 공하다"[2]고 말씀

---

1) 이 서문의 대본은 『전당문(全唐文)』(743권) 「배휴(裵休)」조에 실린 「화엄원인론서(華嚴原人論序)」이지만, 본 번역에서는 정원 법사의 주장에 따라 「法集序(법집서)」로 고쳤다. 정원 법사는 그의 『원인론발미록(原人論發微錄)』(신찬속장58-719중~하)에서 이 서문의 제목은 원래는 「法集序(법집서)」가 되어야 맞는다고 했다. 그는 후인들이 잘 몰라서 이 서문을 「『보현행원품소초』의 서문」 혹은 「『원인론』의 서문」으로 오인했고, 서문의 내용 또한 『보현행원품소초』 또는 『원인론』의 내용과는 너무나 다르다고 주장하였다. 본 번역자는 이 주장이 매우 설득력 있다고 받아들여, 제목을 교정하였다. 그렇다면 『법집』은 어떤 내용의 책인가? 답은 ※본 번역서 「『법집』서문」의 p.34의 주32)에서 찾을 수 있다.

2) 문자의 본성은 공하다: 원문은 '文字性空'이다. 이 문구가 경전에 직접적으로 나오는 곳은 없는 듯하다. 다만 종밀 선사는 『금강경』에 주석을 달면서 다음과 같은 입장을 보이고 있음은 확인할 수 있다. ; 『금강반야경소론찬요』(幷序上) "문자 반야가 이 경전의 바탕이다. 문자는 즉 성, 명, 구를 포함한다. 문자의 본성이 공한 바로 그것이 반야의 지혜인데, 왜냐하면 달리 문자의 바탕이 없기 때문이

하셨고, 『유마경』에서는 "문자를 떠나지 않고 해탈을 설한다"[3]고 하셨으니, 문자를 반드시 떠난 뒤라야만 진리를 본다고 누군가 말한다면, 그는 진리를 본 사람이 아니다.

규봉 선사는 사천성 과주(果州) 서충현(西充縣)[4]에서 태어났다. 어려서는 사천성 수주(遂州) 수령현(遂寧縣)에서[5] 유학에 전념했다. 공부 준비가 다 되어서 장차 과거를 치르려고 한 관리를 찾아갔다. (그곳의) 한 법회에 도원(道圓)이라는 대덕(大德)이 있었는데, 그는 낙양에 있는 하택(荷澤; 684-~58) 대사의 적손인 남인(南印) 선사[6]로부터 법을 이은 분으로, 당시 수주

다. ; 文字般若卽是經體. 文字卽含聲名句文. 文字性空卽是般若, 無別文字之體故."(T.33-155상).

3) 『유마경』「문수사리문질품」"천녀가 말했다. 말이나 문자가 모두 해탈의 모습이다. 왜냐하면 해탈이란 안이나 밖, 그렇다고 중간 것도 아니다. 문자도 역시 그렇다. 따라서 사리불이여 문자로 해탈을 설한다. 왜냐하면 일체의 모든 법이 해탈의 모습이기 때문이다. ; 天曰. 言說文字, 皆解脫相. 所以者何, 解脫者, 不內, 不外, 不在兩間. 文字亦不內不外, 不在兩間. 是故, 舍利弗, 無離文字說解脫也. 所以者何, 一切諸法是解脫相."(T.14-548상).

4) 과주(果州) 서충현(西充縣): 지금의 사천성 남충시(南充市) 관내.

5) ※본 번역서 부록 p.531의 〈6. 원화방진도〉 참조.

(遂州)의 대운사(大雲寺)에서 가르침을 펴고 있었다. 규봉 선사는 그의 법좌 밑에 지내게 되었고, 깊이 말하는 데까지 이르지 않았지만,[7] 기뻐하며 흠모하여 평생 익혔던 유학 공부를 모두 버리고 삭발염의하고 제자가 되어 심법(心法)[8]을 배웠다.

**經云, 文字性空. 又曰, 無離文字而解脫. 必曰捨文字然後見法, 非見法者也. 圭峰[9]禪師誕形於西充, 通儒書於遂寧. 業旣就將隨貢, 詣有司. 會有大德僧道圓, 得法於洛[10]都荷澤大師嫡孫南印, 開法於遂州大雲寺. 師[11]遊[12]座下, 未及語深, 有所欣慕, 盡取平生所習損之[13], 染削爲弟子, 受心法.**

---

6) 형남(荊南) 장(張) 선사(禪師)이다.

7) 깊이 말하는 데까지 이르지 않았지만: 원문은 '未及語深'. 배휴의 「비문」(※본 번역서 p.347의 주)22 참조)에서는 "도원 선사가 아직 말해주지도 않았는데[遂州未與語]"로 표기.

8) 심법(心法): 선종의 가르침을 지칭함.

9) 圭峰: 『발미록』에는 '圭峰' 뒤에 '宗密'이라는 2자가 더 들어 있다.

10) 洛: 『발미록』에는 '成' 자로 표기.

11) 師: 『발미록』에는 '禪師'로 표기.

12) 遊: 『발미록』에는 '游' 자로 표기.

13) 『발미록』에는 '未及語深, 有所欣慕, 盡取平生所習損之.'가 없다.

그러던 어느 날 대중들을 따라 고을에 있는 주민 임관(任灌)이라는 사람의 집에 공양 청승[齋]을[14] 받아서 갔다. 아래 자리에 앉아서 차례로 경전을 받게[15] 되었는데 거기에서 우연히 『원각경』을 만나게 되었다. 경을 다 읽기도 전에 그 내용에 감동하여 그만 눈물을 흘리고 말았다.

절로 돌아와서 자신이 느낀 것을 그의 스승에게 고했더니 도원 선사께서는 종밀 선사를 어루만지면서 말하기를, "그대는 반드시 원돈(圓頓)의 교학을[16] 크게 펼칠 것이다. 이 『원각경』은 부처님께서 그대에게 주신 것이다. 가거라! 이런 시골구석에[17] 박혀

14) 공양 청승[齋]: 신도가 스님들을 집으로 청하여 공양을 올리는 법회의 일종.

15) 차례로 경전을 받다: 재를 개설한 시주 가내의 공덕을 위해, 초청받은 스님네가 독경해 주는 법요 절차가 있다. 임관의 집에는 다양한 경전이 있었고, 참석한 스님들께 순서대로 한 종류씩 배부하던 차, 우연하게도 종밀 스님의 몫으로 『원각경』이 맡겨졌다. ※본 번역서 p.247의 주8) ; p.371의 주5) 참조.

16) 원돈(圓頓)의 교학: 화엄교학을 말한다.

17) 이런 시골구석: ※본 번역서 p.531의 부록에 실린 〈6. 원화방진도(元和方鎭圖)〉에서 보듯이, 이 지역은 당시 당나라의 서쪽 최변방이다.

있지 말라"고 하셨다.

규봉 선사는 눈물로 머리를 조아리며 그 말씀을 받들어 북쪽 양한(襄漢) 땅으로[18] 갔다. 그곳 법회에는 운화사(雲華寺)에[19] 계시는 징관 대사가 지은 『화엄경소』를 가지고 장안성에서 온 스님이[20] 있었다. 규봉 선사는 그 책을 한 번 보고는 법좌(法座)에 올라 강의를 하니, 듣는 대중들이 천백 명에 이르렀고, 원근 각지의 사람들이 모두 놀랐다.

이 일을 겪은 뒤에 장안으로 가서 운화사를 찾아 징관 국사께 제자로서 인사를 올렸다. 몇 년 뒤에는 다시 북쪽으로 걸음을 옮겨 청량산 성지를 순례한 뒤에 호현(鄠縣)에 있는 초당사(草堂寺)에 주석했다. 그러기 얼마 안 있다 절 남쪽에 있는 규산(圭山)으로 다시 돌아왔다.

---

18) 양한(襄漢): 양주(襄州)로도 표기. 춘추시대부터 수·당대까지 교통의 요충지였고, 군사적으로도 매우 중요한 도시였다. 지금의 호북성 양번시(襄樊市)이다.

19) 운화사(雲華寺): 지금의 섬서성 서안, 즉 장안성 종남산 옆에 있는 남쪽 오대 속에 위치. 지엄(智儼) 스님도 이 절에서 화엄 관련 저술을 많이 남겼다.

20) 회각사(恢覺寺) 영봉(靈峰)을 말한다. ※본 번역서 p.249의 주13) 참조.

이르는 곳마다 출가자와 재가자들이 귀의하니 마치 저잣거리처럼 북적거렸고 법을 얻은 자만 해도 수백 인에 달하였다.

他日隨衆僧, 齋于州民任灌家. 居下位, 以次受經, 遇[21]圓覺了義, 卷末終軸[22], 感悟流涕. 歸以所悟, 告其師. 師撫之曰, 汝當大宏[23]圓頓之教, 此經諸佛授汝耳. 行矣, 無自滯於一隅也. 禪師稽首泣[24]奉命, 北[25]去抵襄漢. 會有自京師負雲華觀大師, 華嚴疏至者. 師[26]一覽, 升座而講, 聽者數千百人, 遠近大驚. 然後至京師, 詣雲華寺, 修門人之禮. 北遊[27]清涼山, 回住於鄠縣草堂寺. 未幾復入寺南圭山. 所至道俗歸依者如市, 得法者數百人.

『원각경대소』와 『원각경약소』에 주석을 달았고, 『화엄경(華嚴經)』, 『금강경(金剛經)』, 『대승기신론(大乘起信論)』, 『유식론(唯識論)』, 『사분율(四分律)』, 『화엄법계관문(華嚴法界觀門)』에 주소(注疏)를 달았다.[28] 이로

---

21) 遇: 『발미록』에는 '得' 자로 표기.
22) 卷末終軸: 『발미록』에는 '未終品'으로 표기.
23) 宏: 『발미록』에는 '弘' 자로 표기.
24) 泣: 『발미록』에는 없음.
25) 北: 『발미록』에는 '此' 자로 표기.
26) 師: 『발미록』에는 '禪師'로 표기.
27) 遊: 『발미록』에는 '游' 자로 표기.

부터 원돈(圓頓)의 가르침이 세상에 널리 퍼졌다.

그밖에, 인간의 본원을 탐구하는 글과[29] 여러 선종의 같고 다른 점을 모은 글[30] 등이 있는데, 이것들은 모두 남들이 부탁해서 응한 것이며 물어 와서 대답한 것이었다. 그 밖에도 제자 중에 멀리 떨어져 있으면서 가르쳐 주시기를 바랐기 때문에 그것에 응해서 보낸 편지도 있고,[31] 혹은 문인 중 임종에 즈음한 이를 안심시켜 주느라고 게송을 지은 것도 있으며, 혹은 자신이 체험한 경지를 즐기면서 갓 발심한 제자들을 깨우쳐 가르쳐 준 글도 있고, 머물던 산을 이리저리 둘러보면서 깨달음의 정취를 읊조린 것도 있다.

---

28) 주소(注疏)를 달았다: 원문은 '皆有章句'이다. 이에 대해서 정원 법사는 『발미록』에서 "옛 유학자들은 본문에 주를 내거나 소를 내는 것을 모두 장구(章句)라 한다. ; 先儒注疏皆謂之章句."(신찬속장58-719중)라고 협주(夾註)를 달고 있다.

29) 『원인론』을 지칭.

30) 『중화전심지선문사자승습도』를 지칭. 이를 『선원제전집도서』로 볼 수도 있겠지만, 이 책의 내용은 선종 이외에 교학에 관한 이야기도 섞여 있으므로 해당이 되지 않는다.

31) ※본 번역서 pp.282~296에 실린 「II. 사제성과의 문답」도 여기에 해당.

그 문장은 드넓고 분명했고 其文廣著
그 이치는 조리 있고 일관되었고 其理彌一
그 말씀은 간결하고 핵심을 찌르고 其語簡省
그 의미는 충만하고 두루했다. 其義彌圓

수학한 제자들이 이런 것들을 모아서 편집하니 10권이[32] 되었는데, 빛나고 밝아서 마치 선정과 지혜로 이루어진 밝은 거울 같았다.

註[33]圓覺大小二疏, 華嚴, 金剛, 起信, 唯識, 四分律[34], 法界觀, 皆有章句. 自是圓頓之教, 大行於世. 其他, 原人道之根本, 會禪宗之異同, 皆隨叩而應, 待問而答. 或徒衆遠地, 因教誡而成書, 或門人告終爲安心而演偈, 或熙[35]怡於所證之境告示初心, 或偃仰於所住之山, 歌詠道趣. 其文廣者[36], 其理彌一, 其語簡者[37], 其義彌圓. 門弟子集而

---

32) 10권: ※본 번역서「제5편 규봉 종밀 선사의 비문」, p.348의 주)32 참조.『법집』의 내용을 짐작할 수 있게 한다.
33) 註:『발미록』에는 '著' 자로 표기. 주(註)가 사실에 부합.
34) 律:『발미록』에는 없음.
35) 熙:『발미록』에는 '凞' 자로 표기.
36) 者:『발미록』에는 '著' 자로 표기. 본 번역에서는『발미록』을 기준으로 교감.
37) 者:『발미록』에는 '省' 자로 표기. 본 번역에서는『발미록』을 기준으로 교감.

**編之[38), 成十卷, 昭昭然定慧之明鏡也.**

규봉 선사는 법계(法界)로 자신의 집으로 삼았고, 경전으로 자신의 정원으로 삼았고, 자비로 자신의 갓으로 삼았고, 중생으로 자신의 동산으로 삼았다. 온종일 저술 활동에 매진하였으나 일찍이 문자에 마음을 두지 않았다. 그러니 여기에 실린 말씀들은, 마치 형산(荊山)에 사는 사람들은 옥돌이 지천에 있어 옥돌을 던져 까치를 잡았는데,[39) 지나가는 나그네는 그 돌을 보배로 여기는 것과[40) 같다 하겠다.

---

38) 集而編之: 『발미록』에는 4자 뒤에 '凡若干篇'의 4자가 더 들어 있음.

39) 『발미록』에서 정원 법사는 이 고사에 대하여, "『염철론』에서 형산에 사는 사람들은 옥돌을 던져 까치를 잡는다고 하였다. 이것은 옥돌이 하도 많아서 그것을 귀히 여기지 않는다는 뜻이다. 저(抵)는 격(擊; 던져서 잡다)의 뜻이다. ; 鹽鐵論云, 荊山之人, 以玉抵鵲. 言其玉多, 而不寶之也. 抵擊也."(신찬속장58-719중)고 협주(夾註)를 달고 있다.

40) 『발미록』에서 정원 법사는 이 단어에 "길가는 사람들은 이것을 주워 서로 전하면서 보배로 여긴다. 이것은 우리 스승 종밀 선사는 이미 보배가 있는 곳에 도착했으니, 하시는 말씀과 내용마다 모두 오묘하여 사람들이 이를 보배로 여겨 아낀다는 것을 비유한다. ; 行路之人, 得之乃傳之爲寶. 喩吾師已到寶所, 凡出言指事, 無非妙門, 人自寶惜之耳."(신찬속장58-719중)고 협주(夾注)를 달고 있다.

나 배휴는 우리 규봉 선사의 방문에 목침을 높이 베고 누운[41] 지가 참으로 오래되었다. 서로의 정신세계를 아는 자가 소식을 전해주지 않는다면, 후대에 어떻게 우리 규봉 선사의 도를 우러를 수 있으리오. 이에 그 큰 줄기만을 간략하게 적어서 『법집』의 맨 앞머리에 씌워둔다. 배휴는[42] 서문을 쓴다.

**禪師以法界爲堂奧, 教典爲庭宇, 慈悲爲冠蓋, 衆生爲園林. 終日贊[43]述, 而未嘗以文字爲念. 今所傳者, 蓋荊山之**

41) 목침을 높이 베고 눕다: 『발미록』에서 정원 법사는 '高枕'에 대하여, "우리 스승의 가르침은 완전하고 단박에 알 수 있고 분명하고 깊이가 있어서, 그 창이나 문으로 들어가면 잘못될 염려가 없다. 그래서 '목침을 높이 베고 눕다'고 했다. ; 吾師之教, 圓頓明微, 入其戶牖, 卽無迷執之憂, 故言高枕."(신찬속장58-719중)이라고 설명을 붙이고 있다.

42) 배휴(裵休; 791~864): 규봉 종밀(780~841), 황벽 희운(?~850), 위산 영우(771~853) 등의 선사와 방외의 벗이 됨. 『구당서』(권제177)와 『신당서』(권제182)에 전기가 실려 있음. 『全唐文』(권743) 등에도 기록이 있음. 종밀과 각별한 관계의 사대부로, 종밀이 지은 『원각경대소』, 『법집』, 『주화엄법계관문』, 『선원제전집도서』 등에 서문을 썼고, 종밀의 비석과 명문을 짓고 글씨를 썼다. 종전에는 배휴의 생몰연대가 797~870년으로 알려졌으나 다음의 논문에 의해 수정 발표되어 지금은 그것에 따른다. 吉川忠夫, 「裵休傳 - 唐代の一士大夫と佛教-」 『東方學報』 第64, 1992.

人, 以玉抵鵲, 而爲行人之所寶也. 余高枕於吾師户牖之間久矣. 知者不言則, 後代何以仰吾師之道乎. 於是粗擧其大節, 以冠集首. 裵休序.

43) 贊: 『발미록』에는 '讚' 자로 표기.

제2편

# 인간의 근원을 탐구하는 논문

# 일러두기

1. 이 한글 번역의 대본은 『원인론서(原人論序)』와 『원인론(原人論)』(T.45)이다.
2. 『원인론』의 전통적인 주석으로는 여러 종이 있는데, 본 번역서에서는 송(宋) 진수 정원(晉水淨源; 1011~1088) 법사의 『원인론발미록(原人論發微錄)』(3권)을 주로 참조했다. 더불어 1698년경에 간행된 일본 증상사(增上寺) 사문 경감(冏鑑)의 『화엄원인론 속해(華嚴原人論續解)』(3권)도 참조했다.
3. 현대어 번역으로는 『원인론(原人論)』(鎌田武雄, 東京: 明德出版社, 昭和48)과, 『大乘佛典 7 - 原人論 -』(小林圓照, 東京: 中央公論社, 1989)과, 「원인론」(이홍파 역, 『현대사회의 보살정신』, 서울: 관음종 총무원, 1995)을 참조했다.

# 제2장
# 『인간의 근원을 탐구하는 논문』의[1] 서문

종남산(終南山) 초당사(草堂寺)[2] 사문(沙門) 종밀(宗密) 서술.[3]

---

1) 인간의 근원을 탐구하는 논문: 원문은 '원인론(原人論)'이다. 정원(淨源) 법사의 『원인론 발미록(原人論發微錄)(『발미록』으로 약칭)』(신찬속장58-719상)에서는 '原' 자를 '考' 또는 '窮' 자로 해석하고 있는데, '추구하다' 또는 '따져보다'는 뜻이다. 또 '論' 자에 대해, "論이란 문답을 통하여 분석하고 추궁해서 계·정·혜 3학 중에서 혜학을 설명하는 것이다. ; 論者, 問答析徵, 詮於慧學也."라고 했다.

2) 종남산(終南山) 초당사(草堂寺): 종남산(終南山)은 장안(長安; 지금의 섬서성 서안시)의 남쪽에 있는 산. 초당사(草堂寺)는 후진(後秦) 시대의 구마라습이 이 산에 있는 큰 절 내에 집 한 채를 짓고 초섬(草笘; 풀의 일종)으로 지붕을 해 덮고 불경을 번역하면서 세상에 알려졌다. 이 산에는 예부터 서적이 많았다. 종밀은 이 산 초당사에서 약 10여 년간을 지내면서 많은 책을 썼다. 청량 징관을 비롯하여 당대의 유명한 학승들이 여기에서 저술 활동을 했다.

3) 서술: 원문은 '述'이다. 『논어』의 "述而不作; 옛것을 이어서 서술한 것이지 내 의견으로 새롭게 지은 것은 아니다."에서 보여주듯이, 『원인론』에 실린 내용은 예부터 내려오는 것을 서술한 것이지, 자신이 새로운 의견을 내어서 창작한 것이 아님을 밝힌다.

## 原人論幷序
### 終南山草堂寺沙門宗密述.

(이 세상에는) 무수한 유정물이 움직이고 있는데[蠢蠢][4] 그것들에게는 모두 본원(本源)이 있으며, 무수한 식물들은 꽃과 잎사귀가 풍성하지만[芸芸][5] 그것들은 저마다 뿌리로 돌아간다. 뿌리와 본원(本源)이 없고 곁가지만 있는 것은 없다. 3재(三才)[6] 중에서도 가장 신령스러운 인간이 어찌 그 본원이 없으랴. (『노자』에 의하면) "남을 아는 것은 '지(智)'이지만, 자기 자신

---

4) 준준(蠢蠢): 꿈틀꿈틀 움직이는 모양. 정현(鄭玄)은 『모전주(毛傳注)』에서 '動生之貌也.'라 했다.

5) 운운(芸芸): 『老子』(제16장)에 "만물이 풍성하지만 죽으면 모두 뿌리로 돌아간다. ; 夫物芸芸, 各歸其根"이라는 구절이 있는데, 「하상공주(河上公注)」에서는 "운운이란 꽃과 잎사귀가 많다는 뜻이다. ; 芸芸者, 華葉盛."라고 주석하고 있다.

6) 3재(三才): 『주역』「說卦傳」에서 "하늘의 원리는 음과 양이고, 땅의 원리는 부드러움과 강함이고, 사람의 원리는 인과 의이다. 하늘 · 땅 · 사람 3재에 각각 둘을 곱하여 역의 6획이 된다. ; 立天之道曰陰與陽, 立地之道曰柔與强, 立人之道曰仁與義. 兼三才, 以兩之, 故易六劃."이라고 하였다. 중국에서는 예부터 하늘 · 땅 · 사람을 우주를 구성하는 3대 요소로 보았다.

을 아는 것은 (그보다 더 차원이 높은) '명(明)'이다"[7]고 한다. 지금 우리는 다행스럽게도 사람의 몸을 받았다. 그런데 자신이 어디에서 왔는지를 모른다면, 죽고 나서 어느 세상으로 향하게 될지를 어떻게 알 수 있으며, 천하 고금의 사람 사는 일을 어찌 알 수 있겠는가?

그러므로 나는 수십 년 동안 한 스승에게만 배우지 않고[8], 불교는 물론 불교 이외의 고전도 널리 탐

---

7) 『老子』(제33장)의 말. 왕필(王弼)은 이곳의 주석에서 "남을 아는 사람은 지혜롭지만[智], 자신을 아는 사람이 지혜로움의 꼭대기를 뛰어넘는 것에 비할 수 없다"고 했다. 종밀도 이 말에 동조하여, 자신의 본원을 아는 것이 무엇보다 중요하다고 하였다.

8) 종밀 자신의 수학 편력을 말함. 본 번역서의 「제5편 규봉 종밀 선사의 비문」과 「해제」 참조. 『원각경대소』 종밀의 「종밀자서」와, 이것에 상세하게 주석을 단 『원각경대소초』에서 "사실대로 말하면, 7~17세에는 유학(儒學)을 배웠고, 18~22세에는 재가의 몸으로 세상에 살면서 불경을 듣고 배웠고, 23~25세에는 다시 유학에 전념했다. 그러다가 28세에 선문(禪門)을 지나다 출가하였다. ; 實而言之, 卽七歲乃至十六七爲儒學, 十八九二十一二之間, 素服莊居, 聽習經論. 二十三又卻全功, 專於儒學, 乃至二十五歲. 過禪門, 方出家矣."(신찬속장9-477중)고 부연하여 설명하고 있다. 이후에도 또 증(拯) 율사에게 율을 배우고, 또 화엄종주 징관 법사에게 원돈(圓頓)의 교학을 배웠던 일들을 말

구하여, 자신의 근원이 무엇인가를 연구해왔다. 이렇게 근원 탐구하기를 그만두지 아니하여 마침내 (인간의) 본원이 무엇인지를 알게 되었다.

**萬靈蠢蠢, 皆有其本, 萬物芸芸, 各歸其根. 未有無根本, 而有枝末者也. 況三才中之, 最靈而無本源乎. 且知人者智, 自知者明. 今我稟得人身, 而不自知所從來, 曷能知他世所趣乎, 曷能知天下古今之人事乎. 故數十年中, 學無常師, 博攷[9]內外, 以原自身. 原之不已, 果得其本.**

그런데 요즘 유교나 도교를 배우는 사람들은, 그저 가까이는 할아버지 내지는 아버지가 물려줘서 서로 이어지게 하여[10] 내 몸이 생겼다고 알 뿐이다. 그리

---

하는 것이다. '무상사(無常師)'는 『商書』 「咸有一德」에 "덕을 배움에 딱히 정해놓은 스승은 없다. 선행 실천을 스승으로 삼는다. ; 德無常師, 主善爲師"에 나오는 전고 있는 용어이다.

9) 攷: 『발미록』(신찬속장58-720상)에는 '考' 자로 표기, 의미는 동일.

10) 물려줘서 서로 이어지게 하여: 원문은 '전체상속(傳體相續)'이다. 종밀은 『우란분경소(盂蘭盆經疏)』에서, "멀리는 7대 내지는 누대에 걸치고, 가까이는 내 몸을 낳아주신 분이다. 유교나 도교에서 으뜸으로 치는 것은 사람에게 있어 몸뚱이이다. 몸을 물려 상속해주시기를 아버지, 할아버지, 더 나아가 7대로 거슬러 올라간다. 아버지 쪽 계보

고 멀리는 '아직 분화되지 않은 하나의 기운[混沌一氣]'이[11] 있는데, 이 기운이 음과 양으로 둘로 나뉘고 이 둘이 (우주를 구성하는 요소인) 하늘·땅·사람 3재(才)를 만들었고, 그 셋이 어우러져 모든 만물을 낳았다'[12]고 한다. 이 세상의 만물과 사람은 모두 '아직

---

에 치우쳤다. ; 遠者, 七世乃至多世, 近者, 卽生此身. 外教所宗, 人以形質爲本. 傳體相續, 以父祖已上, 爲七世故, 偏尊於父."(T.39-0508상)고 말했다.

11) '아직 분화되지 않은 하나의 기운[混沌一氣]': 『발미록』에서는, "혼돈일기란, 음과 양으로 아직 나뉘지 아니하여 맑음과 탁함이 서로 합쳐있기 때문에 하나[一]라고 한다."(신찬속장58-720중)고 했다. 『老子』(제14장)에 "보려고 해도 보이지 않는 것을 이(夷)라 하고, 들으려고 해도 들을 수 없는 것을 희(希)라 하고, 잡으려 해도 잡을 수 없는 것을 미(微)라 한다. 이 셋은 명석 판명하게 밝힐 수 없다. 아직 분화되지 않고 하나[混而爲一]이다"라고 한다. 종밀은 도교의 핵심적인 경전으로 『노자』를 꼽고 있다. 이런 종밀의 판단은 당시에 국립대학인 국자감에서 『노자』「하상공주」가 필수 교과목이었던 것을 상기하면 그 정황을 짐작할 수 있다.

12) 『老子』(제42장)에 의하면 "도는 하나를 낳고, 하나는 둘을 낳고, 둘은 셋을 낳고, 셋은 만물을 낳는다. ; 道生一, 一生二, 二生三, 三生萬物."이라는 구절이 있다. 여기에서 종밀은 '도(道)'를 '혼돈일기(混沌一氣)'로, '이(二)'를 '음·양(陰陽)'으로, '삼(三)'을 '천·지·인(天地人)'으로 각각 해석하고 있음을 볼 수 있다.

분화되지 않은 하나의 기운'을 근본으로 한다는 것이다.

그런가 하면 불법(佛法)을 배우는 이들은 이렇게 말하고 있다. 가깝게 보면, 전생에 업(業)[13]을 짓고 이렇게 지은 업(業)에 따라 과보를 받아서 사람 몸을 받는다. 멀게 보면, 업(業)은 다시 어리석음[惑][14]에서 생긴 것이다. (이 어리석음[惑]은 또 어디에서 생겼는가를) 점점 추구하면 아리야식(阿梨耶識)이[15] 몸의 근본

---

13) 업(業): 범어 'karman'을 번역한 것으로 '작용'·'행위'·'인간이 살아가면서 하는 행위'의 뜻. 보통 몸으로 행하는 행위, 말로 하는 행위, 마음으로 행하는 행위로 크게 구별할 수 있다.

14) 혹(惑): 몸과 마음을 어지럽히는 번뇌를 말함. 혹(惑)-업(業)-고(苦)의 세 고리로 인생의 고통을 설명하고 있다. 분류법에 따라 다양하지만, 요약하면 탐(貪)·진(嗔)·치(癡) 3독이 핵심이다.

15) 아리야식(阿梨耶識): '아리야(阿梨耶)'는 범어의 'ālaya'의 음역, 아뢰야식(阿賴耶識)으로도 표기. '식(識)'은 vijñāna의 의역. '인간의 마음속에 잠재하여 있는 능력'이라는 뜻. 진제(眞諦) 스님은 만물을 유지시켜 없어지지 않도록 한다는 뜻으로 '무몰식(無沒識)'이라 번역했고, 현장(玄奘) 스님은 모든 존재를 이 속에 갈무리하고 있다는 의미에서 '장식(藏識)'으로 번역했다. 학파와 사람에 따라 이 '아뢰야식'이 '진(眞)'이냐 '망(妄)'이냐에 대해서는 입장을 달리하고 있다. 화엄종에서는 『대승기신론』의 논지에 따라 '진망화합

이라고 생각한다.

이들 모두가 인간의 본원(本源)을 완전히 찾아냈다고 하지만 실은 그렇지 못하다.

**然今習儒道者, 秖知近則, 乃祖乃父, 傳體相續, 受得此身. 遠則混沌一氣, 剖爲陰陽之二, 二生天地人三, 三生萬物. 萬物與人, 皆氣爲本. 習佛法者, 但云, 近則, 前生造業, 隨業受報, 得此人身. 遠則, 業又從惑, 展轉乃至, 阿賴耶識爲身根本. 皆謂已窮, 而實未也.**

공자・노자・석가는 모두 최고의 성인이시다. 때에 따라, 또 중생의 근기에 따라 가르침을 시설한 길은 서로 다르나, 이 세 분은 안팎으로 서로 도우면서 여러 사람을 함께 이익되게 했다. 세 성인은 갖가지 수행을 권장하고, 원인과 결과가 시종일관함을 밝히고, 이 세상의 모든 것을 따지고 밝혀서, 만물이 생성되는 근본과 곁가지를 드러냈다.

그런데 이런 분들의 말씀이 비록 모두 성스러운 가르침이기는 하나 그중에는 진실[實]도 있고 방편[權]도 있다. 유교와 도교의 가르침은 방편밖에 없지만, 불교의 가르침에는 방편과 진실을 모두 겸했다.

---

식(眞妄和合識)'으로 간주한다.

수행하기를 권장하며 나쁜 짓을 징계하고, 착한 일을 권장하여 세상이 모두 다 잘 되게 하는 점에서는, 세 가지 가르침[敎]를 모두 다 받들어 실천해야 한다. 그러나 모든 현상의 근원을 추구하여, 그 이치를 캐내고 본래부터 가지고 있는 본성을 남김없이 발휘해서,[16] 본원(本源)에 도달하게 하는 것은 오직 불교만이 분명하게 완결지어 설명하고 있다.

그런데도 요즘 지식인들은 각기 한 가지의 종지(宗旨)에만 집착하고,[17] 스승을 좇아 출가한 승려들도 진실한 이치를[18] 모른다. 때문에 하늘과 땅과 그리고

---

16) 『주역』 「說卦傳」에 "이치를 끝까지 모두 연구하고 자신의 본성을 밝혀 천명에 도달한다. ; 窮理盡性, 至於命." 이라는 말이 있는데, 외면상으로 보면 문장을 본뜬 것 같지만, 종밀이 말하는 '이(理)'는 불변하는 진여(眞如)의 이(理)이고, '성(性)'은 인연과 호응하는 소위 수연(隨緣)의 성(性)이다.

17) 각기 한 가지의 종지(宗旨)에만 집착: 『발미록』에 의하면, "유생(儒生)들은 5상(常)에 집착하고, 도류(道流)들은 자연(自然)에 집착하고, 석자(釋子)들은 연기법(緣起法)에 집착하여 성기(性起)를 모른다."(신찬속장58-721상)고 한다. 여기서 보듯이, 화엄종에서는 '연기법'보다 '성기(性起)'가 더 궁극적인 가르침이라고 생각하고 있음을 알 수 있다.

18) 진실한 이치: 『발미록』(신찬속장58-721상)에 의하면, 성기(性起)가 근본이고, 천지 만물은 모두 연기(緣起)에 의해서

그 사이에 있는 인간과 만물의 가장 궁극적인 본원(本源)을 살피지 못한다. 나 종밀은 이제 (불교) 안팎의 가르침을 대상으로 하여 모든 존재의 본원(本源)을 밝혀 보려고 한다.

이 글의 짜임은 처음에는 낮은 수준에서부터 시작해서 높은 수준으로 올라가, 방편을 익히는 이들의 막혀 있는 생각을 비판하고 확 통하게 하여, 그 근본을 완전히 알 수 있도록 이루어져 있다. 그런 다음 궁극적인 가르침[了義][19]에 입각하여 (본각진심 本覺眞心으로부터) (만물이) 전개되어 가는 이치를 드러내어, 치우친 견해를 회통하고 완전하게 해서 말단에까지 이르게 하였다. 〈말단이란 하늘・땅・사람・만물을 말한다.〉

이 글은 모두 4편으로 구성되어 있다. 『인간의 근원을 탐구하는 논문[原人論]』이라 제목을 붙인다.

---

생성된 곁가지라고 한다. 이것이 바로 '진실한 이치'라고 한다.

19) 궁극적인 가르침[了義]: 불교의 내용을 분류하는 방법의 하나로, '요의(了義)', '불요의(不了義)'가 있다. '요의(了義)'는 전하고자 하는 궁극적 의도를 완전히 다 드러낸 가르침으로, 종밀의 교학 체계에서는 '일승현성교(一乘顯性敎)'가 거기에 해당한다.

『원인론』의 서문〈끝〉.

然孔老釋迦, 皆是至聖, 隨時應物, 設敎殊塗, 內外相資, 共利群庶. 策勤萬行, 明因果始終, 推究萬法, 彰生起本末. 雖皆聖意, 而有實有權. 二敎唯權, 佛兼權實. 策萬行, 懲惡勸善, 同歸於治, 則三敎皆可遵行. 推萬法, 窮理盡性, 至於本源, 則佛敎方爲決了. 然當今學士, 各執一宗, 就師佛者, 仍迷實義. 故於天地人物, 不能原之至源. 余今還依內外敎理, 推窮萬法. 初從淺至深, 於習權敎者, 斥滯令通, 而極其本. 後依了敎, 顯示展轉生起之義, 會偏令圓, 而至於末〈末卽天地人物.〉. 文有四篇. 名原人也. 原人論序.〈終.〉

# 제3장
# 『인간의 근원을 탐구하는 논문』의 본문

종남산(終南山) 초당사(草堂寺) 사문(沙門)

종밀(宗密) 서술.

原人論

終南山草堂寺沙門宗密述.

## Ⅰ. 미혹된 고집을 비판

<유교(儒敎)와 도교(道敎)를 배우는 사람>

斥迷執 第一 〈習儒道者〉

### 1. 유교와 도교의 인간론

유교와 도교에서는 이렇게 말한다. 사람과 동물 등 천지 만물은 모두 허(虛)와 무(無)[1] 또는 대도(大道)[2]

1) 허(虛)와 무(無): 『장자』「刻意」에서, "허(虛)와 무(無)는 목적을 가지고 인위적인 작용을 하지 않는다. 이것은 하늘과 땅과 모든 만물의 기준이고 도와 덕의 본질이다. ; 虛無無爲. 此天地之平, 而道德之質."이라고 한다.

2) 대도(大道): 『老子』(제25장)에 의하면, "뒤섞여 있는 그 무언가가 있는데, 그것은 천지보다 먼저 생겼고, 그 움직임

가 낳아주고 길러주고 양육한다.[3] 이를테면, 도(道)는 자연(自然)을 본떴고,[4] 원기(元氣)에서 생겨나며,[5] 이

---

은 너무나 고요하고, 다른 것에 의지하지 않기 때문에 변하지 않고, 어디에나 있어 없는 곳이 없다. 이것은 참으로 온 천하를 낳아 길러주는 어머니이다. 나는 그 이름을 도저히 알 수 없고, 다만 별명으로 '道'라고 부르며, 굳이 이름을 붙이자면 '大'라고 할 수 있다. ; 有物混成, 先天地生. 寂兮寥兮, 獨立不改, 周行而不殆, 可以爲天下母. 吾不知其名, 字之曰道, 强爲之名曰大."라고 한다.

3) 이 문장에서 종밀은 유교의 학설은 생략하고 도교의 학설만 거론하고 있음을 알 수 있다. 그 이유는 아마도 당시에는 이미 왕필(王弼)이 주석한 『주역』과 『노자』가 국가적으로 공인되었고, 그 결과 인간과 우주의 근원을 논하는 소위 형이상학적 논의에 있어서 유교와 도교는 동일한 입장을 가지게 되었기 때문으로 볼 수 있다.

4) 『노자』(제25장)에 의하면 "사람은 땅을 본받고, 땅은 하늘을 본받고, 하늘은 도를 본받고, 도는 자연을 본받는다. ; 人法地, 地法天, 天法道, 道法自然."이라고 한다. 『발미록』(신찬속장58-721하)에서는 '법(法)' 자를 '방효(倣效)' 즉, '모방하다', '본뜨다'로 해석하고 있다.

5) 도는 원기에서 생긴다: 『노자』(제42장)에서 "道生一, 一生二, 二生三, 三生萬物."이라고 한다. 이 문장의 자세한 의미는 ※본 번역서 p.52의 주5) 참조. 『발미록』(신찬속장58-721하)에서는 『노자』(제42장)의 이 구절을 예로 들어서, 여기에서 말하는 '일(一)'이란 '혼돈일기(混沌一氣)' 또는 '원기(元氣)', 또는 '혼돈의 상태로 되어 있는 한 물건[有物混成]'을 말하는데 이것은 '도(道)'와 서로 다르지 않다고 한다.

원기가 하늘과 땅을 낳고, 하늘과 땅이 만물을 낳는다.

그러므로 어떤 한 인간의 어리석음·지혜로움·귀함·천함과, 가난함·윤택함·괴로움·즐거움 따위는 모두 하늘로부터 받은 것이며, 때[時]와 명[命][6]으로부터 말미암는다. 그러므로 죽은 뒤에는 다시 하늘과 땅으로 돌아가서,[7] 그것은 다시 허(虛)와 무(無) 또는 대도(大道)로 되돌아간다.

**儒道二教說, 人畜等類, 皆是虛無大道生成養育. 謂道法自然, 生於元氣, 元氣生天地, 天地生萬物. 故愚智貴賤貧富苦樂, 皆稟於天, 由於時命. 故死後, 卻歸天地, 復其虛無.**

---

다만 '혼돈일기(混沌一氣)' 또는 '원기(元氣)' 등으로 표현하는 경우는 계속 생성되는 측면에서 말한 것이고, '도(道)'라고 표현하는 경우는 저절로 그러하다는 측면에서 말한 것이다. 따라서 표현은 '생긴다'라고 했지만, 이 둘을 모자(母子) 관계로 보아서는 안 된다.

6) 때[時]와 명[命]: 『논어』「안연편」에서, "생사는 명(命)에 달려 있고 부귀는 하늘에 달려있다. ; 死生有命, 富貴在天." 이라고 한다.

7) 원문은 '死後却歸天地'. 『예기』「교특성」에 의하면, "유혼은 하늘로 돌아가고, 육신은 땅으로 돌아간다. ; 魂氣歸于天, 形魄歸于地."라고 한다.

## 2. 유교와 도교의 인간론 비판

그러나 불교 밖에 있는 가르침인 유교와 도교에서의 주장은 육체에 의존한 실천에[8] 그쳤을 뿐, 육체가 궁극적으로 어디에서 연유했는지를 밝히지는 못했다. 유교와 도교에서 '만물'을 말하지만, 겉으로 드러난 형상을 초월한 것을 말하지는 못했다.[9] 비록 대도(大道)를 지목하여 (우주 만물의) 근본이라고 말하기는 했지만, (불교에서 말하는 것처럼) 차츰 미혹해 가는 과정과 다시 거기에서 되돌아오는 것[順逆]이라든가,

---

8) 육체에 의존한 실천: 유교와 도교에서는 모두 육체를 잘 수련하는 것에 중심을 둔다. 그런 사례로 『대학』에서, "위로는 천자에서 아래로는 일반 백성에 이르기까지 하나 같이 제 몸을 수양하는 것을 근본으로 삼는다. ; 自天子以至於庶人, 壹是皆以修身爲本."이라고 한 것과, 또는 『효경』에서, "몸을 단련하고 도를 실천하여, 조상의 이름을 후세에 남긴다. ; 立身行道, 揚名於後世."라고 한 구절들을 들 수 있다. 또 『노자』(제44장)에서는, "명예와 육신 중에 어느 것이 더 중요하며, 또 육신과 재물 중에서 어느 것이 더 많은가. ; 名與身孰親, 身與貨孰多."라 하여, 명예보다는 육신의 보전에 무게를 두고 있다.

9) 『논어』「공야장편」에서, "선생님의 말씀 속에서 성(性)과 천도(天道)에 관한 것은 들어본 적이 없다. 하물며 형상을 초월한 것에 대해서는 말해 무엇 하리오. ; 夫子之言性與天道, 不可得而聞也. 況象外."라 했다.

번뇌가 생겼다가 사라지는 것[起滅]이라든가, 깨끗한 자성이 번뇌에 물들었다가는 다시 본래의 맑음으로 돌아오는 것[染淨] 등의 구조를[10] 완전하게 밝히지는 못하였다.

그 결과 이것을 배우는 이들이 유교와 도교가 방편적인 가르침인 줄 모르고 완전한 가르침이라고 고집한다.

然外教宗旨, 但在乎依身立行, 不在究竟身之元由. 所說萬物, 不論象外. 雖指大道爲本, 而不備明順逆起滅染淨因緣. 故習者不知是權, 執之爲了.

1) 허무 대도설 비판

지금부터 요점만을 들어서 따져보겠다. 저들이 말한 대로 만물(萬物)은 모두 허(虛)와 무(無)와 대도(大道)에서 생긴 것이라면, 대도(大道)야말로 삶과 죽음과 현명함과 어리석음의 근본이며 길흉과 화복의 바탕일 것이다. 근본과 바탕이 이렇게 이미 항상 존재하니, 재앙이나 어리석음 따위의 나쁜 일을 제거할 수

10) 종밀은 이 구조를 ※본 번역서 p.119부터 시작되는 「IV. 본말을 회통」 부분에서 『대승기신론』을 활용하여 설명한다.

도 없을 것이며, 복이나 경사나 어짊이나 착함 등을 늘어나게 할 수도 없다. 노자·장자의 가르침이 있은들 무슨 소용이 있겠는가?

또한 그렇다면 대도(大道)가 (약한 동물을 잡아먹는) 범과 이리를 길러주고, (중국의 고대 역사에서 가장 포악하기로 이름난) 걸(桀) 임금과 주(紂) 임금을 낳은 셈이다. 그리고 대도(大道)가 (어질기로 손꼽히는) 안연(顔淵)과 염백우(閻白牛)를[11] 일찍 죽게 했고, (한 임금만 섬기려고 충절을 지키던) 백이(伯夷)와 숙제(叔齊)에게[12] 화를 당하게 한 셈이다. 이런 대도를 어찌 존귀하다고 할 수 있겠는가?

今略擧而詰之. 所言萬物, 皆從虛無大道而生者, 大道卽是生死賢愚之本, 吉凶禍福之基. 基本旣其常存, 則禍亂凶愚不可除也, 福慶賢善不可益也. 何用老莊之敎耶. 又道育虎狼胎桀紂, 夭顔冉禍夷齊, 何名尊乎.

---

11) 공자의 제자 중에 덕행이 가장 뛰어난 두 명이나, 30세 전후로 요절했다. 『논어』「선진편」에 자세한 내용이 나옴.

12) 새로 건국된 주나라의 벼슬을 마다하고 수양산에 들어가 끝내 굶어 죽어, 기존의 은나라의 임금에게 충절을 바친 사람. 『사기』「백이열전」에 그 기사가 있음.

2) 자연설 비판

또, 만물은 모두 저절로[自然] 생긴 것이지, 직접적인 원인[因]과 간접적인 원인[緣]이 있어서 그렇게 된 것이 아니라고 말한다면, 인연이 전혀 없는 곳에서도 만물이 생길 것이다. 이를테면 돌에서 풀이 생겨나기도 하고, 풀에서 사람이 생겨나기도 하고, 사람이 짐승 따위를 낳기도 할 것이다.

또 모든 만물이 생김에 있어 전후 관계도 없고, 빠르거나 늦거나 하는 시기가 없다면, 신선이 되는 데 단약(丹藥)을 먹을 필요도 없을 것이며, 태평 성세를 만드는 데 어진 인재의 도움도 필요 없을 것이고, 사람을 어질고 의롭게 하는 데 가르치고 배울 필요도 없을 것이다. 그렇다면 노자・장자・주공・공자가 가르침을 세워서 법도를 만들 필요가 있겠는가?

**又言, 萬物皆是自然生化, 非因緣者, 則一切無因緣處, 悉應生化. 謂石應生草, 草或生人, 人生畜等. 又應生無前後, 起無早晩, 神仙不藉丹藥, 太平不藉賢良, 仁義不藉敎習. 老莊周孔, 何用立敎, 爲軌則乎.**

3) 원기설 비판

또, 모두가 원기(元氣)에서 생성된다고 말한다면, 갓

태어난 마음[神]에는 아직 경험적으로 습득한 것이 없다. 그런데 어찌하여 갓 태어난 아기가 좋아하고 싫어하고 재롱을 부릴 수 있는가? 만일 갓 태어난 어린애가 태어나면서부터 저절로 좋아하기도 하고 싫어할 줄도 알게 된 것이라면, 5덕(德)과 6예(藝)[13] 등도 모두 저절로 할 수 있어야 할 것이니, 어찌 인연을 만나고 학습을 해서 완성되겠는가?

**又言, 皆從元氣, 而生成者, 則欻生之神, 未曾習慮, 豈得嬰孩便能愛惡驕恣焉. 若言欻有自然便能隨念愛惡等者, 則五德六藝, 悉能隨念而解, 何待因緣學習而成.**

4) 기의 취산설 비판

또 만일 태어나는 것은 기(氣)를 받아서 갑자기 생기고, 죽는 것은 그 기가 흩어지면 싹 사라지는 것이라고 한다면,[14] 귀신이[15] 되는 주체는 무엇인가? 또 세

---

13) 5덕(德)과 6예(藝): 『발미록』(신찬속장58-723중)에서는 '5덕(德)'을 '5상(常)'으로 보아, 인(仁)·의(義)·예(禮)·지(智)·신(信)으로 해석하고 있다. '6예'란 『주례』「大司徒之職」에 의하면, 예(禮)·악(樂)·사(射)·어(御)·서(書)·수(數)를 말한다.

14) 『장자』「지북유」에서 "사람이 생겨나는 것은 기운이 모여서 되는 것이다. 기운이 뭉치면 생기고 흩어지면 죽는다. ; 人之生, 氣之聚也. 聚則爲生, 散則爲死"라고 하여,

상에는 그 전생의 일을 아는 이도[16] 있으며, 지나간 일을 알아맞히는 이도 있다. (이것으로 미루어 볼 때) 사람에게는 태어나기 이전부터 물려받은 무언가가 있는 것이지, 결코 기가 모여서 갑자기 생겨난 것이 아님을 알 수 있다. 귀신이 되어서도 '신령스런 지각 기능[靈知]'이 끊어지지 않고 계속되는 사례들이[17] 있

---

기(氣)가 모였다가 흩어지는 것에 의하여 생사(生死)를 논한 부분이 있다. 이런 문헌적 전거는 『문자』, 『주역』 등에도 많이 보인다.

15) 당시 유교와 도교를 비롯하여 당시 중국에는 귀신에 관한 이야기가 많이 있다. 『상서』에서도 "많은 재주와 많은 예능을 가지고 능히 귀신을 섬긴다. ; 多才多藝能事鬼神."는 말이 있고, 또 『주역』 「계사전」에서도 "깨끗한 기운은 사람이 되고, 떠도는 혼이 변괴를 일으킨다. 그러므로 귀신의 상황을 알 수 있다. ; 精氣爲物, 游魂爲變, 故知鬼神之情狀"이라는 말이 있다.

16) 정원 스님은 『발미록』(신찬속장58-723중~하)에서 이런 사례 3가지를 들고 있다. 첫째는 진(晉) 나라의 태부(太傅) 벼슬을 한 양호(羊祜)의 고사이고, 둘째는 역시 『晉書』에 나오는 포정(鮑靚)의 고사이고, 셋째는 석담체(釋曇諦) 스님의 고사이다. 이 모두는 전생에 관한 설화들이다.

17) 정원 스님은 『발미록』(신찬속장58-723하~724상)에서 이런 사례 4가지를 들고 있다. 첫째는 위(魏)나라 문제(文帝) 때에 태위 벼슬을 하던 장제(蔣濟)의 아들에 관한 고사이고, 둘째는 진(晉)나라의 대부였던 위무자(魏武子)의 처첩

으니, 죽은 뒤에도 기운이 흩어져 싹 사라지는 것이 아님을 알 수 있다.

그래서 제사를 올리는 법과 기도를 드리는 법이 책에 적혀 있는 것이다.[18] 게다가 죽었다가 소생하는 자가 저승 일을 말한 사례와[19], 혹은 죽은 후에 그 부인과 자식을 감동하게 하거나,[20] 원수를 갚거나 은혜를 갚았다는 이야기는 예나 지금이나 모두 있다.

**又若生是稟氣而欻有, 死是氣散而欻無, 則誰爲鬼神乎. 且世有鑒達前生, 追憶往事, 則知生前相續, 非稟氣而欻有. 又驗鬼神靈知不斷, 則知死後非氣散而欻無. 故祭祀求禱, 典藉有文. 況死而蘇者說幽途事, 或死後感動妻子,**

---

에 관한 고사이고, 셋째는 『晉書』에 나오는 소조(蘇詔)의 조카에 관한 고사이고, 넷째는 『논어』에서 공자가 자공과 사후에 대해서 문답한 고사이다.

18) 『예기』의 「제법」·「제통」·「제의」·「예운」편 등에 제사에 대한 기록이 있다.

19) 정원 스님은 『발미록』(신찬속장58-724중)에서 이런 사례로, 동평왕(東平王) 유약(劉約)이 죽었다 살아온 고사를 들고 있다.

20) 『좌전』의공(宜公) 15년 진 나라의 대부 위과(魏顆)의 아버지와 그의 애첩에 관한 고사 등이 있다. 정원 스님은 『발미록』(신찬속장58-724하)에서 『경성록(儆誡錄)』의 사례들을 소개하고 있다.

讎報怨恩, 今古皆有耶.

(죽으면 영혼이고 뭐고 모두 싹 사라진다고 말하는 불교 이외의 가르침에서는) 이렇게 비난하여 말한다. “만일 사람이 죽어서 귀신이 된다면 옛날부터 지금까지 내려오는 귀신들이 길거리에 가득해서, 그것을 보는 사람이 반드시 있어야 할 것이다. 그런데 왜 보이지 않는가?”21)

(불교의 입장에서 이것에) 대답해 본다면 다음과 같다. “사람이 죽으면 천상・아귀・아수라・인간・동물・지옥 따위의 여섯 갈래로 태어난다. 죽었다고 해서 반드시 모두 귀신이 되는 것은 아니다. 귀신으로 태어났다가 다시 죽어서 사람으로 태어나기도 한다. 그러니 어찌 옛날부터 내려오는 귀신들이 쌓여서 항상 존재한단 말인가?”

또한 하늘과 땅의 기(氣)는 본래 ‘지각기능[知]’이22) 없다. 그런데 사람이 ‘지각기능[知]’이 없는 기(氣)를

21) 이런 질문은 실제로 중국의 지성사에서 후한 시대에 활동했던 왕충(王充; 27년-99년?)의 『논형(論衡)』에서 이미 제기되고 있다.

22) ‘지각기능[知]’: 종밀의 철학은 ‘지각기능[知]’은 핵심 개념이다. ※본 번역서 p.111 주95) 참조.

받아서 사람이 되었다면, 어찌하여 어린 아기가 갓 태어났는데도 '지각기능[知]'을 가지고 있는가? (그네들 논리대로라면) 풀과 나무도 역시 모두 하늘과 땅의 기(氣)를 받아서 생겨났는데, 왜 거기에는 '지각하는 기능[知]'이 없는가?

外難曰, 若人死爲鬼, 則古來之鬼, 塡塞巷路, 合有見者, 如何不爾. 答曰, 人死六道, 不必皆爲鬼. 鬼死復爲人等, 豈古來積鬼常存耶. 且天地之氣, 本無知也. 安得欻起而有知乎. 草木亦皆稟氣, 何不知乎.

5) 천명설 비판

또 인생살이에 있어서 부자와 가난·신분의 높고 낮음·머리가 좋고 나쁨·선하거나 악함·길하거나 흉함·재앙이나 복 등이 모두 천명(天命)이 그런 거라면[23], 천(天)이 명(命)을 내림에 왜 인간들이 다 싫어하는 가난·비천함·어리석음·악 따위는 많이 내려주고, 모두가 바라는 부귀와 복은 조금 내려주는

---

23) 천명(天命)에 대한 기록이 문헌에 등장하는 것은 상당히 역사가 오래다. 『상서』의 여러 곳에 이런 기록이 보인다. 많이 알려진 것은 『중용』의 "하늘이 명한 것을 성이라 하고, 성을 따르는 것을 도라 하고, 도를 닦는 것을 교라 한다. ; 天命之謂性, 率性之謂道, 修道之謂敎."는 구절이다.

가? 만약 많이 주고 적게 주는 분배를 하늘이 하는 것이라면, 하늘은 어찌하여 이다지도 불공평한가?

더구나 좋은 일을 안 했는데도 출세하는 사람이 있고, 올바르게 사는 데도 출세하지 못하는 경우도 있다. 또 덕이 없는데도 부자가 되고, 덕이 있는데도 가난한 경우도 있다. 반역을 저질렀는데도 잘되는 경우가 있고, 의롭게 행동하는데도 잘 안 되기도 한다. 어진 사람이 요절하고, 흉악한 사람이 장수하기도 한다. 나아가서는 도(道)가 있는 사람이 망하고, 그렇지 못한 사람이 흥하기도 한다.

이러한 모든 것이 하늘이 한 것이라면, 하늘은 도가 없는 이를 잘 되게 하고 도가 있는 이를 잘 안 되게 한 것이다. 어찌하여 착한 일을 하는 자에게 복을 주고 겸손한 자에게 이익을 주는 방식으로 상을 주며, 반면에 사욕을 부리는 자에게 재앙을 주고 오만한 자에게 해가 돌아가게 하는 방식으로 벌을 주지 않을까?[24]

---

24) 종밀 선사는 (1)복(福)-화(禍), (2)선(善)-음(淫), (3)익(益)-해(害), (4)겸(謙)-영(盈), 네 조목으로 짝지어, 상과 벌에 대하여 논하고 있다. 이에 대하여 정원 법사는 『발미록』(신찬속장58-726하)에서 이렇게 설명하고 있다. 위의 (1)과 (2)는 『尙書』「湯誥」에 그 전거가 있는데, 거기에서는 "천도

又言, 貧富貴賤, 賢愚善惡, 吉凶禍福, 皆由天命者, 則天之賦命, 奚有貧多富少, 賤多貴少, 乃至禍多福少. 苟多少之分在天, 天何不平乎. 況有無行而貴, 守行而賤, 無德而富, 有德而貧, 逆吉義凶, 仁夭暴壽, 乃至有道者喪, 無道者興. 旣皆由天, 天乃興不道而喪道. 何有福善益謙之賞, 禍淫害盈之罰焉.

또 전쟁이나 반역이 모두 하늘이 명령[天命]한 것이라면, (그 결과에 대한 책임도 전적으로 하늘에 있는 셈이다.) 그럼에도 불구하고 공자나 노자 등의 성인들이 가르침을 베풀 때 사람을 책망하지 하늘을 책망하지 않았고, 죄를 사람에게 물었지 하늘의 명령 탓으로 돌리지 않았으니, 참으로 옳지 못하다.

---

는 선한 이에게 복을 주고 음탕한 이에게 재앙을 준다. 이것은 즉 어질고 선한 일을 하면 복을 주고, 음탕하고 못된 짓을 하면 해친다는 뜻이다. ; 天道福善禍淫, 謂良善者福之, 淫惡者害之."라고 한다. 또 (3)과 (4)의 전거로 『주역』의 '겸괘(謙卦)'의 「단전(彖傳)」을 드는데, 거기에서 말하기를 "천도는 가득 찬 것을 이지러지게 하여 겸손한 데에 더하고, 지도는 가득 찬 것을 바꿔서 겸손한 데로 흐르며, 귀신은 가득한 것을 해쳐서 겸손한 데에 복을 주고, 인도는 가득 찬 것을 미워하고 겸손한 것을 좋아한다. ; 天道虧盈而益謙, 地道變盈而流謙, 鬼神害盈而福謙. 〈人道惡盈而好謙.〉"이라고 한다.

그런데 『시경』에서 (걸왕과 주왕의) 잘못된 정치를 풍자하고[25], 『서경』에서는 (하 · 은 · 주의) 왕도(王道) 정치를 칭찬하고[26], (『효경』에서 말하듯이[27]) 『예기』에서는 윗사람 공경하는 것을 칭찬했고, 『악기』에서는 미풍양속이 퍼지는 것을 부르짖었다. 그러나 이런 일들이 어찌 위로 하늘만을 떠받드는 의도이었겠고, 또 (천명의) 조화에 순응하려는 마음에서 그렇게 한 것이겠는가? 그러므로 노장사상과 주나라의 문물을 숭앙하는 공자의 가르침만을 전공하는 자들은 아직 인간의 본원(本源)을 캐내지 못했음을 알 수 있다.

又旣禍亂反逆, 皆由天命, 則聖人設敎, 責人不責天, 罪物不罪命, 是不當也. 然則詩刺亂政, 書讚王道, 禮稱安上, 樂號移風, 豈是奉上天之意, 順造化之心乎. 是知專此敎者, 未能原人.

---

25) 『시경』「국풍」과 「아송」 등에 나온다.

26) 『서경』「전모」, 「훈고」, 「서명」 등에 나온다.

27) 『효경』에서 "윗사람을 편안하게 하고 백성을 다스림에 있어 예(禮)보다 더 좋은 것은 없다. ; 安上治民, 莫善於禮".라고 했고, 또 "풍속을 변화시키는 데에는 음악보다 더 좋은 것이 없다. ; 移風易俗, 莫善於樂."이라고 한 것이 이런 사례들이다.

## II. 치우치고 얕은 교리를 비판

〈부처님 말씀 중, 본질적 가르침이 아닌 것을 배우는 자〉

## 斥偏淺 第二 〈習佛不了義教者〉

불교의 교리 중에는 얕은 단계에서부터 깊은 단계에 이르기까지 간략히 다섯 등급이 있다.[28] 첫째는 인천교(人天教)이고, 둘째는 소승교(小乘教), 셋째는 대승법상교(大乘法相教), 넷째는 대승파상교(大乘破相教), 〈이상의 네 부분에 대한 설명은 제2편에 있음〉 그리고 다섯째로는 일승현성교(一乘顯性教)가 있다. 〈이 부분에 대한 설명은 제3편에 있음.〉

28) 다섯 등급 관련 이야기는 『선원제전집도서』에도 나오는데, 『원인론』과 대조하여 표를 만들면 다음과 같다. 밑으로 내려갈수록 교리가 깊어진다.

<table>
<tr><th rowspan="2">『原人論』</th><th colspan="4">『禪源諸詮集都序』</th></tr>
<tr><th colspan="2">教宗</th><th colspan="2">禪宗</th></tr>
<tr><td>人天教</td><td>人天因果教</td><td rowspan="3">密意依性說相教</td><td rowspan="3">息妄修心宗</td><td rowspan="3">北宗</td></tr>
<tr><td>小乘教</td><td>斷惑滅苦教</td></tr>
<tr><td>大乘法相教</td><td>藏識破境教</td></tr>
<tr><td>大乘破相教</td><td colspan="2">密意破相顯性教</td><td>泯絶無寄宗</td><td>牛頭宗</td></tr>
<tr><td rowspan="2">一乘顯性教</td><td colspan="2" rowspan="2">顯示眞心卽性教</td><td rowspan="2">直顯心性宗</td><td>洪州宗</td></tr>
<tr><td>荷澤宗</td></tr>
</table>

**佛教自淺之深, 略有五等. 一人天教, 二小乘教, 三大乘法相教, 四大乘破相教,**〈上四在此篇中.〉 **五一乘顯性教.**〈此一在第三篇中.〉

## 1. 인천교

### 1) 인천교의[29] 내용

부처님께서 처음 불교를 믿는 사람들을 위하여 과거·현재·미래 3세에 걸쳐 자기가 지은 업(業)으로 인하여 선악의 과보(果報)를 받는 것을 말씀하셨다. 이를테면 아주 못된 10악(惡)을[30] 지으면 지옥에 떨어지고, 중간 정도의 10악을 지으면 아귀에 떨어지고, 가벼운 10악을 지으면 축생에 떨어진다는 것이다.

또 부처님께서는 세속의 5상(常)에 대비하고, 〈인도

29) 인천교(人天教)라는 용어는 혜원(慧遠) 스님이 『대승의장』에서 "5계와 10선은 인천교의 수행문이다. ; 五戒十善, 人天教門."에서 처음 사용하였고, 이것을 다시 청량 징관 국사가 『화엄경수소연의초』(권제8)의 「현담」에서 사용했고, 이것을 그의 제자 종밀 스님이 계승하고 있다.

30) 10악(惡): 몸으로 짓는 3가지 악행인 살생·도둑질·간음과, 입으로 짓는 4가지 악인 거짓말·꾸미는 말·이간질·악담과, 마음으로 짓는 3가지 악인 탐냄·성냄·어리석음을 말함. 이 10악의 무겁고 가벼움의 정도에 따라 3등급으로 다시 나누기도 한다.

부처님의 가르침이 중국에 유행하는 세속의 의례나 법도와 비록 다르기는 하지만, 착한 일을 하도록 하고 나쁜 짓을 하지 못하도록 하는 것에는 다름이 없다. 또 유교에서 말하는 인(仁)·의(義)·예(禮)·지(智)·신(信)의 5상(常)을 떠나서 달리 수행해야 하는 덕이 따로 있는 것은 아니다. 예를 들어 중국에서는 두 손을 마주 잡고 앞으로 들어 올리지만, 티베트 지방에서는 두 손을 펴서 내려뜨리는데, 이 모두가 다 인사하는 예법이다.〉 5계(戒)를 지키게 하여, 〈산목숨을 죽이지 않는 것이 유학에서 말하는 인(仁)이며, 도둑질 안 하는 것이 의(義)이며, 간음하지 않는 것이 예(禮)이며, 거짓말하지 않는 것이 신(信)이며, 술을 먹거나 고기를 먹지 않아 몸과 마음을 깨끗하게 하면 지(智)가 늘어난다.[31]〉 지옥 · 아귀 · 축생 등의 3악도(惡途)를 면하고 인간 세상에 태어나도록 하셨다.

**一. 佛爲初心人, 且說三世業報善惡因果, 謂造上品十惡, 死墮地獄, 中品餓鬼, 下品畜生. 佛且類世五常之敎,**〈天竺世敎儀式雖殊, 懲惡勸善無別. 亦不離仁義等五常, 而有德行可修. 例如此國斂手而擧, 吐番散手而垂, 皆爲禮也.〉 **令持五戒,**

---

31) 5상(常)과 5계(戒)를 대비시키는 사례는 중국 삼국시대 오나라 시대에 만들어진 『모자이혹론(牟子理惑論)』에서 처음 등장한다. 그 후 중국은 물론, 조선의 함허 득통 선사나 일제강점기의 용성 진종 선사도 이런 입장을 수용하였다. 이 방면의 연구는 『규봉종밀과 법성교학』 「제3장 불교와 유교의 충돌」(신규탁, 올리브그린, 2013, pp. 88~120) 참조.

〈不殺是仁, 不盜是義, 不邪淫是禮, 不妄語是信, 不飮噉酒肉, 神氣淸潔益於智也.〉 **得免三途, 生人道中.**

또한 10선(善)[32]을 아주 잘 행하거나 남에게 재물 등을 보시하거나 계율을 지키면, 그 결과로 욕망이 모두 충족되는 6종류의 하늘나라[六欲天]에[33] 태어나며, 4종류의 선정[四禪]과 8종류의 선정[八定]을[34] 닦으면, 욕망으로부터는 자유로우나 육체적으로는 한계가 있는 세계[色界]에서 태어나고, 더 나아가면 욕망이나 육체의 그 어디에도 지배를 받지 않는 세계[無色界]에 태어난다고 한다. 〈제목을 (다만 『原人論』이라고 붙여 인간의 본원만 탐구하고) 천상, 귀신, 지옥, 축생, 아수라 등을 포함하지 않은 이유는, 저들이 사는 세계는 인간계와는 달라서 그것들을 보거나 들을 수 없기 때문이다. 유교나 도교를 공부

32) 10선(善): 앞에서 말한 10악의 반대.

33) 6욕천(欲天): 감각적인 욕망이 모두 충족되는 세계. 구체적으로는 사천왕천(四天王衆天), 도리천(忉利天; 일명 33천), 야마천(夜摩天), 도솔천(忉率天; 일명 都史多天), 화락천(化樂天; 일명 樂變化天), 타화자재천(他化自在天)을 말한다. ※본 번역서의 부록 pp.528~529 에 실린 〈5. 화엄의 우주 이해〉 참조.

34) 4선(禪) 8정(定): '4선(禪)'은 색계(色界)에서 수행하는 4단계의 선정. '8정(定)'은 앞의 4선(禪)과, 무색계(無色界)에서 닦아야 하는 4가지 무색정(無色定)을 합한 것.

하는 사람들은 지말적인 것도 모르는데, 하물며 어떻게 근본적인 것을 다 알 수 있겠는가? 그래서 유교나 도교에서 말하는 세속적인 가르침의 눈높이에 맞추어, 사람의 본원을 탐구한다고 표제어를 달았다. 그러나 이제 불교의 교리를 설명하는 마당에, 이치상 반드시 다른 생명체의 세계인 천상·지옥·귀신 등등도 열거해야 하겠기에, 욕계와 색계와 무색계에 대한 이야기를 한 것이다.〉 그래서 이를 인천교(人天教)라고 한다. 〈그런데 위에서 인간의 행위[業]를 선(善)과 악(惡)의 경우만 말했는데, 실은 (1)선, (2)악, 그리고 (3)선도 악도 아닌 무기(無記)[35], 이렇게 3가지를 모두 말해야 한다. 또 '행위'가 원인이 되어서 받는 과보도 역시 시기에 따라 셋으로 나뉜다. 첫째는 금생에 과보를 받는 것, 둘째는 바로 다음 생에 받는 것, 셋째는 바로 다음은 아니지만 언제인가 다음 생에서 받는 것이다.〉

**修上品十善, 及施戒等, 生六欲天, 修四禪八定, 生色界無色界天,** 〈題中不標天鬼地獄者, 界地不同, 見聞不及. 俗尙不知末, 況肯窮本, 故對俗敎, 且標原人. 今敘佛經, 理宜具列.〉 **故名人天敎也.** 〈然業有三種, 一惡, 二善, 三不動. 報有三時, 謂現報, 生報, 後報.〉

### 2) 인천교를 비판

이상에서 본 것처럼 인천교에서는 업(業)이 몸의 본

35) 무기(無記): 선이나 악의 과보로 연결되지 않는 것.

원(本源)이라고 한다. 이제부터 인천교의 교리를 따져 보겠다.

자기가 행한 업(業) 때문에 다섯 갈래 즉 하늘·인간·아귀·축생·지옥에 태어난다고 한다면, 그 업을 행하는 주체는 누구이며 그 행위에 대한 과보를 받는 주체는 누구인가? 만일 눈·귀·손·발이 업을 짓는 주체라고 한다면, 갓 사망한 시체는 눈·귀·손·발이 완연하게 있는데도 왜 보거나 듣거나 움직이지 못하는가?[36] 그렇지 않고 그들이 다시 만일에 마음[心]이 업을 짓는 주체라고 한다면, 그들이 말하는 마음이란 무엇인가? 그대들이 심장을[37] 마음이라

---

36) ※본 번역서 「3. 홍주종의 주장과 그 평가」에 나오는 p.175의 주63)과 일맥상통.

37) 심장[肉心]: 육단심(肉團心)의 약칭이다. 종밀은 『원각경약소초』(신찬속장9-825중)에서 인도의 어원에 따라 마음을 4종류로 나누어 소개한다. "넓게 말해보면, 마음이란 모두 4종류가 있다. 범어가 서로 다르기 때문에 중국어 번역도 역시 다르다. (1)은 '흘리타'인데 심장을 말한다. (2)는 인식의 소재들과 반연하여 사고하는 것으로 '마음'이라 한다. 이를테면 8종류의 식들이 저마다 자기 고유영역의 인식대상을 나누어 갖기 때문에 그렇게 이름 붙인다. (3)은 '질다'인데 모집하여 일으키는 마음이다. 즉 제8식이 여러 종자를 모집하여 현행을 일으키기 때문이다. (4)는 '견실심'이다. ; 汎言心者, 總有四種. 梵語各異, 翻譯亦殊. 一紇

고 말한다면, 심장은 질애(質礙)가[38] 있고 몸속 안에 매달려 있는데, 어떻게 눈과 귀로 신속하게 들어가서 바깥의 대상 경계의 옳고 그름을 판별할 수 있겠는가? 그리고 만일 옳고 그름을 판별하지 못한다면 어떻게 대상 경계에 대하여 취사선택을 하겠는가?

또한 심장과 같이 눈・귀・손・발 등은 모두가 질애(質閡)가 있는데, 어찌 몸 안과 밖에서 있으면서 서로 소통하여 반응을 보여 업의 인연을 함께 만들 수 있겠는가? 그렇지 않고 만약 희・노・애・락 등의 감정이 몸과 입을 움직여서, 몸과 입이 업을 짓는다면, 이들 감정은 잠깐 일어났다가는 또 금방 사라

---

利陀謂肉團心. 二緣慮名心, 謂八種識俱能緣慮自分境故. 三質多, 此云集起心. 卽第八識集諸種子, 起現行故. 四乾栗馱 謂堅實心." 또 『정법념경(正法念經)』에서는 "마음의 모양은 연꽃이 벌어졌다 오므라들었다 하는 것과 같다. ; 心如蓮花開合." 그리고 『제위경(提謂經)』에서는 "마음은 마치 군주와 같다. ; 心如帝王."이라고 했는데, 여기서 말하는 심(心)은 모두 육단심 즉, 심장을 두고 하는 말이다.

38) 질애(質礙): 질애(質閡)로도 표기. 색(色)법의 속성으로 질애(質礙)와 변괴(變壞)를 들고 있다. 질애(質礙)는 하나의 '색'이 특정한 공간을 점유하면 여타의 다른 '색'을 그곳에 들이지 않는 속성을 말하고, 변괴(變壞)란 변해서 끝내는 소멸하는 '색'의 속성을 말한다.

지곤 하여 실체가 없는데, 무엇이 주체가 되어서 업을 짓는단 말인가?

**據此教中, 業爲身本, 今詰之曰, 旣由造業, 受五道身, 未審誰人造業, 誰人受報. 若此眼耳手足, 能造業者, 初死之人, 眼耳手足宛然, 何不見聞造作. 若言心作, 何者是心. 若言肉心, 肉心有質, 繫於身內, 如何速入眼耳, 辨外是非. 是非不知, 因何取捨. 且心與眼耳手足, 俱爲質閡, 豈得內外相通運動應接, 同造業緣. 若言但是喜怒愛惡發動身口, 令造業者, 喜怒等情, 乍起乍滅, 自無其體, 將何爲主, 而作業耶.**

(지금까지 업을 짓는 주체가 무엇인가를) 개별적으로 나누어서 따져보았지만, 저들이 설사 이것을 수긍하지 않고 나의 이 몸과 마음을 총체적으로 합쳐서 이것이 업을 짓는 것이라고 반론한다면, 이 육신이 죽은 후에는 무엇이 괴로움과 즐거움의 과보를 받는가? 죽은 후에도 또다시 다른 몸을 받아 태어난다고 한다면, 지금 이 세상에서 몸과 마음이 죄를 짓거나 복을 지었는데, 어떻게 다른 세상에서의 그 몸과 마음이 고통을 받거나 즐거움을 받을 수가 있겠는가?[39]

---

39) 인천교의 주장대로라면, 금생에 죄나 복을 짓고 죽은 다음에 내생에서 다른 생명체로 태어나서 전생의 과보를 받

이런 주장대로라면 현생에서 복을 짓는 것은 참으로 억울한 것이고, 죄를 짓더라도 지금 행복하기만 하면 행운인 셈이다. 어찌 업에 관한 신묘한 이치[神理][40]가 이다지도 비합리적이란 말인가? 그러므로 인천교만을 배워서 그것만 수행하는 사람은 업의 인연은 믿었지만, 몸의 본원(本源)을 통달하지 못했다고 하겠다.

**設言不應, 如此別別推尋, 都是我此身心, 能造業者, 此身**

---

는다는 것이다. 그렇다면 금생의 자기와 내생의 자기는 동일한 존재가 아닌 것이 되어 존재가 단절되므로 자업자득이라는 말 자체가 성립될 수 없다는 말이다.

40) 업에 관한 신묘한 이치[神理]: 『발미록』(신찬속장58-728중)에서 정원 법사는 '신리(神理)'를 '신명(神明)'으로 해석하고 있다. 이어서 그 문헌적 전거로 종밀이 주석한 『우란분경소』(상)에 나오는 "이제 이 한 방법만 실천해도 곧바로 4종류의 실천을 통해 얻은 공덕을 충족하니 어찌 비교할 수가 있겠는가? 실로 경계도 빼어나고 마음도 굳세다 할 만하니, 신묘한 이치에 사무쳤기 때문이다. ; 今修此一門, 卽圓四行所得功德, 何可校量. 實繇境勝心彊, 徹於神理故也."(T.39-506하)라는 말을 대고 있다. 또 1698년경 간행된 일본 증상사(增上寺) 사문 경감(冏鑑)이 지은 『화엄원인론속해』(중권)에서는 신리(神理)를 업리(業理; 업의 이치)라고 콕 찍어서 말했다. 이 중에서 본 번역에서는 경감 스님의 설을 채용했다.

已死, 誰受苦樂之報. 若言死後更有身者, 豈有今日身心造罪修福, 令他後世, 身心受苦受樂. 據此則修福者屈甚, 造罪者幸甚. 如何神理, 如此無道. 故知, 但習此教者, 雖信業緣, 不達身本.

## 2. 소승교

### 1) 소승교의 내용

소승교(小乘敎)에서는 이렇게 말한다. 살과 뼈를 이루고 있는 물질적 요소[色]와 사고판단 작용을 하는 정신적 요소[心]가,[41] 끝없는 옛적부터 이어져 오는 인연의 힘 때문에 찰나마다 생·주·이·멸하여 끊임없이 이어지는데, 이것은 마치 졸졸 흐르는 물과도 같고 활활 타오르는 불과 같다.

인간의 몸과 마음도 임시로 화합한 것이지만, 그 존재가 흡사 한결같고[一] 항상 존재하는[常] 것처럼 보인다. (실제는 한결같지도 않고 항상 존재하지도 않는데) 범부와 어리석은 이는 그런 사실을 알지 못하고 물질적 요소와 정신적 요소가 화합해서 생긴 몸과

41) 사고판단 작용을 하는 정신적 요소[心]: 『발미록』(신찬속장58-728중)에서 정원 법사는 여기에서 말하는 정신적 요소[心]란 수(受), 상(想), 행(行), 식(識) 등 4온(蘊) 모두를 지칭한다고 했다.

마음을 집착하여 '나[我]'라고 믿는다.[42] 그러고 나서는 이 '나[我]'를 보배로 여기므로[43] 탐냄 〈명예나 이익을 탐내어 자기 자신을 영예롭게 하고자 하는 것〉 · 성냄 〈자기 감정에 맞지 않으면 성을 내고, 남이 나를 해칠까 두려워하는 것〉 · 어리석음 〈이치에 어긋난 이론을 세우는 것〉 따위의 3독(毒)이 곧바로 생긴다.

**二. 小乘教者, 說形骸之色, 思慮之心, 從無始來, 因緣力故, 念念生滅, 相續無窮. 如水涓涓, 如燈焰焰. 身心假合, 似一似常. 凡愚不覺, 執之爲我. 寶此我故, 卽起貪,** 〈貪名

---

42) 『원각경』「보안장」에서 원각묘심(圓覺妙心)을 추적해가는 과정에서 이런 말을 하고 있다. "네 가지 성질의 인연이 임시로 화합하여 6근이 허망하게 나타나고, 6근과 4대가 안이 되고 밖이 되어 합성된다. 그러는 가운데 허망하게 인연의 기운[緣氣]이 쌓여서 흡사 인연 기운의 작용[緣相]이 실재하는듯한데 이것을 지목하여 마음[心]이라고 임시로 이름을 붙였다." 신규탁 번역, 『원각경·현담』, 운당문고, 2023년, 개정판 1쇄 pp.50.

43) 나를 보배로 여기다: 『발미록』에서 정원 법사는 "『보적경』에 이르기를, 육신을 보배처럼 아끼는 마음을 내어 아견과 인견 등의 4상을 떨쳐버리지 못한다고 했다. 한편 『선원제전집도서』에서는 보배 '보[寶]' 자가 보호할 '보[保]' 자로 되어 있다. 어느 경우나 모두 애착하고 아쉬워한다는 말이다. ; 寶積經云, 於身生寶愛, 不離於我人. 禪詮序中, 作此保字. 皆愛惜義."(신찬속장58-728하)고 설명하고 있다.

利, 以榮我.〉 **瞋,**〈瞋違情境, 恐侵害我.〉 **癡**〈非理計校.〉**等三毒.**

이 3독이 마음을 움직이고, (그 마음이 다시) 몸과 입을 발동시켜 갖가지의 업을 짓도록 한다. 이렇게 해서 업이 이루어지면 거기에서 헤어나지 못한다. 그리하여 지옥·아귀·축생·인간·천상의 다섯 길로 윤회하면서 때로는 고통을, 때로는 즐거움을 겪기도 하고, 〈개인의 업에 의한 과보로 받는 세계〉[44] 색계·욕계·무색계의 3가지 환경 중에서 제가 지은 업에 따라 좋은 세상 또는 나쁜 세상에 태어난다. 〈집단의 업에 의한 과보로 받는 세계.〉[45]

이렇게 해서 받은 몸인데도 이것을 도리어 '나[我]'라고 집착하고, 다시 그것에 탐심 따위를 일으켜 업을 짓고 과보를 받는다. 그러나 우리의 육체란 태어나서 살다가 늙어서 병들어 마침내 죽고[生老病死] 다시 태어나는 것이며, 우리가 사는 환경 세계도 생성

44) 별업(別業)을 말한다. 각자의 개인이 지은 업에 의하여, 그 결과를 그 개인이 받는 업.

45) 공업(共業)을 말한다. 공동체가 지은 업에 따라 집단이 공동으로 받는 업. 이른바 '기세간(器世間)'으로 자연환경 역사 및 사회 따위가 이에 해당한다.

되어 일정 기간 유지되다가 점점 파괴되어 마침내는 소멸했다가[成住壞空][46] 다시 또 생성된다.[47]

**三毒擊意, 發動身口, 造一切業, 業成難逃. 故受五道苦樂等身,** 〈別業所感.〉 **三界勝劣等處.** 〈共業所感〉 **於所受身, 還執爲我, 還起貪等, 造業受報. 身則生老病死, 死而復生, 界則成住壞空, 空而復成.**

〈모든 것이 싹 사라진 공겁(空劫)에서부터 다시 생겨나기까지에 대하여 『구사론(俱舍論)』「세간품(世間品)」의 게송에 다음과 같이 설해져 있다.[48] 먼저 광막한 허공에 커다란 바람이

---

46) 소승불교의 시간관으로서, 한 세계가 성립되었다가는 사라지는 일련의 과정을 4단계 즉 成・住・壞・空 으로 나누어 설명한다. 4겁(劫)이라고도 하는데, (1)성겁(成劫)은 기세간(器世間, 중생이 사는 세계 즉 환경)과 중생세간(衆生世間, 세계 속에 사는 목숨 있는 모든 존재)이 성립되는 세월이고, (2)주겁(住劫)은 위에서 성립된 그것이 일정 기간 유지되는 세월이고, (3)괴겁(壞劫)은 그것이 파괴가 진행 중인 세월이며, (4)공겁(空劫)은 그것들이 모두 파괴되어 완전하게 소멸한 세월이다. 이 4가지 세월에는 각각 20소겁씩 걸린다고 한다.

47) ※부록의 p.527의 〈5. 화엄의 우주 이해〉 참조.

48) 『구사론』「세간품」(T.29-57상)에 세계 성립에 관한 기사가 있다. 종밀은 이 내용을 간단하게 추려서 『원인론』에 소개.

일어나는데, 그 바람의 크기는 도저히 상상할 수 없이 크다. 그 두께는 16낙차(洛叉)[49]로, 무엇이든지 다 부술 수 있는 금강저로도 그것은 부수지 못한다. 이 바람을 세계를 지탱시켜 주는 바람[持界風]이라고 한다.

다음으로 색계의 제 2선천(禪天) 속하는 광음천(光音天) 위에 황금 구름[金藏雲]이 펼쳐져 3천대천세계를 모두 뒤덮고, 그 구름이 둥근 수레바퀴 같은 빗물로 변하여 쏟아 내려서는 풍륜(風輪)을 막아 거기에 물이 고이게 하는데, 두께가 11낙차나 된다. 그중 상층부 3낙차에 해당하는 층이 금강계를 형성한다. 계속하여 이 황금 구름은 비를 내려 금륜(金輪)을 가득 채운다. 그 하층부에 8낙차(洛叉)의 수륜(水輪)이 완성된다. 그러는 사이에 천상의 세계에서는 색계(色界) 초선천(初禪天)의 범중천(梵中天)을 비롯하여, 욕계(欲界)의 야마천(夜摩天)에 이르기까지 색계·욕계의 공거천(空居天)이 모두 만들어진다.

이어서 바람이 수층권의 맑은 물을 움직여서 파도를 일게 하여 수미산(須彌山)과 7금산(金山) 등을 만들어낸다. 맑은 물에 가라앉은 찌꺼기에서 산·4개의 대륙·지하 세계·소금을 간직한 바다가 만들어지고, 철위산(鐵圍山)이 그 외곽이 되어 거기에 국토 세계가 성립된다. 이것이 생기는 데에는 1

---

49) 낙차(洛叉): 'lakṣa'의 음사어. 고대 인도의 수를 세는 단위의 하나로 10만을 의미함.

증멸(增滅)[50]의 시간이 걸린다.

황금 구름[金藏雲]의 제2선천(禪天)에 해당하는 광음천에 살고 있는 천상의 사람들의 과보에 의한 행복한 생활도 마침내 종말을 고하게 되어, 내려와서 인간계에 태어나게 된다. 처음에 이들은 부드럽고 소화가 잘되는 꿀과 같은 지병(地餠)과 달콤한 과일인 임등(林藤)을 먹고 산다. 그것이 다 떨어지고 나서는 딱딱하고 소화가 잘 안 되는 딱딱한 쌀[硬米]을 먹기 시작하는데, 이때부터 대소변을 보게 되고 남녀가 나뉘게 된다.

마침내 농사를 짓기 위해 농토의 구역을 획정하고, 그것을 다스리는 임금을 세우고, 그 임금을 보좌하는 신하를 필요로 하게 된다. 군신 간에는 갖가지의 계급과 차별이 생기고 인간관계가 형성된다. 이렇게 유정(有情) 세계 중의 인간계가 형성되기에는 19증멸(增滅)의 긴 세월을 경과 해야 한다. 앞에서 말한 국토 세간이 만들어지는 데 걸렸던 1증멸을 합하여 모두 20증멸(增滅)이라는 긴 세월이 걸린다. 이것을 일러 성겁(成劫)이라 한다.

그러면 유교나 도교의 세계 창조설과 불교의 그것을 비교하여 보자.

---

50) 1증멸(增滅): 인간의 수명이 8만 4천 세였던 때부터 100년 단위로 수명이 한 살씩 줄어들어 수명이 10세까지 줄어드는 것이 멸겁(滅劫)이고 그 역이 증겁(增劫)이다. 이렇게 한 번 줄었다가 늘어나는 것을 '1증멸'이라 한다.

불교에서 말하는 성·주·괴·공(成住壞空)의 세월 중에서 공겁의 세계[空界], 즉 모두가 싹 사라진 세계를 도교(道敎)에서는 허무대도(虛無大道)라고 한다. 그러나 불교에서 말하는 도의 본체는 고요하면서도 거기에는 신령스러운 지혜가 있다. 이것은 결코 아무것도 없는 허무(虛無)와는 다르다. 노자(老子)는 이것을 잘 몰랐던 것인가, 아니면 사람의 욕망을 제거하기 위하여 불교의 공계(空界)가 바로 허무대도(虛無大道)를 지칭하는 것이라고 방편적으로 말한 것인가?

공계(空界)에 있는 큰 바람은 도교(道敎)에서 말하는 혼돈일기(混沌一氣)를 의미하는 것으로, 노자는 "대도(大道)가 1기(一氣)를 낳는다[道生一]"고 한 말일 것이다. '금장운'이란 기(氣)가 형태화되어 최초로 드러난 것인데, 이는 즉 태허(太虛)이다. 『구사론』에서 '물이 고인다'는 것은 도가에서 말하는 음기(陰氣)가 뭉치는 것이다. 음의 기운과 양의 기운이 만나서 비로소 만물을 생성한다. 『구사론』에서 말한 '범천계'와 '수미산'은 도가에서 말하는 '천(天)'이고, '찌꺼기'는 '지(地)'이다. 즉 1기(一氣)가 음기와 양기의 2기(二氣)를 생한 것이다. 『구사론』에서 '2선천에 있는 중생이 내려왔다'는 것은 바로 사람을 두고 한 말이다. 이것은 도가에서 말하는 음·양(陰陽)의 2기(二氣)가 천·지·인(天地人) 3재(才)를 낳는 것을 말한다. 이렇게 해서 천·지·인(天地人) 3재(才)가 갖추어진 셈이다. '지병(地甁)' 이하 운운한 것은 도가에서 말하는 천·지·인(天地人) 3재가 만물을 만든다[三生萬物]는 것에 해당한다.

이런 것들은 3황(三皇) 이전에 있었던 일들로써, 움집 생활을 하고 농사짓지 않고 채취해 먹고, 날것을 먹던 시절의 일이다. 그러나 이 당시에는 문자나 기록이 없었고 뒷사람들이 이 이야기를 전해 들었지만 불분명했다. 후세로 전해 올수록 점점 잘못되어 여러 학자의 저작 속에 서로 이런저런 이설이 생기고 말았다. 그러나 불교는 3천대천세계를 꿰뚫어 밝히고 있기 때문에, 우리 당(唐) 나라에만 그 지식이 국한되어 있지 않다. 그러므로 우리 불교의 가르침과 저들 유(儒)·도(道)의 가르침은 전혀 같지 않다.

위에서 성·주·괴·공(成住壞空) 중에서 세계와 중생이 생기는 것[成]만 말했는데, 그 생성된 것이 일정 기간 머무르는[住] 세월을 주겁(住劫)이라 하고, 역시 그것이 진행되는 데에도 20중멸의 세월이 걸린다. 다음에 그것이 파괴되어 가는[壞] 세월을 괴겁(破劫)이라 하는데, 여기에도 20중멸이라는 세월이 걸린다. 이 기간에, 먼저 19중멸 동안은 생명을 가진 생명체가 멸망하고, 나머지 1중멸 동안은 생명체가 살던 환경[器世間]이 파괴된다. 이것을 파괴하는 것은 불·물·바람 등의 3재(三災)이다. 마지막으로 모두 다 사라지는 것을 공겁(空劫)이라 하는데 여기에도 역시 20중감의 세월이 걸리고, 생명체들이 사는 모든 세계와 그 속에 사는 생명체들이 모두 싹 사라진다.〉

〈從空劫, 初成世界者, 頌曰, 空界大風起, 傍廣數無量, 厚十六洛叉, 金剛不能壞, 此名持界風. 光音金藏雲, 布及三千界, 雨如車軸下, 風遏不聽流, 深十一洛叉. 始作金剛界, 次第金藏雲, 注雨滿其內, 先成梵王界, 乃至夜摩天. 風鼓清水, 成須彌七金等. 滓濁爲山地, 四洲及泥犂, 鹹海外輪圍, 方名器界立. 時經一增減, 乃至二禪福盡, 下生人間, 初食地餠林藤, 後粳米不銷, 大小便利, 男女形別. 分田立主, 求臣佐, 種種差別, 經十九增減. 兼前總二十增減, 名爲成劫. 議曰, 空界劫中, 是道教指云, 虛無之道. 然道體寂照靈通, 不是虛無. 老氏或迷之, 或權設務絶人欲, 故指空界爲道. 空界中大風, 卽彼混沌一氣. 故彼云. 道生一也. 金藏雲者, 氣形之始, 卽太極也. 雨下不流, 陰氣凝也. 陰陽相合, 方能生成矣. 梵王界乃至, 須彌者, 彼之天也, 滓濁者地. 卽一生二矣. 二禪福盡下生, 卽人也. 卽二生三, 三才備矣. 地餠已下, 乃至種種, 卽三生萬物. 此當三皇已前, 穴居野食, 未有火化等. 但以其時, 無文字記載故, 後人傳聞不明. 展轉錯謬, 諸家著作, 種種異說. 佛教又緣通明三千世界, 不局大唐, 故內外教文, 不全同也. 住者住劫, 亦經二十增減, 壞者壞劫, 亦二十增減. 前十九增減壞有情. 後一增減壞器界. 能壞是火水風等三災, 空者空劫. 亦二十增減中, 空無世界, 及諸有情也.〉

이상에서 설명한 것처럼 생명체가 사는 세계는 생겼다가 사라지기를 계속하고, 그 속에서 사는 생명체도 태어났다가 죽고 이렇게 윤회하기를 끊임없이 한

**다.**[51] **이러한 윤회는 시작도 없고 끝도 없어 우물의 도르래처럼**[52] **올라갔다 내려갔다 계속된다.** 〈도교에서는 단지 지금의 세계가 형성되기 이전인 공겁의 세계, 그중에서 한 번 반복되는 공겁밖에 알지 못한다. 그리고는 그것을 허(虛)와 무(無)와 대도(大道), 또는 혼돈일기(混沌一氣)라고 하여 만물의 시원(始源)이라고 한다. 그뿐만 아니라 유교와 도교를 배우는 이들은 한 번의 공겁 이전에도 수천 수만 번 되풀이되어 성·주·괴·공(成住壞空)의 4겁이 계속 진행되었다는 것을 알

---

51) 원문은 '劫劫生生, 輪迴不絶'이다. 정원 법사는 『발미록』에서 "겁겁(劫劫)이란, 한 겁에서 다른 겁에 이르기까지 생사윤회가 끊이질 않는다는 것이다. ; 劫劫者, 謂從劫至劫, 生死不絶."(신찬속장58-730상~중)이라고 하여, '겁겁(劫劫)'을 '생생(生生)' 하는 시간이 무한한 것으로 읽었으나, 본 번역서에서는 '겁겁(劫劫)'은 기세간(器世間)의 생멸을, '생생(生生)'은 유정세간(有情世間)의 생멸로 각각 따로 해독했다. 종밀 스스로 자신의 『금강경찬요』(권1) 「서(序)」에서는 "미혹한 업이 습기로 배어 인과응보가 끊임없이 돌고 돌아 작은 먼지처럼 이루 셀 수 없는 겁의 파도는 막을 수도 끊을 수도 없다. ; 惑業襲習, 報應綸輪, 塵沙劫波, 莫之遏絶."(T.33-154하)이라고 했기 때문이다.

52) 도르래: 원문은 '급정륜(汲井輪)'이다. 4권본 『능가경』에서는 "시작도 알 수 없는 지난 과거에서부터 쌓여온 허망하고 거짓된 번뇌의 원인이 마치 물긷는 도르래처럼 생사의 길에서 돌고 돈다. ; 無始虛僞習氣因, 如汲水輪, 生死趣有輪."(T.16-487하)이라고 설명하고 있다.

지 못한다. 이것으로 미루어 보건대, 불교 중에서 가장 낮은 소승교조차도 유교와 도교에서 깊다고 하는 가르침보다 훨씬 뛰어나다는 것을 알 수 있다.〉

**劫劫生生, 輪迴不絶. 無終無始, 如汲井輪.** 〈道敎只知, 今此世界未成時一度空劫, 云虛無混沌一氣等, 名爲元始. 不知空界已前, 早經千千萬萬, 遍成住壞空, 終而復始. 故知, 佛敎法中, 小乘淺淺之敎, 已超外典深深之說.〉

위와 같이 윤회하는 원인은 이 몸이 '나[我]'가 아니라는 사실을 전혀 모르기 때문이다. 왜 '나'가 아닌가 하면, 이 몸은 물질적인 요소[色]와 정신적인 요소[心]가 서로 임시로 화합하여 지금의 모양이 된 것에 지나지 않기 때문이다. 이 문제를 지금부터 분석해 보기로 한다.

우리 몸을 이루고 있는 물질적인 요소[色]에는 딱딱한 성질을 가진 요소[地]·물기를 가진 요소[水]·따뜻한 성질을 가진 요소[火]·움직이는 성질을 가진 요소[風] 등의 4가지 요소[四大]가 있고[53], 정신적인 기

53) 『원각경』 「보안장」에 의하면, "나의 이 몸은 흙, 물, 불, 바람의 4가지 성질을 가진 요소[四大]가 모여서 만들어진 것이다. 머리카락·털·손톱·치아·가죽·살·힘줄·뼈·골수 등으로 이루어진 더러운 몸뚱이는 모두 흙으로

능[心]에는 수(受)〈자기 마음에 들고 안 들고를 받아들이는 기능〉·상(想)〈이미지를 만드는 기능〉·행(行)〈무언가를 조작하여 순간순간마다 계속 이어지게 하는 기능〉·식(識)〈판단하는 기능〉 등의 4가지 쌓임[四蘊][54]이 있다. 만일 그것들을 모두 '나'라고 한다면, 결국 8개[55]의 '나'가

---

돌아가고 침·콧물·고름·피·진액·점액·가래·눈물·호르몬·대소변은 모두 물로 돌아간다. 또한 따뜻한 기운은 불로 돌아가며 움직이는 작용은 바람으로 돌아간다. 이런 4가지 요소가 각각 분리되면 지금의 허망한 몸은 어디 있겠는가? 다음의 사실을 알아라. 이 몸은 결국 실체가 없고 화합해서 형상이 이루어진 것이니 참으로 환상이나 허깨비와 같다. ; 我今此身이 四大和合하니 所謂髮毛爪齒와 皮肉筋骨과 髓腦垢色은 皆歸於地하고 唾涕膿血과 津液涎沫과 啖淚精氣와 大小便利는 皆歸於水하고 暖氣는 歸火하고 動轉은 歸風하나니 四大가 各離하면 今者妄身이 當在何處이어뇨 卽知하라 此身이 畢竟無體어늘 和合하야 爲相이니 實同幻化이로다." 신규탁 번역, 『원각경·현담』, 운당문고, 2023년, 개정판 1쇄, p.49.

54) 4가지 쌓임[四蘊]: 온(蘊)은 범어 'skandha'를 의역한 것이다. '중(衆)' 또는 '음(陰)'으로도 한역한다. '쌓여서 모여진 것'이라는 의미가 있다. 일반적으로는 색온(色蘊)을 넣어서 5온으로 분류한다. 불교에서 모든 존재를 범주화한 일종의 분류법이다. 색(色)에 중점을 두어 자세하게 분류하면 안·이·비·설·신·의(耳鼻舌身意)의 6근으로 분류할 수 있고, 심(心)에 중점을 두어 분류하면 색·수·상·행·식(色受想行識)의 5온으로 분류할 수 있다.

있는 셈이 된다.

하물며 지대(地大) 중에도 많은 것들이 있다. 말하자면 360개의 뼈가 있고 그 뼈는 제각기 다르며, 피부와 털·근육·간·염통·지라·서로 다르다. 또한 마음이라는 범주에 속한 갖가지의 마음의 속성[心數][56] 또한 각기 다르다. 즉 보는 작용은 소리를 듣는 작용과는 전혀 별개의 영역이고, 기쁨을 느끼는 감정 작용은 성내는 감정과는 서로 다른 것이다. 이렇게 계속 캐어 가면 8만 가지에 달하고, 그에 따르는 번뇌도 그만큼 많이 있게 된다. 이미 그와 같이 많은 사물이 있는데, 참으로 어떤 것을 '나'라고 하겠는가? 그것들을 모두 다 '나'라고 한다면 '나'가 백 천도 넘으니, 하나의 몸뚱이 속에 주인이 많아서 참으로 어지러울 지경이다. 그렇다고 이제까지 말한 4대나 5온 등을 떠나서 달리 그 무엇이 존재하는 것도 아니다.

---

55) 물질적인 요소인 4대와 정신적인 요소인 4가지 작용[受想行識]을 합한 숫자.

56) 마음의 속성[心數]: 마음[心]에는 여러 가지 속성이 있는데, 이것을 『俱舍論』에서는 46종의 심소(心所)로 분류하고 있다. 자세한 것은 김동화, 『구사론』, 文潮社, 1971년, pp.93~104 참조.

都由不了此身本不是我. 不是我者, 謂此身本因色心和合爲相. 今推尋分析. 色有地水火風之四大, 心有受, 〈能領納好惡之事.〉 想, 〈能取像者.〉 行, 〈能造作者, 念念遷流.〉 識, 〈能了別者.〉 之四蘊. 若皆是我, 卽成八我. 況地大中, 復有衆多, 謂三百六十段骨. 一一各別, 皮毛筋肉, 肝心脾腎, 各不相是. 諸心數等, 亦各不同. 見不是聞, 喜不是怒. 展轉乃至, 八萬四千塵勞, 旣有此衆多之物. 不知定取何者爲我. 若皆是我, 我卽百千. 一身之中, 多主紛亂, 離此之外, 復無別法.

이상과 같이 이리저리 무엇이 '나'인가를 찾아보았으나 모두 찾지 못했다. 그러므로 이 몸은 다만 수많은 직접적인 원인과 간접적인 원인이 임시로 화합해서 된 것이지, 원래 '나'라든가 '남'이라든가 하는 독립적인 실체가 없다는 사실을 알 수 있다. 그러니 탐내거나 성내는 자는 누구이고, 죽이거나 도둑질하거나 보시하거나 계율을 지키는 자는 누구인가? 〈모든 존재가 고(苦)라는 교리를 설명하는 것임을 알 수 있다.〉

생명체가 살는 색계·욕계·무색계의 3계 속에서 일어나는 유루(有漏)의 모든 선과 악에 마음을 두지 말고, 〈고(苦)의 원인인 집착을 끊는 진리이다.〉 변하지 않는 실체로서의 '나'는 없다는 무아관(無我觀)의 지혜를 닦아, 〈수행이라는 진리이다.〉 탐내는 행위, 성내는 행위, 어리석은 행위를 전혀 하지 않고 모든 업을 짓지 않아야 '나'는 실로 공(空)하다는 참 모습[眞如][57]을 깨친다. 〈모든 업을 소멸하는 진리이다.〉 그리하여 아라한[58]의 지위를 얻어, 나의 몸이 있다는 사실마저도 까맣게 잊고 모든 지혜마저도 말끔하게 끊어버려,[59] 마침내는 모든 괴로움을 끊어버린다.

이들 소승교의 교리에 의하면, 물질적인 요소[色]와 정신적인 요소[心]와 탐심·성냄·어리석음이, 인간의 감각기관과 몸뚱이[60]와 그리고 그 인간들이 사는

57) 참 모습[眞如]: 있는 그대로의 모습. 이 파에 속하는 사람들은 공(空)을 진여(眞如)라고 한다.

58) 아라한: 범어 'arahat'의 음사어. '응공(應供)'이라 한역. 모든 사람이나 하늘로부터 공양을 받을 만한 훌륭한 존재라는 뜻.

59) 원문은 '회신멸지(灰身滅智)'이다. 정원 법사는 『발미록』에서는, "회신에서 '신'이란 4대로 이루어진 육체를 말하고, 멸지에서 '지'란 4온으로 이루어진 마음을 말한다. 회신멸지 해야지만 비로소 일체의 고통을 제거하여 무여 열반으로 마침내 되돌아간다. ; 灰身卽, 指四大之形. 滅智卽, 絕四蘊之心. 方斷諸苦, 結歸無餘."(신찬속장58-730하)고 하여, 4대로 이루어진 색온과 수·상·행·식의 4온을 합하여 5온이 모두 공하다고 철저히 알고 실천하는 것이라고 했다.

세계를 만드는 근본이라고 한다. 이것 말고 과거나 미래에 결코 근본이 되는 별다른 법이 있음을 인정하지 않는다.

翻覆推我, 皆不可得. 便悟此身, 但是衆緣, 似和合相, 元無我人. 爲誰貪瞋, 爲誰殺盜施戒, 〈知苦諦也.〉 遂不滯心於三界有漏善惡, 〈斷集諦也.〉 但修無我觀智, 〈道諦.〉 以斷貪等, 止息諸業, 證得我空眞如, 〈滅諦.〉 乃至得阿羅漢果, 灰身滅智, 方斷諸苦. 據此宗中, 以色心二法, 及貪瞋癡, 爲根身器界之本也. 過去未來, 更無別法爲本.

2) 소승교를 비판

이제 그 교리를 따져보겠다.

대저 여러 생과 여러 세계를 거치면서 윤회하는 동안에 인간 몸의 근본이 되려면, 그 존재 자체가 반드시 중단되는 일이 없어야 한다. (그러나 만약 인식할 대상[모습, 소리, 냄새, 맛, 느낌]이나 그것을 받아들이는

60) 원문은 '근신(根身)'이다. 『발미록』(신찬속장58-731상)에서 정원 법사는 "근신이란 안·이·비·설·신 등 5종류의 색근(色根) 및 이런 색근들이 붙어있는 몸뚱이를 말한다. ; 根身則, 眼等五色根, 及根依處."라고 했다. 즉 "안근·이근·비근·설근·신근 등의 5종의 색근(色根)과, 그 근의 의처(依處)를 말한다."고 한다. 문제는 의처(依處)인데, 일단 본 번역서에서는 5근을 담고 있는 몸뚱이로 이해했다.

인식 기관[눈, 귀, 코, 혀, 몸]이 없어지면,) 거기에 호응하는 5가지의 인식 작용도 중지된다. 〈6근, 6경 등이 반연의 대상이 된다.〉 그런가 하면, 6번째 식인 의식(意識)도 어느 때에는 작용하지 못하기도 한다. 〈예를 들면 기절했을 때, 잠잘 때, 모든 번뇌가 사라진 멸진정(滅盡定)에 들었을 때, 외도가 수행하는 모든 사량 분별이 사라진 선정인 무상정(無想定)에 들었을 때, 무상정을 닦아 태어나는 하늘나라[無想天]에서 생활할 때, 이럴 경우 제6식이 작용하지 못한다.〉

또, 물체의 걸림을 받지 않는 하늘나라[無色界]에서는 인식 작용은 있어도 인식할 대상인 물질을 구성하는 4가지 요소 즉 4대(大)가 없다. 그러니 심(心)과 색(色)으로 이루어진 몸을 가지고서 세세생생 하는 동안 그 존재가 단절됨이 없을 수 있겠는가? 그러므로 이 소승교의 교리만을 전문하는 이는 역시 몸의 근본을 완전히 파악하지 못했다고 하겠다.[61]

**今詰之曰, 夫經生累世, 爲身本者, 自體須無間斷. 今五識**

61) 이렇게 말할 수 있는 이유에 대해 『발미록』에서는, "소승교에서는 법을 설명함에 있어 제6식만을 말하고, 아뢰야식(阿賴耶識)이 몸의 근본이 되는 걸 말하지 못했기 때문이다. ; 此教詮法, 唯辨六識, 未說賴耶, 爲身本也."(신찬속장58-731상)라고 한다.

**闕緣不起**〈根境等爲緣〉. **意識有時不行**〈悶絶, 睡眠, 滅盡定, 無想定, 無想天〉, **無色界天, 無此四大, 如何持得此身, 世世不絶. 是知, 專此敎者, 亦未原身.**

## 3. 대승법상교

대승법상교(大乘法相敎)에서는[62] 생명이 있는 모든 존재는 오래전부터 원래 항상 8종의 식(識)[63]이 있다고 한다. 그중에서도 제8 아뢰야식이[64] 근본이 되는데, 그 식이 갑자기 전변하여[頓變],[65] 인간의 감각기관과

---

62) 종밀 선사가 말하는 '대승법상교'는 『해심밀경』과 『유식론』의 유식 사상을 지목한다.

63) 안식(眼識), 이식(耳識), 비식(鼻識), 설식(舌識), 신식(身識), 의식(意識) 등 6종의 식과, 제6식인 의식의 모체로써 항상 이리저리 생각하고 '나'라고 집착하여 자아의식의 바탕이 되는 제7 말라식과, 말라식의 본체로서 만법을 간직하여 종자(種子)와 현행(現行)을 총괄하는 제8 아뢰야식, 이 모두를 합하면 모두 8가지의 식이 된다.

64) 제8 아뢰야식: '장식(藏識)'으로 한역했는데, 일체 중생의 총보(總報)로서 모든 법 종자를 간직함. 아뢰야식이 능변(能變)과 능연(能緣)이 되고, 3경(境)이 소변(所變)과 소연(所緣)이 된다.

65) 갑자기 전변하여[頓變]: 여기에서 '변(變)'이란 아뢰야식의 변화인데, 스스로 변하는 힘, 즉 능변(能變)은 '자증분(自證分)'이 되고, 이것이 변하여 생긴 결과 즉 소변(所變)은 '견

몸뚱이[根身][66]와 중생이 사는 자연환경[器世界]과[67] 종자(種子)에[68] 변화를 주고 싹을 틔워 제7식인 말나식(末那識)을[69] 만든다. 이렇게 아뢰야식은 스스로가

---

분(見分)'과 '상분(相分)'이 된다. 자세한 것은 『성유식론』권1(T.31-7중~19상)을 참조. 의식의 총체적 활동성을 고려하여, 그것의 한 부분이라는 뜻에서 '분(分)' 자를 각각의 개념어에 붙인 것이다.

66) 감각기관과 몸뚱이[根身]: ※위의 p.90의 주60) 참조.

67) 산하·대지·국토 따위이니, 모두 제8식의 인식대상이 된다.

68) 종자(種子): 범어 'bīja'를 이렇게 번역한 것이다. 유식 사상에서는 제8식인 아뢰야식 속에는 현생(現生)하여 결과로 출생할 수 있는 세력 또는 힘이 있다고 한다. 이 종자는 지난 과거 시간 동안에 자신이 한 행위가 잠재되어 다음 순간에 싹이 돋을 수 있는 영향력(習氣; vāsanā)을 저장하고 있다. 이 종자에는 3종류가 있는데, (1)선의 결과를 초래하는 종자, (2)악의 결과를 초래하는 종자, (3)선 또는 악 중 그 어느 쪽의 결과도 초래하지 못하는 즉 무기(無記)의 종자이다.

69) 제7식인 말나식: 말나는 'manas'의 음역으로, 뜻으로는 '염오의(染汚意)'로도 번역. 의식적으로는 파악되지는 않지만, 그 속에서 항상 자기에게 집착하고 있는 마음의 속성으로 보통 유식에서는 4종류의 번뇌를 수반하는 오염된 마음이다. 4종류의 수번뇌(隨煩惱)란, (1)자아에 대한 미혹의 일종인 아치(我癡), (2)영원한 자아가 실재한다는 잘못된 신념의 일종인 아견(我見), (3)자아에 대한 자만심의 일종인 아만(我慢), (4)

변해서 자기 자신의 인식대상[自分所緣]을[70] 만들어내는데, 거기에서 나온 모든 존재는 전혀 참된 존재가 아니고 다만 있는 것처럼 보일 뿐이다.

어떻게 변하는가? 말하자면(아뢰야식 속에 축적된 종자에) 습관적으로 배어버린 힘, 즉 '나[我]'와 '나를 이루고 있는 요소[法]'가 실체로서 영원히 실재한다고 사량하고 분별하는[71] 잠재적 힘[熏習力] 때문이다. 그래

---

자아를 아끼고 집착하는 아애(我愛)이다. 『성유식론』권2(T.31-19상~26상) 참조.

70) 자기 자신의 인식대상: 원문은 '자분소연(自分所緣)'이다. 『발미록』에서는, "눈은 빛깔을 반연하고, 귀는 소리를 반연하고, 혀는 맛을 반연하고, 몸은 감각작용을 반연하고, 의(意)는 법(法)을 반연하고, 제7 말나식은 견분(見分)을 반연하고, 제8 아뢰야식은 몸과 마음과 갖가지의 기세계(器世界)를 반연한다."(신찬속장58-732중)고 풀이한다. 각각 구분된 제 몫[分]이 있어서 분(分)이라는 글자를 붙였다.

71) 원문은 '我法分別'. 『발미록』(신찬속장58-731중)에서 정원 법사는, 이런 현상을 『대승기신론』의 3세(細) 6추(麤)설에 입각해서 해설한다. 6추는 (1)지상(智相), (2)상속상(相續相), (3)집취상(執取相), (4)계명자상(計名字相), (5)기업상(起業相), (6)업계고상(業繫苦相)이다. 이중 법집분별(法執分別)은 (2)상속상에 해당하고, 아집(我執) 분별(分別)은 (4)계명자상에 해당한다고 한다. 그리고 법집(法執) 구생(俱生)은 (1)지상에 해당하고, 아집(我執) 구생(俱生)은 (3)집취상에 해당한다. 그런데 『원인론』에서 규봉 선사는 법집과 아집에 대

서 모든 식(識)이 생길 적에 아(我)과 법(法)이 있는 것처럼 착각하게 하고,[72] 그리고 거기에 무명(無明)에 물든 제6식과 제7식 때문에 이 두 식에 반영된 것인데, 그걸 가지고 거기에 실체로서 불변하는 나와 나를 이루는 요소가 실재한다고 집착한다.[73]

이는 마치 병들거나, 〈병이 심하면 정신이 혼미해져서 평소에 못 보던 사람이나 사물을 본다.〉 꿈을 꾸는 〈꿈속에서 나타나는 여러 가지 현상들이니, 생각해보면 알 수 있다.〉 사람에게 병과 꿈의 힘 때문에 가지가지 허망한 대상과 여러 물체가 나타나는 것과 같다. 꿈속에서는 그 물체들이 실로 있다고 여기지만, 그 꿈을 깬 후에는

---

해서만 말했다.

72) 종밀 선사는 이 부분을 『성유식론』권1에서 뜻만을 추려서 인용했다. 원문은, "중생들은 무시 이래 제6식과 제7식을 잘못 생각하여 나라고 생각해 갖가지 분별하여 제8식 속에 겹겹으로 저장하여 종자를 만든다. ; 衆生無始, 六七二識, 横計我法, 種種分別, 重在藏識而, 成種子."(T.31-1중)이다.

73) 이 부분을 『발미록』에서는 "『유식이십론』의 게송에는 '다만 식뿐이고 경계는 없거늘, 그 대상이 있다고 허망하게 보는구나! 마치 사람 눈에 눈병이 생겨 털과 달 따위를 보는 것 같네'라고 했다. ; 二十唯識偈云, 唯識無境界, 以無塵妄見, 如人目有翳見毛月等事."(신찬속장58-731중)라고 주를 달고 있다.

마침내 꿈 때문에 그런 것들이 나타난 것인 줄 알게 된다.[74]

**三. 大乘法相教者, 說一切有情, 無始已來, 法爾有八種識. 於中第八阿賴耶識, 是其根本, 頓變根身器界種子, 轉生七識. 皆能變, 現自分所緣, 都無實法. 如何變耶. 謂我法分別熏習力故. 諸識生時, 變似我法, 第六七識, 無明覆**

---

74) 정원 법사는 『발미록』에서 "『유식론』에서 허망한 변화를 설명하면서 말하기를, '병들거나 꿈꾸는 이에게 그 병과 꿈의 힘 때문에 그 마음에는 갖가지 허망한 대상과 물체가 있는 것처럼 보인다. 그것에 영향을 받아서 참으로 바깥 세계가 실재한다고 고집하게 된다'라고 하였다. 이렇게 말한 의미를 을 풀이하면, 꿈에 본 현상들이 실은 없는 것이지만, 그 꿈 자체는 없는 게 아니다. 그러므로 업의 힘이 있어서 허망한 경계가 전변하여 일어난다. 만일 병든 것을 비유하여 말한다면, 사람의 성한 눈이 풍열을 받아 눈에 병이 생기면 곧 허공의 꽃을 보거나 그밖에 갖가지 헛것을 보게 되는 것과 같다. 『성유식론』에서는 그것을 해석하기를 '허공의 꽃은 비록 없으나, 허공의 꽃을 보는 병든 눈은 없는 것이 아니다'라고 하였다. 이 두 가지로 비유한 것은 조금 다르나 그 의도는 같다. ; 若準唯識論, 卽使幻化字文云, 如幻夢者, 幻夢力故, 心似種種外境相現. 緣此執爲實有外境. 彼意釋云, 幻夢所見之物, 雖無, 其夢幻則, 不見無. 是故, 有力變起妄境. 若約病患之喩說者, 如人淨眼, 被風熱等翳, 卽見空華種種相貌. 成唯識論釋意云, 空華雖無, 其見華之翳眼非無. 是則二喩, 雖異約法皆同耳." (신찬속장58-731중)고 했다.

**故, 緣此, 執爲實我[75)]實法. 如患** 〈重病心惛, 見異色人物也〉 **夢者,** 〈夢想所見, 可知.〉 **患夢力故, 心似種種外境相現. 夢時執爲實有外物, 寤來方知, 唯夢所變.**

우리 인간의 몸과 마음도 역시 마찬가지이다. 다만 심식(心識; 아뢰야식)의 전변(轉變)에[76)] 의해서 생긴 것에 지나지 않는다. 그런 사실에 대해 미혹했기 때문에, 영원불변하게 실체적으로 실재하는 '나[我]'와 의식의 대상이 되는 온갖 대상 세계가 실재한다고 고집한다. 그리하여 미혹한 생각을 일으켜서 업(業)을 지어서는 끝없이 생사에 윤회하여 벗어나지를 못한다. 〈자세한 것은 앞에서 말한 것과 같다.〉

만일 이런 진리를 깨달으면, 비로소 사람의 몸과 마음은 오직 아뢰야식(阿賴耶識)이 변해서 된 것이고,

---

75) 『발미록』(신찬속장58-731중)에 의하면 '執爲實我'가 어떤 책에서는 '執爲實有'라고 되어 있다고 한다. 어느 쪽이든 뜻은 같다.

76) 전변(轉變): 아뢰야식의 종자가 변화하여 현상화 하는 작용. 학파에 따라 약간의 해석상의 차이가 있으나, 법성종의 교학에서는 기본적으로 『대승기신론』에 입각하여, 아뢰야식이 전변하여 3세와 6추로 물들어 오염되어가 즉 염오(染汚) 되는 염연기(染緣起)와, 그 흐름을 거슬러 본래의 청정한 자성을 회복해가는 정연기(淨緣起)에로의 전변을 말하고 있다.

아뢰야식은 인간의 본원(本源)이라는 진리를 알게 된다. 〈대승법상교의 교리가 인간의 본원에 대해 충분하게 해명하지 못한 것임은 아래의 대승파상교에서처럼 논파된다.〉

**我身亦爾, 唯識所變. 迷故, 執有我及諸境. 由此起惑造業, 生死無窮.** 〈廣如前說.〉 **悟解此理, 方知我身, 唯識所變, 識爲身本.** 〈不了之義, 如後所破.〉

## 4. 대승파상교

### 1) 대승파상교의 내용

대승파상교(大乘破相教)는 소승 법상과 대승 법상[77]의 교학에 드러난 잘못된 집착을 논파하는 동시에, 다음에 설명하는 '일승현성교(一乘顯性教)'에서 주장하는 참된 성품은 공(空)하고 움직임이 없다[寂]는 주장을 소극적으로 드러내는[78] 가르침이다.

---

77) 원문은 '大小乘法相'인데, 정원 법사의 해설에 따라 '소승법상'과 '대승법상'으로 나누어 읽었다. 『발미록』(신찬속장58-731하~731상)에 의하면, 소승법상은 위에서 말한 소승교 즉 설일체유부 등 일부 부파의 학설에서 인간과 그 인간이 사는 자연환경이 실체로서 실재한다고 여기는 것을 말하고, 대승법상은 유식종에서 제8 아뢰야식을 근본으로 여기는 것을 말한다고 한다.

78) 소극적으로 드러내다: 원문은 '밀현(密顯)'이다. 법상의 실

〈법상을 쳐부수는 말들은 반야부에 속하는 여러 경전뿐만 아니라 그 밖의 대승 경전에도 곳곳에 있다. 앞에서 말한 인천교(人天教)·소승교(小乘教)·법상교(法相教)의 세 가르침의 경우는 그 가르침을 설하는 시기 내지는 장소가 일정한 순서에 의해서 (뒤로 가면 갈수록 의미가 깊어지는 쪽으로) 전개되었다. 반면에 이 대승파상교의 경우는, 중생이 집착하면 집착하는 그때그때 적절하게 그 집착을 떨쳐버리기 위해 설했기 때문에, 시간적인 선후 관계가 없다.

그래서 용수(龍樹; 150~200)는 반야를 공반야(共般若)와 불공반야(不共般若) 둘로 나누었다. (1)첫째, 공반야(共般若)는 보살은 물론 성문이나 연각에 속하는 출가 불자들이 공통적으로 반야를 설하는 법을 함께 듣고서, 믿고 이해하여 자기들이 가지고 있던 교리에 대한 집착을 깨뜨렸기 때문에 그렇게 이름 붙였다. (2)둘째, 불공반야(不共般若)는 오직 보살승들만을 위하여 소극적으로 불성을 드러냈기 때문에 그렇게 이름을 붙였다.

인도의 계현(戒賢; 529~645)과 지광(智光; 생몰연대 미상) 논사(論師)는 각기 부처님이 하신 말씀을 세 시기로[三時教][79] 나

재를 논파하는 방식이 부정의 어법인 '공하다' 또는 '아니다'는 부정 방식 즉, 차전(遮詮)의 어법으로 법성(法性)을 반증하는 방식으로 드러내기 때문에 '소극적'이라고 한 것이다.

79) 삼시교(三時教): 『발미록』(신찬속장58-732상)에서 정원 법사는 다음과 같이 설명하고 있다. (1)계현 논사는 멀리 미

누었다. 그중 계현 논사는 '유(有)'를 말씀하신 가르침[有教]·'공(空)'을 말씀하신 가르침[空教]·중도를 말씀하신 가르침[中道教]으로 셋으로 분류하여, 공(空)을 말씀하신 가르침인 파상교(破相教)를 유식을 말하는 법상교(法相教)의 앞에 두었다. 반면에 지광 논사는 공(空)을 설하는 파상교(破相教)를 유식을 설하는 법상교의 뒤에 두었다. 그런데 나 종밀(宗密)은 『원인론』에서는 후자인 지광 논사의 설을 취한다.〉

**四. 大乘破相教者, 破前大小乘法相之執, 密顯後眞性空寂之理.** 〈破相之談, 不唯諸部般若, 遍在大乘經. 前之三教依次先後, 此教隨執卽破, 無定時節. 故龍樹立二種般若, 一共, 二不

---

륵과 무착을 계승하고 가까이 호법(護法)과 난타(難陀)를 이어서 3가지 교를 세웠다. 첫째는 유교(有教)이니 곧 『아함경』 등이 여기에 해당하고, 둘째는 공교(空教)이니 곧 반야부 경전이요, 셋째는 중도교(中道教)이니 곧 『해심밀경』 등이 여기에 속한다. 앞의 첫째와 둘째는 궁극적인 가르침이 아니고, 셋째만이 궁극의 가르침이라고 한다. (2)한편, 지광 논사는 멀리 문수(文殊)와 용수(龍樹)를 계승하고 가까이 청목(淸目)과 청변(淸辨)에게 배웠는데, 이 논사도 역시 3가지 교를 세웠다. 첫째는 녹야원에서 말씀하신 소승이니 심(心)과 경(境)이 모두 실체가 있다[有]는 것이요, 둘째는 대승법상을 말씀하셨으니 경(境)은 공(空)하고 심(心)만 있다는 것이요, 셋째는 무상대승을 말씀하신 것이니 심(心)과 경(境)이 모두 공하다는 것이다. 앞의 첫째와 둘째는 궁극의 가르침이 아니고 마지막의 셋째만이 궁극의 가르침이라고 한다.

共. 共者, 二乘同聞信解, 破二乘法執故. 不共者, 唯菩薩解, 密顯佛性故. 故天竺戒賢智光二論師, 各立三時教, 指此空教, 或云在唯識法相之前, 或云在後. 今意取後.〉

2) 대승법상교를 비판

이제부터 법상교의 인간론을 비판하기 위해 먼저 그 교리의 모순에 대하여 질문을 해보기로 한다. 법상교의 주장대로라면 아뢰야식(阿賴耶識)이 변해서 만들어진 대상 경계는 허망한[妄] 것인데, 그렇다면 이렇게 허망한 대상 경계를 만드는 주체인 아뢰야식인들 어찌 참[眞]일 수 있겠는가?

만약 일체의 현상을 만들어내는 아뢰야식에만 진실성이 있고, 그것에 의존해서 만들어지는 대상경계에는 진실성이 없다고 한다면, 〈이 부분에 대한 비판은 이하에서 꿈을 비유로 들어가면서[80] 할 예정이다.〉 즉 '꿈을

---

80) 꿈의 비유: 『원각경대소초』(권1)에서는 『장자』 「제물론」의 '장주호접몽(莊周蝴蝶夢)'을 예로 들어 설명하였다. 이것으로 보아 『원인론』의 집필 연대를 『대소초』 이후로 추정하는 것이 가능하다. 참고로 『원각경대소』는 장경 3년(長慶; 823년, 종밀 44세)에 탈고한다. '장주호접몽(莊周蝴蝶夢)'의 줄거리는 다음과 같다. 옛적에 장주가 꿈에 나비가 되어 꽃동산에 펄펄 날아다니면서 꽃을 보고 그 향내를 탐내어 즐기다가 그 꿈을 깨어보니, 나비는 온 데 간 데

꾸는 행위[夢想]'와 '꿈속에서 본 내용[夢物]'은[81] (전자는 진실성이 있고, 후자는 진실성이 없는 점에서) 반드시 서로 달라야 할 것이다. 그렇게 서로 다르다면, '꿈꾸는 행위' 자체는 그 '꿈속에서 본 내용'이 아닐 것이고, '꿈속에서 본 내용'은 '꿈꾸는 행위' 자체가 아니어야 할 것이다. 그러다가 꿈에서 깨어나면 '꿈을 꾸었던 행위' 자체는 사라져도, '꿈속에서 본 내용'은 반드시 남아 있어야 할 것이다. 그런데 만약 '꿈속에서 본 내용'은 허망한 것이 아니라면, 꿈에서 깨고 나도 그것은 엄연하게 존재하는 물건[眞物]일 것이다. 반대로 '꿈속에서 본 내용'이 허망한 것이라면 엄연하게

---

사라지고 꽃동산과 꽃향내도 찾아볼 수 없으며 나비도 꽃도 아닌 본래의 장주만 있었을 뿐이다.

81) 『발미록』에서 정원 법사는 "본문에서 말하는 '꿈속에서 본 내용[夢物]'을 '나비'로 바꾸어 생각해보면, 그 비유는 분명해질 것이다."(신찬속장58-732중)라고 했다. 그러니까 '깨어있는 나'가 있고, 이런 내가 '꿈꾸는 행위'를 하고, 이렇게 '꿈꾸는 행위'로 인하여, 꿈속에서 '나는 나비가 되어' 그것이 꿈인 줄 모르고 '꽃들 사이'를 날아다닌다. 그런데 종밀 선사의 논리대로라면, 꿈속의 나, 즉 '나비'는 물론 '꽃'도 모두 허상이다. 그뿐만 아니라. '나비'와 '꽃'을 만들어낸 '꿈꾸는 행위'도 깨고 나면 모두 허상이다. 그러니 아뢰야식에서 나온 일체의 현상도 허망한 것이지만, 나아가 아뢰야식 자체도 허망한 것이라는 추궁이다.

존재하는 물건은 아니니, 현실에 존재하는 것은 아닐 것이다.

그러므로 우리는 다음과 같은 사실을 알 수 있다. 즉 꿈을 꿀 때 '꿈을 꾸는 행위'와 '꿈속에서 보는 내용', 이 둘이 모두 꿈이라는 사실이다. 언뜻 보면 '꿈을 꾸는 행위'와 '꿈속의 물체'가 각각 서로 다른 것처럼 보이지만, 사실상 이 두 가지는 모두 진실성이 없는 허망한 것이다. 따라서 법상교(法相敎)에서 말하는 여러 식(識)도 이와 동일하여 실은 허망한 것이다. 이 식(識)들은 모두 여러 인연이 모여서 된 것이어서 고유한 자성이 없기 때문이다.

將欲破之, 先詰之曰, 所變之境旣妄, 能變之識豈眞. 若言一有一無者, 〈此下卻將彼喩破之.〉 則夢想與所見物應異. 異則夢不是物, 物不是夢, 寐[82]來夢滅, 其物應在. 又物若非夢, 應是眞物. 夢若非物, 以何爲相. 故知, 夢時則夢想夢物, 似能見所見之殊, 據理則同一虛妄, 都無所有. 諸識亦爾, 以皆假託衆緣, 無自性故.

그러므로 『중관론』에서 "일찍이 인연에 의하지 않고 생긴 존재는 하나도 없다. 그러므로 모든 존재는 공

82) 寐: 문맥으로 보아 '寤' 자로 되어야 마땅함.

하지 않은 것이 없다"라고[83] 했다. 또 거기에서 "직접적인 원인과 간접적인 원인이 모여서 생긴 그 존재를 가리켜 나는 공(空)이라고 말한다"라고[84] 말하였다. 그리고 『대승기신론』에서 "일체 모든 법은 오직 허망한 마음 때문에 여러 가지 차별이 일어난다. 만약 마음의 사량분별만 사라지면, 일체의 모든 경계상이 사라진다"라고[85] 했다. 또 『금강경』에서 "(부처님께 갖추어진 32상 80종호의) 모든 형상은 허망하니, 일체 형상을 떠나면 곧 부처라고 할 수 있다"라고"[86] 하였다. 〈이런 등등의 이야기들은 대승 경전의 여기저기에 나타나 있다.〉

그러므로 인식의 주관인 마음[心]과, 그것에 의해서 만들어진 인식의 대상[境]이 모두 실체가 없어 공하다고 해야만, 비로소 대승의 참된 진리가 된다고 할 수 있다. 만약 이런 식으로 인간의 본원(本源)을 따져 본다면, 인간의 몸이란 원래 실체가 없는 공한 존재이다. (파상교의 입장에서 본다면) 이 공한 사실 그 자체가 인간의 근원이다.

**故中觀論云, 未曾有一法不從因緣生, 是故, 一切法無不是空者. 又云, 因緣所生法, 我說卽是空. 起信論云, 一切**

---

83) 『중관』(권4) 「관사제품」의 제19게(T.30-33중).

84) 『중론』(권4) "衆因緣生法, 我說卽是空."(T.30-33중).

85) 『대승기신론』(T.32-476상).

86) 『금강경』(T.8-749상).

**諸法, 唯依妄念, 而有差別, 若離心念, 卽無一切境界之相. 經云, 凡所有相, 皆是虛妄, 離一切相, 卽名諸佛**〈如此等文, 徧大乘藏〉. **是知心境皆空, 方是大乘實理. 若約此, 原身, 身元是空, 空卽是本.**

3) 대승파상교를 비판

이제부터는 대승파상교의 인간론을 비판해보겠다. 만일 (대승파상교의 주장대로) 인식주관인 마음[心]과 인식대상[境]이 모두가 진실한 법이 아니라고 한다면, 그런 줄 아는 존재는 무엇인가?[87] 또 만일 진실한 법이 어디에도 없다면, 무엇을 기준으로 허망한지 아닌지를 판정할 수 있겠는가?

또 우리가 사는 이 세상을 보더라도, 진실한 법에 의존해서 생기지 않는 것은 아무것도 없다. 예를 들어 만일 물[水]에는 언제나 변함없이 축축한 성질이

---

87) 『발미록』(신찬속장58-732하)에서 정원 법사는 『진왕답서(秦王答書)』에서 "모든 학파에서 제일의제(第一義諦)를 통틀어 말하기를 성인(聖人)이란 텅 비고 공하고 고요하여 실은 없는 것이라고 말들 하는데, 그네들의 말대로 정말로 성인이 없다면 그 없음을 아는 자야말로 성인이 아니고 누구이겠는가?"라고 했는데, 본 번역자는 종밀 선사가 여기에 그 문세(文勢)를 인용한 것이라고 했다. 생각해보면 그렇게 한 종밀 선사의 의도를 알 수 있을 것이다.

있는데, 만약 이런 축축한 성질이 없다면 바람이라는 조건에 의해서 생겼다가 가라앉는 파도[波]는 존재할 수가 없는 것과 같다. 또 거울 자체에는 깨끗하고 맑아 만물을 비추는 성질이 변함없이 있는데, 만일 이러한 성질이 없다면 조건에 의해 다양하게 비치는 영상이 어찌 존재할 수 있겠는가?[88]

**今復詰此教曰, 若心境皆無, 知無者誰. 又若都無實法, 依何現諸虛妄. 且現見世間虛妄之物, 未有不依實法, 而能起者, 如無濕性不變之水, 何有虛妄假相之波. 若無淨明不變之鏡, 何有種種虛假之影.**

또 앞서 대승법상교를 비판하는 과정에서 나온, 즉 "'꿈을 꾸는 행위'와 '꿈속에서 본 내용'이 둘 다 모두

---

88) 여기에서는 바닷물의 적시는 성질과 다양한 파도의 모습, 그리고 거울이 영상을 맺는 성질과 거울에 비친 다양한 영상을 비유로 삼아, 하나는 불변(不變), 다른 하나는 인연을 따라 변하는 수연(隨緣), 이렇게 하나의 본질에 소속된 두 가지 속성을 논증하고 있다. 그리하여 종밀 선사가 주장하려는 것은 본각진심(本覺眞心)이 인간의 본원(本源)이라는 것이다. 『발미록』에서 정원 법사는 종밀 선사의 이런 의도를 간파하여 "본래부터 청정한 깨침의 마음을 간직하고 있다. ; 本有性淨覺心."(신찬속장58-732하)라고 주석하였다.

실체가 없는 허망한 것이다"라고 한 말은 참으로 옳기는 옳다. 그러나 실체가 없는 '꿈을 꾸는 행위'는 사람이 잠을 잤기 때문에 나타나는 현상이다. 이제 다시 인식주관인 마음[心]과 인식대상인 경계[境]가 모두 허망하고 공한 것이라고 한다면, 과연 무엇에 의지해서 이런 허망하고 공한 가상물이 생겨나는지, 참으로 알 수 없는 일이다.

그러니 결론적으로 다음과 같음을 알겠다. '파상교'는 '법상교'에서 아뢰야식이 인간의 본원이라고 잘못 집착한 생각을 논파하기는 했지만, 참된 신령한 성품[眞靈之性]을[89] 명백하게 드러내지는 못했다. 그러므로 『대법고경』에서 "공 도리만을 말한 모든 경들은 아직 미진한 점이 있다"[90] 〈미진하다는 것은 '요의교(了義

89) 참된 신령한 성품[眞靈之性]: 이것은 물에 비유하면 적시는 성질, 거울에 비유하면 비추는 성질을 말함. 종밀은 이것을 『중화선문사자승습도』 「6. 하택종의 주장」(※본 번역서 pp.187~192)에서는 하택 신회 선사가 말하는 '영지불매(靈知不昧)' 또는 '공적심(空寂心)'으로 설명하기도 한다. 또 종밀 스님은 『원각경』 관련 각종 주석서에서 『원각경』의 '淨圓覺'을 설명하는 과정에서 '본각진심(本覺眞心)'이라는 개념으로 설명하기도 한다. 종밀 철학의 핵심 개념 중의 하나이다.

90) 『대법고경』(권하), (T.9-296중).

敎)'가 아니라는 뜻이다〉라고 말씀하였다. 『대품경』에서 "공 도리는 대승의 입문에 불과하다"라고[91] 말씀하였다.

이제까지 살펴보아 온 '인천교'·'소승교'·'법상교'·'파상교'의 인간의 근원 관련 주장을 이리저리 서로 비교해 보면, 앞의 교리는 옅고 뒤의 교리는 깊다. 그런데 이것을 배우는 이들이, 자신들이 배우는 가르침이 궁극의 가르침이 아니라는 걸 알지 못하기 때문에 (이 대목의 앞부분에서 제목을 "斥偏淺 第二"라고 붙여) '얕다[淺]'고 한 것이고, 자기들이 배우는 가르침이 궁극의 진리라고 집착하기 때문에 '치우쳤다[偏]'고 표현한 것이다. (내가 이렇게 표현한 이유는 저들의 가르침 자체가 얕거나 한쪽에 치우쳤다는 것이 아니고) 그 가르침을 배우는 이들이 얕고 한쪽에 치우쳤다는 뜻이다.

---

91) 『대품반야바라밀경』에는 이런 구절이 없다. 다만 여기서는 『화엄원인론속해』(중권)에서는 『대지도론』(권31)의 "무위란, 생성 소멸하는 것도 아니고 생·주·이·멸하는 것도 아니라는 뜻이다. 그런데 이런 생각은 불교의 가르침에 들어가는 입문이다. ; 無爲相者, 不生不滅不住不異, 是爲入佛法之初門"(T.25-289상) 부분을 들어서 이를 설명하고 있음을 밝혀 둔다.

又前說夢想夢境, 同虛妄者, 誠如所言. 然此虛妄之夢, 必依睡眠之人. 今旣心境皆空, 未審, 依何妄現. 故知, 此教但破執情, 亦未明顯眞靈之性. 故法鼓經云, 一切空經是有餘說.〈有餘者, 餘義未了也〉大品經云, 空是大乘之初門. 上之四教, 展轉相望, 前淺後深. 若且習之, 自知未了, 名之爲淺, 若執爲了, 卽名爲偏. 故就習人, 云偏淺也.

## Ⅲ. 참된 근원을[92] 바로 밝힘

〈부처님 말씀 중, 본질적인 참된 가르침〉

**直顯眞源 第三** 〈佛了義實教〉

### 5. 일승현성교

일승현성교(一乘顯性教)[93]에서는 인간의 본원(本源)을

92) 참된 근원[眞源]: '원(源)' 자와 관련해서 『발미록』에서 정원 법사는 이렇게 주석을 달고 있다. "여기서 말하는 원(源)이라는 글자는 중생이면 누구나 간직하고 있는 본각진성(本覺眞性)을 말한다. 일체 만물에 있어서는 의보(依報)와 정보(正報)의 근원이 되고, 중생에 있어서는 미혹했다가 깨쳤다 하는 근원이 되고, 보살에게 있어서는 일체 보살행의 근원이 되고, 부처에게 있어서는 일체 만물을 길러주는 덕의 근원이 된다."(신찬속장58-733상).

93) 일승현성교: 중생을 이쪽의 사바에서 열반의 저쪽 세계로 실어 나르는 수레라는 뜻으로 수레의 뜻으로 '乘' 자를 넣어 표현한 것이다. 이 수레 중에서도 가장 큰 수레라는 의미에서 '대승(大乘)'이라는 말이 있고, 중생을 실어 나르는 유일무이한 수레라는 뜻으로 '일승(一乘)'이란 말을 쓰기도 한다. '현(顯)'은 소극적인 측면에서 '성(性)'을 드러내는 '밀현(密現)'이 아니고 적극적으로 드러낸다는 뜻이다. '파상교'가 '차전(遮詮; 부정 어법)'의 논리를 주로 사용한 것에 반해, 이곳 '일승현성교(一乘顯性教)'는 '표전(表詮; 긍정

이렇게 말한다.

일체중생은 모두 본래부터 또렷한 참 마음[本覺眞心][94]을 지니고 있다. 이것은 끝없는 옛적부터 지금에 이르기까지 늘 존재하고, 청정하고, 매우 밝아 어둡지 않고, '또렷하면서도 항상 작용하고 사물을 있는 그대로 지각하는 기능[了了常知]'이다.[95] 이것을 때로는 불성(佛性)이라고[96] 명칭하기도 하며, 또는 여래

---

어법)'의 논리를 사용한다.

94) 본각진심(本覺眞心): '본각'은 천성적으로 타고난 본능적으로 진실을 자각하는 작용성 말한다. '진심'에서의 '심'은 마음이기는 마음인데, 인연의 조건에서 만들어진 연기한 결과물로서의 마음이 아니라는 의미를 분명하게 드러내려고 수식어로 '진' 자를 붙였다.

95) 또렷하면서도 항상 작용하면서 사물을 있는 그대로 지각하는 기능[了了常知]. 무엇을 '지각한다'고 할 때 그 '지각기능'은 반드시 대상이 있다. 그러나 종밀이 말하는 '지각기능[知]'은 대상의 유무와 무관하게 항상 작용하는 앎의 작용이다. 『발미록』(신찬속장58-733상)에서 정원 법사는, "여기에서 말하는 '상지(常知)'란 그 마음의 본체가 모양은 없지만, 그 기능은 아주 영특하여 전혀 우매함이 없는 것을 말한다. 어떤 대상 세계가 있어서 그에 대해 반응하는 지식 작용인 '분별식'도 아니며, 수행을 통해서 얻어지는 '지혜'도 아니다. 그것은 본래부터 '움직이는 힘[活物]'이어서 허공이나 나무나 돌과는 다르다"고 설명했다.

96) 불성(佛性): 부처가 부처일 수 있는 본질. 도교에서도 이

장(如來藏)이라고[97] 부르기도 한다.

그런데 끝없는 옛적부터 또렷한 참 마음[本覺眞心]에 망상이 가려, 자신 속에 이것이 있는 줄을 알지 못하고 육체[質]가 참된 자기인 줄 잘못 알고,[98] 거기에 즐겨 집착하여 업을 지어, 생로병사의 괴로움을 받는다. 그러므로 대각 세존께서 이것을 가엽게 여기시어 일체가 모두 공하다고 하셨고, 또 '신령스러운

---

개념을 차용하여 '도성(道性)'이라는 용어를 만들어 사용했다. 이러한 '불성(佛性)'이 모든 존재에 있는가, 아니면 특정한 존재에만 있는가, 이 문제는 중국의 불교철학사에서 중요한 쟁점이 된 적도 있다.

97) 여래장(如來藏): 이 개념의 의미를 『원각경대소』(상권3)(신찬속장9-351중)에서는 "今初由三義, 故得名爲藏. 一隱覆義, 二含攝義, 三出生義"라 했다. (1)은복의(隱覆義)는 번뇌에 덮이고 가려져 있는 그 무엇, (2)함섭의(含攝義)는 그 속에 일체의 모든 것을 머금어 포섭하고 있는 그 무엇, (3)출생의(出生義)는 일체의 모든 사태가 출생하는 그 무엇이라는 의미이다. 『원각경・현담』(규봉 종밀 현담, 신규탁 번역, 운당문고, 2023년 개정판, pp.30~31) 참조.

98) 육체[質]가 참된 자기인 줄로 잘못 안다: 『발미록』(신찬속장58-733중)에서 정원 법사는, 본각진심이 제 속에 있는 줄 모르는 것이 법집 즉 소지장(所知障)이고, 이 문장에서 말하는 것은 아집으로서 번뇌장(煩惱障)을 지칭한다고 한다. 화엄교학 종장들답게 역시 2장(障)으로 경문을 해설하고 있다.

또렷한 참 마음[靈覺眞心]'이 청정한 점에서는 부처님과 중생이 똑같다고 하셨다.

그러므로 『화엄경』에서, "불자(佛子)들아, 어느 한 중생도 여래의 지혜를 갖추지 않은 이가 없건마는 망상 집착 때문에 그를 증득하지 못한다. 만일 그 망상을 여의면 일체지(一切智)와 자연지(自然智)와 무애지(無礙智)가[99] 곧 나타나게 되리라"라고[100] 하셨다. 그리고 이를 비유하여 작은 먼지 속에 무수한 경전이 들어 있다는 말씀을[101] 해주셨다. 작은 먼지는 중생에 비유한 것이고, 경전은 부처님의 지혜에 비유한 것이다.

그다음에 또 『화엄경』에서, "이때 여래께서 법계의 일체 중생을 널리 관찰하시고 이러한 말씀을 하

---

99) '일체지'는 '모든 진실을 아는 지혜', '자연지'는 무엇이든지 저절로 아는 지혜, '무애지'는 모든 것에 막힘없이 모두 아는 지혜.

100) 『화엄경』「여래출현품」(T.10-272하).

101) 『화엄경』「여래출현품」(T.10-272하)에 의하면, "비유하건대 큰 경전이 있어 그 분량은 삼천대천세계와 같다. 거기에는 삼천대천세계의 일들이 모두 기록되어 있다. 이렇게 큰 경전이지만 이것은 아주 작은 먼지 속으로 완전히 들어간다. 이 작은 먼지 속에도 들어 있듯이 그밖에 모든 먼지 속에도 다 들어 있다"고 한다.

셨다. '기이하고 기이하다! 이 모든 중생이여, 여래의 지혜를 갖추고 있으면서도 어찌 미혹하여 보지 못하는가? 나는 마땅히 성스런 진리를 가르쳐 주어 그들이 망상을 영원히 떠나, 제 스스로 자신 속에서 여래의 광대한 지혜를 볼 수 있게 하여 부처님과 더불어 조금도 다름없게 하리라'고 하셨다"라고[102] 이르셨다.

五. 一乘顯性敎者, 說一切有情, 皆有本覺眞心. 無始以來, 常住淸淨, 昭昭不昧, 了了常知, 亦名佛性, 亦名如來藏. 從無始際, 妄相翳之, 不自覺知, 但認凡質故, 耽著結業, 受生死苦. 大覺愍之, 說一切皆空, 又開示靈覺眞心淸淨, 全同諸佛. 故華嚴經云, 佛子, 無一衆生, 而不具有, 如來智慧, 但以妄想執著, 而不證得. 若離妄想, 一切智, 自然智, 無礙智, 卽得現前. 便擧一塵, 含大千經卷之喩. 塵況衆生, 經況佛智. 次後又云, 爾時如來, 普觀法界一切衆生, 而作是言, 奇哉, 奇哉, 此諸衆生, 云何具有如來智慧, 迷惑不見. 我當敎以聖道, 令其永離妄想, 自於身中, 得見如來廣大智慧, 與佛無異.

이상의 말씀에 대하여 평(評)해 보겠다.

우리는 오랜 겁 동안 진종(眞宗)[103]을 만나지 못하

---

102) 『화엄경』 「여래출현품」(T.10-272하-273상).

103) 진종(眞宗): 보통은 유교와 도교에 대비하여 불교를 지칭

여, 자기를 돌이켜 인간의 본원(本源)을 찾지 못하고, 그저 허망한 겉모양에만 집착하여 자신은 용렬하고 하열하여 때로는 축생으로 태어나기도 했고 때로는 인간으로 태어나기도 했다고 달게 여겨왔다.

그러나 이제는 최고의 가르침에 의거하여 인간의 본원(本源)을 탐구해보니 비로소 내가 본래부터 부처였음을 깨닫게 되었다. 그러므로 행동은 반드시 부처님의 행동[佛行]에 의지하고, 마음은 부처님의 마음[佛心]과 하나 되어, 본원(本源)으로 되돌아가[返本還源][104] 범부로 살아온 일체 습기(習氣)를 딱 끊어버려야 한다. 끊어버리고 또 끊어버리되, 그렇게 한다는 의식마저도 없어지면,[105] 자연히 항하강의 모래 수처

---

하는 말로 사용. 그런데 『원인론』에서는 '일승현성종'을 지칭한다. 이 부분을 『선원제전집도서』(권상)에서 '진성종(眞性宗)'으로 표현한 것으로 볼 때 더욱 그렇다.

104) 본원(本源)으로 되돌아가[返本還源]: 정원 법사는 『발미록』에서 "『화엄경대소』에 '중생들을 본원으로 돌아가게 하기를 영원토록 쉼 없이 한다. ; 令諸衆生, 返本還源, 窮未來際, 無有休息'고 되어 있다"(신찬속장58-734상)고 주를 달고 있다.

105) 『노자』(제48장)의 "학문을 하게 되면 배워야 할 것이 점점 많아진다. 그런데 도를 닦으면 닦아야 할 도가 점점 줄어들어, 줄이고 또 줄여서 인위적인 조작이 없는 상태

럼 헤아릴 수가 없는 보살행을 응용하게 된다. 이런 사람이 바로 부처님이다.

분명하게 알아야 한다. 자신이 미혹에 빠져 있건, 또는 깨달은 상태가 되었건 '참 마음[眞心]'을 본원(本源)으로 하고 있음에는 동일하다. 묘한 이 법문이야 말로 참으로 위대하다! 이제야 비로소 인간의 본원이 무엇인지를 캐내었구나!

**評曰, 我等多劫, 未遇眞宗, 不解返自原身, 但執虛妄之相, 甘認凡下, 或畜或人. 今約至敎, 原之, 方覺本來是佛. 故須行依佛行, 心契佛心, 返本還源, 斷除凡習. 損之又損, 以至無爲. 自然應用恒沙, 名之曰佛. 當知, 迷悟同一眞心. 大哉妙門. 原人至此.**

〈부처님께서는 처음의 인천교(人天敎)에서부터 마지막의 일승현성교(一乘顯性敎)에 이르기까지 진리를 말씀하셨다. 그런데 그 설법의 형식과 내용에는 때로는 점차적인 것도[漸] 있고 순간적인 것도[頓] 있다. 만약 듣는 상대가 중간 내지는 그 이하의 수준일 경우에는, 낮은 단계에서 깊은 단계의 가르침으로 점차로 인도하는 방법을 썼다.

먼저 인천교(人天敎)에서는 5계(五戒)를 지켜 악업을 짓지

---

에 이르게 된다. ; 爲學日益, 爲道日損, 損之又損, 以至無爲."라고 했는데, 종밀은 이 문체를 빌려 온 것.

않고 착한 업을 짓도록 하였다. 다음에는 소승교(小乘敎)와 법상교(法相敎)를 설하여 미혹에 물들지 않고 몸과 마음을 청정하게 하도록 하였다. 마지막 파상교(破相敎)와 일승현성교(一乘顯性敎)에서는 법상(法相)을 실체로 오인하는 잘못을 타파하여 '참 마음'을 드러내어, 임시적인 방편으로 했던 이상의 말씀들을 모두 회통하여 참된 가르침으로 통일 지향하게 했다. 그리하여 진실한 궁극의 가르침인 일승현성교(一乘顯性敎)에 의지하여 깨달음을 완성하게 하였다.

수행할 만한 소질이 뛰어난 상상의 근기를 갖춘 이들에게는 근본적인 것을 먼저 일러주어 지엽적인 것은 제 스스로 알게 하였다. 이를테면, 처음부터 대뜸 5번째의 일승현성교(一乘顯性敎)에 입각하여, '쪼개지지 않고 참된 마음의 본바탕[一眞心體]'을 단박에 손가락질 하여 알려주었다. '쪼개지지 않고 참된 마음의 본바탕[一眞心體]'이 드러나기만 하면, 일체가 모두 허망하고 본래 공하고 고요한 줄을 저절로 깨닫는다. 그러나 다만 중생들이 미혹했기 때문에, '참 마음'에 의지해서 이런저런 설명을 했을 뿐이다. 그러므로 반드시 '참'을 알아차리는 지혜를 이용하여, 악을 행하지 말고, 착한 일을 실천하며, 허망한 생각을 쉬어, '참 마음'으로 되돌아가야 한다. 이렇게 하여 허망한 생각이 사라지고 '참 마음'이 온전하게 드러나면 이를 두고 이름하여 법신불(法身佛)[106]이라 한다.〉

〈然佛說前五教，或漸或頓，若有中下之機，則從淺至深，漸漸誘接．先說初教，令離惡住善．次說二三，令離染住淨．後說四五，破相顯性，會權歸實，依實教修，乃至成佛．若上上根智，則從本至末．謂初便依第五，頓指一眞心體．心體旣顯，自覺一切皆是虛妄，本來空寂．但以迷故，託眞而起，須以悟眞之智，斷惡修善，息妄歸眞，妄盡眞圓，是名法身佛．〉

106) ※본 번역서 p.135의 주124) 참조.

## Ⅳ. 본말을 회통

〈이상에서 비판했던 학설을 모아 하나의 근원으로 귀결하면, 모두 바른 의미가 된다.〉

**會通本末 第四** 〈會前所斥, 同歸一源, 皆爲正義.〉

### 1. 회통의 개설

'참된 본성[眞性]'이 비록 몸의 근본이 되지만, 여기서 일체 만물이 생성되는 데에는 그렇게 되는 까닭이 있다. 까닭이 없이 '참된 본성[眞性]'에서 곧바로 몸이 생기는 것은 아니다. 다만 앞에서는 인간의 본원에 대한 여러 주장이 그 도리를 분명하게 알지 못했기 때문에 일일이 비판한 것이다. 그러나 이제부터 근본적인 가르침과 지엽적인 가르침을 회통하면(會通), 대승파상교는 물론 유교와 도교까지도 모두 그 나름대로 옳다. 〈앞부분에서는 오직 다섯 번째의 일승현성교(一乘顯乘敎)에서 주장하는 내용을 검토했지만, 뒤로 가면서 일승현성교(一乘顯乘敎)의 가르침이 단계별로 나머지 네 가르침과 마침내 같아진다. 각 단계는 협주(夾注)와 같다.〉

**眞性雖爲身本, 生起蓋有因由, 不可無端忽成身相. 但緣**

**前宗未了，所以節節斥之．今將本末會通，乃至儒道亦是．**
〈初唯第五性教所說，從後段已去，節級方同諸教，各如注記．〉

## 2. 일승현성교의 의의

이를테면 처음에는 '쪼개짐이 없고 참되고 신령스런 성품[一眞靈性]'만이 있다.[107] 이것은 생기지도 않고

---

107) 『발미록』에서 정원 법사는 『대승기신론』을 가지고 종밀 선사의 이 부분을 설명해가고 있다. 번역자가 생각하기에 이런 정원 법사의 입장은 종밀 선사의 뜻과 부합한다. 정원 법사는 이렇게 말하고 있다. "본문에서 이를테면 '처음[謂初]'이라고 한 것은 『기신론』에서 말한 '여기서 말하는 법(法)이란 '중생'의 마음이다'에 해당한다. '중'이란 성문·연각·보살·불을 말하고, '생'이란 6도에 유전하는 중생이다. ; 謂初下，起信云，所言法者，謂衆生心．衆謂四聖，生謂六凡."(신찬속장58-734하).
 여기에 해당하는 『대승기신론』 전문을 인용하면 다음과 같다. " '대승의 본질[法]'이란 '중생의 마음'을 말한다. '중생의 마음'은 세간법(世間法)과 출세간법(出世間法)을 모두 포괄한다. 이 마음에 의거하여 대승의 '속성[義]'이 드러난다. 왜냐하면, 이 마음의 '참되고 본래적인 기능[眞如相]'이 곧 대승의 본바탕[體]을 드러내기 때문이고, 이 마음이 인연 따라 생성하기도 하고 소멸하기도 하는 현상이 대승의 바탕[自體]과 현상[相]과 작용[用]을 드러내기 때문이다. ; 所言法者，謂衆生心．是心則攝一切世間法出世間法．依於此心，顯示摩訶衍義．何以故．是心眞如相，卽示摩訶衍體

멸하지도 않으며, 늘어나지도 않고 줄지도 않으며, 변하지도 않고 바뀌지도 않는다.[108)]

그러나 중생들이 끝없는 옛적부터 번뇌에 잠들어 그것의 존재를 자각하지 못했고 '신령스러운 성품'을 덮어씌워 드러나지 못하게 했다. 이 '신령스러운 성품'과 그것을 덮어씌우고 있는 번뇌를 합하여 '여래장(如來藏)'이라고 하는데 이 '여래장' 때문에 생멸하는 갖가지 마음이 일어나 전개된다.[109)]

---

故. 是心生滅因緣相, 能示摩訶衍自體相用故"(T.32-575하). 이하에서 본 번역서는 정원 법사의 주석에 따르기로 한다.

108) 이 부분은 『대승기신론』의 '심진여문(心眞如門)' 부분에 해당한다. 『대승기신론』에는 "왜냐하면 심성(心性)은 생성하는 것도 그렇다고 소멸하는 것도 아니기 때문이다. 일체의 모든 법은 오직 생・주・이・멸하는 마음에 의하여 차별이 있다. …… 생성 소멸하는 마음을 여읜 경계는 오직 '체험'을 통해서만이 그것과 하나 되기 때문이다. ; 所謂心性不生不滅, 一切諸法, 唯依妄念, 而有差別. …… 以離念境界, 唯證相應故."(T.32-576상~중)라고 했다.

109) 이 부분은 『대승기신론』 '심생멸문(心生滅門)' 부분에 해당한다. 『대승기신론』에 "생・주・이・멸하는 마음의 기능[心生滅相]은 여래장(如來藏)을 의지하기 때문에 생・주・이・멸하는 마음이 있게 된다. ; 心生滅者, 依如來藏故, 有生滅心."(T.32-576중)라고 했다.

〈아래부터는 제4의 대승파상교(大乘破相敎)의 주장을 드러내고, 동시에 그것을 논파한다. 여기에서 부터는 생·주·이·멸(生住異滅)하는 여러 현상이다.〉

**謂初唯一眞靈性, 不生不滅, 不增不減, 不變不易, 衆生無始, 迷睡不自覺知, 由隱覆故, 名如來藏. 依如來藏, 故有生滅心相.** 〈自此方是第四教, 亦同破. 此已生滅諸相.〉

## 3. 각 주장의 회통

### 1) 파상교의 회통

불생불멸하는 '참 마음[眞心]'이라 하는 것이 '허망한 표상[妄想]'과 화합하는데, 이 둘은 하나는 진(眞)이고 하나는 망(妄)이라는 점에서는 서로 다르지만[非一], 그럼에도 그것들의 본바탕이 같다는 점에서는 서로 다르지 않다[非異]. 이런 '참 마음'과 '허망한 표상'이 혼합된 것을 이름하여 아뢰야식(阿賴耶識)이라고 한다. 그리고 이 아뢰야식에는 '참 마음[眞心]'을 자각하는 속성[覺義]과, 그것을 자각하지 못하는 속성[不覺義]이 있다.[110)]

---

110) 이 부분은 『대승기신론』 '각의(覺義)' 부분에 해당한다. 『대승기신론』에는 "불생불멸하는 기능이 생·주·이·멸하는 기능과 화합하지만 (이 둘은) 동일한 것도 아니고 다

**所謂不生滅眞心, 與生滅妄想和合, 非一非異, 名爲阿賴耶識. 此識有覺不覺二義.**

2) 법상교의 회통

〈이 아래로는 제3의 법상교(法相敎)에서 주장하는 것과 동일함.〉 '참 마음[眞心]'을 자각하는 속성[覺義]이 분열하여 최초의 망념이 움직이기 시작하는 것을 '미세한 망상[業相]'[111]이라고 한다. 이렇게 생긴 망념은 자신이 본래 실체가 없다는 것을 깨닫지 못하기 때문에, 아뢰

---

른 것도 아닌데 이를 아리야식(阿黎耶識)이라고 한다. 이 식(識)에 두 가지 속성이 있어 일체의 법을 포섭할 수 있으며 일체의 법을 생성시킨다. 두 가지란? 첫째는 (진여를) 자각하는 속성이고, 둘째는 (진여를) 자각하지 못하는 속성이다. ; 所謂不生不滅, 與生滅和合, 非一非異, 名爲阿梨耶識. 此識有二種義, 能攝一切法, 生一切法. 云何爲二, 一者覺義, 二者不覺義."(T.32-576중)고 했다.

111) 이 부분은 『대승기신론』 '지말불각(支末不覺)'의 '3세'와 '6추' 중에서 3세의 첫 번째인 '무명업상'에 해당. 『대승기신론』에 "첫째는 무명업상(無明業相)이다. '자각하지 못하는 기능'에 의지하기 때문에 '자성청정심'이 움직이는 것을 업(業)이라고 한다. (자성청정심을) 자각하기만 하면 움직이지 않지만, 움직이면 고통이 있다. 결과와 원인은 떨어질 수 없기 때문이다. ; 一者無明業相. 以依不覺故, 心動, 說名爲業. 覺則不動, 動則有苦, 果不離因故."(T.32-577상)라고 했다.

야식(阿賴耶識)에서 '인식하는 주관[能見之識]'과 '인식의 재료가 되는 대상[所見境界相]'이 형성된다.[112] 그러나 이 '인식의 자료가 되는 대상[境界相=現相]'이 자기 마음에서 생겨난 허망한 존재인 줄 깨닫지 못하고 정말로 실체가 있는 것이라고 집착하는데, 이것을 법집(法執)이라고 한다.[113]

---

112) 이 부분은 『대승기신론』의 '지말불각(支末不覺)'의 '3세'와 '6추' 중에서 3세의 '능견상'과 '경계상'에 해당한다. 『대승기신론』에서 "둘째는 '주체가 되어 능히 지각하는 기능[能見相]'이다. 움직임에 의지하기 때문에 (경계와 마주하는 주체의) '지각기능[見]'이 생긴다. 움직이지만 않으면 '지각기능'이 없다. 셋째는 '지각되는 대상 기능[境界相]'이다. '주체가 되어 지각하는 기능[能見]'에 의지하기 때문에 (지각되는 대상[所見]) '경계'가 허망하게 나타난다. 그러나 '지각하는 기능'이 사라지면 지각되는 대상인 '경계'도 없어진다. ; 二者能見相, 以依動故, 能見. 不動則無見. 三者境界相, 以依能見故, 境界妄現. 離見則無境界."(T.32-577상)라고 했다.

113) 이 부분은 『대승기신론』의 '지말불각(支末不覺)'의 '3세'와 '6추' 중에서 '6추'의 '제1 지상(智相)'과 '제2 상속상(相續相)'에 해당한다. 『대승기신론』에서 "첫째는 '지혜의 기능[智相]'이다. 경계에 의지하여 마음이 일어나 좋아하고 좋아하지 않음을 분별하기 때문이다. 둘째는 상속하는 기능[相續相]이다. '지상'에 의지하기 때문에 괴로움 또는 즐거움을 느끼는 마음을 내어 망념을 일으켜 그것과 관계함이 계속되기 때문이다. ; 一者智相, 依於境界, 心起分別, 愛與

〈此下, 方是第三法相敎中, 亦同所說.〉 **依不覺故, 最初動念, 名爲業相. 又不覺此念本無故, 轉成能見之識, 及所見境界相現. 又不覺此境, 從自心妄現, 執爲定有, 名爲法執.**

### 3) 소승교의 회통

〈이 아래부터는 제2의 소승교(小乘敎)의 주장과 동일.〉 다음으로는 법집(法執)이 점점 강해지고 드디어는 '나'와 '남'에 대한 차별과 대립이 깊어져, 끝내는 '나'라는 존재는 실체가 있는 참 존재라고 집착[我執] 하게 된다.[114] 그리고 '나'를 집착하기 때문에 자기감정에 맞는 모든 대상을 탐내고 좋아하고, 욕망 때문에 아집이 더욱 불어나게 된다. 자기감정에 맞지 않는 대상에 대해서는 성내고 싫어하며, 상대방이 자기에게 혹시 손해를 끼치거나 혹시 자기를 괴롭힐까 두려워하

---

不愛故. 二者相續相, 依於智故, 生其苦樂覺心, 起念相應不斷故."(T.32-577상)라고 했다.

114) 이 부분은 『대승기신론』의 '지말불각(支末不覺)'의 '3세'와 '6추' 중에서 '6추'의 '제3 집취상'에 해당한다. 『대승기신론』에서 "셋째는 '집취하는 기능[執取相]'이다. '상속상'에 의지하여 (대상 노릇을 하는) 경계를 반연하며 생각해서 고통 또는 즐거움에 안주하여 거기에 마음을 집착하기 때문이다. ; 三者執取相, 依於相續, 緣念境界, 住持苦樂, 心起著故."(T.32-577상)라고 했다.

여 어리석음이 늘어간다.[115)]

〈此下, 方是第二小乘教中, 亦同所說.〉 **執此等故, 遂見自他之殊, 便成我執. 執我相故, 貪愛順情諸境, 欲以潤我, 瞋嫌違情諸境, 恐相損惱, 愚癡之情, 展轉增長.**

4) 인천교의 회통

〈이 아래부터는 제1의 인천교(人天敎)의 주장을 회통하는 부분.〉 위와 같이 되어 살생하고 도둑질 따위의 나쁜 짓을 저지르는 생명체[心神]는 그러한 나쁜 업을 올라타고 지옥·아귀·축생 같은 나쁜 곳에 태어나기 마련이다.[116)] 한편 그러한 고통을 두려워하여 나쁜

---

115) 이 부분은 『대승기신론』의 '지말불각(支末不覺)'의 '3세'와 '6추' 중에서 '6추'의 '제4 계명자상'에 해당한다. 『대승기신론』에서 "넷째는 '언어나 개념을 헤아리는 기능[計名字相]'이다. 잘못된 집착에 의지하여 자상(自相)이 없는 명칭과 말로 설명하는 현상을 분별하기 때문이다. ; 四者計名字相, 依於妄執, 分別假名言相故."(T.32-577상)라고 했다.

116) 이 부분은 『대승기신론』의 '지말불각(支末不覺)'의 '3세'와 '6추' 중에서 '6추'의 '제5 기업상'과 '제6 업계고상'에 해당한다. 『대승기신론』에서 "다섯 번째는 '업을 일으키는 기능[起業相]'이다. 명자(名字)에 의하여 이름을 따라가면서 (그 이름에 상응하는 실체가 있다고) 집착하여 여러 가지의 업을 짓기 때문이다. 여섯 번째는 '업에 얽매이는 기능[業繫苦相]'이다. 업에 의하여 과보를 받아서 얽매여 자유자재

짓을 하지 않거나 혹은 성질이 본시 착한 자로서 보시와 계율 지키기 등을 행하면, 그 생명체는 선한 업을 올라타고 중음(中陰)[117]을 거쳐서 어머니 태 안으로 들어간다.

〈此下, 方是第一人天敎中, 亦同所說.〉 **故殺盜等心神乘此惡業, 生於地獄鬼畜等中. 復有怖此苦者, 或性善者, 行施戒等, 心神乘此善業, 運於中陰, 入母胎中.**

5) 유교와 도교의 회통

〈이 아래부터는 유교와 도교의 주장을 회통하는 부분.〉 그 다음에는 기운을 받아 몸을 이루게 되니, 〈이 부분에서는 기(氣)가 인간의 본원이라는 주장을 회통.〉 이 기운은 4대(大)를 단박에 갖추어 차츰차츰 모든 감각기관이 이루어지고, 마음은 4온(蘊)을 단박에 갖추어 차츰 모든 식(識)이 이루어진다. 열 달이 차서 출생하면 사람이 된다. 우리의 현재 몸과 마음이 곧 그것이다.

---

하지 못하기 때문이다. ; 五者起業相, 依於名字, 尋名取著, 造種種業故. 六者業繫苦相, 以依業受果, 不自在故."(T.32-577상)라고 했다.

117) 중음(中陰): 범어 'antarā-bhava'를 한역한 것으로 '중유(中有)'라고도 번역. 의식을 가지고 있는 새 생명체가 죽었다가 다음에 다시 태어나는 순간까지의 존재를 말한다.

그러므로 몸과 마음에는 각각 그 본원(本源)이 있음을 알아야 한다. 마음과 몸이 화합해서 비로소 하나의 사람이 되는데, 하늘 사람이나 아수라 등도 대개 이와 같다.

그런데 비록 가장 힘이 센 업의 힘에 끌려[引業][118] 이 몸을 받게 되지만, 여기에 또다시 인간으로 태어나더라도, 저마다의 개별적인 업[滿業]은[119] 서로 다르다. 이로 말미암아 사람마다 서로 다르게 지위의 높고 낮음·수명의 길고 짧음·재산의 많고 적음·몸의 건강하고 약함·부흥하고 쇠락함·괴롭고 즐거움이 있게 마련이다.

이를테면 전생에 남을 공경하거나 거만한 것이 원인이 되어 금생에 존귀하게 되거나 빈천하게 되는

---

118) 인업(引業): 인간 내지는 목숨을 가진 존재들이 자신이 지은 업에 의해서 과보를 받을 경우, 가장 힘센 업에 이끌려 인간·천상·아귀·아수라·지옥·축생의 과보를 받는다. 이렇게 일생을 결정짓는 총체적인 업을 인업(引業)이라 한다. 가장 영향력이 강한 업이라는 의미에서 '견인업(牽引業)'·총보업(總報業)'·'인업(因引)'이라고도 한다.

119) 만업(滿業): '원만업(圓滿業)'·'별보업(別報業)'이라고도 한다. 예를 들어 같은 인간 세계에 태어나더라도, 저마다 받는 과보가 다르다. 이 다양한 과보를 결정짓는 개별적인 업으로, '인업(引業)'의 상대 개념.

결과를 받게 된다. 나아가 인자하면 장수하고, 살생하면 일찍 죽고, 보시하면 부귀하고, 인색하여 탐내면 가난하고 천하게 되는 따위의 갖가지 천차만별한 과보[別報]는 이루 다 말할 수 없다.

〈此下, 方是儒道二教, 亦同所說.〉 **稟氣受質,** 〈會彼所說, 以氣爲本.〉 **氣則頓具四大, 漸成諸根, 心則頓具四蘊, 漸成諸識. 十月滿足, 生來名人. 卽我等今者身心是也. 故知, 身心各有其本, 二類和合, 方成一人. 天修羅等, 大同於此. 然雖因引業, 受得此身, 復由滿業故, 貴賤貧富, 壽夭病健, 盛衰苦樂. 謂前生, 敬慢爲因, 今感貴賤之果. 乃至仁壽殺夭, 施富慳貧, 種種別報, 不可具述.**

그러므로 현세에서는 이 몸이 죄악을 저지르지 않았는데 혹 재앙을 입기도 하고, 착한 행실이 없어도 우연히 복을 받기도 하고, 인자하지 못한데도 장수를 누리기도 하며, 살생하지 않았어도 일찍 죽을 수도 있다. 그것은 모두가 그 전생(前生)의 '개별적인 업[滿業]'이 이미 결정되었기 때문이다. 따라서 금생에 저지른 것이 없어도 전생의 업을 자연히 받게 된 것이다.

도교(道教)나 유교(儒教)에 속하는 학자들은 전생

일을 모르고, 다만 자기네가 보는 것에만 의지하여 인간의 모든 것이 자연의 섭리로 된다고 하며 자연설(自然說)을 고집한다. 〈이상은 저들의 자연설을 회통하는 부분.〉

**是以, 此身或有無惡自禍, 無善自福, 不仁而壽, 不殺而夭等者, 皆是前生滿業已定. 故今世不因所作, 自然如然. 外學者不知前世, 但據目睹, 唯執自然.** 〈會彼所說, 自然爲本.〉

또는 전생에 젊어서 착한 일을 하다가 늙어서는 죄악을 짓기도 하고, 혹 젊어서 나쁜 짓을 하다가 늙어서는 착한 일을 했기 때문에, 그 결과가 금생에 와서 젊었을 적에는 부귀하여 향락을 누리다가 늙어가면서 빈천하여 고생을 겪기도 하며, 혹 젊어서는 빈천하여 고생하다가 늙어서는 부귀를 누리는 따위의 갖가지 형태가 있다.

그러나 도교(道敎)나 유교(儒敎)에 속하는 학자들은 운명(運命)이 좋은가 나쁜가[否泰][120]만을 고집하여 인

120) 비태(否泰): 『주역』의 「否卦」와 「泰卦를」 말한다. '否'는 하늘이 밑에 땅이 위에 있는 모양으로 ䷋ 천지가 제대로 조화되지 않은 것을 말해주는 점괘. '泰'는 하늘이 위에 땅이 아래에 있는 모양으로 ䷊ 천지가 잘 조화되는 점괘.

간의 모든 것이 운명으로 말미암는다고 한다. 〈이상은 유(儒)·도(道)의 운명설을 회통하는 부분.〉

**復有前生, 少者修善, 老而造惡, 或少惡老善. 故今世少小富貴而樂, 老大貧賤而苦, 或少貧苦, 老富貴等. 故外學者, 不知唯執否泰, 由於時運.** 〈會彼所說, 皆由天命.〉

그런데 이렇게 받은 기운의 근원을 차츰차츰 파고 들어가 보면 그것은 곧 한 덩어리의 원기(元氣)이다. 그리고 그 기를 받아서 생긴 마음도 그 근원을 파고 들어 가보면 결국은 '참되고 쪼개지지 않는 신령한 마음[眞一靈心]'이다.

그러므로 사실대로 말해보면, 이 마음 말고는 다른 존재가 있지 않다. 원기(元氣)도 역시 저 '참되고 쪼개지지 않는 신령한 마음'이 전변(轉變)해서 만들어진 것이다. 즉 이는 앞에서 말한 아뢰야식(阿賴耶識)에서 전변(轉變)되어 나타난 대상으로서 아뢰야식에서 전변된 인식의 대상[相分]에 속한다. '참되고 쪼개지지 않는 신령한 마음[眞一靈心]'에서 미세한 망념 즉 '무명업상(無明業相)'이 처음 일어나서, 그 망념이 둘로 갈라져서 '인식주관[心]'과 그것의 재료가 되는 '대상경계[境]'가 되는 것이다.

이렇게 해서 생긴 '인식주관[心]'이 전개되는 과정을 볼 것 같으면, 미세한 망심인 3세(細)에서부터 거친 망심인 6추(麤)로 변해간다. 그러면서 점점 더 허망한 생각을 내어 업을 짓는다. 〈앞에서 이미 말한 대로임.〉 뿐만 아니라 인식의 재료인 '대상 경계[境]'도 또한 미세한 데서부터 시작하여 거친 것에 이르기까지 다양하게 드러나게 되고, 계속해서 전개되어 하늘에서 땅까지 이르게 된다.

〈유교에서는 우주가 처음 만들어질 때 잠재적인 에너지인 태역(太易)이 점점 변해서 태초(太初)·태시(太始)·태소(太素)·태극(太極) 이렇게 5단계[121]로 된다고 한다. 그런 뒤에 태극(太極)에서 음기(陰氣)와 양기(陽氣)가 생기고, 그리고 이 두 기운이 서로 교감하여 하늘과 땅 그리고 그 사이의 만물이 생긴다고 한다.

한편, 유교나 도교에서 말하는 '자연(自然)'이나 '대도(大道)'가 언뜻 보면 우리 불교에서 말하는 '본래부터 또렷또렷한 참마음[本覺眞心]'과 같다고 할지 모른다. 그러나 그것은 진여(眞如)가 최초로 움직여서 나타난 '인식주관[見分]'에 불과할 뿐이

---

121) 징관 국사의 『화엄경대소초』(T.36-104중)에서도 『周易鉤命訣』의 '五重運轉'을 인용하고 있다. 『주역구명결』에는 "一曰太易, 二曰太初, 三曰太始, 四曰太素, 五曰太極."이라고 되어 있다. 종밀도 그의 스승의 설을 수용하고 있다.

다. 또 저들이 말하는 원기(元氣)가 우리 불교에서 말하는 진여(眞如)에서 미세한 번뇌가 생기는 것과 비슷하다고 여길지 모르겠으나, 사실 그것은 진여(眞如)에 의해서 생긴 '인식대상[境界相]'에 불과하다.〉

然所稟之氣, 展轉推本, 卽混一之元氣也. 所起之心, 展轉窮源, 卽眞一之靈心也. 究實言之, 心外的無別法. 元氣亦從心之所變, 屬前轉識所現之境, 是阿賴耶相分所攝. 從初一念業相, 分爲心境之二. 心旣從細至麤, 展轉妄計, 乃至造業. 〈如前敘列.〉 境亦從微至著, 展轉變起, 乃至天地. 〈卽彼始自太易五重運轉乃至太極, 太極生兩儀. 彼說自然大道, 如此說眞性, 其實但是一念能變見分. 彼云, 元氣如此, 一念初動, 其實但是境界之相.〉

인간으로 태어날 업(業)이 성숙되면 곧 부모로부터 두 기운을 받고, 그것이 본인이 과거에 지은 업식(業識)과 화합하여 사람 몸을 이룬다.

이상에서 살펴본 것처럼 진여(眞如)의 심식(心識)이 전변(轉變)해서 생긴 대상 경계는 생명을 가진 존재인 성정세간(性情世間)과 그것들이 사는 환경인 기세간(器世間)으로[122] 나누어진다. 생명을 가진 존재는

---

122) 성정세간(性情世間)과 기세간(器世間): 3종(種) 세간(世間)의 하나. 기세간(器世間; 자연 환경 세계), 중생세간(衆生世

즉 심식(心識) 기능이 거기에 합쳐져서 인간으로 태어나고, 자연환경은 심식(心識)의 기능이 없으므로 하늘 · 땅 · 산 · 강 · 국토 · 도시 등으로 된다.

하늘 · 땅 · 사람의 3재(才) 중에서도 유독 사람만이 신령스러운 까닭은 심식(心識)의 기능을 갖추었기 때문이다. 부처님께서 "인간의 몸을 구성하는 요소인 내적 4대(大)와 중생들이 사는 환경을 구성하는 외적 4대(大)가 서로 같지 않다"고[123] 말씀하신 것은 바로 이것을 두고 하신 말씀이다. 아! 슬프다. 배움이 적은 이들은 이리저리 집착하는 것이 너무도 심하구나!

業旣成熟, 卽從父母, 稟受二氣, 與業識和合, 成就人身. 據此, 則心識所變之境, 乃成二分, 一分卽與心識, 和合成人, 一分不與心識和合, 卽成天地山河國邑. 三才中, 唯人靈者, 由與心神合也. 佛說, 內四大與外四大不同, 正是此也. 哀哉, 寡學異執紛然.

---

間; 생명체), 지정각세간(智正覺世間; 혹은 성정세간으로도 표기, 부처님의 세계).

123) 이 구절이 종밀의 저서인 『원각경약소』에도 나온다. 그런데 막상 『대보적경』에는 이와 일치하는 문장은 보이지 않는다. 아마도 종밀 선사가 『대보적경』권52(T.11-0307중~하)의 내용을 요약한 것으로 추정된다.

## 4. 인간론의 총결

도를 배우는 이들에게 말하나니, 성불하고자 하는 사람은 반드시 마음의 세밀한 번뇌와 커다란 번뇌가 어떤 과정을 통하여 생기고, 또 무엇이 지엽이고 근본인지를 잘 알아야 한다. 그리하여 지엽적인 것을 버리고 근본으로 되돌아와서 마음의 근원을 잘 살펴보아야 한다.

자잘한 번뇌도 모두 없어지고 커다란 번뇌도 다 사라지면 신령스러운 성품[靈性]이 나타나게 되어 법을 모두 통달하게 될 것이다. 이렇게 되면 이 사람이 바로 법신불이나 보신불이며 중생의 필요에 따라, 때와 장소에 따라 다양한 몸을 나타내어 그들을 무궁무진하게 교화할 것이니, 이것이 바로 화신불이다.[124]

---

124) 법신불(法身佛)・보신불(報身佛)・화신불(化身佛): 부처란 무엇인가라는 일종의 형이상학 영역에 속하는 문제인데, 이런 불신(佛身)에 관한 이론은 대승불교 시대에 정비된다. 불신(佛身)은 크게 둘로 나눌 수 있다. 하나는 진리 그 자체를 본질로 하는 법신(法身)이고, 다른 하나는 법신(法身)이 변화하여 중생들과 인연에 상응해서 다양한 모습으로 나타나는 응신(應身)이다. 응신(應身)은 다시 두 경우로 나눌 수 있다. 하나는 자신이 발심하고 수행해서 그 결과의 되갚음으로 드러나는 보신(報身)이고, 또 하나는 중생

寄語道流, 欲成佛者, 必須洞明麤細本末, 方能棄末歸本, 返照心源. 麤盡細除, 靈性顯現, 無法不達, 名法報身, 應現無窮, 名化身佛.

『인간의 본원을 탐구한 글』 마침.

原人論 〈終.〉

---

을 구제하기 위하여 법신 또는 보신이 다양한 모습으로 변화하여 우리에게 모습을 나타내는 화신(化身)이다. 인도 땅에 태어나신 석가모니 부처님은 화신 부처님이다. 화엄종과 정토종과 선종 등을 비롯한 북방불교의 전통에서는 이런 3신 신앙과 철학에 기초해 있다. 대표적인 법신은 비로자나불이다. 그리고 보신으로는 아미타불과 약사여래 등의 노사나불이 있다. 미래에 오실 화신불인 미륵불은 아직 오지 않으셨고, 석가모니 화신불은 이미 입멸하셨으니, 현재 사바세계에는 화신불은 없는 셈이다. 화신으로 오신 석가모니 부처님이 없는 사이에 태어난 우리는 박복하지만, 다행하게도 이 사이에 여러 보살이 우리에게 화현(化現)하여 중생을 구제하신다. 오늘날 누군가가 부처님을 친견했다고 했을 때, 그 부처님은 대개 화신이다. 그러나 수행을 많이 하면 그 되갚음으로 나타나는 보신을 친견하는 사람도 있다. 법신은 오직 부처와 부처만이 서로 볼 수 있다고 한다.

제3편

# 선종에 관한 배휴 정승과의 편지

## 중국에서 마음을 전한 선문의
## 스승과 제자 간의 내력을 표시한 그림
## 中華傳心地禪門師資承襲圖

# 일러두기

1. 이 책의 번역에 사용된 대본은 『중화전심지선문사자승습도(中華傳心地禪門師資承襲圖)』(『신찬만자속장경』권63)이다.
2. 한글로 번역하는 과정에서 보조 지눌의 『법집별행록절요병입사기(法集別行錄節要幷入私記)』(妙香山 普賢寺, 康熙19년 刊本, 이하 『절요』로 약칭)를 참고하였다.
3. 한편, 일본 진복사(眞福寺)에 소장된 『배휴습유문(裵休拾遺問)』(이하 「진복사본」으로 약칭한다)을 참고로 하였다. 「진복사본」에 관한 정보는 石井修道의 「眞福寺文庫所藏の『裵休拾遺問』の翻刻」(『禪學研究』제60号, 花園大學, 1981)를 참조하였다.
4. 「진복사본」의 발견으로 인해, 이 책의 이름을 『裵休拾遺問』으로 바꾸려는 학자도 있지만, 고려 보조 지눌 국사가 이미 '법집별행록(法集別行錄)'이라는 서명(書名)을 사용했고, 또 『만자속장경』이 발간된 이래 이미 『중화전심지선문사자승습도(中華傳心地禪門師資承襲圖)』라는 이름으로 오래 유통되었기 때문에, 『中華傳心地禪門師資承襲圖』라는 제명(題名)을 그대로 두기로 한다.

# 제4장
# 상국 배휴의 질문

내공봉(內供奉)[1] 사문 종밀(宗密)이[2] 배(裵) 상국(相國)[3]의 질문에 답하다.

상국(相國) 배휴(裵休; 791~864)가 물었다.

선법이 크게 퍼지자, 그 종도의 무리가 각각 달라져서 서로 꾸짖고 헐뜯으며 하나로 모이기를 수긍하지 않습니다. 그들의 근원과 갈래를 분명히 하고, 그 가르침의 깊고 낮음을 아는 것이 절실하게 요구됩니다. (저는) 그래도 이 문제에 마음을 두기는 했지만, 아직 분명하지 않습니다. (일전에 주신 글[4] 속에서 선사께서)

---

1) 내공봉(內供奉): 황제의 좌우에서 돕는 직책. 시어시(侍御寺) 또는 한림원(翰林院)에 설치했음. 규봉 종밀 선사는 문종 황제의 초청으로 828~829년에 궁궐에서 생활한 적이 있다.

2) 종밀(宗密): ※본 번역서 p.339부터 시작되는「제8장. 당나라 종밀 정혜 선사 전법비」 참조.

3) 배휴(裵休): ※본 번역서 p.36의 주42) 참조.

4) 일전에 주신 글: ※본 번역서 p.148의 주18)의 문구로 볼 때, 지금의 이 편지의 왕래 이전에도 종밀과 배휴 사이에

기록할 적에 아마도 착오가 있었는지 염려가 됩니다. 엎드려 바라오니 간략히 갈래를 나누어 3장 내지는 5장의 종이에 써서 가르쳐 주시고, 나아가 북종(北宗)과 남종(南宗)을 크게 나누시고, 남종의 하택종(荷澤宗)·홍주종(洪州宗)·우두종(牛頭宗) 등에 대해서 그들이 주장하는 가르침의 깊고 옅음, 돈(頓)과 점(漸), 잘된 곳과 잘못된 곳의 요점을 모두 말씀해주십시오. 그리하여 죽는 날까지 거울로 삼게 하소서.

〈배휴는〉 거듭 절을 올립니다.

內供奉沙門宗密答裴相國問. 裴休相國問. 禪法大行, 宗徒各異, 互相詆訿, 莫肯會同. 切要辨其源流, 知其深淺. 比雖留意, 未得分明[5]. 撰錄之時, 恐有差錯. 伏望略爲條流分別, 三五紙示, 及大抵[6]列北宗南宗, 南宗中, 荷澤宗, 洪州, 牛頭等宗, 具言其淺深, 頓漸, 得失之要, 便爲終身龜鏡也.

〈休〉再拜.

---

왕복 서신이 있었음을 짐작할 수 있다.

5) 未得分明: 「진복사본」에는 '未得分曉'로 표기.

6) 及大抵: 「진복사본」에는 '及太祖'로 표기. 다음 문단의 '要辨南北宗……'의 표현으로 볼 때, '大抵'를 '太祖'로 교감하여, '태조에서 북종과 남종이 나뉘고'로 해석할 필요는 없다. 또한 달마를 '太祖'라고 한 용례는 보이지 않는다.

# 제5장
# 종밀 선사의 대답

## Ⅰ. 서론

종밀 선사가 대답했다.

[선문 종도의 무리들이 각각 달라져서 하나로 모이기를 수긍하지 않는다는 말씀과, 남종과 북종을 나누고 다시 남종 중에서 하택종·홍주종·우두종의 근원과 갈래, 그들이 주장하는 가르침의 깊고 옅음, 돈과 점, 잘된 곳과 잘못된 곳을 분명하게 해달라는 말씀의 편지는 잘 받았습니다.][1] 그런데 달마 스님께서 전하신 가르침은 본래 차이가 없었으나, 뒷날 사람에 따라 변했기 때문에 서로 길이 다른 듯합니다. 빗장을 닫으면 모두 틀리지만, 그것을 (감별하여) 하나로 모으면[2] 모두가 옳습

---

1) [ ] 안의 내용은 「진복사본」에 의해서 삽입했다.

2) (감별하여) 하나로 모으면: ※본 번역서 p.185에서 종밀은 자신의 성격을 "宗密性好勘會" 즉, 성품이 감별하여 하나로 회통하기를 좋아한다고 자술하고 있다. 『원인론』도 종밀의 이런 성품 속에서 유교와 도교를 불교 내부로 회통

니다.

일전에 써 드린 『전기(傳記)』[3]에서는 달마 밑의 직계 한 종파만 논했습니다. 그런데 만약 각 종파의 스승·제자가 이어진 것을 가려보면, 거기에는 방계도 있고 직계도 있음을 꼭 아셔야 합니다. 그래서 지금은 스승과 제자 관계의 방계와 정통을 모두 설명하고, 그런 뒤에 각 종파의 가르침이 깊은지 얕은지를 서술하겠습니다. 그러면 달마의 중심 흐름이 하택종(荷澤宗)으로 이어졌음을 자연히 알게 될 것입니다.

宗密禪師答.

[奉枇, 示以禪門宗徒各異, 不肯會同, 要辨南北宗荷澤洪州牛頭等源流深淺頓漸得失者.][4] **然達磨所傳, 本無二法, 後隨人變, 故似殊途. 扃之卽俱非, 會之卽皆是. 前者所述傳記, 但論直下一宗. 若要辨諸宗師承, 須知有傍有正. 今且**

---

하고, 불교 내의 소승, 공종, 상종 등을 법성종 내부로 회통한 작품이다.

3) ※본 번역서 p.139의 주19) 이하에 나오는 『조종전기(祖宗傳記)』의 약칭. 현존하지 않음. 종밀의 『원각경』 관계 저술 속에 기술된 달마를 정점으로 하는 선종 전기에 관한 기록인 듯.

4) [ ] 안의 35자는 「진복사본」에 의해서 삽입했다.

敍師資傍正, 然後述言教淺深. 自然見達磨之心流, 至荷澤矣.

## II. 각 종파의 내력

### 1. 우두종의 내력

우두종(牛頭宗)은 4조 도신(道信; 580~651)[5] 밑에서 방계로 나왔습니다. 이 종파의 근본은 혜융(慧融; 594~657)[6] 선사라는 분에서 시작되는데, 이 스님은 도가 높고 깨끗하며 신묘한 지혜가 뛰어나고 슬기로웠습니다. 처음에는 반야부(般若部)의 여러 경전의 교리를 연구해서 모든 법은 본래 공(空)하지만 미혹한 생각 때문에 허망하게 집착한다는 것을 이미 터득했습니니

---

5) 도신(道信): 속성은 사마(司馬) 씨 기주(蘄州; 현 호북성) 광제현 출신. 13세부터 3조 승찬 문하에서 10여 년간 수행하고 그의 법맥을 계승. 기주 우두산(쌍봉산으로도 불림)에서 30여 년간 주석. 이로 인하여 쌍봉 도신이라고도 불림. 『속고승전』, 『전법보기』, 『능가사자기』, 『조당집』, 『전등록』에 전기가 실려 있음.

6) 혜융(慧融): 우두 법융. 우두산은 강소성 건강 땅에 있는데 쌍봉산이라고도 함. 『절관론(絶觀論)』이 전함. 찬영의 『송고승전』, 『조당집』, 『전등록』에 전기가 전함.

다.

뒷날 4조 도신 선사를 만나 자기가 터득한 공의 이치를 인가받았습니다. 그런데 공한 속에서 '공하지 않은 오묘한 본성'을 드러냈기 때문에, 오래 공부하지 않고도 깨달음과 견해가 분명했습니다.

4조 도신 선사께서, "이 가르침은 예부터 한 사람에게만 위임해왔는데 나는 제자인 홍인에게 벌써 위임했다. 〈즉 5조를 말함.〉 그대는 따로 홀로 독립하는 게 좋겠다"라고 말씀했습니다. 훗날 마침내 우두산에서 따로 한 종파를 세워 초조가 되었는데, 이어지고 이어져서 6대까지 이르렀습니다.[7] 〈뒷날 제5조 지위(智威; 646~722) 선사의[8] 제자로 마소(馬素; 667~752) 선사가[9] 계시고, 마소 선사의 제자로 도흠(道欽; 714~793) 선사가[10] 계셨

---

7) 우두 6조: 1조 법융(法融)-2조 지암(智巖)-3조 혜방(慧方)-4조 법지(法持)-5조 지위(智威)-6조 혜충(慧忠).

8) 지위(智威): 속성은 진(陳) 씨인데 강소성 출신이다. 처음에는 천보사(天保寺) 법선(統法) 스님에게 대승경전을 배웠다가 나중에 법지(法持) 선사를 만나 그의 법을 이었다. 전기는 『송고승전』에 나온다.

9) 마소(馬素): 속성은 마(馬) 씨이고 휘호는 현소(玄素)이다. 우두산 유서사(幽棲寺)에서 지위(智威) 선사에게 입실하여 그 법을 이었다. 『송고승전』(권9)에 전기가 실려 있다.

10) 도흠(道欽): 28세에 학림 현소(鶴林玄素) 선사에 입실하고

는데 즉 경산(徑山) 선사가 그분입니다〉.

이 우두종만은 남종이나 북종과 전혀 관계가 없습니다. 남종과 북종은 5조 홍인 문하에서 갈렸습니다. 5조 스님 이전에는 남종이네, 북종이네 하는 종파의 명칭이 없었습니다.

**牛頭宗者, 從四祖下傍出. 根本有慧融禪師者, 道性高簡, 神慧聰利. 先因多年窮究諸部般若之教, 已悟諸法本空, 迷情妄執. 後遇四祖, 印其所解空理. 然於空處, 顯示不空妙性, 故不俟久學, 而悟解洞明. 四祖語曰, 此法從上只委一人, 吾已付囑弟子弘忍訖**〈卽五祖也〉**, 汝可別自建立. 後遂於牛頭山, 別建一宗, 當第一祖. 展轉乃至六代.** 〈後第五祖師智威, 有弟子馬素, 素有弟子道欽, 卽徑山是也.〉 **此一宗都不關南北二宗. 其南北二宗自出於五祖門下, 五祖已前都未有南北之稱.**

## 2. 북종의 내력

북종은 5조 홍인 선사 밑에서 방계로 나왔습니다. 이를테면 신수(神秀; 606~706) 선사[11] 등 10명이 있었는

---

법을 이어 스승의 유훈에 따라 항주 경산사(徑山寺)에 주석했다. 전기는 『송고승전』에 실려 있고, 『전당문』(권512)에 이길보(李吉甫)가 지은 비문이 실려 있다.

11) 신수(神秀): 삼제국사(三帝國師), 양경법사(兩京法師)로 불

데, 모두 5조 홍인 선사의 제자입니다. 5조 선사께서는 그네들이 한 지방의 스승이 될 만하다고 인가하셨습니다. 그래서 당시의 사람들은 '홍인이 아들 10명을 두었다'〈혜능 화상은 맏아들이므로 이 10명에 포함되지 않음.〉라고 말들했습니다. 그중에서 신수 선사와 노안(老安; 642~709) 선사와[12] 지선(智詵; 539~618) 선사가[13] 도와 덕이 가장 현저하였는데, 이 스님들을 고종(재위; 649~683년) 황제께서 모두 스승으로 섬겨 공경하였습니다. 이들의 자손이 이어져 지금까지도 끊이지 않습니다. 그중에서 신수 대사의 제자로 보적

---

린다. 3제란 무측천, 중종, 예종. 두 서울은 장안과 낙양. 『전당문』(권231)에는 「당옥천사대통선사비명병서(唐玉泉寺大通禪師碑銘幷序)」가 실려 있음. 『관심론(觀心論)』, 『대승무생방편론(大乘無生方便論)』, 『화엄경소(華嚴經疏)』(30권), 『묘리원성관(妙理圓成觀)』(3권) 등의 저서가 있고, 각종 전등사서에 행장이 기록됨.

12) 노안(老安): 숭악 혜안(崇嶽慧安). 당 중종으로부터 자의방포를 하사받았다. 시호가 노안이다. 숭악은 주석 산명이다. 전기는 『송고승전』(권18, 19)에 실려 있고, 송담(宋儋)이 지은 비문이 『전당문』(권396)에 전한다.

13) 지선(智詵): '詵' 자 대신 '侁' 자를 쓰기도 한다. 『역대법보기』에 의하면, 속성은 주(周) 씨이고 하남성 출신이다. 『허융관(虛融觀)』, 『연기(緣起)』, 『반야심경소』 등이 있다고 하는데 전하지는 않는다.

(普寂; 651~739) 선사가[14] 있었는데, 교화 인연이 점점 성대해져서 낙양과 장안 두 수도의 법주(法主)가 되셨고, 3대에 걸친 임금의[15] 스승이 되었습니다. (이분들도 자신을) 단지 달마의 종도라고 불렀지, 역시 남종이니 북종이니 칭호를 내지 않으셨습니다.

**北宗者, 從五祖下傍出. 謂有神秀等一十人, 同是五祖忍大師弟子. 大師印許各堪爲一方之師, 故時人云, 忍生十字[16]** 〈能和尚直承其嫡, 非此十數也〉. **於中, 秀及老安, 智詵, 道德最著, 皆爲高宗皇帝之所師敬. 子孫承嗣, 至今不絕. 就中, 秀弟子普寂化緣轉盛, 爲二京法主, 三帝門師. 但稱達磨之宗, 亦不出南北之號.**

### 3. 남종의 내력

남종은 바로 조계 대사가 달마 스님의 말씀을 이어받은 이래로 대대로 의발과 가르침을 전한 '근본 종파[本宗]'입니다. 뒤에 신수 선사가 북쪽 지방에서 점

---

14) 보적(普寂): 숭산 보적(崇山 普寂). 세인들은 보적 스님을 이를 양경의 법주 3제의 문사(門師)라 불렀음.

15) 3대에 걸친 임금: 측천무후, 중종, 예종.

16) 忍生十字: 「진복사본」에는 '忍生十子'로 표기. 본 번역에는 「진복사본」을 따름.

교(漸敎)를 널리 드날렸기 때문에, 이것과 상대해서 남종이라고 불렀습니다.

이어받게 된 내력은 온 세상 사람들이 다 알기 때문에 (여기에서는) 설명하지 않겠습니다. 뒤에 (혜능 선사께서) 열반에 들려 함에 법인(法印)으로 하택 신회(荷澤; 684~758) 선사에게[17] 부촉하여 후손을 계승하게 했습니다. 제자가 되게 된 연유는 지난번에 이미 써서 올려드렸습니다.[18] 그러나 (거기에는) 너무나도 빠진 것이 많고 간략하여 상공으로부터 (오늘 같은) 질문을 받게 되었습니다. (그러니 이제) 다시 위로부터 내려오는 『조종전기』를[19] 기준으로 하여 조금

---

17) 하택(荷澤) 선사: 국창사 호원 법사에게 출가. 대족(大足) 원년(701) 대통 신수의 문하에서도 수행했다. 개원 20년(732) 1월 15일 하남성 활대(滑臺)의 대운사(大雲寺)에서 무차대회를 열고 숭원(崇遠) 법사와 논전. 당시 장안과 낙양에서 교세를 떨치던 대통 신수와 숭산 보적, 의복 등을 비판. 저서로는 『하택대사현종기』, 『남양화상돈교해탈선문직료성단어』, 『보리달마남종정시비론』, 『남양화상문답잡징의』 등이 있다. 이 문서들은 20세기 전후에 돈황에서 출토되었는데 다음의 한 책에 소개되어 열람을 편하게 한다. 楊曾文 編校, 『神會和尙禪話錄』, 北京: 中華書局出版, 1996년.

18) 이번 편지가 처음이 아님을 알 수 있다. ※본 번역서 p.142의 주3) 참조.

자세하게 말씀드리겠습니다.

『조종전기』 가운데 혜능 스님을 설명하는 대목의 중간 부분을 다음과 같이 설명 드렸습니다.

양양(襄陽) 땅의 승려 신회(神會)는 속가에 성은 고(高) 씨이고 나이는 14세였는데 〈이 사람이 곧 하택 선사입니다. 하택이라는 이름은 법을 전할 때에 그가 머물렀던 절 이름이 하택사(荷澤寺)였기 때문입니다.〉[20] 6조 스님을 찾아와서 알현했다.

6조 스님이 질문했다.

"그대는 멀리서 오느라고 고생 많이 했는데 근본을 가지고 왔느냐?"

신회가 대답했다.

"가지고 왔습니다."

"근본이 있다면 반드시 그 (근본의) 핵심을 알아야

---

19) 『조종전기』: 앞에서 말한 『전기』를 지칭. ※본 번역서 p. 142 주3) 참조.

20) 하택사(荷澤寺): 하남성 낙양에 있는 절. 천보 4년(745) 송정(宋鼎)의 초청으로 신회 선사가 여기에 주석하였다. 숭원(崇遠) 법사의 북종선과 토론을 벌려 남종선을 드날린 장소로 유명하다. 당시 토론의 내용은 楊曾文 編校, 『神會和尚禪話錄』, 北京: 中華書局出版, 1996년, pp.15~48에 실린 『보리달마남종정시비론』에 전한다.

할 것이다. (그 근본이 무엇이라고 생각하는가?)"[21)]

신회가 대답했다.

"저 신회는 어디에도 머물지 않는 것을 근본으로 하고, 견성을 핵심으로 합니다."

6조 혜능 대사가 말했다.

"이 사미 녀석이 어찌 감히 멋대로 함부로 지껄이느냐?"[22)]

그리고는 대뜸 지팡이를 가지고 마구 때렸다. 신회가 매를 맞으며 생각하기를 '훌륭한 선지식은 몇 겁을 지나도 뵈옵기 어려운데, 이제야 만나 뵈니 어찌 몸과 목숨을 아끼겠는가?'라고 했다. 6조 대사는 그가 깊은 깨달음의 경지에 도달했음을 살폈다. 그래서 시험을 한 것이다. 〈요(堯) 임금이 순(舜)의 뛰어남을 알았을 때 여러 어려움으로 시험한 것과[23)] 같습니다.〉

---

21) 『오등회원』(권2) "조사가 말했다. 그대는 멀리 오느라 고생했다. 근본을 가져왔느냐? 근본이 있다면 주인공을 알아야 한다. 말해보아라. 하택 대사가 말했다. 저는 어디에도 머물지 않음을 근본으로 삼고, 지각기능[見]으로 핵심을 삼습니다. ; 祖曰: 知識遠來大艱辛, 將本來否. 若有本則, 合識主, 試說看. 師曰, 以無住爲本, 見卽是主."(신찬속장80-61하).

22) 원문은 "遮沙彌爭敢取次語"이다. 여기에서 '取次'는 당송대의 구어로서 '함부로', '멋대로', '아무렇게나' 등의 의미.

『조종전기』의 끝에서 또 이렇게 말씀드렸습니다.

【혜능 화상께서 장차 열반에 드시려 할 때 신회에게 은밀한 이야기를 가만히 전했다.

“예로부터 내려오면서 핵심을 전함에 오직 한 사람에게만 부촉했다. 안으로는 진리의 도장[法印]을 전하여 제 마음에 도장을 찍고, 외형적으로는 가사를 전하여 정통 종지(宗旨)를 표준으로 확정하였다. 그러나 나는 이 가사 때문에 몇 번이고 목숨을 잃을 뻔하였다. 〈북종 사람들이 이 가사를 훔치려는 사건이 자주 일어났다. 이 이야기는 『조종전기』의 앞부분에 있으므로 지금은 기록하지 않겠습니다〉.

달마 대사께서 예언하여 말씀하시길, ‘가사 전하는 것이란 6대가 지나고 나면 목숨이 실오라기에 매달린 것처럼 위험하다’고 했는데, 바로 그대가 거기에 해당한다. 〈이 이야기는 『달마전』에 씌어 있습니다.〉 그러므로 이 가사를 조계산에 두는 것이 좋겠다. 그대의 교화 기연은 북쪽에 있으니, 대유령을 넘어가서 그곳에서 (개원, 開元) 20년이[24] 지나거든 이 가르침을 널

---

23) 『서경』「대우모」에 이런 고사가 소개되어 있다.

24) 20년: ‘20년 뒤에’를 뜻하는 것이 아니고, ‘개원(開元) 20년’ 서기 732년에 일어났던 북종과의 논쟁을 염두에 두고

리 펴서 중생을 제도하라."

화상께서 임종하시매 제자 행도(行滔) · 초속(超俗) · 법해(法海) 등이 화상께 물었다.

"법통은 누구에게 부촉하셨습니까?"

화상께서 대답했다.

"내 법통을 물려받은 사람은 개원 20년이 지난 뒤에 북쪽 지방에서 법을 크게 드날릴 것이다."

또 물었다.

"그가 누구입니까?"

화상께서 대답했다.

"알고 싶은 자는 대유령 꼭대기에서 그물을 던지거라."】 〈이 이야기는 이렇게 전해 내려옵니다. "산꼭대기라고 한 말은 높을 고(高) 자를 의미합니다. 하택 선사의 속가 성이 고(高) 씨이므로 은밀하게 그것을 보인 것입니다."〉

---

뒷사람들이 지어낸 말. 楊曾文 編校, 『神會和尙禪話錄』(北京: 中華書局出版, 1996년)의 p.17에 실린 『보리달마남종정시비론』에서 전하는 개원 20년 정월 보름 활대(滑臺) 대운사(大雲寺)에서 열린 무차대회(無遮大會)를 지칭한다. 『역대법보기』의 "經二十年開化時, 有難起"(T.51-181중), 또는 "我滅度後二十年外, 豎立我宗旨"(T.51-182하), 또는 "我法我死後二十年外, 豎立宗旨, 是得我法也"(T.51-185하) 등 혜능(638~713) 사후 20년의 예언은 모두 신회의 등장을 암시하는 현기(懸記)이다.

南宗者，卽曹溪能大師，受達磨言旨已來，累代衣法相傳之本宗也. 後以神秀於北地大弘漸教，對之，故曰南宗. 承稟之由，天下所知，故不敍也. 後欲滅度，以法印付囑荷澤，令其傳嗣. 傳嗣之由，先已敍之呈上. 然甚闕略，今蒙審問. 更約承上祖宗傳記，稍廣. 傳中敍能和尚處中間云，有襄陽僧神會，俗姓高，年十四. 〈卽荷澤也. 荷澤是傳法時，所居之寺名.〉 來謁和尚. 和尚問，知識遠來大艱辛，將本來否. 答，將來. 若有本，卽合識主. 答，神會以無住爲本，見卽是主. 大師云，遮沙彌爭敢取次語. 便以杖亂打. 神會杖下思惟，大善知識歷劫難逢，今旣得遇，豈惜身命. 大師察其深悟情至，故試之也. 〈如堯知舜，歷試諸難.〉 傳末又云，和尚將入涅槃，默受[25]密語於神會，語云，從上已來，相承准的，只付一人，內傳法印，以印自心，外傳袈裟，標定宗旨. 然我爲此衣，幾失身命. 〈數被北宗偷衣之事，在此傳之前文，今不能錄.〉 達磨大師懸記云，至六代之後，命如懸絲，卽汝是也. 〈此言在敍達磨傳中.〉 是以此衣宜留鎭山. 汝機緣在北，卽須過嶺，二十年外當弘此法，廣度衆生. 和尚臨終，門人行滔，超俗，法海等問和尚，法何所付. 和尚云，所付囑者，二十年外，於北地弘揚. 又問誰人. 答云，若欲知者，大庾嶺上以綱取之. 〈相傳云，嶺上者高也. 荷澤姓高，故密示耳.〉

25) 默受: 「진복사본」에는 '默授'로 표기. 본 번역은 「진복사본」을 따랐음.

1) 하택종

하택종(荷澤宗)은 완전히 조계 혜능 스님의 가르침대로입니다. (하택종의 주장은 조계 혜능 스님과) 다른 교리를 주장한 게 아니고, 홍주종이 방계로 나오자 그들과 구별하기 위해 이렇게 종파의 이름을 다시 표방한 것입니다. 법통을 물려받게 된 연유는 이미 위에서 설명한 것과 같습니다.

그런데 혜능(638~713) 화상께서 멸도하신 이후부터 북종의 점교가 크게 유행했습니다. 〈역시 위에서 말씀드린 대로입니다.〉 그리하여 (혜능 화상이 돌아가신 뒤) 돈교를 널리 펴는데 장애가 되었고, 조계 혜능에게 (달마의 정통을) 전해주었다는 혜능의 『비문』은[26] 벌써 깎여 나가고 (그 내용이 북종의 주장으로) 바뀌어졌습니다.[27] 그리하여 20년 동안 으뜸이 되는 교법[宗

---

26) 비문: 『六祖惠能禪師碑銘』을 지칭. 이 비문에 관해서는 『혜능』(후루타쇼킨 · 다나카로쇼 지음, 남동신 · 안지원 옮김, 현음사, 1993), pp.94~95 참조.

27) 『남양화상문답잡징의』와 『역대법보기』 등에 의하면, 전중시어사(殿中侍御使) 위거(韋據)가 혜능 대사의 제자인 숭일(崇一)의 청에 의하여 혜능 화상이 돌아가신 다음 해인 개원(開元) 2년 갑인년(714년), 혜능 대사의 비문을 지어 광과사(廣果寺)에 세웠다. 그런데 개원 7년(719년)에 이 비

敎]이 완전히 숨어버렸습니다. 〈혜능 화상께서 많은 재앙을 만난 사건은 모두 전에 드린 『약전』에 있고, 자세한 이야기는 『본전』에 있으니 다음에 갖추어서 드리겠습니다.〉[28]

천보 년간(天寶; 742~756) 초에 하택 스님께서 낙양으로 들어가서서 혜능의 돈교를 크게 퍼트리자, 마침내 신수 문하의 스승-제자 계통은 방계이고 그들의 교법은 점교임이 비로소 드러났습니다. 그러나 이미 두 종파는 모두 나란히 유행하게 되어, 당시 사람들이 그 다름을 구별하려고 '남종'이니 '북종'이니 하는 이름을 표방했습니다. 남종이니 북종이니 하는 말은 이때부터 시작되었습니다.

어떤 이는 이렇게 묻습니다.

"하택 선사가 이미 제7조가 되었다면 왜 제8조 및 나아가서는 9조와 10조를 세우지 않았는가? 이후부터 이미 그것을 세우지 않았다면, 가사 전하는 것을

---

문을 사람들이 갈아내어 그 내용을 고쳐서 다른 비를 세웠다고 한다. 그러나 이 기록이 사실인지는 의심스럽다. 번역자의 생각에는 결국 혜능 선사를 선종의 6대 조사로 만들기 위한 계보 조작인 듯.

28) 『약전』과 『본전』은 모두 혜능의 전기인 듯? 아니면 혜능에서 직계만 추린 것인가? 아니면 돈황에서 출토된 『조계대사전』인가?

근거로 증빙하는 것을 6조까지만 하더라도 안 될 것이 무엇인가?”

나는 이렇게 대답합니다.

“만약 언어를 떠난 진리[眞諦]의 입장에서 보면, 본래 명칭이나 몇 대조인가 따위는 필요 없기 때문에, 초조라는 것도 성립될 수 없는데 무슨 6조, 7조를 말하겠습니까? 그러나 지금은 언어에 의한 진리[俗諦]를 기준으로 하여, 스승과 제자 사이의 전수는 세속의 법도를 따른 것이니, 여기에는 기준이 있게 마련입니다. 비유하자면, 조정에 임금의 7묘를[29] 모시고, (임금이 붕어하신 지) 7개월 만에 장사 지내고[30], 7대 자손까지만 상에 복을 입고[31], 칠칠 사십구의 49제를

---

29) 칠묘(七廟): 주(周)나라 이후 천자는 7개의 사당을 모셨다. 7개는 태조(太祖)의 묘(廟), 3소(三昭), 3목(三穆)을 합한 것을 말함. 『예기』의 「예기(禮器)」, 「왕제(王制)」, 「제법(祭法)」과 『춘추곡량전』 등에 그 기록이 보인다.

30) 7개월 만에 장사 지내고: 천자는 7개월, 제후는 5개월, 대부는 3개월, 사(士)는 1개월이다. 『예기』의 「왕제(王制)」과 『춘추좌씨전』 등에 그 기록이 보인다.

31) 7대 자손까지만 상에 복을 입고: 좀 더 고증이 필요하다. 역사적으로는 4대까지만 상복을 입었다. 『원각경약소초』 권4(신찬속장9-863상)에는 ‘七代先亡’으로 표기. 어느 쪽으로 보아도 역시 해석하기 어렵다.

지내고,[32] 〈도교와 불교가 모두 같습니다.〉 경전에서도 과거 7불을[33] 설하고, 염불하는 편수(遍數)라든가[34], 계단에 증명 법사를 세우는 수나[35], 작법(作法)의 방법이라든가[36], 부처님께 예배하고 그 둘레를 도는 것도 그렇고, 스님을 초대하는[37] 것 등도 모두 7을 단위로 합니다. 7이 넘으면 7의 배수로 하던가, 더 나아가서는 7의 일곱 배수로 합니다. 6에서 멈추지도 않고, 8이나 9에서 멈추지도 않습니다. 지금 법통을 전수하는 의식은 세속의 풍습에 따라 중생들에게 믿음을

---

32) 칠칠 사십구의 49재를 지내고: 원문은 '福資七祖'이다. 「진복사본」에는 '福資七七'로 되어 있는데 본 번역에서는 「진복사본」을 따랐다.

33) 과거 7불: 석가모니불 이전 6위의 부처님이 출현하셨고 석가모니는 제7불에 해당한다. 과거 6위의 부처님은 비파시불(毘婆尸佛), 시기불(尸棄佛), 비사부불(毘舍浮佛), 구류손불(拘留孫佛), 구나함모니불(拘那含牟尼佛), 가섭불(迦葉佛)이다.

34) 염불하는 편수: 『불설아미타경』(T.12-34상)에 의하면 부처님의 명호를 일념으로 7일 동안 부르라고 한다.

35) 계단에 증명 법사를 세우는 수: 전계사, 갈마사, 교수사 등의 3사 이외에, 이를 증명하기 위하여 입회시키는 증사를 포함한 7인을 말함.

36) 작법(作法)의 방법: 진언을 외울 때 7편(遍) 반복하는 것.

37) 스님을 초대: 재 지낼 때 스님 7명을 초청하는 것.

내게 하는 것이니, 의심할 것이 뭐가 있겠습니까?"

그래서 덕종 황제께서는 정원(貞元) 12년(796년)에 태자에게 칙명을 내려[38] 여러 선사를 모아놓고 선문의 종지에 등급을 매기게 하여 법통을 전수함에 누가 정통이고 누가 방계인가를 결정하게 하여, 마침내 칙명을 내려 하택 대사를 제7조로 옹립하게 했습니다. 궐 안에 있는 신룡사에 (그 내용을 담은) 비석이[39] 지금도 있습니다. 또 천자께서는 몸소 『7대조사찬문』을[40] 지으셨으니 그것이 현재 세상에 돌아다니고 있습니다.

**荷澤宗者, 全是曹溪之法, 無別教旨, 對洪州傍出, 復標其宗號. 承稟之由, 已如上說. 然能和尚滅度後, 北宗漸教大行,** 〈亦如上敘.〉 **因成頓門弘傳之障, 曹溪傳授碑文已被磨換, 故二十年中, 宗教沉隱.** 〈大師遭百種艱難等事, 皆如先所呈略傳, 廣在本傳, 他日具呈.〉 **天寶初, 荷澤入洛, 大播斯門, 方顯秀門下師承是傍, 法門是漸. 旣二宗雙行, 時人欲揀其異, 故標南北之名,** [南北之名.][41] **自此而始. 問, 旣荷澤**

38) 이런 내용은 종밀의 『원각경약소초』 권4(신찬속장9-863상)에도 보인다.

39) 비석: 현존하지 않음.

40) 『7대조사찬문』: 현존하지 않음.

41) 南北之名: 『속장경본』에는 없는데 「진복사본」에 의해 보

爲第七祖, 何不立第八乃至九十. 後旣不立, 何妨據傳衣爲憑, 但止第六. 答, 若據眞諦, 本絕名數. 一猶不存, 何言六七. 今約俗諦, 師資相傳. 順世之法, 有其所表. 如國立七廟, 七月而葬, 喪服七代[42], 福資七祖,[43] 〈道釋皆同.〉 經說七佛. 持念遍數, 壇場物色, 作法方便, 禮佛, 遠佛[44], 請僧之限, 皆止於七. 過則二七, 乃至七七, 不止於六, 不至八九. 今傳受儀式, 順世生信, 何所疑焉. 故德宗皇帝貞元十二年敕皇太子集諸禪師, 楷定禪門宗旨, 搜求傳法傍正, 遂有敕下, 立荷澤大師爲第七祖. 內神龍寺, 見有銘記[45]. 又御製七代祖師讚文, 見行於世.

### 2) 홍주종

홍주종(洪州宗)의 종조는 6조 스님 밑에서 방계로 나왔습니다. 이를테면 한 선사가 있었으니 그의 속가 성은 마(馬) 씨이고 법명은 도일(道一; 709~788)입니

---

충하였다.

42) 喪服七代: 『원각경약소초』 권4(신찬속장9-863상)에는 '七代先亡'으로 표기.

43) 福資七祖: 「진복사본」에는 '福資七七'로 표기. 본 번역에서는 「진복사본」을 따른다.

44) 遠佛: 「진복사본」에는 '遶佛'로 표기. 본 번역에서는 「진복사본」을 따른다.

45) 見有銘記: 「진복사본」에는 '現有銘記'로 표기. 본 번역에서는 「진복사본」을 따른다.

다. 원래는 검남(사천) 지방 김 화상의[46] 제자입니다. 〈김 화상의 종조는 지선입니다. 그들은 남종이나 북종과도 다릅니다.〉

도일 선사는 절개가 높고 도가 훌륭했습니다. 사방을 다니며 고행하고, 가는 곳마다 좌선했습니다. 마침내 남악산에 이르러 회양(懷讓; 677~744) 선사를 만나, 으뜸 되는 가르침[宗教]이 무엇인가를 서로 논쟁했으나 자신의 공부가 회양 선사에는 미치지 못했습니다. 비로소 가사를 물려 법통을 전함에 있어, 조계 혜능 선사가 적자임을 알았습니다. 그리하여 마음을 고쳐먹고 복종하여 (회양 스님의 법통을) 이어받고는 건주(虔州)와 홍주(洪州) 땅에 머물렀습니다.

그곳에서 때로는 산에서 때로는 시내에서 가르침을 널리 펴고 수행자들을 지도했습니다. 그 후에 홍주 개원사에서[47] 회양 선사의 말씀을 크게 전파했습

---

46) 김 화상: 무상(無相; 674~762). 신라 출신. 속성은 김(金)씨. 자주(資州; 사천성)의 덕순사(德純寺)의 지선(智詵)과 처적(處寂)의 제자이다. 정중사(淨衆寺)에 주석했다.

47) 지금의 남창시에 위치한 우민사(佑民寺)이다. 처음 이름은 상란사(上蘭寺)였으며, 547년 대불사(大佛寺)로 개칭된다. 이후 당 개원(開元) 년간에 개원사(開元寺)로 개칭하였고, 이후 청나라 순치(順治) 년간에 우청사(佑清寺)로 개칭

니다. 그래서 당시 사람들이 홍주종이라고 불렀던 것입니다. 회양 선사는 조계 혜능 스님 문하에서 방계로 나온 일파로서, 〈조계 혜능 스님 문하에는 이런 유의 제자가 천여 명 있었습니다.〉 하택 선사와 동창생입니다. 다만 혼자서 수행했을 뿐 본래 제자들을 지도하지는 않았습니다.[48] 마조 스님이 그의 가르침을 크게 드날렸기 때문에 마조 스님이 홍주종의 시조가 되었습니다.

**洪州宗者, 先卽六祖下傍出. 謂有禪師, 姓馬, 名道一. 先是劍南金和尚弟子也.** 〈金之宗源卽智詵也, 亦非南北.〉 **高節至道, 遊方頭陀, 隨處坐禪. 乃至南嶽, 遇讓禪師, 論量宗教, 理不及讓. 方知傳衣付法, 曹溪爲嫡. 乃迴心, 遵稟, 便住處州[49] 洪州. 或山或郭, 廣開供養, 接引道流. 後於**

---

했다. 그러나 민국(民國) 초년에 중국군이 점거하여 화약고로 쓰던 도중 여러 번의 화약 폭발로 건축물이 많이 파괴되었다. 1929년 절을 수리하면서 우민사로 개칭했다.

48) 『보림전』(801년)과 『조당집』(952년)과 『경덕전등록』(1004년)이 편찬되는 과정에서, 마조의 계보를 6조 혜능에 연결시키려는 의도에서 남악 회양을 등장시키지만, 회양에 대한 자료가 부족했기 때문에 위의 모든 등사(燈史)에 회양의 품성은 '혼자 수도하는 것을 좋아했다'는 가설을 만들었다고 볼 수 있다.

49) 처주(處州): 「진복사본」에는 '건주(虔州)'로 표기. 본 번역

洪州開元寺, 弘傳讓之言旨, 故時人號爲洪州宗也. 讓卽曹溪門下傍出之派徒. 〈曹溪此類數可千餘.〉 是荷澤之同學. 但自率身修行, 本不開法. 因馬和尚大揚其教, 故成一宗之源.

---

에서는 「진복사본」을 따른다.

## Ⅲ. 도표로 요약

이상에서 간략하게나마 여러 종파의 스승·제자 관계를 서술했으니 큰 얼개는 그렇습니다. 그렇지만 방계와 정통과 가로와 세로가 서로 섞이고 복잡하게 기록하였으니, 이제 그것을 그림으로 그려 보겠습니다. 바라옵건대 정승께서는 한번 슬쩍 보시고는 마음에 남겨 두지는 마십시오. 삼가 다음과 같이 늘어놓습니다.

**右且略敘諸宗師承, 大概如此. 然緣傍正橫竪, 交雜難記, 今畫出爲圖. 冀一覽不遺於心腑. 謹連次後.**

〈도표〉

* 조사의 법명 중앙 바로 밑에 내려쓴 인물(검은 바탕에 ⇩ 표시)은 정통을 의미하고, 중앙 좌우에 쓴 인물(흰 바탕에 ↙ 또는 ↘ 표시)은 방계를 표시함.
* 조사의 이름을 옆으로 나란히 쓴 것(가로)은 동학 형제 항렬을 뜻함.

| 방 계 | 정 통 | 방 계 |
|---|---|---|
| | 【 제1조 달마】<br>第一 達摩 | |
| ↙ | ⇩ | ↘ |
| 도육(道育)<br>[달마로부터 뼈를 받음]<br>미혹하면 번뇌이고<br>깨달으면 보리이다 | 【 제2조 혜가 】<br>第二 慧可<br>[달마로부터 골수를 받음]<br>번뇌가 본래 없어 원래부터 깨달은 상태이다 | 총지(摠持) 비구니<br>[달마로부터 살을 받음]<br>번뇌를 끊고<br>깨달음을 얻는다 |
| ↙ | ⇩ | ↘ |
| 향(向) 거사<br>화한(花閑) 거사 | 【 제3조 승찬】<br>第三 僧璨 | 보월(寶月) 선사 |
| | ⇩ | |

| 【 제4조 도신】<br>第四 道信 | | | | | |
|---|---|---|---|---|---|
| ↙ | ↙ | ⇩ | ↘ | ↘ | ↘ |
| 우두산 혜융 초조 牛頭山 慧融 初祖<br>제2조 지암 第二 智巖<br>제3조 혜방 第三 惠方<br>제4조 법지 法持 第四<br>제5조 지위 智威 第五<br>혜충 惠忠 / 마소 馬素<br>혜충 惠忠 / 경산도흠 徑山道欽 | 법정<br>法淨 | 【제5조 홍인】<br>第五 弘忍 | 서주 舒州<br>법장 法藏 | 형주 荊州<br>현 顯 | 황매 黃梅<br>랑선사 朗禪師 |

* 우두산 혜융 초조는 제4조 도신의 방계이나 제5조 지위까지 이어짐. 혜충과 마소는 제5조 지위의 제자.

↙ ↙ ↙ ↙ ↙ ⇩ ↘ ↘ ↘ ↘

| | | | | | | | | | | |
|---|---|---|---|---|---|---|---|---|---|---|
| 노안<br>老安 | 강주 영지<br>江州 寧持 | 자주 지선<br>資州 智詵 | 업業 주主 법法 | 【제6조 혜능】<br>第六 慧能 | 과랑의습<br>果閬宜什 | 월주방<br>越州 方 | 북종신수<br>北宗神秀<br>6 | | | 양주 襄州 통 通 |
| 진초장<br>陳楚章 | | 자주 처적<br>資州 處寂 | | | | | 보적<br>7 | | | |
| 보당 이료법<br>保唐 李了法 | | 익주 김화상<br>益州 金和尙<br>성도: 정중사 | | | | | 동경동덕사간<br>東京同德寺幹 | 장경사징<br>章敬寺澄 | 서경산북사<br>西京山北寺 | 로주법여<br>潞州法如 |
| 양주 각<br>楊州 覺 | | 익주 석<br>益州 石 | | | | | | | | |

↙ ⇩ ↘

| | | | | | | |
|---|---|---|---|---|---|---|
| 인종 법사<br>印宗 法師<br>혜능 화상이 인종 법사 밑에서 『열반경』강의를 들었음 | 【제7조 신회】<br>神會 第七 | 남악 회양 南岳懷讓 | | | | |
| | | 홍주 마조 洪州 馬祖 | | | | |
| | | 홍선유관<br>興善惟寬 | 서당지장<br>西堂智藏 | 백장회해<br>百丈懷海 | 장경회휘<br>章敬懷暉 | 강릉 오<br>江陵 悟<br>경산 선사의 법통도 동시에 이었음 |

## Ⅳ. 각 종파의 주장과 그 평가

이상에서 여러 종파의 스승·제자 관계를 서술했습니다. 이제부터는 그들이 전수한 교리 내용의 깊고 옅음과 장단점을 가려보겠습니다. 그런데 선문의 종지는 자기 마음속에 관조(觀照)하는 데 있는 것이지, 붓으로 쓸 수 있는 것이 아니며, 말로 다 할 수 있는 것도 아닙니다. 말로 할 수는 없지만 그래도 억지로 말해보고, 붓으로 다 쓸 수 없지만 그렇다고 붓을 내려놓기는 더욱 어렵습니다. 이제 부득이하여 쓰기는 합니다만, 그저 마음으로만 관조하시고, 글에 얽매이지는 마소서.

上已敘諸宗師資. 今次辨所傳言教深淺得失. 然禪門之旨, 在乎內照, 非筆可述, 非言可宣. 言雖不及, 猶可強言, 筆不可及, 直[50]難下筆. 今不得已而書[51], 望照之於心, 無滯於文矣.

---

50) 直: 『절요』에는 '尤' 자로 표기. 본 번역에서는 『절요』를 따름.

51) 書: 『절요』에는 '書之'로 표기.

## 1. 달마의 근본 사상

달마 스님께서 서쪽 인도 땅에서 오셔서 오직 마음의 법만을 전하셨습니다. 그래서 스스로, "나의 가르침은 마음에서 마음으로 전하고[以心傳心], 문자에 의존하지 않는다"고 말씀하셨습니다. 여기서 말하는 마음은 모든 중생이 가지고 있는 청정본각(淸淨本覺)[52] 입니다. 이것을 역시 불성(佛性)이라고도 하고, 혹은 신령스러운 깨달음[靈覺]이라고도[53] 합니다. 중생은 미혹하여 일체의 번뇌를 일으키지만, 번뇌도 이 마음을 떠나 따로 존재하는 것이 아닙니다.

한편 깨달아서 끝없는 오묘한 작용을 일으키더라

---

52) 청정본각(淸淨本覺): 아래의 주53) 참조. 종밀은 달마의 청정본각(淸淨本覺) 사상이 하택종으로 정통 계승되었다고 주장한다. ※본 번역서 p.188의 주98) 「6. 하택종의 주장」참조.

53) 신령스런 깨달음[靈覺]: 이 개념은 종밀 철학의 핵심이다. 종밀은 이 개념을 근본으로 전 불교는 물론 유교와 도교의 사상까지도 비평적으로 정리하고 있다. 이 개념은 ※본 번역서 pp.120의 주107) 「2. 일승현성교의 의의」에서 말하는 '一眞靈性', 또는 『원각경』 「위덕장」에 나오는 '정원각(淨圓覺)'과 그것을 설명하는 종밀의 '본각진심(本覺眞心)' 등과 같은 뜻.

도, 그 오묘한 작용은 이 마음을 떠나서 있는 것이 아닙니다. 오묘한 작용과 번뇌가 하나는 공덕을 가지고 있고 하나는 허물을 가졌다는 점에서 비록 다르지만, 깨침의 상태에 있건 미혹의 상태에 있건, 이 마음은 변함이 없습니다. 만약 부처의 도를 얻으려면 반드시 이 마음을 깨쳐야 합니다.

그러므로 역대 조종(祖宗)의 문하에서 오직 이 마음만을 전했을 뿐입니다. 그러니 만약 감응하여 서로 계합하기만 하면, 비록 한 개의 등불에서 백 천 개의 등불로 전하더라도, 각각의 등불들은 서로 다르지 않습니다. 그러나 만약 근기[機]와 가르침[教]이 서로 들어맞지 않으면, 비록 같은 일음(一音)으로[54] 법을 연설하더라도 각기 자기가 이해한 것을 좇게 마련입니다. 그래서 각 종파에서 이단의 학설이 나오지만, 그 잘못은 뒷사람에게 있습니다.

이제 각각의 종파에서 주장하는 것을 서술하려 합니다. 그러면 비로소 옳고 그름이 분명해질 겁니다.

---

54) 일음(一音): 동일한 음성. 동일한 언어를 지칭. 부처님께서는 일음(一音)으로 말씀하시지만, 중생들은 저마다의 근기에 따라 달리 듣는다. 『대반야경』이나 『화엄경』 등 대승 경전에 많이 나오지만 『유마경』 「불국품」(T.14-538상)이 유명함.

然達磨西來, 唯傳心法. 故自云, 我法以心傳心, 不立文字. 此心是一切衆生淸淨本覺, 亦名佛性, 或云靈覺. 迷起一切煩惱, 煩惱亦不離此心. 悟起無邊妙用, 妙用亦不離此心. 妙用煩惱, 功過雖殊, 在悟在迷, 此心不異. 欲求佛道, 須悟此心. 故歷代祖宗, 唯傳此也. 然若感應相契, 則雖一燈傳百千燈, 而燈燈無殊. 若機教不投, 則雖一音演說法, 而各各隨所解. 故諸宗異說, 過在後人. 今且各敘諸宗, 然始判其差當.

## 2. 북종의 주장과 그 평가

### 1) 북종의 주장

북종에서는 중생이면 누구나 본래부터 깨달음의 성품[覺性]을 간직하고 있다고 합니다. 이는 마치 거울에 밝은 성질이 있는 것과 같아서[55], 번뇌가 (거울의

---

55) 거울 비유의 용례: 한국에 많이 알려진 것은 『육조단경』에 나오는 혜능의 게송인데, 그 원천은 『대승기신론』이다. 진제 역, 『대승기신론』의 「해석분」 맨 마지막 부분에 이렇게 소개되어 있다. "답한다. 모든 부처님과 여래는 법신이 평등하여 모든 곳에 두루 하시지만 인위적인 조작의 의도[作意]가 없기 때문에 '자연'이라고 한 것이다. 이는 다만 중생의 마음에 의지하여 나타난다. 중생의 마음이란 마치 거울과 같아서, 거울에 만약 때가 있으면 색상(色像)이 나타나지 않는 것처럼, 중생의 마음에 때가 있으면 법

밝은 성질을) 덮으면 그것이 드러나지 않으니, 마치 거울에 먼지가 낀 것과 같습니다. 그런데 만약 (눈 밝은) 스승의 가르침에[56] 의지하여, 허망한 생각을 쉬어 없애서, 허망한 생각이 사라지면 마음의 본성[心性]이 밝아져서[覺悟] 알지 못하는 것이 없습니다. 이것은 마치 거울에 붙은 먼지를 닦아내고 털어서, 먼지가 사라지면 거울의 바탕이 밝고 깨끗해져서 비추지 못하는 것이 없는 것과 같습니다.

그러므로 저 북종의 종주(宗主)이신 신수 대사께서

---

신이 나타나지 못하기 때문이다. ; 答曰, 諸佛如來法身平等, 遍一切處, 無有作意故, 而說自然. 但依衆生心現. 衆生心者, 猶如於鏡, 鏡若有垢, 色像不現. 如是衆生心若有垢, 法身不現故."(T.32-581하) 이 말은 부처님에게는 '자연업'이 있어서 모든 곳에 나타나 중생을 이롭게 한다는데, 왜 그런 부처님을 보지 못하는 사람이 있느냐는 질문에 대한 대답이다. 그 대답은 중생의 마음에 번뇌가 있으면 안 보이는 것이, 마치 거울이 더러우면 영상이 안 맺히는 것과 같다는 것이다.

56) (눈 밝은) 스승의 가르침: 원문은 '師言教'이다. '스승과 가르침'으로 번역할 수도 있으나, ※본 번역서 p.190의 주100) 근처 「6. 하택종의 주장」에 나오는 '善友開示'를 '선우(善友)의 개시(開示)'로 번역한 것과 호응시켜, 의주석(依主釋)으로 해석했다. 종밀의 사상에 막대한 영향을 준 『원각경』도 선지식의 가르침을 중시하고 있기 때문이다.

5조 홍인 스님에게 이렇게 게송을 올렸습니다.

**몸은 깨달음의 나무이고**
**마음은 밝은 거울이 거울 지지대에 걸린 듯**
**때때로 털고 닦아서**
**먼지가 있지 않게 합니다.**[57)]

北宗意者, 衆生本有覺性, 如鏡有明性, 煩惱覆之不見, 如鏡有塵闇. 若依師言教, 息滅妄念, 念盡則心性覺悟, 無所不知. 如磨拂昏塵, 塵盡則鏡體明淨, 無所不照. 故彼宗主神秀大師, 呈五祖偈云. 身是菩提樹, 心如明鏡臺. 時時須拂拭, 莫遣有塵埃.

2) 북종에 대한 평가

논평해 보겠습니다. 이것은 염연기(染緣起)와 정연기(淨緣起)의 겉모습으로, 번뇌의 물결에 떠내려가는 것을 회복하고 나쁜 습관을 고치는 것에 불과합니다.[58)]

---

57) 이 게송의 원문은 『돈황본 육조단경』과 일치함. 『덕이본 육조단경』의 경우는 "身是菩提樹, 心如明鏡臺, 時時勤拂拭, 莫遣有塵埃."라고 했다. 내용은 같지만, 글자의 출입이 있다.

58) 이상은 『대승기신론』의 심성설에 기초한 평가이다. '진여(眞如)'가 '망념(妄念)'을 만나 3세(細)와 6추(추麤)의 훈습 과정을 거치면서 물들어가는 것을 '염연기(染緣起)'라 했고, 역으로 '망념(妄念)'을 벗어나 '진여(眞如)'로 회복하는

과정을 '정연기(淨緣起)'라 한다. 이런 『대승기신론』의 사상을 기본으로 종밀은 '염연기(染緣起)'와 '정연기(淨緣起)'를 『원각경약소』(권하)에서 이렇게 설명하고 있다. 인용이 길지만, 화엄의 법성 철학을 이해하기 위해서는 반드시 알아두어야 하는 이론이다.

" '오염된 법'이란, 진여에 의지하기 때문에 무명이 있다. 무명이 진여를 훈습하여 허망한 마음이 일게 한다. 망심이 무명을 훈습하여 진여의 법을 알지 못하게 하므로 '不覺'의 마음이 일어나서 허망한 경계를 나타낸다. 허망한 경계는 염법의 반연이 되기 때문에 허망한 마음을 훈습하여 마음으로 하여금 갖가지의 업을 만들게 하고 몸과 마음으로 온갖 고통을 받게 한다. 그래서 『승만경』에는 '제 자신은 오염되지 않으면서 여타의 모든 것을 오염하게 하는 기능이 있으므로, 법신은 생성소멸하지 않는다'고 했다. 또 그 경에서 '법신이 6도에 윤회하여 태어난 것이 중생이다'라고 했으며 『화엄경』에서는 '마음은 화가와 같다'는 등의 말씀을 했다.

'정연기'라는 것은, 『기신론』에는, 진여의 법이 있기 때문에 무명을 훈습한다. 이렇게 되면 곧 허망한 마음이 생사고락에 윤회하는 것을 싫어하게 만들어 열반의 상태가 되기를 바라게 된다. 윤회를 싫어하고 열반을 얻으려 하기 때문에 곧 진여를 훈습하여, 스스로 이미 믿었던 것을 믿어, 마음이 고연히 움직였고 마음에 나타난 경계가 없는 줄 알게 된다. 일체의 망념을 멀리하는 방법을 실천하고 갖가지 방편을 일으켜 그것을 따라 실천하되, 얻으려 하지도 생각하려 하지도 않으니, 이를 계속하면 구원겁 이전부터 있던 훈습의 힘 때문에 무명이 소멸된다. 무명이 그러나 (북종 사람들은) 허망한 생각[妄念]이란 본래 실체가 없는 공한 존재이며, 마음의 본바탕[心性]은 본래 깨끗한 줄을 깨닫지 못했습니다. (마음의 본바탕

---

사라지면 마음이 일어나지 않고, 대상 경계도 따라서 소멸되어, 결국 마음의 기능이 모두 사라진다. 이를 두고 열반을 얻었다 하기도 하고, '자연업'을 성취했다고 하기도 한다.
그런데 '정연기'는 앞서 말한 '염연기'를 뒤집은 것이다. 반연하는 것들은 불변하는 자성이 없으니, '염연기'와 '정연기'를 모두 원융하게 해야지만 법계의 본성에 합치한다. 연기한다고 할 때 일어나는 것은 법성이 일어나는 것이다. 그러므로 이 법성이란 그 존재가 중단된 적도 사라진 적도 없다. 『화엄경』에서 말씀하시듯이 이것에 의지해야지만, 비로소 번뇌가 다 사라지고 깨달음이 충만해졌다고 할 수 있다. ; 染法者, 以依眞如法故, 有於無明. 無明熏習眞如故, 則有妄心. 妄心熏習無明, 不了眞如法故, 不覺念起, 現妄境界. 妄境界染法緣故, 卽熏習妄心, 令其念著造種種業, 受於一切身心等苦. 故勝鬘云, 不染而染, 法身不增不減. 經云, 法身流轉五道, 名曰衆生. 華嚴云, 心如工畫師等. 淨緣起者, 論云, 以有眞如法故, 熏習無明, 則令妄心厭生死苦樂求涅槃. 以厭求故, 卽熏習眞如, 自信已信, 知心妄動, 無前境界. 修遠離法, 種種方便起隨順行, 不取不念. 乃至久遠熏習力故, 無明則滅. 無明滅故, 心無有起, 境界隨滅, 心相皆盡, 名得涅槃成自然業. 然淨緣起翻前染緣. 緣無自性, 染淨俱融合法界性. 起唯性起, 故無斷盡 如華嚴說, 依此方名幻盡覺滿."(T.39-537하~538상).

에 대한) 깨달음이 투철하지 못했으니, 어찌 수행 방법이 참일 수 있겠습니까? 〈검남 지방에 있는 정중종(淨衆宗)의[59] 주장도 이 북종과 대동소이합니다. 또 보당종(保唐宗)이[60] 있는데, 북종과 견해는 비슷하지만, 수행 방법은 전혀 다릅니다. 이번 편지에서는 번거롭게 서술하지 않겠습니다. 다음에 직접 뵈옵고 하나하나 변별해 드리겠습니다.〉

**評曰. 此但是染淨緣起之相, 反流背習之門. 而不覺妄念本空[61], 心性本淨. 悟旣未徹, 修豈稱眞.**[62]〈劍南復有淨衆宗, 旨與此大同. 復有保唐宗所解似同, 所修全異. 不可繁敘, 他

---

59) 정중종(淨衆宗): 사천성 성도현 검남(劍南)의 정중사에 머물며 염불선을 실천한 김 화상과 그를 따르는 공동체를 지칭. 5조 홍인-자주지선(『선원제전집도서』에는 '南선(人+先)智詵'으로 표기)-처적-김 화상으로 법계가 상승된다. 무억(無憶), 무념(無念), 막망(莫妄)을 종요로 함. 소리를 짓는 일종의 짓소리 염불인 인성염불(引聲念佛)을 가르침.

60) 보당종(保唐宗): 보당사 무주 스님과 그를 따르는 수행 공동체. 보당 무주(保唐無住; 714-774)는 섬서성 출신. 20세를 지날 무렵에는 숭악 혜안 선사의 문인인 진초장(陳楚璋)을 만나 달마의 선종을 배움. 지덕 2년(757년)에 사천성에 있는 정중사에서 무상을 만난다. 『역대법보기』에는 무상-무주의 법계를 강조하고, 종밀의 『원각경대소초』에는 5조 홍인-혜안-진초장의 법계를 강조한다.

61) 空: 『절요』에는 '無' 자로 표기.

62) 眞: 『절요』에는 '眞哉' 자로 표기.

日面奉, 一一辨之.〉

## 3. 홍주종의 주장과 그 평가

### 1) 홍주종의 주장

홍주종에서는 마음을 내고 생각하며, 손가락을 튕기고 눈을 움직이는 등 일체의 행위가 모두 불성(佛性)의 완전한 본바탕의 작용이라고 합니다. (이것 말고는) 달리 어떤 작용도 없다고 합니다. 탐내고 성내고 어리석음 등의 3독과, 선행이나 악행을 하는 것과, 즐거움을 받거나 괴로움을 받는 것이 모두 불성이라고 합니다. 마치 밀가루로 갖가지 음식을 만들지만, 각각의 음식은 결국 모두 밀가루인 것과 같습니다.

이런 생각을 미루어 보면, 이 몸의 4대(大)를 이루는 뼈와 살·목구멍·혀·치아, 그리고 눈·귀·발 등은 결코 능동적으로 자기가 말하고 보고 듣고 움직이는 것이 아닙니다. 마치 한 생각 사이에 목숨이 끊어지면 아직 몸 전체는 변질되지 않았더라도, 입은 말하지 못하고 눈은 보지 못하고 귀는 듣지 못하고 다리는 걷지 못하고 손은 움직이지 못하는 것과 같다고 합니다.[63] 그러므로 말하고 움직이는 것이 바로

---

63) 이런 논증 방식은 ※본 번역서 p.71의 주36) 부분과 일

(육신이 아니라) 불성임을 알 수 있습니다.

그리고 4대로 이루어진 뼈와 살을 자세하게 따져 보면, 그것들은 전혀 탐내거나 성내거나 하는 등의 번뇌를 일으키지 못합니다. 그러므로 탐내고 성내는 등의 번뇌가 모두 불성입니다.

불성 자체는 어느 경우에도 차별이 없지만, 불성이 (현상의) 다양한 갖가지 차별을 만들어냅니다. '불성 자체는 어느 경우에도 차별이 없다'라는 것은 불성은 성스럽지도 않고 세속적이지도 않으며, 원인도 아니고 결과도 아니며, 선도 아니고 악도 아니며, 물질[色]도 아니고 표상[相]도 아니며, 감각기관[根]도 없고 생・주・이・멸(生住異滅)하는 변화도 없으며, 나아가서는 부처의 범주에 속하지도 않고 중생의 범주에 속하지도 않는다는 것을 말합니다.

한편 '불성이 (현상의) 다양한 갖가지 차별을 만들어낸다'는 것은 '성(性=佛性) 자체에 호응[卽體]하는 작용'[64]을 말하는 것입니다. 그러므로 범부로도 드러나

---

맥상통.

64) 성(性=佛性) 자체에 호응[卽體]하는 작용: 원문은 '謂此性卽體之用'이다. 홍주종에서는 '작용시성(作用是性)'의 입장에서 즉 작용하는 그 속에 '본성'이 있다라는 입장에 서서,

고 성인으로도 드러나며, 원인이 되기도 하고 감각기관[根]이 되기도 하며, 선으로 드러나기도 하고 악으로 드러나기도 하며, 물질로 드러나기도 하고 표상으로 드러나기도 하며, 부처로 드러나기도 하고 중생으로 드러나기도 하며, 나아가서는 탐내는 마음・성내는 마음・어리석은 마음으로 드러나기도 합니다.

그런데 만약, 그 (불성의) 바탕에 간직된 성품[體性]을 (탐・진・치・만・ 등의 번뇌가) 뒤덮으면 끝내 (불성을) 볼 수도 없고 자각할 수도 없습니다. 마치 안근(眼根)으로 안근을 볼 수 없다는 것과 같습니다. 또한 (불성이 개별적 사태들과) 서로 호응하여 작용하는 측면을 말해보면, 우리가 움직이는 행위 모두가 이것[佛性]입니다. 결코 따로 다른 어떤 법이 있어서 깨닫는 주체[能證]와 깨달음의 대상[所證]이 되는 것은 아닙니다.

---

별도로 '본성'을 거론하지 않는다. 그런데 종밀의 비판적 입장에 의하면, 홍주종은 불성 속에 '본래 간직된 작용'에 대해서는 알지 못한다고 한다. 그러나 달마에서 내려와 6조 혜능의 정통을 계승하는 하택종에서는 종밀에 따르면 '불성의 본래의 작용[本用]'과 '불성이 인연에 호응하여 반응하는 작용[隨緣用]'을 모두 말하고 있다고 한다. ※본 번역서 pp.221~225의 〈◎ 셋째 문답〉 참조.

그들의 주장을 『능가경』에 준거하여 말해보면, "여래장이 (일체 모든 행위의) 선(善) 또는 불선(不善)의 원인[因]이 되어, (그것이) 여러 갈래의 6도로 윤회하는 중생들을 만든다"[65)]라고 하신 말씀과, 또 "(여래장이라는 것은) 괴로움이나 즐거움을 받는 것이 저 원인[因]과[66)] 함께 존재하는데 (언뜻 보기에는 생성되기도 하고 소멸하는 것처럼 보인다)"[67)]라고 하신 말씀과, 또 "부처님이 말씀하신 마음을 근본으로 삼고, 무문(無門)으로 법문(法門)을 삼아라"[68)] 하신 말씀이 바로 그것입니다. 또 경에서, "어떤 때에는 부처님의 나라를 두어 (우러러 법을 보이기도 하고), 눈썹을 날리기도 하고, 혹은 눈동자를 움직이기도 하며, 혹은 웃기도 하고, 혹은 하품하기도 하고, 혹은 기침하기도 하고,

65) 구나발타라 역, 『능가아발다라보경』(권4) 「불어심품」 "佛告大慧, 如來之藏, 是善不善因, 能遍興造一切趣生."(T.16-510중).

66) 저 원인[因]: 여래장을 지칭함.

67) 구나발타라 역, 『능가아발다라보경』(권4) 「불어심품」 "大慧, 如來藏者, 受苦樂與因俱, 若生若滅."(T.16-512중).

68) 이 부분은 『능가아발다라보경』(권4) 「불어심품」에는 없다. 다만 마조선사가 『능가경』의 내용을 의미적으로 재정리한 것으로 『조당집』이나 『사가어록』 등의 「마조」장에 등장한다.

(혹은 무수한 국토를 염하기도 하고), 혹은 움직이기도 한다"[69]라고 하셨는데, 이것이 모두 부처님 일이라고 합니다.

(홍주종 사람들의 경우는) 이미 깨달음을 이해하는 철학이 모든 현상 그대로가 천연의 본성이라는 진리론에 입각해 있기 때문에, 수행의 이치도 당연히 천연의 본성에 따릅니다. 그리하여 마음을 써서 악을 끊어 마음을 닦지도 않고, 그렇다고 마음을 내어 도를 닦지도 않습니다. 도란 바로 이 마음이니, 마음을 가지고 마음을 닦을 수 없다고 합니다. 그리고 악도 또한 이 마음이니, 마음을 가지고 마음을 끊을 수 없다고 합니다.

(번뇌를) 끊으려 하지도 않고 (진여를) 닦으려 하지도 않으며, 마음 내키는 대로 내맡기는 이를 해탈한 사람이라고 합니다. 구애될 법도 없고, 이루어야 할 부처도 없다고 합니다. 마치 허공과 같아서 늘지도 않고 줄지도 않으니 어찌 더하거나 보탤 것이 있겠

69) 이 구절 역시 마조 도일 선사가 구나발타라가 한역한 『능가아발다라보경』(권제4) 「불어심품」에 나오는 다음의 문구를 인용하여 자신의 법문으로 썼던 것이다. 즉, "或有佛刹, 瞻視顯法, 或有作相, 或有揚眉, 或有動睛, 或笑, 或欠, 或謦咳, 或念刹土, 或動搖."(T.16-493상~중).

냐고 합니다. 왜냐하면 마음의 본성[心性] 외에 획득해야 할 법이 따로 있는 게 아니기 때문이랍니다. 그러므로 다만 마음에 내맡기는 것[임심(任心)]을 수행이라고 합니다.

洪州意者, 起心動念, 彈指動目, 所作所爲, 皆是佛性全體之用, 更無別用. 全體貪嗔癡, 造善造惡, 受樂受苦, 此皆是佛性. 如麵作種種飮[70]食, 一一皆麵. 意以推求, 此身四大骨肉, 喉舌牙齒, 眼耳手足, 並不能自語言見聞動作. 如[71]一念命終, 全身都未變壞, 卽便口不能語, 眼不能見, 耳不能聞, 脚不能行, 手不能作. 故知能言語動作者, 必是佛性. 且四大骨肉, 一一細推, 都不解貪嗔煩惱. 故知貪嗔煩惱, 並是佛性. 佛性體非一切差引[72]種種, 而能造作一切差別種種. 體非種種者, 謂此佛性[73]非聖非凡, 非因非果, 非善非惡, 無色無相, 無根無住, 乃至無佛無衆生也. 能作種種者, 謂此性卽體之用. 故能凡能聖, 能因能根, 能善能惡, 現色現相, 能佛能衆生, 乃至能貪嗔等. 若覈其體性, 則畢竟不可見, 不可證, 如眼不自見眼等. 若就其應用, 卽擧動運爲, 一切皆是[佛性].[74] 更無別法, 而爲能證所證.

---

70) 飮: 『절요』에는 '飯'으로 표기.

71) 如: 『절요』에는 '假如'로 표기.

72) 差引: 『절요』와 「진복사본」에는 '差別'로 표기. 본 번역에서는 『절요』와 「진복사본」을 따른다.

73) 佛性: 『절요』에는 '性'으로 표기.

彼意准楞伽經云，如來藏是善不善因，能遍興造一切趣生，受苦樂與因俱. 又云，佛語心[爲宗][75)]，[無門爲法門][76)]. 經[77)]云，或有佛刹，揚眉動睛[78)]，笑吹[79)]謦欬，或動搖等，皆是佛事. 旣悟解之理，一切天眞自然，故所修行，理宜順此. 而乃不起心斷惡[80)]，亦不起心修道. 道卽是心，不可將心，還修於心. 惡亦是心，不可將心，還斷於心. 不斷不造[81)]，任運自在，名爲解脫人. 無法可拘，無佛可作. 猶如虛空，不增不減，何假添補. 何以故. 心性之外，更[82)]無一法可得故. 故但任心，卽爲修也.

---

74) 佛性: 『절요』와 「진복사본」에 의거 '佛性'을 삽입 교감하고, 번역도 이에 준하였다.

75) 爲宗: 『절요』와 「진복사본」에 의거 '爲宗'을 삽입 교감. 번역도 이에 준하였다.

76) 無門爲法門: 「진복사본」에 의하여 삽입 교감하고, 번역도 이에 준하였다.

77) 經: 『절요』에는 '又' 자로 표기.

78) 睛: 『절요』에는 '目' 자로 표기.

79) 吹: 『절요』에는 '欠' 자로 표기.

80) 斷惡: 『절요』에는 '斷惡修心'으로 표기. 본 번역에서는 『절요』를 따른다.

81) 造: 『절요』에는 '修' 자로 표기. 본 번역에서는 『절요』를 따른다.

82) 更: 『절요』에는 '更' 자가 없다.

2) 홍주종에 대한 평가

홍주종과 앞의 북종은 근본적으로 상반됩니다. 북종에서는 아침과 저녁으로 언어나 사유로 분별하고 반응하는 것이 모두 허망하다고 합니다. 그러데, 이 홍주종에서는 아침과 저녁으로 사량분별하고 움직이는 것 모두가 참이라고 합니다.

승상의 질문을 받아보니, (승상께서는) 저들이 서로 비방하여 서로 화합하지 못함을 의심하시는 것 같습니다. 그런데 저들의 소견이 이렇게 서로 다르니 어찌 다투지 않겠습니까? 상대를 인정하자니 자기를 잃으니 어찌 화합할 수 있겠습니까?

評曰. 此與前宗, 敵體相返[83]. 前則, 朝暮分別動作, 一切皆妄. 此則, 朝暮分別動作, 一切皆眞. [奉問疑其互相詆訿, 暮[84]肯會同. 且所見如此相違, 爭不詆訿. 若存他, 則失己, 爭肯會同.][85]

---

83) 返: 『절요』와 「진복사본」에는 '反' 자로 표기. 본 번역에서는 『절요』와 「진복사본」을 따른다.

84) 暮: 「진복사본」에는 '莫' 자로 표기. 본 번역에서는 「진복사본」을 따른다.

85) [ ] 안에 들어 있는 33자가 『절요』에는 없다.

## 4. 우두종의 주장과 그 평가

### 1) 우두종의 주장

우두종의 주장은 이렇습니다. 모든 법은 꿈과 같아 본래 일삼을 게 없으며, 마음과 대상 세계가 본래 공적하여 오늘에 와서 비로소 공하게 된 것도 아니라고 합니다. 미혹했기 때문에 그것이 실재한다고 여겨서, 번영과 쇠퇴, 귀함과 천함 등의 현상이 실재한다고 보는 것입니다. 그런 현상에는 (자기 마음에) 안 맞는 것도 있고 맞는 것도 있게 마련입니다. 그래서 좋아하고 미워하는 등의 감정이 생기는데, 그런 감정이 생기면 갖가지 고통에 얽매입니다. 꿈속에서 업을 짓고 고통을 받으니 무슨 손해와 이익이 있겠습니까?

무엇인가를 분명하게 인식하는 주체인 지혜[能了之智]도 역시 꿈속의 마음[夢心]과 같습니다. 나아가서는 설사 열반보다 더한 법이 있다 할지라도 역시 꿈과 같고 허깨비와 같습니다.[86] 본래 일삼을 게 없음

86) 『마하반야바라밀경』(권9) 「환청품」 "수보리가 여러 천자에게 말하였다. 내가 말하는 불도란 허깨비 같고 꿈과 같다. 뿐만 아니라 내가 말하는 열반도 그렇다. 혹시 열반보다 더한 어떤 법이 있다고 하더라도 나는 또한 그와 같이 말하리다. 왜냐하면 여러 천자님, 허깨비와 열반이란 서로 다르지도 같지도 않기 때문입니다. ; 須菩提語諸天子,

을 통달했으니, 이치로 보아도 자기를 잊고 알음알이[情]를 없애야 합니다. 알음알이가 사라지면 괴로움도 사라져서, 그리하여 마침내 일체의 괴로움과 재앙에서 벗어나게 됩니다. 이들은 알음알이를 잊는 것[망정(忘情)]으로 수행을 삼습니다.

**牛頭宗意者, 體[87]諸法如夢, 本來無事, 心境本寂, 非今始空. 迷之爲有, 卽見榮枯貴賤等事. 事跡[88]旣有相違相順. 故生愛惡等情, 情生則諸苦所繫. 夢作夢受, 何損何益. 有此能了之智, 亦如[89]夢心. 乃至設有一法過於涅槃, 亦如夢如幻. 旣達本來無事, 理宜喪己忘情. 情忘卽絕苦, 因方度一切苦厄. 此以忘情爲修也.**

2) 우두종에 대한 평가

앞의 홍주종에서는 생각마다 완전히 참인 것을 깨달음이라고 했으며, 마음에 내맡기는 것을 수행이라고

---

我說佛道如幻如夢, 我說涅槃亦如幻如夢. 若當有法勝於涅槃者, 我說亦復如幻如夢. 何以故. 諸天子, 是幻夢, 涅槃不二不別."(T.8-276중).

87) 體: 『절요』에는 '體' 자가 없다. 「진복사본」에는 '謂' 자로 표기. 본 번역에서는 「진복사본」을 따른다.

88) 跡: 『절요』와 「진복사본」에는 '跡' 자가 없다. 본 번역에서는 『절요』와 「진복사본」을 따른다.

89) 如: 『절요』에는 '是' 자로 표기.

했습니다. 반면 우두종에서는 본래부터 일삼지 않는 것을 깨달음이라 하고, 알음알이를 없애는 것을 수행이라 했습니다.

**評曰. 前以念念全眞爲悟, 任心爲修. 此以本無事爲悟, 妄情爲修.**

5. 북종・홍주종・우두종의 총정리

위의 세 종파에서 주장하는 견해의 차이는, 처음의 종파는 일체가 모두 허망하다고 했고〈북종〉, 다음의 종파는 모두가 참이라고 했고〈홍주종〉, 마지막의 종파는 모두가 실체가 없다〈우두종〉고 합니다. 수행법에 대해서 말하면, 처음의 북종에서는 마음을 조복하고 허망한 생각을 없애라 했고, 다음 홍주종에서는 알음알이와 본성[情性]에 내맡기라 했고, 마지막 우두종에서는 마음을 쉬어 일어나지 않게 하라 합니다.

〈종밀은〉 성격이 감별하여 회통[감회(勘會)]하는 것을 좋아하여, 하나하나 일찍이 참구하여 각각 그 의미를 이상과 같이 더듬어 획득하였습니다. 그러나 만약 이 이야기를 가지고 저 종파의 사람들에게 질문하면 모두 동의하지 않을 것입니다. 저들에게 만약

'유(有)'를 가지고 물으면 '공(空)'으로 대답하며, '공(空)'하다고 추궁하면 '유(有)'를 인정하며, 혹은 모두를 부정하며, 혹은 모두 할 수 없다고 합니다. 닦아야 한다느니 닦을 게 없다느니 하는 것 등도 모두 그렇습니다. 그들의 의도는 문자에 떨어지는 것만을 늘 걱정하고, 수행하여 얻은 것에 얽매일까만을 두려워합니다. 그래서 말하고 나서는 곧바로 부정해버립니다.

마음을 귀의하여 배우려는 이가 있으면, 반드시 자세하게 지도하여 오래도록 관조(觀照)하게 하여 실천과 이론이 푹 익게 해야 합니다. 그러나 각 종파마다 여러 가지 방편을 써서, 밖으로부터 들어오는 비난을 막고, 제자들을 유인하니, 그런 일들은 일일이 다 적을 수가 없습니다. 여기서는 다만 그네들의 취지만을 나열하여 그 얼개만을 들어본 것입니다.

**又上三家見解異者, 初一切皆妄, 〈北宗〉[90] 次一切皆眞, 〈洪州〉[91] 後一切皆無.〈牛頭〉[92] 若就行說者, 初伏心滅妄,**

---

90) 北宗: 『절요』와 「진복사본」을 기준으로 교감 삽입하고, 이에 준하여 번역한다.

91) 洪州: 『절요』와 「진복사본」을 기준으로 교감 삽입하고, 이에 준하여 번역한다.

次信任情性, 後休心不起. 〈宗密〉 性好勘會, 一一曾參. 各搜得旨趣如是. 若將此語問彼學人, 卽皆[93]不招承. 問有答空, 徵空認有, 或言俱非, 或言皆不可得. 修不修等, 皆類此也. 彼意者, 常恐墮於文字, 常怕滯於所得, 故隨言拂也. 有歸心學者[94], 方委細教授, 令 多時觀照, 熟其行解矣. [然每宗復有多種方便, 拒於外難, 誘於徒屬, 不可具書. 今但羅其意趣, 擧其宏綱也.][95]

## 6. 하택종의 주장

하택종(에서 주장하는 내용)은 참으로 말로 하기 어렵습니다. 이는 석가모니께서 (도솔천에서) 하강하여 이 세상에 오시고, 달마가 멀리 서쪽에서 오신 본래의 뜻입니다.

앞의 3종파의 입장에서 하택종을 바라보면 이전의 3종파와는 전혀 다릅니다. 그러나 하택종을 가지고 앞의 3종파를 포섭하면 3종파는 하택종에 완전하게 포섭됩니다. 그래서 말로 하기 어렵다고 했습니다.

---

92) 牛頭: 『절요』와 「진복사본」을 기준으로 교감 삽입하고, 이에 준하여 번역한다.

93) 皆: 『절요』에서는 '皆且'로 표기.

94) 者: 『절요』에서는 '者' 자가 없다.

95) 『절요』에는 [ ] 속에 있는 32자가 없다.

[그런데 말로 하기는 매우 쉬우나, (위에서) 어렵다고 말씀드린 이유는 속내를 제대로 아는 자[知音]가 드물기 때문입니다.][96] 그러나 이제 억지로 말해보겠습니다. 이를테면 모든 법은 꿈과 같다고 여러 성인이 모두 말했습니다. 그러므로 허망한 생각은 본래 공적하고, 대상 세계도 본래 공합니다. 그러나 공하고 고요한 마음속에 작용하는 '신령스런 지각기능[靈知]'은 어둡지 않습니다. 이렇게 '공하면서도 고요한 마음[空寂心]'[97]이 앞서 말한 달마 스님께서 이 땅에 전하신 '청정한 마음[淸淨心]'[98]입니다.

---

96) 『속장경본』에는 없는 원문을 「진복사본」에 의해 교감 삽입하고, 이에 준하여 번역했다.

97) 공하면서도 고요한 마음[공적심(空寂心)]: 『금강삼매경』(권1), "해탈 보살이 부처님께 사뢰었다. 세존이시여 중생들의 심성은 본래 공하면서도 고요하고, 이런 마음의 바탕은 색깔이나 모습이 없습니다. 그런데 어떻게 공하면서도 고요한 마음을 닦아 익히라 하십니까? 바라옵건대 부처님께서는 자비를 베풀어 저희에게 잘 말씀해주십시오. ; 解脫菩薩而白佛言, 尊者, 衆生之心性本空寂. 空寂之心體無色相, 云何修習得本空心. 願佛慈悲, 爲我宣說."(T.9-366중). 「진복사본」에는 '空寂心' 대신 '淸淨心'으로 표기. 이로 미루어 보건대, 종밀의 입장에서는 '空寂心'과 '淸淨心'을 같은 의미로 사용하고 있음을 알 수 있다.

98) ※본 번역서 p.167의 주52) 참조.

미혹에 빠지거나 아니면 깨닫거나, 마음은 본래부터 스스로 아는 작용이 있는데, (이 작용은) 인연을 빌어 생기는 것도 아니며 대상 세계가 원인이 되어 생기는 것도 아닙니다.

미혹한 때에는 번뇌가 있지만, 이 지각기능[知]은 번뇌가 아니며, 깨달았을 때는 신통 변화를 부리지만 지각기능[知]은 신통 변화하지 않습니다. 그러니 지[知; 지각기능]라는 한 글자는 온갖 현묘함을 낳는 근원[源]인 셈입니다.[99] 이 지각기능[知]을 (알아차리지 못하여) 미혹했기 때문에, 나의 존재는 실재한다는 아상(我相)을 일으켜서, 나[我]와 내 것[我所]이 영원하게 실재한다고 생각하여, 좋아하고 미워함이 거기에서 생깁니다. 좋아하고 미워하는 감정을 따라서 때로는

---

99) 이런 표현은 『선원제전집도서』권상에도 나온다. 『노자』(1장)의 문세이다. 즉 "명칭을 붙이기 이전의 상태가 천지의 시원이고, 명칭을 붙이는 것은 만물을 낳는 어미와 같다. 그러므로 마음을 고요하게 하여 그 오묘함을 관찰하고, 마음을 내어서 드러난 현상들을 관찰해라. 이 둘은 결국은 같은 것이지만 이름만 달리 붙였을 뿐이다. 이 둘은 모두가 현묘하다. 현묘하고 현묘하여 온갖 묘한 것이 여기에 나온다. ; 無名天地之始, 有名萬物之母. 故常無欲以觀其妙, 常有欲以觀其曒. 此兩者, 同出而異名. 同謂之玄, 玄之又玄, 衆妙之門."(T.48-402하)

선한 행동을 하기도 하고 때로는 악한 행동을 하기도 합니다. 그 결과 선과 악의 과보로 6도에 윤회하는 몸을 받아 세세 생생토록 돌고 돌면서 끊일 날이 없습니다.

만약 착한 벗이 가르쳐주는 기회를 만나면, '공하면서도 고요한 지각기능[空寂之知]'을[100] 단박에 깨치게 됩니다. 이 '고요한 지각기능[寂知]'은 무념(無念)이며 무형(無形)이니 누가 나니 너니 하는 생각을 내겠습니까? 모든 표상이 실체가 없음을[101] 깨치면 마음은 저절로 무념(無念)이[102] 됩니다. 생각[念]이[103] 일어

---

100) 공하면서도 고요한 지각기능[空寂之知]: 『남양화상돈교해탈선문직료성단어』에서 신회는 "본바탕이 공적한데, 공적한 바탕 위에서 지각기능을 일으켜서 세간의 청황흑백을 잘 분별하는 것이 혜(慧)이다. 한편 분별이 일어나는 것을 따르지 않는 것이 정(定)이다. ; 本體空寂, 從空寂體上起知, 善分別世間青黃黑白, 是慧. 不隨分別起, 是定."이라고 한다. 楊曾文 編校, 『神會和尚禪話錄』, 北京: 中華書局出版, 1996년, p.9.

101) 모든 표상이 실체가 없음: 『금강반야바라밀경』(권1), "佛告須菩提, 凡所有相, 皆是虛妄, 若見諸相非相, 則見如來." (T.8-749상). 이때의 표상은 구체적으로 여래에게 있는 32상 80종호.

102) 무념(無念): 무망념(無妄念). 사량분별이 정지되어 '주-객'으로 양분되지 않은 마음의 상태. 하택 신회는 무념에 대

나면 (생각이 일어나는 줄을) 알아차려야 합니다. 알아차리기만 하면 (허망한) 생각이 바로 사라집니다.[104]

---

하여 여러 곳에서 일관되게 말하고 있다. 『남양화상문답잡징의』에도 "여러분, 배움의 지위에 있는 자가 마음에 만약 망념이 있으면 곧바로 그것을 알아차려라. 이렇게 하여 만약 망심이 생기는 것이 사라지면, 알아차리는 작용 또한 저절로 사라진다. 이것을 두고 무념이라 한다. ; 諸知識, 若在學地者, 心若有念 卽便覺照. 若也起心卽滅, 覺照自亡, 卽是無念." 楊曾文 編校, 『神會和尙禪話錄』, 北京: 中華書局出版, 1996년, p.73.

103) 생각[念]: 사량분별하여 주-객이 쪼개지는 인간의 사유현상을 지칭.

104) 『대승기신론』의 입장을 하택 신회가 추종했고, 역시 종밀도 그 뒤를 따르고 있다. 『대승기신론』에서는 이렇게 말한다. "수행의 단계를 다 마친 10지의 보살은 모든 방편을 잘 활용하여, 한순간에 단박 자기 전체의 법신과 상응한다. 생・주・이・멸하는 마음이 일어나는 첫 순간을 분명하게 알아차리면서도 알아차렸다는 마음조차 없다. 왜냐하면 미세한 망념조차 전혀 없기 때문에 진여의 심성을 보게 되니, 심성의 상주불변하기 때문이다. 이를 두고 구경각이라 한다. ; 如菩薩地盡, 滿足方便, 一念相應. 覺心初起, 心無初相, 以遠離微細念故, 得見心性. 心卽常住, 名究竟覺." (T.32-576중).

그리고 하택은 『보리달마남종정시비론』에서 "여러분, 배움의 지위에 있는 자가 만약 마음에 망념이 일어나면 곧 그런 줄을 알아차려라. 망념이 사라지면 알아차림도 저절로 사라진다. 이것이 바로 무념이다. ; 諸知識, 若在學地

수행의 미묘한 방법이 오직 여기에 있습니다. 그러므로 만 가지 수행을 모두 갖추어 닦더라도 오직 무념만을 으뜸의 방법으로 삼습니다. 그저 무념이 되기만 하면, 사랑과 미움이 저절로 엷어지고 자비와 지혜는 저절로 밝아지며, 죄업도 저절로 끊어지고 수행의 효과는 저절로 더해가게 됩니다.

(하택종의) 이론[解]은, 모든 표상이 (실체가 있는) 표상이 아닌 줄을 아는 것이고, (그들의) 실천[行]은 수행할 것이 없다고 인식하는 것입니다. 번뇌가 사라질 때 생사의 고통이 동시에 끊어지며, 생・주・이・멸(生住異滅)하는 (마음의 움직임이) 사라지면, 고요하면서도 일체를 다 비추어 아는 작용이 당장에 발현되어 (일체의 사안에) 막힘없이 응용하게 됩니다. 이런 이를 보고 부처라 합니다.

「荷澤宗者, 尤難言述. 是釋迦降出, 達磨遠來之本意也. 將前望此, 此乃迥異於前. 將此攝前, 前卽全同於此, 故難言也. [然言之甚易, 所以難者, 知音稀也.[105]] 今強言之,

---

者, 心若有念起 卽便覺照. 起心卽滅, 覺照自亡, 卽是無念.” (『神會和尙禪話錄』, p.39)고 말한다.

105) [ ] 안의 13자는 『속장경본』에는 없는 원문이다. 「진복사본」에 의해서 교감 삽입하고, 그에 준하여 번역했다.

」[106] 謂諸法如夢, 諸聖同說. 故妄念本寂, 塵境本空, 空寂之心, 靈知不昧. 卽此空寂寂知[107], 是前達磨所傳空寂[108]心也. 任迷任悟, 心本自知, 不藉緣生, 不因境起. 迷時煩惱, 亦知非煩惱. 悟時神變, 亦知[109]知非神變. 然知之一字衆[110]妙之源. 由迷此知, 卽起我相, 計我我所, 愛惡自生. 隨愛惡心[111], 卽爲善惡. 善惡之報, 受六道形, 世世生生, 循環不絕. 若得善友開示, 頓悟空寂之知. 知[112]且無念無形, 誰爲我相人相. 覺諸相空, 眞心[113]無念. 念起卽覺, 覺之卽無. 修行妙門, 唯在此也. 故雖備修萬行, 唯以無念爲宗. 但得無念之心[114], 則愛惡自然淡薄, 悲智自然

---

106) 『절요』에는 「　」 안의 62자의 글자가 없음.

107) 寂知: 『절요』에는 '之心'으로 표기. 『절요』를 기준으로 번역했다.

108) 空寂: 『절요』에는 '淸淨'으로 표기. 『절요』를 기준으로 번역했다. ※본 번역서 p.167의 주52) 「1. 달마의 근본사상」을 설명한 부분에서 종밀은 이미 달마가 전하려 한 핵심을 '청정본각(淸淨本覺)'이라고 명시했다.

109) 亦知: 『절요』와 「진복사본」에는 이 두 글자가 없다. 본 번역은 『절요』와 「진복사본」을 따랐다.

110) 衆: 『절요』에는 '是衆'으로 표기.

111) 心: 『절요』에는 '情' 자로 표기.

112) 知: 『절요』에는 '寂知'로 표기.

113) 眞心: 『절요』에는 '心自'로 표기. 본 번역은 『절요』를 따름.

114) 之心: 『절요』에는 '之心' 2자가 없다.

增明, 罪業自然斷除, 功行自然精進. 於解, 則見諸相非相, 於行, 則名無修之修. 煩惱盡時, 生死卽絕. 生滅滅已, 寂照現前, 應用無窮, 名之爲佛.

## V. 회통하여 결론을 맺음

이상에서는 각 종파의 주장을 서술하였습니다. 이제부터는 그것들의 깊고 낮음과 장단점을 가려보겠습니다. 그런데 마음은 만 가지 법을 관통하여 의미가 끝이 없습니다. 여러 교학에서는 그것을 펼쳐놓고, 선종에서는 요점적으로 모읍니다.[115)]

요점적으로 모으는 것을 본질[法]의 측면에서 말하면 불변(不變)과 수연(隨緣)의 두 속성[義]이 있으며, (그 가르침을 수행하는) 사람[人]의 측면에서 말하면 돈오(頓悟)와 점수(漸修)의 두 문(門)이 있습니다. '불변'과 '수연'이라는 두 속성[義]이 드러나면 일대 대장경에 실린 경전과 논서들의 핵심을 알게 되고, '돈오'와 '점수'의 문(門)이 열리면 (선종의) 모든 성현께서 보

115) 이것은 선종과 교종에 대한 규봉 종밀의 이해 방식으로, 『선원제전집도서』의 「종밀 자서」에서도 나타난다. ※본 번역서 p.267의 주44) 참조.

여주신 법칙이 될 만한 발자취를 알게 됩니다. 달마 스님의 깊은 뜻이 여기에 있습니다.

그런데 '불변'과 '수연'은 형이상학적 원리이므로 단도직입적으로 말하면 경험하기 어렵습니다. 그래서 이제 거울을 비유로 삼아[116] 여러 종파의 옳고 그름을 판정하겠습니다. 〈비유[喩]를 따라 주장[法]을 거기에 맞추었고, 본문을 따라 주를 거기에 대조하였습니다. 바라옵건대 정승께서는 주장과 비유를 하나하나 대조하십시오. 그러면 알기 쉽습니다. 그러나 처음 읽으실 때는 부탁하오니 일관되게 비유만을 읽어서 근본과 곁가지를 완전하게 가려보십시오. 그런 다음에 다시 주에 쓰인 내용으로 그 이치를 대조하여 가려보십시오〉.

**上已各敍一宗, 今辨明深淺得失. 然心貫萬法, 義味無邊. 諸教開張, 禪宗攝略. 攝略者, 就法有不變隨緣二義. 就人有頓悟漸修兩門. 二義顯卽, 知一藏經論之旨歸, 兩門開則, 見一切賢聖之軌轍. 達磨深意[117], 實[118]在斯焉. 不[119]變隨緣者, 然象外之理, 直說難證. 今以喩爲衡鏡, 定諸宗**

---

116) 거울을 비유로 삼는다고 했지만, 이하의 문장에서는 마니 구슬을 비유로 들었다. 그러나 의미는 동일하다.

117) 意: 『절요』에는 '旨' 자로 표기.

118) 實: 『절요』에는 '意' 자로 표기.

119) 不: 『절요』에는 '不' 자 앞에 '初有法' 3자가 더 있음.

**之是非.**[120] 〈[便隨喻以法合之, 隨文以注對之. 冀法喻一一相照, 易見也.][121] 然初覽時, 但請[122]且一向讀喻, 辨本末了然, 後卻再以注文, 對辨[123]其理..〉

## 1. 불변과 수연의 관계로 회통

### 1) 북종

**여기에 한 알의 마니 구슬이**[124] **있는데,** 〈총체적인 신령한 마음.〉, **그것은 완전히 투명하고,** 〈실체가 없는 고요한 앎.〉 **어떤 차별적인 색깔이 전혀 없습니다.** 〈'지각 지능[知]'은 일체의 사량분별이 없고, 또한 성인과 범부, 선과 악의 범주에 속하지 않습니다.〉 **본바탕이 맑기 때문에 바깥 사물[外物]을 접할 때 모든 차별적인 색상이 거기에 비칩니다.** 〈본바탕 자체는 신령스런 '지각기능[知]'이기 때문에, 여러 반연을 접할 때 일체의 옳고 그름과 좋고 싫음이 나뉘고, 나아가 세간과 출세간의 갖가지 일[事數]을 경영(經營)

---

120) 是非: 『절요』에는 '是非' 뒤에 '得失, 辨自心之眞妄'의 8자가 더 있음.

121) [ ] 안의 22자가 『절요』에는 없다.

122) 請: 『절요』에는 '請' 자 없다.

123) 辨: 『절요』에는 '詳' 자로 표기.

124) 마니 구슬: 『원각경』「보안장」에 마니 구슬 비유가 나온다.

하고 조작하게 됩니다. 이것은 수연(隨緣)하는 속성 때문입니다.〉 (이와 같이 구슬에 비친) 색상에는 자연히 차별이 있을 수밖에 없으나, 맑은 구슬 자체는 전혀 변함이 없습니다. 〈어리석음과 지혜로움, 선과 악에는 자연히 차별이 있게 마련이며, 근심과 기쁨, 사랑과 미움은 자연히 생겼다 사라졌다 합니다. 그러나 대상을 인식하는 주체로서 마음은 일찍이 (그 작용이) 중단된 적이 없습니다. 이것은 불변(不變)하는 속성을 의미합니다.〉

맑은 구슬에 비친 색상은 백 천 가지나 되겠지만, 이 글에서는 우선 구슬 자체의 색과는 서로 다른 색인 흑색을 예로 들어, '신령하고 맑고 지각하고 아는 기능[知見]'과 '어둠의 무명'을 비교해 보겠습니다. 그러나 이 둘은 (현상적으로 드러남에는) 서로 다르게 보이지만 바탕은 하나입니다. 〈이렇게 하여 주장과 비유가 모두 구비되었으니, (이제부터 본격적으로 설명을 올리겠습니다.)〉

이를테면 구슬에 흑색이 나타날 때, 전체가 온통 검게 되어 (구슬의) 맑음이 전혀 드러나지 않습니다. 〈신령스럽게 지각하는 기능[靈知]이, 범부 속에 있을 때는 완전히 미혹하고·어리석고·탐내고·애욕에 물들어, '여래의 지견'인 '대원경지(大圓鏡智)'가[125] 전혀 보이지 않습니다. 그러므로 『

원각경』에서는 "몸과 마음 등의 성품이 모두 무명이다"126)라고 했습니다.〉 어리석은 어린애나 시골 사람의 경우는 이 것을 보고는, 대뜸 검은 구슬이라고 합니다. 〈미혹한 사람은 (겉으로) 결정되어 드러난 것만 봅니다. 이런 이는 범부입니다.〉 어떤 사람이 "이것은 구슬이다" 라고 말해주더라도, 전혀 믿지 않고 도리어 그렇게 말해준 사람에게 사기 치고 미친 소리를 한다고 화를 냅니다. 별별 이야기를 다 하더라도 끝내 듣거나 살피려 하지 않습니다. 〈저 종밀은 자주 이런 경우를 만났습니다. 저들에게 "그대가 지금 분명하게 지각하고 아는 기능[知見]이 불심(佛心)이다"라고 말하면, 불같이 화를 내며 믿지 않고 도리어 "이는 할머니나 아주머니를 유혹하는 말이다"라고 합니다. 결국 끝내 살펴보지 않고 "나는 어리석은 사람이어서 깨달음에 들

---

125) 대원경지(大圓鏡智): 유식에서 제8 아뢰야식을 뒤집어서 얻는 맑은 지혜를 지칭. 모든 사물을 있는 그대로 표현해내는 부처님의 지혜를 말한다.

126) 본문에서는 '相' 자로 표기했는데, 『원각경』의 본문에는 '性' 자로 되어 있다. 『원각경』「정업장」에는 이렇게 나와 있다. "끝없는 예부터 일으켰던 무명을 자신의 주인으로 삼았기 때문이다. 모든 중생은 날 때부터 지혜의 눈이 없다. 몸과 마음 등의 '성품[性]'이 모두 무명이다. 비유하면 사람이 스스로 제 목숨을 끊지 못하는 것과 같다. ; 由有無始本起無明, 爲己主宰. 一切衆生, 生無慧目, 身心等性, 皆是無明, 譬如有人, 不自斷命." (T.17-919중).

수 없다"고 합니다. 대승법상교[127]·소승법상교[128]·인천교[129] 중에서 현상에 집착하는 사람의 의견이 그와 같습니다.〉

비록 이것이 밝은 구슬임을 믿는 사람이 있더라도, 몸소 검은 것을 보았기 때문에, 자신이 검은 것을 본 것에 반연(攀緣)이 되어, (구슬의 밝음이) 역시 검은색에 물들어 있고 싸여 있고 덮여 있고 가려있다고 생각합니다. 갈거나 닦고 문지르고 씻어 흑색을 제거해 마침내 밝은 모습이 드러나면, 그제서야 밝은 구슬을 몸소 보았다고 합니다. 〈북종의 견해가 이와 같습니다.〉

**如一摩尼珠,** 〈一靈心[130]也.〉 **唯圓淨明,** 〈空寂知[131]也.〉 **都無一切差別色相.** 〈此知[132]本無一切分別, 亦無聖凡[133]善惡.〉[134] **以體明故, 對外物時, 能現一切差別色相.** 〈以體知故,

---

127) 대승법상교: ※본 번역서 p.92 참조.

128) 소승법상교: 소승교에서 법의 실재를 주장한다고 판단한 종밀은 소승을 법상의 한 부류로 친다. ※본 번역서 p.98의 주77) 참조.

129) 인천교: ※본 번역서 p.67 참조.

130) 心: 『절요』에는 '心性'으로 표기.

131) 知: 『절요』에는 '常知'로 표기.

132) 此知: 『절요』에는 이 2자가 없음.

133) 凡聖: 『절요』에는 '一切'로 표기.

134) 이상의 협주가 『절요』에는 한 문장으로 이어져 있음. 내용은 동일.

對諸緣時, 能分別一切是非好惡, 乃至經營造作, 世[135]出世間種種事數. 此是隨緣義也.〉 **色相自有差別, 明珠不曾變易.** 〈愚智善惡, 自有差別, 憂喜愛憎, 自有起滅. 能知之心, 不曾間斷. 此是不變義也.〉 **然珠所現色, 雖百千般, 今且取與明珠相違者之黑色, 以況靈明知見與黑暗無明. 雖卽相違, 而是一體.** 〈法喩已具.〉 **謂如珠現黑色時, 徹體全黑, 都不見明.** 〈靈知之心, 在凡夫時, 全是迷愚貪愛, [都不見如來知見大圓鏡智. 故經云, 身心等相[136], 皆是無明也.][137]〉 **如癡孩子或村野人見之, 直是黑珠.** 〈迷人但見定見, 凡夫.[138]〉 **有人語云, 此是明珠, 灼然不信, 卻嗔前人, 謂爲[139]欺誑. 任說種種道理, 終不聽覽.** 〈宗密頻遇如此之類, 向道, 汝今了了能知見[140], 是佛心. 灼然不信, [卻云, 此是誘三婆二婦之言.][141] 直不肯照察, 但言某乙[142] 鈍根, 實不能入. 此是大小乘法相, 及人天教中著相之人, 意見[143]如此.〉 **縱有肯信[144]是明珠者, 緣自睹[145]其黑,**

---

135) 世: 『절요』에는 '世間'으로 표기.

136) 心身等性: 『속장경본』에는 '心身等相'으로 표기. 앞의 ※ 주126)에 의거해 고쳤다.

137) [ ] 안의 23자가 『절요』에는 없다.

138) 凡夫: 이 뒤로 『절요』에는 '上都喩六道衆生也'라는 8자가 더 있다.

139) 爲: 『절요』에는 '言' 자로 표기.

140) 見: 『절요』에는 '現' 자로 표기.

141) 『절요』에는 [ ] 안의 11자가 없다.

142) 某乙: 「진복사본」에는 '某甲'으로 표기.

**亦謂言被黑色纏裹覆障. 擬待磨拭揩洗去卻黑暗[146], 方得明相出現, 始名親見明珠.** 〈北宗見解如此.〉

2) 홍주종

또 어떤 부류들은 이렇게 주장합니다. (즉 홍주종 사람들은) 검은 것 그대로가 밝은 구슬이어서, 밝은 구슬 그 자체는 영원히 볼 수 없다고 합니다. 그것을 (구슬의 본래 모습과 색상) 알려고 한다면, 검은 것 그 자체가 밝은 구슬이며, 나아가 푸르고 누른 갖가지의 색이 모두 밝은 구슬이라고 합니다. '어리석은 자'에게 이 말을 절대적으로 믿게 하고, 오로지 검은 색상만을 기억하게 하기도 하고, 혹은 갖가지의 색상이 바로 보배 구슬이라고 믿게 합니다.

혹 어떤 경우에는 흑환자 열매 구슬, 미취(米吹)[147], 파란 구슬, 푸른 구슬, 나아가서는 빨간 호박이나 흰 석영 등의 구슬을 보고 그것을 모두 마니 구슬이라

---

143) 見: 『절요』에는 '所見'으로 표기.

144) 肯信: 『절요』에는 '肯信所說'로 표기.

145) 自睹: 『절요』에는 '目覩'로 표기.

146) 暗: 『절요』에는 '闇' 자로 표기.

147) 미취(米吹)가 「진복사본」에는 '朱唄'로 표기. 붉은색 진주조개.

고 합니다. 또 어떤 때에는, 저 마니 구슬에 아무 색도 없을 경우나 (혹은) 맑고 깨끗한 기능[相]만이 있을 경우는, 도리어 구슬의 존재 자체를 인정하지 않습니다. 왜냐하면 인식할 만한 여러 색상의 실재를 못 보기 때문이며, 맑은 구슬의 겉모습에 집착할까 걱정하기 때문입니다. 〈홍주종의 견해가 이렇습니다. (위의 본문에서) '어리석은 자'라 한 것은, 홍주종의 후학들을[148] 지칭합니다. 혹 "어떤 경우에는 흑환자 열매 구슬 등을 보고……"라 한 말은, 마음이 세간의 각종 현상에 관계하여[涉] 대상 세계를 인식할 때, 탐내는 마음이나 성내는 마음이나 아끼는 마음이나 교만한 마음 등을 내는 것을 비유한 것입니다. "빨간 호박이나 흰 석영 등의 구슬을 보고……"라 한 것은, 자비스럽거나 선해지거나 겸손해지거나 공경스러워지는 마음을 말합니다. "어떤 때에는, 저 마니 구슬에 아무 색도……"라고 한 것은, 마음속에 일체의 형상이 생기지 않은 경우를 말한 것입니다. "맑고 깨끗한 기능[相]만이 있을 때는"이란, 또렷하면서도 스스로 지각하는 기능[知]이 드러나 일체 망념이 없는 상태를 말합니다. "집착할까 걱정하기 때문"이라는 말은 홍주종에서는 그저 '지각기능[知]' 그 자체를 인정하는 것만 가지고도

148) 홍주종의 후학들: 종밀은 홍주종의 태두인 마조나 황벽 등과 그 이후의 지말 아류들과는 구별하고 있다. 종밀의 비판 상대는 아류들이다.

(그런 생각을 하면) 치우치고 막혔다고 배격한다는 뜻입니다.〉

**復有一類人, 指示云, 卽此黑暗便是明珠, 明珠之體, 永不可見. 欲得識者, 卽黑便是明珠,[149] 乃至卽青黃種種[150]皆是. 致令愚者, 的信此言, 專記黑相. 或認種種相爲[151]明珠. 或於異時, 見黑槵子·珠[152]·米吹·青珠·碧珠, 乃至赤珠·琥珀·白石英[153]等珠, 皆云是摩尼[154]. 或於異時, 是摩尼珠都不對色時, 但有明淨之相, 卻不認之. 以不見有諸色可識認故, 疑恐局於[155]一明珠相故.** 〈洪州見解如此也. 言愚者, 彼宗後學也. 異時見[156]黑槵子等者, 心涉世間, 分別塵境時, 見貪嗔愛慢之念也. 琥珀·石英[157]者, 如慈善謙敬之念也. 不對色時者, 無所念也. 但有明淨者, 了了自知無念也. 疑局者, 彼之[158]唯認知是偏局也.〉

---

149) 明珠: 『절요』에는 2자가 없다.
150) 青黃種種: 『절요』에는 '種種青黃'으로 표기.
151) 爲: 『절요』에는 '以爲'로 표기.
152) 珠: 『절요』에는 '珠' 자가 없다.
153) 英: 『절요』에는 '瑛' 자로 표기.
154) 摩尼: 『절요』에는 '摩尼珠'로 표기.
155) 於: 『절요』에는 '於' 자가 없다.
156) 見: 『절요』에는 '乃至'로 표기.
157) 石英: 『절요』에는 '白石瑛'으로 표기.
158) 之: 『절요』에는 '云' 자로 표기.

3) 우두종

또 이런 부류가 있습니다. (즉, 우두종 사람들은) 구슬 속의 갖가지 색은 모두 허망하고 본바탕까지도 온통 다 공(空)하다는 말을 듣고는, 이 한 알의 맑은 구슬조차도 완전하게 공(空)하다고 이해합니다. 그리고는 대뜸 말하기를, "전혀 얻을 게 없어야 비로소 (도에) 통달한 사람이다"라고 합니다. (그네들의 입장에서 보면) 한 법이라도 인정하면 깨닫지 못한 것입니다. (저들은) 색이나 모양이 모두 공한 바로 그 자리에 바로 공하지 않은 구슬이 있다는 사실을 깨닫지 못합니다.

〈우두종의 견해가 이렇습니다. "구슬 속의 …… 공(空)하다는 말을 듣고는"이란, 각종 『반야부』에서 공(空)을 설하는 경전을 말합니다. "이 한 알의 맑은 구슬조차도 완전하게 공(空)하다고 이해한다"는 말은, '본래 깨달은 성품[本覺性]'조차도 공하여 인정할만한 것이 없다고 이해하는 것입니다. "(저들의 입장에서 보면) 한 법이라도 인정하면 깨닫지 못한 것입니다. (저들은) 색이나 모양이 모두 공한 바로 그 자리에 바로 공하지 않은 구슬이 있다는 사실을 깨닫지 못합니다"란, 모든 법이 모두 공하고 고요한 그 자리에 또렷하고 분명하게 '지각하는 기능[知]'이 '본각진심(本覺眞心)'이라는 말을 듣고는, (그렇게 말하는 사람에게) 도리어 말하기를 깨닫지도 못했고 알지도 못했다고 비난하는 것입니다. 그런데, '(마음의 바탕이) 공하지 않다'는 의미는 『열반경』에서 "항아리가 공하다"[159]라고 말한 것과 같습니다. 항아리 속에 아무것도 없을 경우, 이를 두고 항아리가 공하다고 한 것이지, 항아리 자체가 없다는 뜻으로 항아리가 공하다고 말한 것은 아닙니다. 마음속에 분별심과 탐진치 등의 생각[念]이 없는 것을 일러 마음이 공하다고 한 것이지, 마음 자체가 없다[無心]는 것은 아닙니다. '없다[無]'고 말한 것은 다만 마음속의 번뇌를 제거해버리기 위해서 그런 것입니다. 그러므로 아셔야 합니다. 우두종은 다만 옳지 못한 것을 버리게 하는 점에서는 (역할을 다하고 있지만), 그러나 옳은 것을 적극적으로 드러나게 하지는 못했습니다. 이하에는 하택종의 주장[意]을 비유로 드러내겠습니다.〉

**復有一類人, 聞說珠中[160]種種色, 皆是虛妄, 徹體全空, 卽計此一顆明珠, 都是其空. 便云, 都無所得,[161] 方是達人. 認有一法, 便是未了. 不悟色相皆空之處, 乃是不空之珠.[162]** 牛頭見解如此也. [聞說空等者, 諸部般若說空之經也.][163] [計此一顆等者][164] 計本覺性亦空, 無有所認.[165] [認有等者, 聞說諸

159) 『大般涅槃經』(권5), "예컨대 병 안에 치즈가 없을 때 이를 두고 비었다고 한다: 如甁無酪, 則名爲空." (T.12-635하).

160) 珠中: 『절요』에는 '此' 자로 표기.

161) 都無所得: 『절요』에는 '都不執定'으로 표기.

162) 之珠: 『절요』에는 '明瑩之珠'로 표기.

163) [ ] 안의 14자가 『절요』에는 '聞般若經說空'으로 표기.

法空寂之處, 了了能知, 是本覺眞心, 卻云不了不知, 心體不空. 不空者, 涅槃經說, 如甁空者. 謂甁中無物, 名爲甁空, 非謂無甁. 言無者[166] 心之中,[167] 無分別貪嗔等念, 名爲心空, 非謂無心. 言無[168]者, [但爲遣卻心中煩惱也].[169] [故知, 牛頭但遣其非],[170] 未顯其是. [從此下皆喩荷澤意.][171]

4) 하택종

(만약 제가) 빛나고 깨끗하고 뚜렷하고 맑은 것이 바로 구슬의 바탕이고, 〈공하면서도 고요한 지각기능[空寂知]만을 오직 지칭합니다. 그런데 만약 단지 공하면서도 고요하다는 말만 하고, 지각하는 기능을 언급하지 않는다면, 하늘에 있는 허공과 다를 게 뭐가 있겠습니까? 또한 흙을 구워서 만든 빛나고 맑은 한 덩어리의 둥근 도자기와 같아서, 둥글고 맑기만 하고 비추는 성질[明性]이 없으면 그것을 어찌 마니 구슬이라고 할 수 있겠으며, 거기에 어찌 형상이 맺히겠습니까? 홍주종과 우두종은 단지 '한 물건도 없다'는 것만 말할 뿐, 이 신령

164) [ ] 안의 6자가 『절요』에는 없다.
165) 認: 『절요』에는 '有' 자로 표기.
166) [ ] 안의 59자가 『절요』에는 없다.
167) 心之中: 『절요』에는 '今則明眞心之中'으로 표기.
168) 無: 『절요』에는 '無心'으로 표기.
169) [ ] 안의 9자 대신 『절요』에는 '但遣其非'로 표기.
170) [ ] 안의 8자가 『절요』에는 없다.
171) [ ] 안의 8자가 『절요』에는 없다.

한 지각기능[靈知]을 드러내지 못했으니, 도자기 덩어리와 같습니다.〉 (구슬에 비친) 흑색 내지는 청색 황색 따위의 모든 색은 허망하다고 단도직입적으로 말하면, (상공께서는) 어떻게 생각하시겠습니까?

〈선과 악을 분별하거나, 거동하여 움직이거나, 또는 홍주종에서 인정하는 '마음을 일으키고 생각을 움직이는' 등이 모두 형상[相]입니다. 이 표상은 모두 허망합니다. 그러므로 『금강경』에서 "무릇 (부처님께 갖추어진 32상 80호의) 모든 형상은 허망하다"[172]라고 하였습니다. 분명히 아셔야 합니다. 저 홍주종 사람들은 허망을 가리켜 참된 본성[眞性]이라고 이해하고 있습니다.〉

흑색을 제대로 바라볼 경우라도 그 흑색은 원래부터 흑색이었던 것이 아니고, 단지 구슬에 그렇게 비친 것일 뿐입니다. 청색도 원래부터 청색이었던 것이 아니고 다만 구슬에 그렇게 비친 것입니다. 나아가서 모든 청색이나 황색 등도 모두 그와 같아서 그저 그렇게 비친 것일 뿐입니다. 이미 모든 색깔이나 모양이 있는 곳에 상응해서[卽], 빛나고 깨끗하고 뚜렷하고 맑은 작용이 있다는 것을 어느 경우에라도 안다

172) 종밀은 이 구절을 『원각경약 소초』나 『원인론』 등에서도 똑같이 인용하고 있다. ※본 번역서 p.190의 주101) 참조.

면, 구슬의 정체에 대하여 미혹하지 않게 됩니다.

〈일체가 모두 공하지만 오직 마음만은 변치 않습니다. 미혹된 때에도 또한 마음에는 '지각기능[知]'이 있으니, 이 지각기능은 본래 미혹이 없습니다. 망념이 일어나도 또한 이 '지각기능'이 있으니, 이 '지각기능'에는 본래 망념이 없습니다. 나아가 슬픔, 즐거움, 기쁨, 노여움, 아낌, 미워함 등의 감정이 일어나는 속에서도 그 하나하나 속에 모두 이 '지각기능'이 있습니다. 그런데 이 '지각기능'은 본래 공하면서도 고요하고, 그러면서도 '지각하는 기능'을 가지고 있습니다. (그 작용은) 우리들 마음의 성품 속에 또렷또렷하여 미혹됨이 없게 합니다. 바로 이 점이 위에서 말한 여러 종파와는 전혀 다른 점입니다. 그래서 '앞의 종파들을 기준으로 이 하택종을 비교하면 그것들과 전혀 다르다'고 처음에 말씀드렸던 것입니다.〉

구슬의 정체에 대하여 그저 미혹하지만 않으면, 흑색이 이미 흑색이 아니고, 흑색이 그대로 밝은 구슬입니다. 그밖에 모든 색깔도 그렇습니다. 이렇게 되면 곧 있고[有] 없음에[無] 자유자재하게 되고, (구슬 자체의) 밝음[明]과 그 구슬에 비치는 흑색 등의 각종 색깔이 (서로가 독립적이지 않고) 원융하게 통일되니, 이들 사이에 무슨 장애가 있겠습니까?

〈이는 앞의 두 종파와 같습니다. "흑색이 이미 흑색이 아니고"는 우두종의 입장과 같습니다. 우두종에서는 "모든 것이 (본성이) 없다"고 말할 뿐입니다. 또한 "흑색이 그대로 맑은 구슬입니다"라고 한 문장 이하는 홍주종의 입장과 같습니다. 홍주종에서 "일체가 모두 다 불성이다"라고 하였으니, 범부와 성인, 선과 악이 서로 모두 걸릴 게 없다는 것입니다. 그래서 처음에 "이 하택종을 가지고 앞의 여러 종파를 포섭하면, 앞의 종파들은 하택종에 완전히 포섭된다"고 말씀드린 것입니다. 이하의 비유는 다시 하택 본종(本宗)을[173] 근본으로 하여 나머지 세 종파를 결속한 것입니다.〉

**何如直云唯瑩淨圓明, 方是珠體,** 〈唯空寂知也. 若但說空寂, 而不顯知, 卽何異虛空. 亦如圓顆瑩淨之瓷團, 雖圓淨而無明性, 何名摩尼, 何能現影. [洪州牛頭但說無一物, 不顯靈知, 亦如此也.][174]〉 **其黑色, 乃至一切青黃色等, 悉是虛妄.** 〈[善惡分別, 擧動運爲, 如洪州所認, 起心動念等, 卽是一切相. 此相皆妄. 故經云, 凡所有相, 皆是虛妄. 當知, 彼宗認虛妄爲眞性也.][175]〉 **正見黑色時, 黑元不黑, 但是其明, 青元不青, 但是其明, 乃至赤白黃等一切皆然, 但是其明. 旣卽於諸色相處, 一一但見瑩淨圓明, 卽於珠不惑.** 〈一切皆空, 唯心不變. 迷時亦知, 知元不迷. 念起亦知, 知元無念. 乃至哀樂喜怒愛惡, 一一皆知. 知元空寂, 空寂而知. 卽於心性了然不惑. 此上皆迥異諸宗

---

173) 본종(本宗): 선종의 종가가 하택종임을 자부하는 종밀의 의지가 담긴 구절. ; ※본 번역서 p.483의 주36) 참조.

174) [ ] 안의 17자가 『절요』에는 없다.

175) [ ] 안의 49자가 『절요』에는 없다.

也. [故初標云, 將前望此, 此卽迴異於前.][176]〉 **但於珠不惑, 則黑旣無黑, 黑卽是明珠, 諸色皆爾. 卽是有無自在, 明黑融通. 復何礙哉.** 〈[此同彼二宗也][177] 黑卽無黑, 同牛頭. [牛頭但云, 一切皆無][178] 黑卽是珠. 已下[179]同洪州. [洪州云, 一切皆是佛性, 凡聖善惡皆無所礙. 故初標但云, 將此攝前, 前卽是全同於此. 自此已下喻, 意再將荷澤本宗, 結束三宗也.][180]〉

5) 불변과 수연의 논의를 매듭지음

만약 맑은 구슬이 (일체의 색상을) 발현시키는 바탕을 알지 못하고, 그것이야말로 영원히 변하거나 바뀜이 없는 것이건만〈하택종〉, 단지 흑색이 마니 구슬이라고 말하거나〈홍주종〉, 혹 흑색을 떠나서 구슬을 찾으려 하거나〈북종〉, 혹은 밝음도 흑색도 모두 없다고 하는 자는〈우두종〉 모두 구슬을 보지 못한 것입니다. 〈총 결론〉

**若**[不][181]**認得明珠是能現之體, 永無變易**〈荷澤〉, **但云黑是**

---

176) [ ] 안의 14자가 『절요』에는 없다.

177) [ ] 안의 6자가 『절요』에는 없다.

178) [ ] 안의 8자가 『절요』에는 없다.

179) 已下: 『절요』에는 없다.

180) [ ] 안의 50자가 『절요』에는 없고, 대신 이 자리에 '若親見明珠, 深必該淺故也.'로 문장을 맺고 있다.

181) 不: 『속장경본』에는 '不' 자가 없지만, 『절요』와 「진복사

**珠**〈洪州宗〉, **或擬離黑覓珠**〈北宗〉, **或言明黑都無者**〈牛頭宗〉, **皆是未見珠也.** 〈都結.〉

◎ 첫째 문답

질문: 어떤 이는 이렇게 물을 수 있을 것입니다.

"대승경전과, 고금 여러 종파의 선문(禪門)과, 하택 신회 선사께서 설한 것에 의거하면, 진리의 본성[理性]에 대한 설명은 모두 같습니다. 즉 (진리의 본성은) 생·주·이·멸(生住異滅)하지 않고, 인위적인 작위도 없고, 형상도 없고, 성스러움의 범주에 속하지도 않고, 범속한 범주에 속하지도 않고, 옳고 그름의 범주에 속하지도 않고, 경험적으로 증명할 수도 없고 언어나 문자로 표현할 수도 없다고 합니다.

이제 그러면 그저 이것에 의지하면 됐지, (당신네 하택종의 주장처럼) '신령스런 지각기능[靈知]'이라는 개념을 끌어들일 필요가 있겠습니까?"

**問. 據**[182]**大乘經, 及古今諸宗禪門, 乃至荷澤所說, 理性皆同. 云無生無滅, 無爲無相, 無聖無凡, 無是無非, 不可證不可說. 今但依此卽是, 何必要須說靈知耶.**

---

본」에 의거하여 교감 삽입하고, 번역도 이에 준하였다.

182) 據: 『절요』에는 '據諸'로 표기.

대답: 이에 대해 저는 이렇게 대답하겠습니다.

"(우두종과 홍주종) 저들은 모두 부정하는 말만 할 뿐, 마음의 바탕을 적극적으로 드러내 보여주지는 못했습니다. 만약 지금 분명하면서도 항상 '지각하는 기능[知]'을 가지고 있으면서 어둡지도 않은 그것이 바로 자신의 마음[自心]이라고 가르쳐주지 않으면, 어떻게 인위적인 작위가 없다느니, 형상이 없다느니 하는 등의 말을 할 수 있겠습니까? 그렇기 때문에, 대승 경전이나 선문(禪門) 등에서는 신령스런 지각기능[靈知]'을 지목하여, 그것은 생・주・이・멸(生住異滅)하는 것도 아니라는 등, 인위적인 작위도 없다는 등, 그런 말을 하고 있음을 알 수 있습니다.

그러므로 하택 선사는 공하여 형상이 없는 그 자리에 '지각하는 기능[知見]'이 있음을 가르쳐 보여주시어, 세상 사람들에게 자신의 마음[自心]은 여러 생을 지나고 세월이 지나더라도 중단되지 않고, 부처가 되더라도 단절되는 것이 아니라는 사실을 알게 하였습니다. 또한 하택 선사는 인위적인 작위도 없다느니, 머무름도 없다느니, 내지는 말할 수 없다느니 하는 그런 (부정하는) 갖가지의 말은 모두 차치해두고, 그저 '공(空)하면서도 고요한 지각기능[空寂知]'만을 말하여, 저 모두를 다 (여기에) 포섭시켜버렸습니다.

'공(空)하다'는 말은, 모든 형상을 지워 없애는 것으로, 이는 부정하는 말입니다. 그런데 오직 '고요하다'라는 이 말로만 '참된 성품[實性]'에 간직된 불변하는 속성[義]을 표현할 수 있으니, (이런 표현은) 아무것도 없다는 의미의 '공무(空無)'와는 다릅니다. 그리고 '지각하는 기능[知]'은 마음의 본바탕을 지목하여 표현한 것으로 그 속성[義]이 (언어나 개념으로) 사량분별하는 작용과는 다르다는 것을 알아야 합니다.

오직 '공(空)하면서도 고요한 지각기능[空寂知]'이 바로 진심(眞心)의 본바탕[本體]입니다. 그러므로 중생들이 발심하여 부처가 되더라도 마음에 간직된 '적(寂)'하면서도 '지(知)'하는 속성만은 변하지 않고 그 존재가 단절됨이 없습니다.

다만 (그것을 체험하는 수행자들의) 수행의 경지에 따라서 명칭[名]과 속성[義]이 조금씩 다를 뿐입니다. 이를테면 깨달았을 때를 기준으로 하여 표현할 경우는 그것을 '이지(理智)'라고 부르고, 〈'이(理)'는 '적(寂)'의 의미이고, '지(智)'는 '지(知)'의 의미입니다.〉 한편 발심하여 수행할 때는 지관(止觀)이라고 부르고, 〈'지(止)'는 번뇌를 쉬어 고요하게 하는 것입니다. '관(觀)'이란 '성(性)'과 '상(相)'을 관조하여 '지각하는 기능[知]'과 부합하는 것입니다.〉 한편 처한 형편에 따라 저마다 수행을 완성했을 때는 정혜(定慧)라고 부르고, 〈반연[緣]을 쉼으로 인하여 마음이 고요해[定]집니다. '마음이 고요한[定]' 상태는 평온하여 변함이 않습니다. 관조[觀]하는 수행으로 인하여 '지혜[慧]'가 드러납니다. '지혜'가 드러난 상태는 '지각하는 기능[知]'이 있으면서도 (언어나 개념에 의한) 분별 작용은 없습니다.〉 번뇌가 다 사라지고 공덕을 쌓는 수행을 완전하게 갖추어 부처가 되었을 때는 '보리' 또는 '열반'이라고 부릅니다. 〈'보리(bodhi)'라는 말은 범어인데 이쪽 말로 번역하면 깨달음[覺]을 의미하니, 곧 앞서 말한 '지각하는 기능[知]'을 뜻합니다. '열반(nirvāṇa)'도 역시 범어로 번역하면 적멸(寂滅)의 뜻이니, 곧 '고요함[寂]'을 의미합니다.〉

잘 아셔야 합니다. 처음 발심하여, 혹은 더 나아가 어느 경우에라도, '적(寂)'하면서도 '지(知)'하는 속성만은 단절되거나 변하지 않습니다. 그런데 홍주종과 우두종의 두 종에서는 '공(空)'과 '적(寂)'과 '무위(無爲)' 등을 말하기는 하지만, (그들의 주장에는) '보리'의 속성인 ('지각하는 기능'이 있다는 점에 대한 언급이) 빠져있습니다."

答. 此並是遮遣[183]之詞,[184] 未爲顯示心體. 若不指示, 現今了了常知不昧,[185] 是自心者, 說何爲無爲無相等耶. 是知, 諸教只說, 此知無生滅[186]等也. 故荷澤於空無相處, 指示知見, 令人認得便覺自心, 經生越世, 永無間斷, 乃至成佛也. 荷澤又收束, 無爲無住, 乃至不可說等, 種種之言, 但云空寂知, 一切攝盡. 空者, 空卻諸相, 猶是遮遣之言. 唯[187]寂是實性不變動義, 不同空無也. 知是當體表顯義, 不同分別也. 唯此方爲眞心本體. 故始自發心, 乃至成佛, 唯寂唯知, 不變不斷. 但隨地位, 名義稍殊. 「謂約了悟時, 名爲理智,〈理卽寂也, 智卽知也.〉 約發心修行時, 名爲止觀, 〈止息塵緣, 契於寂也. 觀照性相, 冥於知也.〉 約任運成行, 多爲定慧,[188]〈因止緣, 而心定. 定者寂然不變. 因觀照, 而發慧. 慧者知無分別也.〉 約煩惱都盡, 功行圓滿, 成佛之時, 名爲菩提涅槃. 〈菩提梵語, 此翻爲覺, 卽是知也. 涅槃梵語, 此翻爲寂滅, 卽是寂也.〉 當知, 始自發心, 乃至畢意[189], 唯寂

---

183) 遣: 『절요』에는 '過' 자로 표기.

184) 詞: 『절요』에는 '辭' 자로 표기.

185) 不昧: 『절요』에는 '不昧不斷'으로 표기.

186) 滅: 『절요』에는 '無滅'로 표기.

187) 唯: 『절요』에는 '唯' 자가 없다.

188) 多爲定慧: 「진복사본」에는 '名爲定慧'로 표기. 본 번역에서는 「진복사본」을 따른다.

189) 乃至畢意: 「진복사본」에는 '乃至畢竟'로 표기. 본 번역에서는 「진복사본」을 따른다.

唯知也. 若如二宗, 但言空寂無爲等者, 則闕菩提義也.」[190)]

◎ 둘째 문답

질문: 어떤 이는 이렇게 물을 수 있을 것입니다.

“홍주종에서도 ‘신령스러운 깨달음의 작용[靈覺]’과 ‘(지혜로) 살펴 관조하는 기능[鑒照]’을 말하는데, 그것은 하택종에서 말하는 ‘지각하는 기능[知]’과 어떻게 다릅니까?”

問. 洪州亦云, 靈覺及鑒照等, 何異於知.

대답: 이에 대해 저는 이렇게 대답하겠습니다.

“만약 많은 의미로 ‘하나의 바탕[一體]’을 드러내는 말이 있다면, 그것은 모든 현상의 근원은 ‘한 마음[一心]’이라는 말일 것입니다. (그 마음에) 어찌 ‘신령스러운 지각기능’이나 ‘(지혜로) 관조하는 기능’만이 있겠습니까?

190) 『절요』에서는 「 」 안에 있는 문장 모두를 생략하면서, 그 이유에 대해서 “云云已載社文, 此不錄焉. : 운운하는 문장은 이미 『정혜결사문』에 실었기 때문에 여기에서는 다시 초록하지 않는다.”라고 밝히고 있다. 보조의 이 말을 통하여 우리는 『정혜결사문』도 결국은 종밀 사상의 연장선 위에 있음을 알 수 있다.

그러나 (마음의) 본바탕을 (정면으로) 지적하면, 어리석은 이나 지혜로운 이나, 선한 사람이나 악한 사람이나, 나아가서는 금수나 축생이나, 그 심성에는 모두 날 때부터[191] 분명하게 항상 존재하는 '지각하는 기능[知]'이 있습니다. 이점이 무정물인 나무나 돌과 다른 것입니다.

'깨닫는 기능[覺]'이나 '지혜로운 기능[智]'은 모든 존재에 다 있는 것은 아닙니다. 이를테면 미혹한 자에게는 '깨닫는 기능[覺]'이 없고, 어리석은 자에게는 '지혜로운 기능[智]'이 없습니다. 또 마음이 무기(無記)의 상태일 때는 관조하는 작용이 없습니다. (그러니 '깨닫는 기능[覺]'이나 '지혜로운 기능[智]' 등의) 이런 것들이, 어찌 마음의 바탕에 날 때부터 있고 언제나 존재하는 '지각하는 기능[知]'과 같을 수 있겠습니까?

그러므로 『화엄경소(華嚴經疏)』의 저자이신[192] 청

191) 원문은 '自然'이다. 저절로 그러한 것이어서, 타자에 의해 만들어진 것이 아니라는 의미.

192) 『화엄경소』의 저자: 규봉의 스승인 청량 징관을 지칭. 종밀은 『원각경약소』(권하)에서 이렇게 말하고 있다. "화엄소를 지으신 청량 국사 대화상께 올린 편지 ; 당 원화 6년 신묘년(811년) 9월 13일 (나 종밀은) 낙양에 청량 국사께 가르쳐 답장해 주실 것을 편지로 올렸다.; 華嚴疏主淸

량 국사께서는 『순종 황제의 물음에 대답한 글』[193]에서 이렇게 말했습니다. "머무름이 없는 마음의 바탕에는 '신령한 지각기능[靈知]'이 있어 어둡지 않습니다."[194] 또 "고요하면서도 '지각기능'이 있는 마음에 내맡기시오. (그러면 온갖 수행이 원만하게 이루어집니다.)"라고 했고, 또 "(마음의 바탕인) 고요함과 '지각기능'을 둘 다 모두 관조하십시오"[195]라고 했습니다. 『

---

涼國師大和尚. 唐元和六年辛卯歲九月十三日, 在東都, 上清涼國師誨答."(T.39-577하). ※본 번역서 p.329 참조.

193) 『순종 황제의 물음에 대답한 글』: 징관 찬, 종밀 주, 『답순종심요법문』(신찬속장 58-426상).

194) 머무름이 없는 마음의 바탕에는 신령한 지각기능이 있어 어둡지 않다: 징관 찬, 종밀 주, 『답순종심요법문』, "지극한 도는 본래 마음에 있고, 마음은 본래 일정하게 머물지 않습니다. 머무름이 없는 마음의 바탕은 신령스럽게 지각하는 기능이 있어 어둡지 않습니다. ; 至道本乎其心, 〈諸佛衆生迷悟本也〉 心法本乎無住. 〈萬法之宗, 本乎無住, 卽心體也. 淨名經云, 依無住本, 立一切法〉 無住心體, 靈知不昧. 〈瑩淨之理〉"(신찬속장58-426상).

195) 징관 찬 · 종밀 주, 『답순종심요법문』, "만약 어느 경우에나 고요함과 지각기능이 작용하면, 온갖 수행이 모두 실현됩니다. 가거나 서거나 항상 훤하게 밝히시고, 비추는 작용을 고요하게 하여 그 근원을 살피소서. 말하거나 조용히 있을 때나 항상 섬세하게 지켜 가시면, 앉으나 서나 어찌 법계와 떨어지겠습니까? 지(止)란 지혜와 고요함

화엄경』「보살문명품」에서도 '지(知)'와 '지(智)'를 구별하고[196] 있습니다.

그러나 홍주종에서는 비록 '신령스러운 깨달음[靈覺]'의 존재를 말하기는 하지만, 중생이 그것을 가지고 있다고 표방[標]한 것에 지나지 않습니다. 모든 중생이 불성을 가지고 있다는 표방 따위는 핵심을 지시한 것이 아닙니다. 혹시 지시했다고 하더라도 그것은 그저 언어적으로 지시한 것일 뿐입니다. 만약 자세하게 저들이 한 말의 속내를 비판적으로 따져보면, (저네들이 주장하려는 것은 이 세상의) '모든 존재는 실체가 없는 헛된 이름뿐이고 결정된 법이 없다'라는 것입니다.

대저 '부처의 가르침의 형식'을 통괄해보면 차전(遮詮; 부정 표현)과 표전(表詮; 긍정 표현)의 두 형식이 있으며, '진리의 속성[實義]'을 추구해보면 진공(眞空)과

---

을 모두 잊어버리는 것이며, 관(觀)이란 고요함과 지각기능을 둘 다 살피는 것입니다. ; 若任運寂知, 則衆行圓起. 〈起卽體之用, 用而無用, 何假因耶.〉 放曠任其去住, 〈不著彼此.〉 靜鑑見其源流. 〈動靜, 不失理也.〉 語默不失玄微, 〈語默全眞.〉 動靜豈離法界. 〈去住合道.〉 言止則雙忘智寂, 〈止觀俱泯.〉 論觀則雙照寂知. 〈止觀齊彰.〉" (신찬속장58-426중).

196) 『화엄경』「보살문명품」(T.10-69상).

묘유(妙有)가 있고, 본마음[本心]을 따져보면 거기에는 바탕[體]도 있고 작용[用]도 있습니다. 그런데 지금 홍주종과 우두종에서는 (언어나 사유의) 자취를 지워버리는 것만을 최고라고 합니다. 그러나 이것은 '차전'의 형식과 '진공'의 속성만을 취하여, 다만 바탕[體]을 설명하는 데는 성공했지만, '표전'의 형식과 '묘유'의 속성을 잃어, 일심(一心)의 작용[用]을 설명하는 점이 빠졌습니다."

答. 若據多義, 以顯一體, 卽萬法皆是一心, 何唯靈覺鑒照等. 今就剋體指示, 卽愚智善惡, 乃至禽畜,[197] 心性皆然. 了了常知, 異於木石. 其覺智等言, 卽不通一切. 謂迷者不覺, 愚者無智. 心無記時, 卽不名鑒照等. 豈同心體自然常知. 故花嚴疏主, 答順宗云,[198] 無住心體, 靈知不昧. [又云, 任運寂知. 又云, 雙照寂知. 華嚴經亦揀知與智別.][199] 況洪州雖云靈覺, 但是標衆生有之. 如云皆有佛性之言, 非的指示. [指示則, 但云能言語等.][200] 若細詰之, 卽云一切假名, 無有定法. 且統論佛教,[201] 有遣顯二門, 推其

---

197) 禽畜: 『절요』에는 '禽畜等'으로 표기.

198) 答順宗云: 『절요』에는 '心要牒云'으로 표기.

199) [ ] 안의 부분이 『절요』에는 없다.

200) [ ] 안의 부분이 『절요』에는 없다.

201) 佛教: 『절요』에는 '教' 자로 표기.

實義, 有眞空妙有, 空其本心,[202] 具體具用. 今洪州牛頭, 以拂跡爲至極. 但得遣教之意眞空之義, 唯成其體, 失於顯教之意妙有之義, 闕其用也.

◎ 셋째 문답

질문: 어떤 이는 이렇게 물을 수 있을 것입니다.

"홍주종에서도, 능히 말하고 움직이는 것 등이 바로 심성(心性)이 나타난 것이라고 합니다. 그러니 이것도 '표전(表詮)'에 해당하며 또 작용[用]입니다. 어찌 표전(表詮)으로 하는 설명이 빠졌다고 비판할 수 있겠습니까?"

問. 洪州以能語言動作等, 顯於心性, 卽當顯教, 卽是其用, 何所闕耶.

대답: 이에 대해 저는 이렇게 대답하겠습니다.

"참마음[眞心]의 본바탕[體]에는 두 종류의 작용이 있는데, 하나는 '자성 본래의 작용'이고, 또 하나는 '인연에 따라 반응하는 작용'입니다. 예컨대 구리로 만든 거울로 비유를 해보겠습니다. 구리 본래의 재질은 '자성의 바탕'이고, 구리의 속성인 (영상을) 비추는

202) 空其本心: 『절요』와 「진복사본」에는 '究其本心'으로 표기. 본 번역서에서는 이 두 대본에 따른다.

작용은 '자성의 작용'입니다. 비추는 작용에 의해 나타난 영상은 '인연에 따라 반응하는 작용'입니다. 영상은 인연이 나타나면 즉시 드러납니다.

(구리 거울의 표면에) 드러난 영상은 천차만별이지만, 비추는 작용은 '자성 본래의 작용'이기 때문에 항상 비춥니다. 비추는 작용은 언제나 변함이 없습니다. 비유해 말하면 마음이 항상 고요한[寂] 것은 '자성의 바탕'이며, 마음에 항상 지각하는 기능[知]이 있는 것은 '자성의 작용'이며, 능히 말하고 능히 분별하고 움직이는 것 등은 '인연에 따라 반응하는 작용'입니다. 그런데 지금 홍주종은 능히 말하고 움직이는 것 등을 가리켜 (그것이 '자성의 본래 작용'이라고 하지만), 저들이 말하는 것은 단지 '인연에 따라 반응하는 작용'만 말했을 뿐, '자성의 작용'에 대해서는 말하지 못했습니다.

또 '표전'의 형식으로 드러나는 가르침에는 '비량에 의한 표전'과 '현량에 의한 표전'이[203] 있습니다. 그런

203) '비량에 의한 표전'과 '현량에 의한 표전': 원문은 '比量顯, 現量顯'이다. 성언량(聖言量; 또는 佛言量이라고도 함)을 포함하여 불교 논리의 3량(量)을 이룬다. 종밀 선사는 『선원제전집도서』에서 '비량'과 '현량'에 대해 다음과 같이 말한다. 즉, 『선원제전집도서』(권상), "비량이란, 원인과 비

데 홍주종에서는 마음의 바탕은 (언어로) 지시할 수가 없고, 다만 말하거나 행동하는 속에서 그것의 존재가 반증적으로 경험되어 불성(佛性)이 있다는 것을 추론적으로 알 수 있다고 주장하는데, 이는 '비량 표전'입니다. 그러나 하택종에서는, 마음의 바탕은 능히 '지각하는 기능[知]'이 있는데, 이 '지각하는 기능'이 바로 마음이라고 명확하게 말합니다. '지각하는 기능'을 기준으로 마음을 드러내니, 이는 '현량 표전'입니다. 홍주종은 바로 이 점이 결여되어 있습니다."

이렇게 하여 이상에서는 불변(不變)과 수연(隨緣) 2가지 내용을 서술했습니다.

**答. 眞心本體, 有二種用. 一者自性本用, 二者隨緣應用. 猶如銅鏡, 銅之質, 是自性體, 銅之明, 是自性用. 明所現影, 是隨緣用. 影卽對緣方現, 現有千差. 明卽自性[204]常**

---

유 등으로 유비하여 추론하는 것이니, 예를 들면 멀리 연기가 있는 것을 보고 거기에 반드시 불이 있는 줄을 아는 것과 같다. 비록 직접 불을 보지 못했지만 잘못된 판단은 아니다. 현량이란, 자신이 직접적으로 경험하는 것으로 추론하여 따질 필요 없이 저절로 자명해지는 것이다. ; 比量者, 以因由譬喩比度也, 如遠見煙, 必知有火. 雖不見火, 亦非虛妄. 現量者, 親自現見, 不假推度, 自然定也."(T.48-401상).

204) 自性: 『절요』에는 '自性' 2자가 없다.

明, 明唯一味. 以喻心常寂, 是自性體, 心常知, 是自性用. 此[205]能語言, 能分別動作[206]等, 是隨緣應. 今洪州指示能語言等, 但是[207]隨緣用, 闕自性用也. 又顯教, 有比量顯, 現量顯. 洪州云, 心體不可指示, 但[208]以能語言等驗之, 知有佛性, 是比量顯也. 荷澤直云, 心體能知, 知卽是心, 約[209]知以顯心, 是現量顯也. [洪州闕此.][210] 已上述不變隨緣二義.

## 2. 돈오와 점수의 관계로 회통

### 1) 머리말

이제 아래에서는 돈오와 점수의 두 부분을 밝혀보겠습니다. 진여(眞如)의 이치로 보면 오히려 부처니 중생이니 하는 차별이 없는 것이 틀림없습니다. 그러니 어찌 스승과 제자가 주고받는 것이 있을 수 있겠습니까? 그러나 지금 이미 부처님 이후로 각각의 역대

205) 此: 『절요』에는 '此知'로 표기.

206) 動作: 『절요』에는 '動作' 2자가 없다.

207) 是: 『절요』에는 '是'가 없다.

208) 但: 『절요』에는 '但'이 없다.

209) 約: 『절요』에는 '不約'으로 표기되어 있는데, 이렇게는 의미가 통하지 않음.

210) 『절요』에는 [ ] 안에 있는 4자가 없다.

조사와 조사가 전수하고 있으니, 이것은 사람들이 수행하여 깨달아 (그 경지로) 들어가는 것을 기준으로 그렇게 한 것임을 알 수 있습니다. 즉, 사람을 기준으로 말하면 미혹과 깨달음, 시작과 마침, 범부와 성인이 있게 마련입니다. 미혹한 상태에 있다가 거기에서 깨치면 돈(頓)이고, 범부의 상태에서 성인이 되면 점(漸)[211]입니다.

**今[212]次明頓悟漸修兩門者. 然眞如之理, 尚無佛無衆生, 況有師資傳授. 今旣自佛已來, 祖祖傳授, 卽知約人修證趣入之門也. 旣就人論, 卽有迷悟始終凡聖. 從迷而悟卽頓, 轉凡成聖, 卽頓悟也.[213]**

2) 돈오

'돈오'란 다음과 같습니다. 시작 없는 과거부터 미혹되고 전도되어 4대가 제 몸이라 생각하고, 망상을 부리는 주체를 제 마음이라고 오인하고, 그런 몸과 마

---

211) 『속장경본』에는 '頓'이라 되어 있고, 『절요』와 「진복사본」에는 '漸'으로 되어 있다. 본 번역에서는 이 두 대본을 따라 교감하여 고쳤다.

212) 今: 『절요』에는 '今' 자가 없다.

213) 卽頓悟也: 「진복사본」에는 '漸悟也'로 되어 있다. 본 번역서는 「진복사본」을 따랐다.

음이 합쳐져서 '내[我]'가 실재한다고 오인합니다. 그러다가 훌륭한 벗이 위에 말한 불변(不變)과 수연(隨緣), 본성[性]과 형상[相], 바탕[體]과 작용[用]의 원리를 설명해주면 그것을 듣고 갑자기 다음의 이치를 깨칩니다.

즉, '신령하게 지각하는 기능[靈靈知見]'이 바로 자기의 참 마음이며, 이 마음은 본래부터 실체가 없어 고요하고 (이 마음은) 무한하고 모양이 없지만 바로 그것이 법신이며, (이렇게) 몸과 마음이 둘이 아닌 이것이 '참 나'이고, 이런 '나'는 여러 부처님과 (비교해서) 털 반쪽만큼도 다르지 않다는 것을 깨칩니다. 이를 두고 '돈오'라고 합니다. 〈이 다음부터는 꿈의 비유를 듭니다. 문장을 따라가면서 주를 붙이니, 주장[法]을 비유[喩]와 결합하여 생각하십시오.〉

비유하면 높은 관리가 〈불성에 비유한 것입니다.〉 꿈을 꾸는데, 〈미혹에 빠지는 것을 비유한 것입니다.〉 감옥 속에서 〈3계(界)에 비유한 것입니다.〉 몸에는 〈아뢰야식에[214] 비유한 것입니다.〉 칼과 족쇄를 쓰고 〈탐욕과 애욕에 빠지는 것에 비유한 것입니다.〉 갖가지로 근심하고 괴

214) 아뢰야식: 원문은 '本識'인데, 『절요』에 의거 '아뢰야식'으로 번역했다.

로워하며 〈각종 업보를 받는 것에 비유한 것입니다.〉 백방으로 벗어날 궁리를 합니다. 〈법문을 들어 열심히 수행하는 것을 비유한 것입니다.〉 그러다가 사람들이 자기를 부르는 소리를 듣고 〈선지식을 만나는 것을 비유한 것입니다.〉 갑자기 꿈에서 깨어나 〈법문을 듣고 마음이 열리는 것을 비유한 것입니다.〉 마침내 자신의 몸이 〈법신(法身)인 참 자기를 비유한 것입니다.〉 원래 제집에 있는 줄 알게 되니, 〈『유마경』에서 말하는 궁극적으로 실체가 없으면서 고요한 집을[215] 비유한 것입니다.〉 편안과 〈고요하고 모든 게 사라진 즐거움을 비유한 것입니다.〉 부귀가 〈(마음의) 본바탕[自體]에는 본래 항하의 모래알 수만큼 많은 공덕이 갖추어져 있음을 비유한 것입니다.〉 조정의 여러 관리와 비교해도 그들과 조금도 다르지 않습니다. 〈여러 부처님의 참 성품과 동일함을 비유한 것입니다. 주장을 (비유와) 하나하나 합하면 협주(夾注)와 같이 알 수 있습니다.〉

---

215) 구마라습 역, 『유마힐소설경』(권중), "지혜로 건네는 것이 보살의 어미요, 방편이 아비이니, 모든 스승이 이로 말미암아 생긴다. 법열을 즐기는 것으로 처를 삼고, 자비로 딸을 삼고, 착한 마음으로 아들을 삼아 끝내는 고요한 집에 머문다. ; 智度菩薩母, 方便以爲父. 一切衆導師, 無不由是生. 法喜以爲妻, 慈悲心爲女. 善心誠實男, 畢竟空寂舍." (T.14-549하).

이상의 주장[法]과 비유[喩]에 의거하여 하나하나 분명히 하면, 꿈과 깸 · 몸과 마음의 본래 근원은 동일하지만, 그 모양[相]과 작용[用]을 논해보면 뒤바뀌었는지 아니면 바른지가 현격히 다릅니다. 꿈에서 깨어나고서도 꿈속에서 있었던 일을 조작하려고 해서는 안 됩니다. (앞의 그) 관리로 비유하면,[216] (꿈속에서나 깨어서나 항상) 마음의 본래 근원은 비록 같지만, 미혹과 깨침은 현격히 다릅니다.

꿈속에서 재상이 되었어도 〈(자신의 참 마음을 깨치지 못하고) 미혹한 상태에서, 수행을 통해서 범천왕의 지위를 얻는 것을 비유하는 것입니다.〉 깨어나서 태위 벼슬만 못합니다. 〈꿈에서 깨고 나서 10신(信)[217]의 지위에 처음 들어간 것에 비유한 것입니다.〉 꿈에서 일곱 가지 보배를 얻는 것이 〈미혹할 때[218] 무량한 공덕을 닦은 것에 비유한 것입니

216) 원문은 '以喩'이다. 그러나 『절요』와 「진복사본」에는 '官以喩'이다. 여기서는 이 두 대본을 따랐다.

217) 10신(信): 10신의 항목과 그 표기는 경전마다 약간씩 달리한다. 이 책에서는 화엄교학 종사인 청량 징관의 입장을 소개한다. 『대화엄경략책』(권1)에서 "第八. 一會正顯圓融. 言十信者, 一信心, 二進心, 三念心, 四定心, 五慧心, 六戒心, 七不退心, 八護法心, 九願心, 十迴向心."(T.36-705중).

218) 미혹할 때: 『속장경본』은 '迷詩'로 되어있으나 『절요』와 「진복사본」에는 '迷時'로 표기. 본 번역서는 이 두 대본을

다.〉 깨어난 다음의 단돈 100전만도 못합니다. 〈깨닫고 나서 5계와 10선법을 지니는 것에 비유한 것입니다.〉 이것은 모두 전자는 허망한 것이고 후자는 참된 것을 비유한 것이어서, 서로 비교할 수 없습니다. 〈여러 경전에서 삼천대천세계에 가득 찬 7보로 보시하는 것이 한 게송을 듣는 것만 못하다고 말하는 것 등이 모두 이 뜻입니다.〉

지금 홍주종에서는 탐내는 것과 성내는 것, 계율을 지키는 것과 선정을 닦는 것, 이것 모두가 불성이 작용하는 것이라고만 말합니다. 그런데 (그들의 주장에는) 미혹과 깨침・뒤바뀐 생각과 바른 생각을 구별하는 '작용의 측면'이 빠졌습니다.

저들(홍주종)의 입장은 다음과 같습니다. 참이면서 항상 존재하는 마음인 '진여심(眞如心)의 본성'[219]에는 【[220]우매함이 없기 때문에 가려내어 없애버릴 것이 없으며, '진여의 본성'은 본래 말로 설명할 수 없으니 어찌 누가 같다느니 아니면 다르다느니 말할 수 있겠습니까? 그러나 현실적으로 이미 저들의 스승과

---

따랐다.

219) 원문은 '眞如心性'이다.

220) 이 부분부터는 『속장경본』에는 없으나, 「진복사본」에 의거 삽입하여 해석했다. ※끝부분은 p.237의 주247)까지이다.

제자들이 (가르침을) 서로 전수하고 있기 때문에, 반드시 뒤바뀐 생각과 바른 생각을 가려내야만 합니다.

**頓悟者, 謂無始迷倒, 認此四大爲身, 妄想爲心, 通認爲我. 若遇善友爲說如上不變隨緣, 性相體用之義. 忽悟靈靈知見, 是自眞心, 心本空寂,[221] 無邊無相, 卽是法身, 身心不二, 是爲眞我, 卽與諸佛, 分毫不殊. 故云頓也.** 〈此下擧喩. 便隨文注, 以法合之.〉 **如有大官,** 〈佛性〉 **夢** 〈迷也.〉 **在牢獄,** 〈三界〉 **身** 〈本識〉[222] **著**[223]**枷鎖,** 〈貪愛〉 **種種憂苦,** 〈一切業報〉[224] **百計求出,** 〈問法勤修〉 **遇人喚起.** 〈善知識也.〉 **忽然覺悟,** 〈聞法心開〉 **方見自身,** 〈法身眞我〉 **元在自家,** 〈淨名經云. 畢竟空寂舍也.〉 **安樂,** 〈寂滅爲樂〉 **富貴,** 〈體上本有, 河沙功德也.〉 **與諸朝寮都無別異.** 〈同諸佛之眞性. 法合一一, 如注可知.〉 **據此法喻, 一一分明. 足辨夢悟**[225]**身心本源雖一, 論其相用, 倒正懸殊. 不可覺來還作夢事. 以喻**[226]**心源雖一, 迷悟懸殊. 夢時拜相,** 〈迷詩,[227] 修得大梵天王等位.〉 **不及覺時作尉.** 〈悟後初入十信位也.〉 **夢**

---

221) 空寂: 『절요』에는 '恒寂'으로 표기.

222) 本識: 『절요』에는 '阿賴耶識'으로 표기.

223) 著: 『절요』에는 '着' 자로 표기.

224) 一切業報: 『절요』에는 '受報'로 표기.

225) 悟: 『절요』에는 '寤' 자로 표기.

226) 以喩: 『절요』와 『속장경본』에는 '官以喩'로 표기.

227) 迷詩: 『절요』와 「진복사본」에는 '迷時'로 표기. 이 두 대본에 의해 번역.

**得七寶,** 〈迷時, 修無量功德也.〉 **不及覺時百錢.** 〈悟時, 持五戒十善.〉 **皆以一妄一眞, 故不可類.** 〈諸教皆云, 施三千七寶[228], 不如聞一句偈. 是此意也.〉 「今洪州但言, 貪嗔戒定一種, 是佛性作用者, 闕於揀辨迷悟倒正之用也. 彼意在眞如心性. [[229] 無愚故, 不揀擇, 及就眞性, 卽本無言說, 誰道異同.」[230] **今旣有師資相傳,**[231] **卽須揀辨**[232]**倒正.**

3) 점수

다음에는 점수를 밝혀보겠습니다. 비록 법신의 참 마음은 여러 부처와 완전히 같은 줄 돈오(頓悟)했더라도, 오랜 겁 동안 4대가 나라고 허망하게 집착하여 그것이 몸에 배어 본성이 되어 갑자기 단박에 제거하기는 어렵습니다. 그래서 반드시 돈오에 의지하여,

---

228) 施三千七寶: 『절요』에는 '施七寶三千界'로 표기.

229) 『속장경본』에는 여기부터 시작해서 한 줄에 16자로 된 18행의 문장이 빠져있다. 다만 관주(冠註)로 "性常之間, 佚失十六字, 詰十八行"이라고 달아놓았다. 즉 본문의 '性' 자와 '常' 자 사이에 한 줄에 16자로 된 18행의 문장이 빠져 있다는 뜻이다. 본 번역에서는 「진복사본」에 의해 본문을 교감하여 삽입했다. [ ] 부호의 끝은 ※본 번역서 p.237의 주247)까지이다.

230) 「 」 부분이 『절요』에는 없음.

231) 相傳: 『절요』에는 '傳授'로 표기.

232) 揀辨: 『절요』에는 '簡辨'로 표기.

점차로 수행하여 줄이고 또 줄여서[233] 더 줄일 것이 없어지면 곧 깨달음을 완성했다고 합니다. 그러나 이것은 마음 밖에 따로 완성해야 할 깨달음이 있다는 것이 아닙니다. 그러므로 비록 점수를 하더라도, 번뇌는 본래 실체가 없고 심성은 본래 청정하다는 것을 먼저 깨쳐야 하기 때문에, 악을 끊더라도 끊을 것이 없으며 선을 수행하더라도 수행할 것이 없어야, 이것이 정말로 모든 악을 끊는 것[修斷][234]입니다.

**次明漸修者, 雖頓悟法身眞心全同諸佛, 而多劫妄執四大爲我, 習已[235]成性, 難卒[236]頓除. 故須依悟漸修, 損之又損, 乃至無損, 卽名成佛. 非此心外有佛可成也. 然雖漸修, 由先已悟煩惱本空, 心性本淨故, 於惡斷, 而[237]無斷, 於善修, 而[238]無修, 爲眞修斷矣.**

◎ 넷째 문답

233) 줄이고 또 줄여서: ※본 번역서 p.115 주105) 참조.

234) 모든 악을 끊는 것: 정도(正道)를 닦아서 모든 악을 끊는 것. 4정단(正斷)의 중의 하나이다. 4정단이란, 단단(斷斷), 율의단(律儀斷), 수호단(守護斷), 수단(修斷)을 말한다.

235) 已: 『절요』에는 '與' 자로 표기.

236) 難卒: 『절요』에는 '卒難'으로 표기.

237) 而: 『절요』에는 '斷而'로 표기.

238) 而: 『절요』에는 '而修'로 표기.

질문: 어떤 이는 이렇게 물을 수 있을 것입니다.

"만약 돈오한 뒤에 다시 점수를 한다면, 앞의 꿈의 비유처럼 꿈에서 깨고 난 뒤에, (꿈에서 깨어나면 꿈속에 있던 일들이 모두 사라지는) 감옥에서 나와 형틀에서 벗어나기를 다시 바라는 것과 무엇이 다르겠습니까?"

**若[239)]悟了復修者, 據前夢喩, 豈不似覺來, 更求出獄脫枷乎.**

대답: 이에 대해 저는 이렇게 대답하겠습니다.

"앞에선 다만 돈오의 의미만 비유한 것이지 점수의 의미를 비유한 것은 아닙니다. 주장하는 명제[法]에는 셀 수 없는 의미가 많이 내포되어 있지만, 세상의 사태에는 오직 한 의미만 있습니다. 그러므로 『열반경』(「사자후보살품(師子吼菩薩品)」)에서 100가지 비유로 불성을 말하고 있지만, 그 비유에는 제각기 배합되는 것이 있으니 그것을 멋대로 섞어 사용해서는 안 된다고 하였습니다.[240)] 이하에서는 점수의 비유를

239) 若: 『절요』에는 '問' 자로 표기.

240) 이 말의 출전은 『열반경』 본문이 아니고, 청량 국사가 『화엄경소초』(봉은사판, 〈餘〉字卷, 卷16의 2)에서 「수미정상게찬품 제14」에 나오는 "譬如暗中寶, 無燈不可見, 佛法無人說, 雖慧莫能了; 비유컨대 어두운 데 있는 보배, 등불

분명하게 하겠습니다.

비유를 들면 (바다의) 물에 바람이 쳐 불어와 많은 파도를 일으키면, 곧 표류하거나 빠져 죽는 재앙이 생깁니다. 혹 추위가 닥쳐오면 (물이 얼지 않았을 때 가능했던) (온갖 식물에) 물을 대거나 (온갖 더러움을) 씻어내는 작용을 가로막습니다. 그런데 물은 비록 움직일 때도 있고 고요할 때도 있으며, 얼 때도 있고 흐를 때도 있지만, 물의 '축축한 성질'은 한 번도 변한 적이 없습니다.

여기서 물은 참 마음에 비유한 것이고, 바람은 무명에 비유한 것이고, 파도는 번뇌에 비유한 것이고, 표류하거나 빠져 죽는 것은 6도 윤회에 비유한 것이고, 추위가 닥친다는 것은 무명과 탐애의 습기(習氣)를 비유한 것이며, 얼음이 언다는 것은 4대를 강하게 집착하여 서로 질애(質碍)를[241] 일으키는 것을 비유한

---

없이는 볼 수 없듯이, 부처님 법도 말하는 사람 없으면, 지혜 있더라도 알 수 없는 일"이라는 게송에 주석을 내면서, 불성이 상주하고 편재함을 설명한다. 바로 이 대목에서 청량 국사는 북전 『열반경』을 인용하여 불성(佛性)의 상주설을 설명하고, 이 '불성'이 바로 우리 화엄종에서는 말하는 '법성(法性)'이라고 한 부분이 있다. 종밀을 이 대목을 읽고 인용한 것으로 추정.

것입니다.

"(물이 얼지 않았을 때 가능했던) (온갖 식물에) 물을 대거나 (온갖 더러움을) 씻어내는 작용을 가로막습니다"라는 말 중에서, '(물이 얼지 않았을 때는 가능했던) (온갖 식물에) 물을 댄다'라는 것은, 커다란 진리의 비를 내려 여러 생명을 적셔 도(道)의 싹을 트게 하는 것을 비유한 것이며, '(온갖 더러움을) 씻어내는 작용'이란 번뇌를 말끔히 씻어내는 것을 비유한 것입니다. 그러나 미혹하면 그런 작용이 모두 불가능해지므로 '가로막는다'라고 한 것입니다.

'이렇게 물이 비록 움직일 때도 있고 고요할 때도 있으며, 얼 때도 있고 흐를 때도 있지만, 물의 축축한 성질은 한 번도 변한 적이 없다'는 말은, 탐내거나 성낼 때에도 역시 '지각하는 기능[知]'이 있고, 자비를 베풀고 남을 구제할 때도 역시 '지각하는 기능[知]'이 있고, 근심하거나 기뻐하거나 슬퍼하거나 즐거워하는 등 갖가지로 변하여 움직이더라도 '지각하는 기능

241) 질애(質碍): 색(rūpa)의 속성으로 『구사론』 등에서 '변괴(變壞)'와 '질애(質碍)'를 들고 있는데, 그 중 '질애'란 물체가 특정한 장소를 점유하고 다른 물체가 그 자리에 들어오는 것을 막는 성질.

[知]'이 사라지는 경우는 없습니다. 그래서 '변한 적이 없다'라고 말한 것입니다.

여기에서 말씀드린, 본래의 마음에 간직된 (무언가를) '지각하는 기능[知]'이 항상 있다는 것을 돈오한다는 말은】[242] 마치 물에는 적시는 성질이 항상 있다는 것을 아는 것과 같습니다. 또한 마음에 미혹이 없으면 무명이 없어지니, 이는 마치 바람이 '갑자기 멎는 것'과 같습니다. 깨친 뒤에 반연이 점점 쉬는 것은 마치 파도가 '점점 멎어가는 것'과 같습니다. 선정과 지혜로 몸과 마음을 북돋고 쪼여서, 점점 자유자재하게 되고 나아가서는 신통 자재하고 걸림이 없이 여러 중생을 널리 구제하는 것은 마치 봄날의 햇볕이 얼음덩이를 녹여 (온갖 식물에) 물을 대 주고 (온갖 더러움을) 씻어내어 만물을 이롭게 하는 것과 같습니다."

**答. 前但喩頓義, 不喩漸修義. 良由法有無量義, 豈有[243] 一義. 故涅槃經雖唯談佛性, 而以百喩, 各有旣會,[244] 不**

242) 여기까지가 「진복사본」에 의해 삽입하여 번역한 부분이다. 시작은 ※본 번역서 p.229부터이다. 주220) 참조.

243) 豈有: 『절요』에는 '世事'로 표기. 본 번역은 이를 따랐다.

可亂用. 今明漸修喩者, 如水被風激, 成多波浪, 便有漂溺之殃, 或陰寒之氣, 結成氷凌, 卽阻漑滌之用. 然水之濕性, 雖動靜凝流, 而未嘗變易. 水者喩眞心也, 風者無明也, 波浪者煩惱也, 漂溺者輪廻六道也, 陰寒者[245]無明貪愛之習氣也. 結成氷凌者, 堅執四大雙質碍也. 卽阻漑滌,[246] 漑喩雨大法雨, 滋潤群生, 生長道芽. 滌喩蕩除煩惱, 迷皆不能, 故云阻也. 然水之濕性, 雖動靜凝流, 而未嘗變易者, 喩貪嗔時亦知, 慈濟時亦知, 憂喜哀樂, 種種變動, 未嘗不知, 故云不變也. 今頓悟本心][247]常知, 如[248]不變之濕性, 心旣無迷, 卽非無明, 如風頓止, 悟後自然, 攀緣漸息, 如波浪漸停, 以定慧,[249] 資薰身心, 漸漸自在, 乃至神變無礙, 普利群生, [如春陽氷泮, 漑灌洗滌, 善利萬物也.][250]

---

244) 旣會: 『절요』에는 '配會'로 표기. 본 번역은 이를 따랐다.

245) 陰寒者: 『절요』에는 '陰寒之氣者'로 표기.

246) 漑滌: 『절요』에는 '漑滌之用'으로 표기.

247) 이 부분은 『절요』와 「진복사본」에 의해 삽입 보충했다. 시작 지점은 ※본 번역서 p.231의 주229) 참조.

248) 如: 『절요』에는 '如諸'로 표기.

249) 以定慧: 『절요』에는 '以戒定慧'로 표기.

250) [ ]안의 14자가 『절요』에는 '名之爲佛'로 표기. 『절요』는 여기에서 『법집별행록』을 대본으로 한 요점적 초록 즉 '節要'를 마친다.

4) 돈오와 점수의 논의를 매듭지음

홍주종에서는 말합니다. 즉, '탐내는 마음과 성내는 마음, 자애로운 마음과 선한 마음이 모두 불성인데, 불성 아닌 게 어디에 있겠는가?'라고 말입니다.

그러나 이것은 마치 물의 적시는 성질이 항상 변함없는 것만을 알고, 배가 뜨는 것과 배가 엎어지는 공덕과 허물이 현격히 다르다는 것을 모르는 것과 같습니다. 그러므로 홍주종에서는 비록 돈오에 가까이 가기는 했지만, 핵심에 이르지는 못했으며, 점수에는 오류만 있어 완전히 잘못되었습니다.

한편 우두종은 (모든 현상에는) 실체가 없는 줄 알았으니 돈오는 반 정도 통달했으며, 알음알이를 없애는 수행을 하므로 점수 부분에는 어긋남이 없습니다.

북종에는 오직 점수만 있고 돈오는 전혀 없습니다. 돈오가 없기 때문에 점수 역시 옳지 못합니다.

그러나 하택종은 반드시 먼저 돈오하고, (그런 다음에) 그 깨달음에 의하여 수행합니다. 그러므로 『원각경』「위덕장」에서, "만약 여러 보살이 청정한 원각을 깨달아서 〈돈오.〉 (그런 뒤에) 청정한 원각의 마음으로 고요함을 취하는 수행을 한다. 이렇게 하면 모든 망념이 맑아져서 마음이 번거롭게 흔들렸음을 자각한다"[251]〈점수.〉라고 했습니다. 이런 돈오와 점수의 뜻은 대승 경전에 갖추어져 있는데『대승기신론』,『원각경』,『화엄경』이 (그중에서) 으뜸입니다.

그러나 만약 (이상의 선종 종파가) 각각 어떤 한 부류에게 교묘하고 훌륭한 방편을 써서 문호를 널리 열어 각기 중생들을 이끌고, 생생토록 (좋은) 습관의 씨앗을 심어주고, 세상마다 뛰어난 인연을 짓게 하는 점을 기준으로 해서 보면, 모든 종파의 주장도 역시 모두 부처님의 여러 가르침(과 일치하는 것)입니다. 이런 글은 여러 경과 논서에 갖추어져 있습니다.

『중국에서 마음을 전한 선문의 스승과 제자 간의 내력을 표시한 그림』

**洪州常云, 貪嗔慈善皆是佛性, 有何別者. 如人但觀濕性始終無異, 不知濟舟覆舟, 功過懸殊. 故彼宗於頓悟門雖近, 而未的於漸修門, 有誤而全垂. 牛頭以達空故, 於頓悟門而半了, 以忘情故, 於漸修門而無虧. 北宗但是漸修, 全無頓悟. 無頓悟故, 修亦非眞. 荷澤則必先頓悟, 依悟而修. 故經云, 若諸菩薩悟淨圓覺,** 〈悟也.〉 **以淨覺心, 取靜爲行, 由澄諸念, 覺識煩動等.** 〈修也.〉 **此頓悟漸修之意,**

251) 규봉 종밀 현담, 신규탁 역주,『원각경 · 현담』, 운당문고, 2023년 개정판, p.115.

備於一藏大乘, 而起信, 圓覺, 華嚴. 是其宗也. 若約各爲一類之機, 善巧方便, 廣開門户, 各各誘引, 熏生生之習種, 爲世世之勝緣, 則諸宗所說, 亦皆是諸佛之敎也. 諸經諸論, 具有其文矣.

『中華傳心地禪門師資承襲圖』

지난해 명치 43년(明治; 1910년) 12월, 속장경 편집장 나가노 다쯔에[中野達慧] 스님께서, "이 책은 희귀한 책이어서 다른 절에는 없습니다. 등사하여 속장경에[252] 편입하고자 합니다"라고 말씀했다. 나 닛신[日辰]은 얼른 그 청에 응하여 등사하도록 허락을 받았다. 여기에 그 사실을 적어 전수한다.

때는 명치 44년(明治; 1911년) 1월 좋은 날.

온 세상에 도를 베푼, 54대(代)의 전등 사문 시즈데라 닛신[靜照日辰]은 일련종(日蓮宗) 대본산(大本山) 묘현정사

252) 속장경: 『대일본속장경(大日本續藏經)』. 일본에서 1902년부터 1912에 걸쳐 전 150책으로 활자본을 냈다. 이것을 대만 신문풍출판사(新文豊出版社)에서 영인하여 『만자속장경(卍字續藏經)』으로 보급하기도 했다. 이것을 1985년 일본 동경 국서간행회에서 『卍新纂大日本續藏經』(총90권)으로 재편집하여 출간했다.

(妙顯精舍)의 방장실(方丈室)에서 삼가 적는다.

去明治四十三年十二月, 續藏經編集長中野達慧師曰, 此書者, 希代之書, 而於他家無所藏, 請謄寫之, 以編入續藏. 辰乃速應請, 求許謄寫, 且記其事實以授焉.

于時明治四十有四年一月吉旦.
四海唱道五十四傳燈沙門靜照日辰
謹識於日蓮宗大本山妙顯精舍方丈.

제4편

# 규봉 종밀 선사의 행장과 편지

# 일러두기

1. 「규봉 종밀 선사의 행장」의 대본은 『경덕전등록(景德傳燈錄)』(13권, T.51)에 실린 「규봉정혜선사」조이다. 이 『대정본 전등록』으로 약칭.
2. 위 대본의 교감은 『조당집』과 북송간본 『동선사판 경덕전등록(東禪寺版景德傳燈錄)』(이하 『동선사본 전등록』으로 약칭)의 해당조항을 참조했다.
3. 번역에 참고한 자료는 김월운 번역, 『한글대장경 181 · 경덕전등록 1』(동국역경원, 1970)이다.
4. 「스승 청량과 제자 종밀의 왕복 서신」의 대본은 『方廣廣圓覺修多羅了義經略疏』(卷下二)(T.39-576하~577하)이다.

# 제6장
# 규봉 종밀 선사의 행장

이제부터는 육조 혜능 밑에서 별도로 배출된[1] 제5세(五世)의 제자들을 기록한다. [처음은 전(前) 수주(遂州) 도원(道圓) 선사의 제자들을 기록하고, 다음에는 봉국(奉國) 신조(神照; 776~838) 선사의 제자들을 기록하기로 한다.][2] 수주 도원 선사의 제자로서 종남산 규봉 종밀 선사

1) 별도로 배출된: 이 책이 편집되던 1004년에는 이미 하택 신회 계열의 하택종은 육조 혜능의 방계로 정론화되어 가고 있다. 원문은 보다시피 '別出'이다.

2) [ ] 부분은 『경덕전등록』(T.51-301하)의 「경덕전등록 권제십삼 목록」에 의거 보충한 것이다. 그 목록에 의하면, '육조 혜능 밑에서 별도로 배출된 제5세(五世)의 제자'를 기록함에 있어, 수주(遂州) 도원(道圓) 선사의 제자들과 봉국(奉國) 신조(神照) 선사의 제자들을 나누고 있다. 그런 다음에 도원 선사의 제자로 종남산 규봉 종밀 선사의 법명을 기록하고, 이어서 신조 선사의 제자들의 법명을 기록하고 있다. 신조 선사의 제자들로 진주 상일(鎭州常一) 선사, 협주 지원(滑州智遠) 선사, 녹대 현수(鹿臺玄邃) 선사 등 3명을 거론하고 있으나, 이들 3명은 기연은 물론 남겨진 글이 없기 때문에 생략한다고 협주(夾註)로 부기하고 있다.

가 있다.

曹谿別出第五世.
前遂州道圓禪師法嗣.

## Ⅰ. 출가와 만난 스승들

종남산 규봉 종밀 선사는 과주(果州) 서충현(西充縣)[3] 사람으로 성은 하(何) 씨였다. 집안은 본래 명문이고 번성하여[4] 어려서부터 유서(儒書)를 배웠다. 약관의 나이가 되고부터는 불교의 경전을 탐구하였다. 당의 원화(元和) 2년(807년, 종밀 28세)에 과거시험을 치러 가다가 도원(道圓) 화상의 법석(法席)에 참여하게 되었다. 마음에 기쁘게 감동하여 머리를 깎아 달라하고, 그해에 구족계를 받았다.[5]

---

3) 서충현(西充縣): 성도부(成都府)의 수도인 성도(成都)의 동쪽에 있는 현.

4) 집안은 본래 명문이고 번성하여: 원문은 '家本豪盛'이다. 비문에는 '家豪家'로 표기.

5) 종밀의 출가 연대에 대하여: 3종의 설이 있다. (1)5세설: 종밀 자신의 술회로서 『원각경약소』와 『원각경대소초』에서 "23살에 다시 유학에 전념했다. 이렇게 2년이 지나 25살이 되었는데, 이때 비로소 좋은 인연을 만나 출가를 했

**終南山圭峰宗密禪師, 果州西充人也, 姓何氏, 家本豪盛, 髫齔通儒書, 冠歲探釋典. 唐元和二年[6]將赴貢舉, 遇[7]造圓和尚法席, 欣然契會, 遂求披削, 當年進具.**

하루는 대중을 따라 (성도부의) 관리로 있는 임관(任灌)의 집에 공양 청승을 받아서 갔다가 맨 아래 자리에 앉았는데 차례로 경전 한 부씩을 받게 되었는데[8]

---

다"라고 적혀 있다. (2)28세설: 원화(元和) 2년(807)에 출가했다는 설로 『송고승전』과 『경덕전등록』의 기록이다. (3)27세설: 원화(元和) 원년(806)에 출가했다는 설로 『五祖略記』가 있다.

그러면 이런 차이가 어디에서 오는 것인가? 결론부터 말하면, 종밀은 자신이 『원각경대소초』에서 술회하는 것처럼 25세에 되던 해에 도원 선사가 서천(西川)에서 종밀이 살던 수주(遂州)의 대운사(大雲寺)로 와서 머문다. 물론 이 당시 종밀은 이곳의 의학원(義學院)에서 유학에 전념했다. 이러던 차에 도원을 만나 출가한다. 문제는 구족계를 수지한 나이이다. 그것이 28세이다. 「비명」에도 28세에 구족계를 받았다고 기록되어 있다. (3)의 설은 잘못된 것이다.

6) 年: 『동선사본 전등록』에는 '年' 자를 모두 '秊' 자로 표기.

7) 遇: 『동선사본 전등록』에는 '偶' 자로 표기.

8) 차례로 경전 한 부씩을 받게 되었는데: 원문은 '以次受經'. 『원각경대소초』에는 '行經之次'로 적고 있다. 재(齋) 공양에 청승을 받아 참석한 스님들에게 재를 주선한 설판 시주가 경전을 나누어 준다. 경전을 받아든 스님들은 돌아

『원각경』12장(章)을 얻었다. 이 경을 다 읽어보기도 전에 감격하여 눈물을 흘렸다. 청승에서 돌아와서는 느꼈던 취지를 도원 선사에게 아뢰었다. 그러자 도원 선사가 어루만지면서 말했다.

"그대는 장차 원돈(圓頓)의 교법을[9] 널리 펼 것이다. 이 경전은 여러 부처님께서 그대에게 주신 것이다. 떠나라. 이 시골구석에 박혀 있지 마라."

종밀 선사가 눈물을 흘리면서 말씀을 받들어 하직 인사를 올리고 떠났다. 그리하여 형남(荊南)의 장(張) 선사께[10]〈이 분은 남인(南印) 선사이다.〉 뵈이니, 장 선사가 말했다.

"그대는 교학을 전할 사람이다. 서울로 가거라!"

그 후에 다시 낙양에 가서 신조(神照; 776~838) 선사께[11]〈이분은 봉국사(奉國寺) 신조(神照) 선사이다.〉 뵈이

---

가면서 독경하여 시주의 복을 빌어주었다. 당시 사천성 성도 지방은 서역에서 들어온 새로운 불경들이 많았고, 종밀은 이 집에서 『원각경』을 처음 접했다. ※본 번역서 p.30의 주15) 참조.

9) 원돈(圓頓)의 교법: 화엄의 교학을 지칭.

10) 형남(荊南)의 장(張) 선사: 당시 성도부(成都府)의 성수사(聖壽寺)에 주석하고 있었다. 마침내 종밀은 시골 현에 있다가 성도(城都)의 도회지로 온 것이다.

니, 신조 선사가 말했다.

""그대가 보살인 줄을 그 누가 알겠는가!"

**一日隨衆僧, 齋于府吏任灌家, 居下位, 以次受經, 得圓覺十二章. 覽未終軸, 感悟流涕. 歸以所悟之旨告于圓, 圓撫之曰, 汝當大弘圓頓之教, 此諸佛授汝耳. 行矣, 無自滯於一隅也. 師涕泣奉命, 禮辭而去. 因謁荊南張禪師.** 〈南印〉 **張曰, 傳教人也, 當宣導於帝都. 復見洛陽照禪師.** 〈奉國神照〉 **照曰, 菩薩人也, 誰能識之.**

그 후[12] 양한(襄漢) 땅으로 갔는데, 거기에서 어떤 병든 승려가[13] 『화엄경소』 한 질을[14] 주었는데, 이것은 장안의 청량 징관 대사가 지은 것이었다. (그 후 낙양으로 가서 조탑(祖塔; 하택사에 설립된 제7조 하택 선사의 영골을 모신탑)에 참배하고 영목사(永穆寺)에서 머물던 즈음, 그곳 대중들이 『화엄경소』 강의해줄 것을 청했다.) 선

---

11) 신조(神照) 선사: 장(張) 선사의 문하생으로 도원 선사와는 동기이다.

12) 원화 5년(810년)으로 종밀의 나이 31세 때이다.

13) 어떤 병든 승려: 회각사(恢覺寺)의 영봉(靈峰) 스님을 말한다. 영봉은 청량 징관의 수학 제자이다. ※본 번역서 p.31의 주20) 참조.

14) 『화엄경소』 한 질: 징관 지은 『화엄경소』(전20권)과 『화엄경소초』(전40권)을 말한다.

사는 청량 징관 대사에게 아직 강의를 듣거나 배우지 않았지만 한 번 보고는 강의를 하고, 스스로 이 책을 만나게 된 것을 기뻐하면서 이렇게 말했다.

"예전에 여러 스님이 저술한 것들은 그 종지를 철저하게 밝힌 것이 드물어서, 이 『소』의 문장이 유창하면서도 그윽하고 분명한 것과는 비교도 안 된다. (돌이켜보면) 나는 선법으로는 남종선을 만났고, 교학으로는 『원각경』을 만나 한 마디의 말끝에 마음 바탕[心地]이 트이고 한 권의 책 속에서 이론 세계[義天]가 환해졌다. 그런데 이제 또 이렇게 귀중한 『소』를 만나니 더 이상 붓을 댈 수도 없고 일체의 모든 생각이 멍해지는구나."

강의를 마치고 나서 소주(疏主)를[15] 한 번 뵈려고 하였는데, 당시에 문인(門人) 태공(太恭) 선사가[16] 팔

15) 소주(疏主): 소를 지은 주인. 즉 여기서는 청량 징관을 지칭.

16) 태공(太恭) 선사: 자은사(慈恩寺) 태공(太恭)을 말한다. 이 일이 있었던 것은 원화 6년(811년 종밀 32세) 9월 7일이었다. 『전등록』13권의 목록(대정51-301하)에는 종밀의 제자 무리에 이름만 실리고, 기연이나 행장이 없기 때문에 기록하지 않는다고 밝히고 있다. 『원각경약소』(T.39-577중)의 끝부분에는 태공(泰恭)으로 표기. 즉, "이번 달 7일 겨우 마쳤습니다. 강의를 듣던 대중 속에 태공(泰恭) 스님이

을 끊고 은혜를 보답하는 사태가[17] 벌어졌다. 선사는 우선 편지를 써 소주께 올리면서[18] 멀리서 제자가 되기를 희망하는 뜻을 아뢰었다. 이렇게 몇 차례 서신을 주고받으면서[19] 서로를 경하해주고 격려해주었다. 그러면서 태공의 상처에 차도가 있기를 기다렸다. 마침내 시자를 데리고 서울 장안에 도착하여 제자의 예를 올렸다.[20] 징관이 말했다. "비로자나의 화장세

---

팔을 자르고, '만난 가르침이 참으로 현묘하고 불가사의하여 스스로 경축합니다.'라고 말했습니다. ; 今月七日纔畢. 聽徒泰恭遂斷一臂云, 自慶所逢之法, 玄妙難思."

17) 당시 국법으로 소신공양을 비롯한 신체를 해하는 것을 금하였다. 이로 인해 종밀은 관가의 조서를 받게 되었다.

18) 「규봉정혜선사요품청량국사서(圭峰定慧禪師遙稟清涼國師書)」를 말함. 『원각경약소』의 맨 끝 부분(T.39-576하~577하)에 수록되어 있음. ※본 번역서 pp. 308의 〈1. 규봉 정혜 선사가 청량 국사께 멀리서 여쭌 편지〉 참조.

19) 이 서신 역시 『원각경약소』의 맨 끝 부분(T.39-576하~578상)에 실려 있다. 본 번역서 p.331과 p.335의 왕복 서신 참조.

20) 이때가 언제인가? 9월 7일에 단비 사건이 있었고, 9월 13일에 문인을 시켜 제자의 예를 갖추는 편지를 보냈고, 10월 12일에는 징관으로부터 답장이 왔고, 10월 22일에 종밀은 재차 징관에게 편지를 올렸다. 그런 다음에 상경하여 징관을 알현한 것이다. 이때 징관은 74세, 종밀은 32세였다

계에서 나를 따라 거닐 이가 그대이구나." 선사는 징관에게 입실한 뒤에 날마다 그 덕을 새롭게 했으나,[21] 통발과[22] 형상에 집착하는 허물은 영원히 여의었다.

尋抵襄漢, 因病僧付華嚴疏, 卽上都澄觀大師之所撰也. 師未嘗聽習, 一覽而講. 自欣所遇曰, 向者諸師述作罕窮厥旨, 未若此疏辭源流暢幽賾煥然. 吾禪遇南宗, 教逢圓覺, 一言之下, 心地開通, 一軸之中, 義天朗耀. 今復偶茲, 絕筆罄竭于懷. 暨講終, 思見疏主. 時屬門人太恭, 斷臂酬恩, 師先齎書上疏主, 遙敘師資, 往復慶慰. 尋太恭痊損, 方隨侍, 至上都, 執弟子之禮. 觀曰, 毘盧華藏, 能隨我遊者, 其汝乎. 師預觀之室, 雖日新其德. 而認筌執象之患, 永亡矣.

그 후 북으로 청량산에 순례를 갔다가 다시 호현(鄠縣) 초당사(草堂寺)로 돌아와서 살았다. 얼마 지나지 않아 다시 절 남쪽에 있는 규봉(圭峰)에 있는 난야(蘭若)에[23] 들어가서 살았다.

---

21) 징관의 곁에서 밤낮으로 2년간 지도를 받는다.

22) 통발: 물고기를 잡기 위해 여울에 쳐놓은 통발. 고기를 잡고 나면 버려야 하는 것. 즉 언어 문자로 진리를 포착하고 나서는, 언어 문자를 버려야 하는 것에 비유함. 『장자』「외물편」에 나오는 고사.

대화(大和) 때에 어명으로 불러서 대궐에 들어가니[24], 자색 가사를 내렸고 황제가 자주 법을 물었고, 조정과 서민이 모두 그를 흠모하였다. 특히 상국 배휴(裵休)는 진리의 전당에 깊숙이 들어와 교법을 전해 받고 훌륭한 외호자가 되었다.

**北遊淸涼山迴, 住鄠縣草堂寺, 未幾復入, 寺南圭峰蘭若. 大和中, 徵入內, 賜紫衣. 帝累問法要, 朝士歸慕, 惟相國裴公休, 深入堂奧, 受教爲外護.**

## II. 선종 문헌의 수집과 종밀의 의도

선사는 선학자와 교학자가 서로 헐뜯고 다투는 것을 보고 『선원제전(禪源諸詮)』을 마침내 저술하였다. (이 책은) 선문(禪門)의 근원이나 이론이나 문자나 게송 등에 대하여 여러 대가가 저술했거나 설명했던 것들을 베껴서 기록하여, 그것을 모아서 한 부류를 만들

---

23) 난야: 범어 'araṇya'의 음역으로 갖추어 적으면 아란야(阿蘭若)이다. 사원이라는 뜻. 우리말로 절.

24) 대화(大和) 2년(828) 문종 황제의 생일인 경성절(慶成節)에 초청되어 궁궐 안으로 들어간다. 궁궐 생활은 다음 해까지 이어진다. 종밀의 나이 49세이다.

어서 〈혹은 100권이라고도 함.〉 후대에 남긴 것이다.

**師以禪教學者, 互相非毀, 遂著禪源諸詮. 寫錄諸家所述詮表禪門根源道理文字句偈, 集爲一藏,** 〈或云, 一百卷.〉 **以貽後代.**

저 『선원제전(禪源諸詮)』의 「전체 서문[都序]」에[25] 실린 내용을 간추려 말해보면 다음과 같다.

" '선(禪)'은, 인도 말을 소리로 표기한 것인데 생략하지 말고 모두 표기하면 선나(禪那)[26]이다. 중화의 문자로 번역하면 사유수(思惟修; 사유하는 수행)라고도

---

25) 『선원제전(禪源諸詮)』의 「전체 서문[都序]」: 이것은 『선원제전집도서』라는 책으로 오늘에 이르고 있다. 952년에 만들어진 『조당집』(권6)에는 "『선전(禪詮)』백권(百卷)"으로 기록되어 있다. 동시에 그 책에서는 "未覩行錄, 不敍始終. ; (종밀의) 행장에 관한 기록을 못 보았기 때문에 전말을 서술할 수 없다"라고 기록하고 있다. 한편, 배휴는 '선장(禪藏)'이라고 기록하고(※본 번역서 p.349의 주31) 참조) 있으나 권수에 대해서는 언급이 없다. 아마도 이 책은 대각국사 의천의 교장(教藏)처럼, 종밀이 모았던 일군의 선 관계의 장서(藏書)인 듯하다. 즉 선장(禪藏)이다. 분명한 점은 종밀의 독창 저술은 아니다. 현존하는 『선원제전집도서』는 이 선장(禪藏) 전체에 대한 서문이다.

26) 선나(禪那): 이 한자어에 상응하는 범어로 학자들은 'dhyana'를 꼽고 있지만, 발음상 거리가 있다.

하고 정려(靜慮; 조용하게 명상하기)라고도 하니, 모두 선정과 지혜를 통틀어 부른 말이다.

'원(源)'은, 어떤 중생이든 누구나 가지고 있는 '본래부터 간직한 지각기능이 있는 참된 본성[本覺眞性]'이기도 하며, 불성(佛性)이기도 하며, 심지(心地)이기도 하다. 이것을 깨닫는 것이 지혜[慧]이고, 이것을 수행하는 것이 선정[定]인데, 선정과 지혜를 통틀어 선(禪)이라 한다. 중생이면 누구나 '본래부터 간직한 지각기능이 있는 참된 본성[本覺眞性]'이 선의 근원[本源]이므로 저 책의 제목을 '선원(禪源)'이라 했다.

또는 선나이행(禪那理行)'이라고도 할 수 있으니, 중생이면 누구나 '본래부터 간직한 지각기능이 있는 참된 본성[本覺眞性]'의 근원[本源]이 '선의 원리[禪理]'이고,[27] 번뇌를 없애 그것과 하나가 되는 것이 '선의 실천[禪行]'이다. 그러므로 '이행(理行)'이라 한다. 그런데 여러 대가가 저술한 책들을 모아놓고 보니, '선의 원리'를 말한 것은 많고, '선의 실천'을 말한 것이 적기 때문에 '선원(禪源)'으로 제목을 붙인다.

---

27) '선의 원리[禪理]': 본 번역서 다음 쪽에서 종밀은 다시 '선체(禪體)'라는 개념을 사용한다. 이 두 용어는 결국 동일한 것으로 '선행(禪行)'에 상대되는 개념이다.

其都序略曰，禪是天竺之語，具云禪那，翻云[28]思惟修，亦云靜慮．皆是定慧之通稱也．源者，是一切衆生本覺眞性，亦名佛性，亦名心地．悟之名慧，修之名定．定慧通名爲禪．此性是禪之本源，故云禪源．亦名禪那理行者，此之本源，是禪理，忘情契之，是禪行，故云理行．然今所集諸家述作，多譚禪理，少說禪行，故且以禪源，題之．

요즘 사람 중에는, 중생이면 누구나 '본래부터 간직한 지각기능이 있는 참된 본성[本覺眞性]'만을 선이라 하는 이가 있는데, 그 사람은 '선의 실천적[禪行]' 의미를 알지 못한 것이다. 이는 중국과 인도의 말을 가리지 못하는 사람과 같다. 그러나 '본래부터 간직한 지각기능이 있는 참된 본성[本覺眞性]'을 떠나서 달리 '선의 본체[禪體]'가 있는 것도 아니다.

다만 중생이 '참된 본성'을 미혹해서 번뇌에 물들면 산란하게 되는 것이고, 번뇌를 등지고 '참된 본성'과 합치면 선정이라 한다. 만일 '참된 본성' 자체만을 따지면 참도 거짓도 아니고 물든 것도 산란한 것도 아니며, 선정도 산란한 것도 아니어서, 선(禪)이라고 할 것도 없다.

---

28) 翻云: 『선원제전집도서』에는 '中華翻云'으로 표기.

하물며 이 '참된 본성'은 선문(禪門)의 근원일 뿐 아니라, 모든 존재의 근원이기 때문에 법성(法性)이라고도 하고, 중생들이 미혹하고 깨치는 근원이기 때문에 여래장(如來藏)이라고도 〈이것은 『능가경』에[29] 나오는 이야기.〉 하고, 부처님들의 만 공덕의 근원이기 때문에 불성(佛性)이라 〈이것은 『열반경』[30] 등에서 나오는 이야기.〉 하기도 하며, 보살의 수없는 실천의 근원이므로 심지(心地)라고도 한다. 〈『범망경』「심지보살품」에서는[31] "심지(心地)란 모든 부처님의 근원이며, 보살도를 행하는 근본이며, 모든 대중과 불자들의 근본이다"라고 함.〉

今時, 有但目眞性爲禪者, 是不達理行之旨, 又不辨華竺之音也. 然非離眞性, 別有禪體. 但衆生迷眞合塵, 卽名散亂. 背塵合眞, 名爲禪定. 若直論本性, 卽非眞非妄, 無背無合, 無定無亂, 誰言禪乎. 況此眞性, 非唯是禪門之源, 亦是萬[32]法之源, 故名法性. 亦是衆生迷悟之源, 故名如來藏藏識, 〈出楞伽經〉 亦是諸佛萬德之源, 故名佛性, 〈涅槃

---

29) 『능가발타라보경』권4(T.16-510중).

30) 담무잠 역, 『대반열반경』(권제7) 『여래성품』(T.12-385중~423하)에서 모든 중생에게 '불성'이 있음을 설하고 있다.

31) 『범망경노사나불설보살심지계품』「심지보살품」제10권하(T.24-1004중).

32) 萬: 『동선사본 전등록』에는 '萬' 자를 모두 '万'으로 표기.

等經〉 **亦是菩薩萬行之源, 故名心地.** 〈梵網經 心地法門品云, 是諸佛之本源, 行菩薩道之根本, 是大衆諸佛子之根本也.〉

수많은 실천이 6바라밀을[33] 벗어나지 않으니, 선은 그 가운데 하나로서 5번째에 해당하거늘 어찌 '참된 본성'을 통틀어서 선의 '실천[禪行]'이라고 말할 수 있겠는가?

그런데 선정(禪定)이 한 가지 실천 방법으로서 가장 신기하고 묘하므로, '참된 본성' 속에 간직된 번뇌가 없는 지혜를 발기시킬 수 있다. 온갖 묘한 작용과 수많은 실천과 공덕과 내지는 신통과 광명이 모두 선정(禪定)에서 발기한다. 그러므로 성문이나 연각이나 보살 공동체에 속한 수행자가 거룩한 도를 구하고자 한다면 반드시 선(禪)을 닦아야 한다. 이것을 떠나서는 딴 문이 없고, 다른 길이 없다. 심지어는 염불을 하여 정토에 태어나려 하여도 또한 16관의 선법이나[34] 염불삼매나[35] 반주삼매를[36] 닦아야 한다.

---

33) 6바라밀: 대승불교의 담지자인 보살들의 중심적인 실천 수행덕목으로서, 첫째 보시, 둘째 지계, 셋째 인욕, 넷째 정진, 다섯째 선정, 여섯째 지혜를 말한다.

34) 16관의 선법: 아미타불의 정토에 태어나기 위한 16가지 관법으로 출전은 『관무량수경』(T.12-341상~하)이다. (1)극

萬行不出六波羅蜜, 禪門但是六中之一, 當其第五. 豈可都目眞性, 爲一禪行哉. 然禪定一行, 最爲神妙, 能發起性上無漏智慧. 一切妙用, 萬行萬德, 乃至神通光明, 皆從定發. 故三乘學人, 欲求聖道, 必須修禪. 離此無門, 離此無路. 至於念佛, 求生淨土, 亦修十六觀禪及念佛三昧般舟三昧.

---

락세계의 해 뜨고 지는 것을 관하는 일상관, (2)극락세계의 물의 아름다움을 관하는 수상관, (3)극락세계의 대지를 관하는 지상관, (4)극락세계의 보배나무를 관하는 보수관, (5)극락세계의 연못을 관하는 8공덕수관, (6)극락세계의 누각을 관하는 보루관, (7)아미타불의 연화대좌를 관하는 화좌상관, (8)아미타불의 모습을 관하는 상상관, (9)모든 부처님의 모습을 관하는 진신관, (10) 관세음보살을 관하는 관음관, (11)대세지보살을 관하는 세지관, (12)정토의 부처님과 보살들을 관하는 보관상관, (13)이상에서 미처 관하지 못한 것들을 죄다 관하는 잡상관, (14)극락세계의 상품에 태어나는 모습을 관하는 상배관, (15)극락세계의 중품에 태어나는 모습을 관하는 중배관, (16)극락세계의 하품에 태어나는 모습을 관하는 하배관.

35) 염불삼매: 부처님을 생각하여 마음을 고요하게 하는 것. 또는 '나무아미타불'이라고 소리 내면서 예배하여 마음을 고요하게 하는 것. 『관무량수경』(T.12-343중)이나 『화엄경』권1(T.9-396하)에서 설함.

36) 반주삼매(般舟三昧): 일체의 모든 부처님이 내 눈앞에 나타도록 하는 삼매 수행. 『반주삼매경』에 관한 수종의 한역본이 있다지만, 179년에 지루가참이 번역한 『반주삼매경』(T.13)이 유통된다. 범본의 단편들이 전해진다.

또 '참된 본성'은 더럽지도 깨끗하지도 않아서 범부와 성인의 차이가 없지만, 선(禪)에는 깊거나 얕은 등급의 차이가 있다. 잘못된 이론을 받아들여 하늘나라에 태어나는 것을 좋아하고 지옥을 싫어하면서 선(禪)을 닦는 것은 외도선(外道禪)이요, 인과를 바로 믿기는 하지만 역시 좋아하고 싫어하는 생각으로 선(禪)을 닦는 것은 범부선(凡夫禪)이요, '나'는 공하지만 ('법'은 실재한다고 여기는) 치우친 진리를 깨달아서 선(禪)을 닦는 것은 소승선(小乘禪)이요, '나'와 '법', 두 가지가 모두 공한 줄을 깨침으로 인해서 체험된 진리를 가지고 선(禪)을 닦는 것은 대승선(大乘禪)이다. 〈이상의 4종류의 선(禪)에는 각기 모두 4색계(色界)에서 수행하는 선정과, 4무색계(無色界)에서 닦는 수행이 서로 다르다.〉

又眞性卽不垢不淨, 凡聖無差, 禪則有淺有深, 階級殊等. 謂帶異計, 欣上厭下, 而修者, 是外道禪. 正信因果, 亦以欣厭而修者, 是凡夫禪. 悟我空偏眞之理, 而修者, 是小乘禪. 悟我法二空, 所顯眞理, 而修者, 是大乘禪. 〈上四類, 皆有四色四空之異也.〉

만일 자기의 마음이 본래 청정하여 원래 번뇌가 없고, 번뇌가 없는 지혜의 성품이 본래 다 갖추어져 있으며, 이 마음이 곧 부처여서 끝내 다름이 없음을 돈오(頓悟)하고서, 이런 돈오에 입각해서 선(禪)을 닦는 것은 최상승선(最上乘禪)이다. 이것은 다른 말로 여래청정선(如來淸淨禪)이라고도 하고, 일행삼매(一行三昧)라고도 하고, 진여삼매(眞如三昧)라고도 한다. 이는 온갖 삼매의 근본이니, 생각 생각에 닦아 익히면 자연히 백 천 삼매를 점차로 얻게[漸得] 되는데 달마의 문하에서 계속해서 전해 내려온 것이 이 선법이다.

달마 조사가 중국에 오기 전에 여러 사람이 알고 있던 선법은 모두가 4선 8정으로서,[37] 여러 고승이 그를 의지해 닦아서 모두 효과를 얻었다. 남악(南岳; 515~592)과 천태(天台; 538~592)는 3제(諦)의[38] 이치에

---

37) 4선 8정: 4선은 색계에서 닦는 4단계의 선정. 8정은 색계에서 수행하는 4선과 무색계에서 닦는 4가지 선정을 합친 것이다. ※본 번역서 부록 pp.528~529의 〈세계 구상도〉 참조.

38) 3제(諦): 여기서 말하는 제(諦)는 범어 'satya'를 의역한 것으로 '진리'를 뜻한다. 진제(眞諦; 언어나 개념으로 구성되기 이전에 본래적으로 존재하는 진리)와 속제(俗諦; 언어나 사유로 구성된 진리)라는 두 종류의 진리 이론은 대승불교의 오랜 전통이다. 천태 스님은 전통적인 진리 이론을 변형시켜 자신의 철학을 전개하는 과정에서 '3제(諦)' 개념을 도입한다. 첫째는 공제(空諦)인데 언어나 사유가 매개되지

의해서 3지(止)와 3관(觀)을[39] 닦으라고 하였으니, 비록 교리가 매우 원만하고 미묘하기는 하지만 들어가는 문턱과 차례는 역시 앞의 여러 선법의 행상과 같았다.

오직 달마가 전한 것만이 부처님의 본바탕[佛體]과 완전히 같고 여러 다른 종문(宗門)과는 크게 달라서, 닦아 익히는 이가 그 취지를 알기가 어렵다. 알기만 하면 속히 깨달음을 완성하겠지만, 모르면 삿됨을 이루어 도탄에 신속하게 빠진다.

선조들은 아둔함을 고치고 (근본 취지를) 잃어버리는 것을 막기 위하여 한 사람이 한 사람에게만 전했지만, 후세로 내려오면서 (훌륭한 선지식들이 배출되어) 증빙할 것이 생겼기 때문에 1,000개의 등불에 맡기어 1,000가지로 비치게 하였다. 그러나 법이 오래되

---

않은 그 무엇으로서의 진리이고, 둘째는 가제(假諦)인데 언어나 사유에 의해서 가설(假設; 임시적으로 된 설비)된 진리이고, 셋째는 중도제일의제(中道第一義諦)인데 공(空)과 가(假)를 초월하여 제법의 실상을 드러낸 진리이다. 이 3제를 다양한 방식으로 관찰하는 것이 천태종의 3관(觀) 수행이다.

39) 3지(止)와 3관(觀): 위에서 말한 3제를 대상으로 관찰하는 수행.

어 폐단이 생겨서 잘못 아는 이가 많아지다 보니, 경론을 배우는 학인들의 의혹도 늘어났다.

若頓悟自心本來清淨, 元無煩惱, 無漏智性, 本自具足, 此心卽佛, 畢竟無異, 依此而修者, 是最上乘禪, 亦名如來清淨禪, 亦名一行三昧, 亦名眞如三昧. 此是一切三昧根本, 若能念念修習, 自然漸得百千三昧. 達磨門下, 展轉相傳者, 是此禪也. 達磨古來諸家所解, 皆是前四禪八定, 諸高僧修之, 皆得功用. 南嶽天台, 令依三諦之理, 修三止三觀, 教義雖最圓妙, 然其趣入門戶次第, 亦只是前之諸禪行相. 唯達磨頓同佛體, 迥異諸門. 故宗習者, 難得其旨. 得卽成聖, 疾證菩提, 失則成邪, 速入塗炭. 先祖革昧防失故, 且人傳一人, 後代已有所憑故, 任千燈千照. 洎乎法久成弊, 錯謬者多, 故經論學人, 疑謗亦衆.

살펴보건대, 부처님의 교학에서는 돈교(頓教)와 점교(漸教)를 말씀하였고, 역대 조사의 선법에서는 돈문(頓門)과 점문(漸門)을 열었는데 두 교법과 두 선법은 서로가 부합된다. 그런데 요사이 강(講)하는 이는 점문의 이치만 드러내고, 선(禪)을 하는 이는 돈문의 종지만 치우쳐 전파하므로, 선사와 강사가 만나면 북쪽에 있는 호(胡) 나라와 남쪽에 있는 월(越) 나라 사이처럼 거리가 멀어졌다.

종밀은 전생에 어떤 마음을 먹었기에, 나 자신도 해탈하지 못하고 남의 속박을 풀어주려고 하는지 모르겠다. (가만히 나 자신을 반성해보면 그것은) 진리를 위해서는 목숨이라도 버리겠다는 심정에서 그런 것이고, 중생을 가엾이 여기는 마음이 사무쳤기 때문이다. 〈『정명경』에 하신 "자기가 묶였으면서 남을 풀어준다는 것은 틀린 말이다"[40]라는 말씀과 같다. 그러나 그만두려 해도 그만둘 수 없으니, 이것으로 이루어 보건대 분명 전생에 익혔던 습관이란 고치기 어려운 줄을 증명할 수 있겠다.〉

가르침의 내용과 그것을 듣는 사람의 근기가 어긋나, 가르침의 내용이 도리어 듣는 사람들에게 병이 되는 현실을 매번 한탄하였다. 그래서 경과 율과 논에 각각 주석석을 붙여, 계와 정과 혜의 문을 크게 열어 돈오가 점수에 도움이 되는 것을 드러내고, 조사의 말씀이 부처님의 뜻에 부합됨을 증명하였다.

---

40) 이 말은 구마라습 역, 『유마힐소설경』(권중) 「문수사리문질품」에 나온다. "이때 부처님이 문수사리에게 말했다. 그대는 유마힐에게 가서 내가 그러더라고 문병을 하라. 즉, 만약 자신이 묶여있으면서 남을 풀어준다는 것은 옳지 않다. 그러나 내가 묶여있지 않고 남을 풀어주는 것은 옳다. ; 爾時佛告文殊師利. 汝行詣維摩詰, 問疾如佛所說. 若自有縛, 能解彼縛, 無有是處. 若自無縛, 能解彼縛, 斯有是處"(T.14-545중).

그렇게 한 의도는 근본과 지엽을 자세하게 하려 한 것인데, 오히려 글의 양만 늘어지고 길어져서 (핵심을) 찾기 어려워졌다. 늘어지고 길어진 것을 배우는 사람이 많기는 했지만, 핵심을 파악한 이는 드물었다. 게다가 명색(名色)과 형상으로 이루어진 것에 불과한 문자들의 빈 껍질을 섭렵한들, (비싼) 금과 (싼) 놋을 가릴 수 있는 사람이 어디 있겠는가? (그 많은 책을 쓰느라고) 나 자신만 공연히 수고했을 뿐,[41] (그 책들을 읽고) 감응하는 근기를 볼 수가 없었다.

부처님께서 가엾이 여기는 마음을 늘려가는 것이[增悲][42] 수행이라고 말씀하셨으나, (이런 상황을 보고)

---

41) 이 문장에 대한 한・중・일 3국의 현대어 번역에는 상당한 차이가 있다. 독자들은 원문을 살펴서 각자 해석하고 참고하길 양해 바란다. 당시의 상황에 대한 종밀 자신의 답답함이 처절하게 드러난다. 이런 심정은 ※본 번역서 p.198에 "종밀은 이런 경우를 자주 만났다.……." 부분에도 잘 드러난다. 또 아래의 p.265의 주42) '증비(增悲)'라는 단어도 역시 그렇다.

42) 가엾이 여기는 마음을 늘려가는 것[增悲]: 원문은 '[增大悲]'이다. 실차난타 역, 『대방광불화엄경』(권제36) 「십지품」에 나온다. "보살은 이때 저 중생들에 대하여 크게 가엾이 여기는 마음을 더더욱 내어 대비의 광명을 낳는다. ; 菩薩爾時, 於諸衆生轉增大悲, 生大慈光明."(T.10-0191하).

집착하는 소견이 생기는 것을 막을 길이 없음을 스스로 걱정하여, 대중살이를 버리고 홀로 산에 들어가 선(禪)과 정(定)을 균형 있게 닦고 익혔다. 이렇게 하기를 (궁중에 들어갔다가 산으로 되돌아온) 전후를 합하여 10년이나 계속하였다. 〈'전후'라고 한 것은 중간에 황제의 칙명으로 대궐에 들어가서[43] 성안에서 2년을 살다가 청을 올려 다시 종남산으로 돌아온 것을 말한다.〉

原夫佛說頓教漸教, 禪開頓門漸門, 二教二門, 各相符契. 今講者偏彰漸義, 禪者偏播頓宗, 禪講相逢, 胡越之隔. 宗密不知, 宿生何作薰得此心, 自未解脫, 欲解他縛. 爲法亡於軀命, 愍人切於神情, 〈亦如淨名. 云, 若自有縛, 能解他縛, 無有是處. 然欲罷不能, 驗是, 宿習難改故.〉 每歎人與法差, 法爲人病. 故別撰經律論疏, 大開戒定慧門, 顯頓悟, 資於漸修, 證師說, 符於佛意. 意旣本末而委示, 文乃浩博而難尋. 汎學雖多, 乘志者少. 況跡涉名相, 誰辨金鍮. 徒自疲勞, 未見機感. 雖佛說悲增是行, 而自慮愛見難防, 遂捨衆入山, 習定均慧, 前後息慮, 相繼十年. 〈云 前後者, 中間被

43) 종밀은 828~829년 약 2년간은 궁중에서 살았다. 장경(長慶) 원년 (821년, 42세) 정월에 초당사로 들어갔으니, 궁중에 들어가기 전에 7년을 초당사에서 살았고, 다시 돌아와서 830년부터 832년의 3년간을 또 그 절에서 산 셈이다. 이렇게 10년을 보내고 『도서』를 쓰는 것이니, 때는 833년 종밀의 나이 54세가 된다.

敕, 追入內, 住城二年. 方卻表請歸山也.〉

고요한 지혜로 (선을 하면) (마음속에 있는) 아주 미세한 습기와 감정이 들쑥날쑥 하는 것이 확연하게 드러나고, 마음을 비우고 (경전을 보면) 다양한 개념들의 본질[法]과 속성[義]들이 어떻게 나열되었는지가 훤하게 드러난다. 이것은 마치 빈틈으로 스며드는 햇빛에 가는 먼지가 아물거리고, 맑은 연못 밑에 그림자가 분명한 것과 비슷하다. 그런데 어찌 부질없이 '침묵만을 지키는 어리석은 선[癡禪]'이나 '글줄이나 더듬는 미친 지혜[狂慧]'에 견줄 수 있겠는가?

그러나 제 마음 깨치는 것을 근본적인 바탕으로 해서 모든 교리(教理)를 변별했기 때문에 '마음 닦는 선종[心宗]'에 생각이 간절했고, 또 모든 교리를 변별하는 것을 바탕으로 마음 닦는 법을 풀이했기 때문에 '교리의 의미[教義]'가 더욱 정성스럽다.

교리란 부처님과 보살들이 남기신 경전이나 논이요, 선이란 여러 선지식이 말씀하신 어구와 게송이다. 그러나 불경은 넓게 펼쳐 대천세계의 8부류의 대중을 망라하였고, 선(禪)의 게송은 요점만 거두어서 한 지방의 한 부류 근기에만 응한다.[44] 온 중생을 망라하면 드넓어서 핵심을 찾기 어렵지만, 일정한 근기에 응한 말씀은 그 핵심을 일러주기가 쉽다. 지금 내가 (선에 관한 여러 선지식의 이야기를) 모아 책으로 엮는 의도는 바로 여기에 있다.

微細習情起滅彰於靜慧, 差別法義羅列現於空心. 虛隙日光, 纖埃擾擾, 清潭水底, 影像昭昭, 豈比夫空守默之癡禪, 但尋文之狂慧者也. 然本因了自心, 而辨諸教故, 懇情於心宗. 又因辨諸教, 而解修心故, 虔誠於教義. 教也者, 諸佛菩薩所留經論也, 禪也者, 諸善知識, 所述句偈也. 但佛經開張, 羅大千八部之衆, 禪偈撮略, 就此方一類之機. 羅衆則, 莽蕩難依, 就機則, 指的易用. 今之纂集, 意在斯焉.

## Ⅲ. 선종 문헌에 대한 배휴의 평가

배휴는 이 책에 서문을[45] 쓰면서 이렇게 말했다.[46] 〈여러 종파의 문하에 모두 통달한 사람이 있다.〉 그러나 제각기 배운 것에만 안주하여 두루 융통한 이는 적고

---

44) ※본 번역서 p.194의 주115) 참조.

45) 서문: 『전당문』(권743)에는 「석종밀선원제전서(釋宗密禪源諸詮序)」로 표기.

46) 이 부분의 많은 문장이 생략되었. 『경덕전등록』을 편찬하던 도원(道源) 선사가 체제상 생략한 것으로 생각된다.

한 곳에 매인 이가 많다. 수십 년 사이에 조사의 법이 더욱 퇴폐하여 (저마다의 스승에게 이어) 받는 것을 문호로 삼아 제각기 진을 벌리고, 경과 논으로 무기를 삼아 서로 서로가 공격을 일삼는다.

입장이라는 것은 방패를 만드는 사람인가, 〈函人('函' 자의 음가(音價)는 함(含).)〉 아니면 화살을 만드는 사람인가에 따라 달라지기 마련이라고는 한다.

〈『주례』에서 "함인(函人)은 갑옷을 만드는 사람이다"라고 했다. 『맹자』「공손추상」에서 "화살을 만드는 사람이 어찌 갑옷을 만드는 사람보다 어질지 않다고 말할 수 있겠는가? 갑옷을 만드는 사람은 사람들이 다칠 것을 걱정하고, 화살을 만드는 사람은 사람들이 오직 적에게 상처를 내지 못할까 걱정할 뿐이다. 대개 익힌 기술들이 사람들의 입장을 그렇게 만드는 것이다"라고 했다. 이와 마찬가지로 지금 수행하는 사람들도 그저 제가 속한 종도(宗徒)끼리 몰려다니면서 피차 상대방이 잘못되었다고 한다.〉

그렇지만 교법(敎法)이 '내'가 말한 것이냐 '네'가 말한 것이냐에 따라 높아지기도 하고 낮아지기도 해서, 시시비비가 어지러워 옳고 그름을 가릴 수가 없게 된다면, 저 옛날에 세존과 보살들과 각 지방의 교종(敎宗)은 뒷사람들을 시비에 빠지게 할 뿐 일터이니, 이래서야 중생들에게 무슨 이익이 있겠는가?

**裴休爲之序曰,** 〈諸宗門下, 皆有達人.〉[47] **然各安所習, 通少局多. 數十年**[48]**中, 師法益壞, 以承稟爲户牖, 各自開張, 以經論爲干戈, 互相攻擊. 情隨函**〈音含〉 **矢而遷變.** 〈周禮曰, 函人, 爲甲. 孟子曰, 矢人豈不仁於函人哉. 函人唯恐傷人, 矢人唯恐不傷人. 蓋所習之術, 使然也. 今學者但隨宗徒, 彼此相非耳.〉 **法逐人我以高低, 是非紛拏, 莫能辨析, 則向者世尊菩薩, 諸方教宗, 適足以起諍, 後人增煩惱病, 何利益之有哉.**

규산 대사께서 오래 탄식하시다가, "내가 이때를 당하여 잠자코 있을 수 없다"라고 말씀하시고, 여래의 3가지 교리에 근거하여 선종의 3가지 법문이 옳은 법문이라고 인장을 찍었다.[49] 이는 마치 금술병・금쟁반・금비녀・금팔찌를 불에 녹여 하나의 금덩어리로 만든 것과 같고, 또 연한 우유・진한 우유・제호 등을 한데 섞어 한 맛이 되도록 한 것과 같다. 핵심을 잡아서 들추니 모두가 거기에 순응했고, 〈『순자(荀

---

47) 『동선사본 전등록』에는 협주가 아닌 본문으로 표기하고 있다.

48) 年: 『동선사본 전등록』에는 '秊' 자로 표기.

49) ※본 번역서 p.66 주28)의 대조표 참조.

子)』「권학편(勸學篇)」에서 "만약 가죽옷의 옷깃을 들면, 손가락으로 집어 올리더라도 옷 전체가 따라오는 것과 같은 사례는 이루 다 셀 수 없다"라고 했다.〉 여러 곳에서 몰려드는 중요한 길목에 서 있으니 오는 사람마다 다 거기로 향해 오는 것과 같다. 〈『주역약례(周易略例)』에서 "여러 곳에서 몰려드는 중요한 길목에서 서서 사방에서 오는 이를 보면, 하늘, 땅, 동서남북으로 여섯 방향에서 제아무리 많이 와도 많은 것이 아니다"라고 하였으니, 『도서』는 원교(圓教)에 입각하여 모든 선종의 주장을 감정하고 인가했으니, 아무리 백가의 철학이라도 천하를 통일하지 못할 것이 없다 하겠다.〉

종밀 선사는 이렇게 해놓고도 오히려 학자들이 잘 모를까 걱정이 되어 다시 종지의 근본과 지말,[50] 중생의 마음속에 들어 있는 진여의 요소와 생멸의 요소가 어떻게 화합하고 작용하는지에 대한 문제와, 공종(空宗)과 성종(性宗)의 드러남과 숨음과, 대승의 본질[法]과 속성[義]의 서로 다른 점과, 돈(頓)과 점(漸)의 다양한 의미와, 부정의 어법과 긍정의 어법이 상호 보완이 되는 점과, 방편교과 진실교의 깊고 얕음과, 종취(宗趣)가 통했느냐 막혔느냐에 대한 시시비비

---

50) 종지의 근본과 지말: 일승현성교는 근본이고 파상교・법상교・소승교・인천교 등은 지말이다.

등을 바로 보이셨다.

**圭山大師, 久而歎曰, 吾丁此時, 不可以默矣. 於是以如來三種敎義, 印禪宗三種法門, 融甁盤釵釧, 爲一金, 攪酥酪醍醐, 爲一味. 振綱領, 而擧者皆順,** 〈荀子云, 如振裘領, 屈五指而頓之, 順者不可勝數.〉 **據會要, 而來者同趣.** 〈周易略例云, 處會要, 以觀方來, 則六合輻輳, 未足多也. 都序據圓敎, 以印諸宗, 雖百家亦無所不統.〉 **尚恐學者之難明也. 又復直示宗源之本末, 眞妄之和合, 空性之隱顯, 法義之差殊, 頓漸之異同, 遮表之迴互, 權實之深淺, 通同之是非.**

[51]우리 스승 같으신 분이 부처님의 태양을 받들어 구석구석 비치니, 의혹의 안개가 모두 사라지고, (위로는) 부처님의 마음에 순응하고 옆으로는 커다란 자비를 퍼뜨리니, 겁이 다하도록 (중생들이) 이익을 얻게 되었다. 그러므로 세존은 교리를 펴신 주인이시요, 우리 스승은 교리를 회통한 분이시다. 근본과 지말이 서로 부합되고, 멀고 가까움이 마주 비쳐서, 부처님께서 일대시교(一代時敎)를 통해서 의도했던 일이[52]

51) 이 부분은 『선원제전집도서』에 붙인 배휴의 서문과 비교해 보면, 많은 문장이 생략되어 있음을 알 수 있다. 『경덕전등록』을 편찬하던 도원(道源) 선사가 체제상 생략한 것으로 생각된다.

(종밀 선사 대에 와서) 완수되었다고 하겠다.

〈석가세존께서 가르침을 펴고 나서 지금에 이르기까지의 모든 가르침을 (종밀 선사가) 종합하여 소통시키니, '의도했던 일'이 비로소 완수되었다고 한 것이다.〉

**若吾師者, 捧佛日而, 委曲迴照, 疑噎盡除, 順佛心而 橫亘大悲, 窮劫蒙益. 則世尊, 爲闡教之主, 吾師爲會教之人. 本末相符, 道[53]近相照, 可謂畢一代時教之能事矣.**
〈自世尊演教, 至今日, 會而通之, 能事方畢.〉

혹 어떤 사람은 이렇게 질문할 수도 있다.

"여래로부터 이제까지 아직 종합하여 회통한 일이 없는데 하루아침에 종취(宗趣)를 어기고 지키지 않아, 막고 지켜야 할 금기 사항을 폐지하고 그것에 의지하지 않으니, 이는 비밀스레 갈무리하고 마음으로 전수하는 도를 어기는 것이 아니겠는가?"

이에 대하여 나는 이렇게 대답하겠다.

---

52) 일대시교를 통해서 의도했던 일: '일대시교'란 한평생에 걸쳐서 가르친 가르침을 말하고, '의도했던 일'이란 중생들에게 제 속에 들어있는 불성을 깨달아서 모두 부처 되게 하는 일을 말한다.

53) 道: 화암사(花岩寺) 중간본 『선원제집도서』(1493)에서는 '遠' 자로 표기. 『동선사본 전등록』도 그렇다. 본 번역은 이 두 대본을 따른다.

"여래께서 처음에는 3승을 따로따로 말씀하셨지만, 나중에는 하나로 회통하셨다.

〈부처님께서 30년 동안 혹 소승교를 설하고 혹은 공교(空教; 대승 파상교)를 설하며, 혹은 상교(相教; 대승 법상교)를 설하고, 혹은 성교(性教; 일승 현성교)를 설했으니, 듣는 자는 각자 자기의 근기에 따라 법을 깨닫기는 했으나, 그것들이 결국은 서로 통하여 결국 본뜻은 하나임을 알지 못하였다. 40년이 지난 후에 영축산에서 『법화경』을 설하면서 3승을 회통했고, 구시나가라로 가서 『열반경』을 설하여 일성(一性)을 들어내셨다. 이것이 전후를 관통하는 궤칙(軌則)이다.〉

그러므로 『열반경』에서[54] 가섭 보살이 "부처님은 비밀한 말씀은 있어도 비밀스레 감추신 것은 없습니다" 하고 찬탄하니, 세존께서 "여래의 말은 드러나고 청정하여 은폐됨이 없거늘, 어리석은 사람들은 알지 못하고 비밀스레 감추어 두었다고 하거니와, 지혜로운 이가 깨달으면 비밀스레 감추었다고 하지 않는다고 하셨으니, 이것이 그 증거이다"라고 칭찬하셨다.

그러므로 왕도가 흥하여 왕성하면 변방을 지키지 않아도 국경을 수비해야 하는 수고로움은 오랑캐 쪽에 있게 되고, 불도가 갖추어 발전하면 모든 법을 다

---

54) 『대반열반경』권5(T.12-309중).

그러모으더라도 (그 속에 안 들어가려고 애쓰는 일은) 오히려 마구니와 외도 쪽에 있는 법이다. 〈원교(圓教)인 『열반경』에서는 모든 법을 아우르고 회통하되, 오직 마구니의 학설과 외도의 삿된 종지만은 가려내어 구별하였다.〉 그러니 다시는 망정에 집착되어 그사이에 뛰어들지 말아야 한다.

**或曰, 自如來未嘗大都而通之, 今一旦違宗趣而不守, 廢關防而不據, 無乃乖祕藏密契之道乎. 答曰, 如來初雖別說三乘, 後乃通爲一道,** 〈三十年前或說小乘, 或說空教, 或說相教, 或說性教. 聞者各隨機證悟, 不相通知也. 四十年後, 坐靈鷲而會三乘, 詣拘尸, 而顯一性, 此[55]前後之軌則也.〉 **故涅槃經, 迦葉菩薩曰, 諸佛有密語, 無密藏. 世尊讚之曰, 如來之言, 開發顯露, 清淨無翳. 愚人不解, 謂之祕藏, 智者達了, 則不名藏. 此其證也. 故王道興則, 外户不閉, 而守在戎夷, 佛道備則, 諸法總持, 而防在魔外.** 〈涅槃圓教, 和會諸法, 唯簡別魔說及外道邪宗耳.〉 **不當復執情, 攘臂於其間也.**

---

55) 此: 『대정본 전등록』과 『동선사본 전등록』에는 '此' 자는 없다. 화암사(花岩寺) 중간본 『선원제집도서』(1493)에 의해 '此' 자를 보충하여 문맥을 통하게 한다.

## Ⅳ. 저서와 유언

〈선사는 또 『원각경대소』, 『원각경대소초』, 『원각경약소』, 『원각경약소초』, 『주법계관문』과[56] 『원인론』을 지었는데, 모두 배휴가 서문을 지었고, 세상에 성행한다.〉

대사는 회창(會昌) 원년(841년) 정월 6일에 흥복사 탑원(塔院)에 앉아서 입멸하니, 그달 22일에 출가와 재가 제자들이 시체를 규봉에 뫼셨다가, 2월 12일에[57] 화장하여 밝고 크고 윤기 나는 사리를 얻었다. 나중에 문인들이 울면서 구하면 누구나 잿더미 속에서 (사리를) 얻었다. 이에 모두 석실 속에 봉안하였다. 세수는 62세요, 법랍은 34세였다.

대사는 이렇게 유언하셨다.

"시체를 메다가 새와 짐승에게 보시하고, 뼈는 태워서 흩어라. 슬퍼하거나 그리워하여 선정(禪定)을 어지럽히지 마라. 매년 청명절에는 산에 올라가서 7일 동안 살림[講道]을[58] 하라. 그밖에 절에서 생활하

56) 원문에는 『법계관문』이라고 되어 있지만, 이는 『대정본 전등록』 기록자의 오류이므로 본 번역에서는 바로잡는다.
57) 2월 12일: 「종밀 선사 비문」과 『동선사본 전등록』에는 2월 13일로 되어 있다. ※본 번역서 p.359의 주54) 참조.
58) 살림[講道]: 김월운 역, 『한글대장경 · 181 경덕전등록』(동

고 수행하는 법도는 율장의 과목[律科]에 맞추어라. 어기는 이는 나의 제자가 아니다."

지성을 입은 4부중, 수천 백 명이 슬피 울어 들을 뒤덮었다. 뒷날 선종(宣宗; 재위 847~859) 황제가 다시 불교를 복권시키면서[59] 정혜(定慧) 선사라는 시호를 추가로 하사하고, 탑은 청련(靑蓮)이라 하였다.

〈師又著圓覺大小二疏鈔, 法界觀門, 原人等論, 皆裴休爲之序引, 盛行於世.〉

**師會昌元年正月六日, 於興福塔院坐滅. 二十二日, 道俗等奉全身于圭峰. 二月十二日, 荼毘得舍利明白潤大. 後門人泣而求之, 皆得於煨燼. 乃藏之石室. 壽六十有二, 臘三十四. 遺誡令舁屍施鳥獸, 焚其骨而散之, 勿得悲慕, 以亂禪觀. 每淸明上山, 必講道七日. 其餘住持儀則, 當合律科. 違者非吾弟子. 持服四衆數千百人, 哀泣喧野. 暨宣宗再闡眞教, 追諡定慧禪師, 塔曰靑蓮.**

---

국역경원, 1970), p.517의 번역을 따랐다. 어떤 형식의 모임일까? 모여서 불교의 진리에 대한 토론인가? 강학(講學)인가? ※본 번역서「제8장. 당나라 규봉 정혜 선사의 전법비」p.360의 주56) 참조.

59) 불교를 복권시키면서: 당나라 무종 회창 3년(834)에 절 4만여 채를 없애고 승려 26만을 환속시킨 사건이 있었다. 그러다가 다시 선종 황제가 등극하면서 불교를 복권했다.

# 第7장
# 지식인들과의 문답 편지

## Ⅰ. 상공 소면과의 문답[1)]

상공(相公) 소면(蕭俛)이[2)] (선종의 가르침에 대한) 자기의 견해를 바치고, 종밀 선사께 주석을 해 달라고 청하면서 (다음과 같이) 말하였다.

하택 선사께서는 다음과 같이 말씀합니다.

"(색의 청정함을 아는 것이 육안(肉眼)이다. 청정한 본바탕을 보는 것이 천안(天眼)이다.) 모든 삼매와 8만 4천가지의 바라밀 실천의 수행 속에서 '청정한 본체'를 보고, '지각기능[見]'[3)] 위에 한꺼번에 모든 작용을 일

---

1) 본문이 상공의 질문이고, 〈 〉 속의 협주가 규봉 종밀 선사의 답변이다.

2) 소면(蕭俛): 정원(貞元) 7년(791)에 진사가 되었다. 원화(元和) 13년(818)에 어사중승(御使中丞)이 되었고, 문하시랑을 거쳐 장경(長慶) 원년(821)에 재상을 그만두고 상서좌복사(尙書左僕射)가 되었다. 종밀과 만났던 시절에 직위가 상서(尙書)였는지는 확증할 수 없다. 『구당서』(권172)와 『신당서』(권101)에 전기가 실려 있다.

으키는 것을 혜안(慧眼)이라 한다."[4]

만약 ('그 지각하는 기능[見]'이) 진여와 상응하기만 하면, 〈선한 일이나 악한 일이나 일체를 생각하지 않는 것입니다. (뿐만 아니라) 공(空)이니 유(有)니 하는 생각도 하지 않는 것입니다.〉 만 가지 변화가 모두 적멸해진다. 〈만법이 모두 '생각하는 작용[思想]'과 '(대상을) 반연하는 마음[緣念]'으로 인해서 생기는데, 이렇게 해서 생긴 것은 모두가 허망하기 때문에 그것을 환상[幻]이라고 합니다. 만약 한 생각도 내지 않으면, 만 가지 현상이 생기지 않으니, (만 가지 현상은 인위적으로) 닦아 없애지 않아도 저절로 적멸해집니다.〉 이런 때에는 '보이는 대상[所見]'도 전혀 없고, 〈'비추는 본바탕[照體]'[5]만이 또렷하게 분명해집니다. (이런 상태가 되면) 인식작용

---

3) 지각기능[見]: 하택 신회는 선 수행에서 '지각기능[見]'을 매우 중요시 했다. 이런 그의 사상은 돈황에서 출토된 『남양화상돈교해탈선문직료성단어』(楊曾文 編校, 『神會和尙禪話錄』, 北京: 中華書局出版, 1996년, p.9)에서도 드러난다.

4) 이 구절은 『남양화상문답잡징의』의 전문은 이렇다. "和尙言, 見色淸淨, 名爲肉眼. 見淸淨體, 名爲天眼. 見淸淨體, 於諸三昧及八萬四千諸波羅蜜門, 皆於見上一時起用, 名爲慧眼." 楊曾文 編校, 『神會和尙禪話錄』, 北京: 中華書局出版, 1996년, p.94.

5) 비추는 본바탕[照體]: '진여' 속에 본래부터 간직된 '자성본용(自性本用)'에는 비추는 '작용[照]'이 있다. ※본 번역서 p. 221 〈◎ 셋째 문답〉 참조. 규봉 종밀 선사는 하택종을 설

에 의해 만들어진 허망 인식 내용과, 지혜의 작용, 이 둘 사이의 쪼개짐이 사라집니다.〉 **삼매니 바라밀이니 하는** (모든 수행도) **일시에 공적해져서** (그런 수행 자체가) **필요 없게 된다.** 〈산란과 삼매, 이 언덕과 저 언덕, 이런 것들은 모두 (한쪽이 있으므로) 상대적으로 (그 한쪽과) 대립시켜서 그것을 퇴치하기 위해서 한 말입니다. 만약 '(진여의) 마음[心]'에는 애초부터 망념이 없고, '(진여의) 자성[性]'에는 본래 생・주・이・멸하는 변질이 없는 줄을 지각하면[6], 선정과 어지러움, 진실과 허망이 한순간에 사라집니다. 그래서 (그것을 퇴치하기 위해서 하는) '(그런 수행 자체가) 필요 없게 된다'고 한 것입니다.〉

(저 소면은) **참으로 모르겠습니다. 이것은 '지각하는 기능[見]' 위에 일시적으로 생기는 현상입니까? 아닙니까?** 〈그러나 '지각하는 기능[見]'의 성품이 온전하여 밝고, '이치[理]'는 형상의 얽힘[相累]이 없습니다. 즉, 형상을 끊으면

---

명할 경우 구슬 또는 거울을 예로 들어 설명한다. 이 비유를 차용하면, 구슬이나 거울에 사물이 나타나면 그 사물의 영상을 구슬이나 거울에 맺히게 하는 기능 또는 그 작용이 '조(照)'이다. 이런 '조(照)' 하는 작용 그 자체라는 뜻에서 '조(照)' 자 뒤에 '체(體)' 자를 붙여서 '조체(照體)'로 한 것이다.

6) 종밀의 이런 입장은 기본적으로는 『기신론』과 하택 신회에서 유래한다. ※본 번역서 p.191의 주104) 참조.

오묘한 작용이고, 형상에 머물면 집착하는 마음입니다. 8만 법문이 모두 이런 이치를 말하고 있습니다. 한 법이 있으면 그 하나만큼 번뇌가 생기고, 한 법이 공해지면 그만큼의 (지혜) 작용이 생깁니다. 그러므로 (위에서 상공께서 하택 선사의 가르침을) 인용하여 말씀하신 것처럼, '지각하는 기능[見]'이 청정한 줄을 (모든 삼매 속에서) 체험하고, ……잠시 일어나는 작용임을 알라'고 한 것입니다.〉

뒷날 저에게 대답을 보내주십시오.

사면 올림

**蕭俛相公呈己見解, 請禪師注釋曰.**[7] **荷澤云, 見清淨體於諸三昧, 及 八萬四千諸波羅蜜門, 皆於見上一時起用, 名爲慧眼. 若當眞如相應之時,** 〈善惡不思, 空有不念.〉 **萬化寂滅,** 〈萬法俱從思想緣念而生, 皆是虛空[8], 故云化也. 旣一念不生, 則萬法不起, 故不待泯之, 自然寂滅也.〉 **此時更無所見.** 〈照體獨立. 夢智亡階.〉 **三昧諸波羅密門, 亦一時空寂, 更無所得.** 〈散亂與三昧, 此岸與彼岸, 是相待對治之說. 若知心無念, 見性無生, 則定亂眞妄, 一時空寂, 故無所得也.〉 **不審此是見上一時起用否.** 〈然見性圓明, 理絕相累. 卽絕相爲妙用, 住相爲

7) 蕭俛相公呈己見解, 請禪師注釋曰. : 「진복사본」에는 '蕭俛相公呈見解, 呈上草堂和尙與注釋'으로 표기.

8) 虛空: 「진복사본」에는 '虛妄'으로 표기. 본 번역에서는 「진복사본」을 따른다.

執情. 於八萬法門, 一一皆爾. 一法有, 爲一塵, 一法空, 爲一用. 故云見清淨體, 則一時起用矣.〉 **望於此後示及. 俛狀.**

## II. 사제성과의 문답[9)]

사(史) 산인(山人)이[10)] 10가지 질문을 했다. 〈질문과 대답이 각각 한 조를 이루기 때문에 이제 사이사이에 끼워서 적어 둔다.〉[11)]

**答史山人十問.** 〈問答各是一本, 今參而寫之.〉

---

9) 본 문답은 원래는,`『조당집』(제6권) 「草堂和尙」條에 의하면, 장경(長慶) 4년(종밀 45세, 서기 824년)에 사제성(史制誠)이 질문을 했고, 이에 대하여 종밀 선사가 대답한 것임을 알 수 있다. 원래의 질문에서는 사제성의 질문 10조가 연이어 있었는데, 『조당집』이나 『대정본 전등록』을 편집한 자가 질문 사이사이에 종밀 선사의 답변을 끼워 넣은 것으로 보인다. 본 번역에서는 『대정본 전등록』을 대본으로 했고, 『조당집』(권6)을 참조하여 교감하였다.

10) 사(史) 산인(山人): 이 인물에 대해서는 이름이 사제성(史制誠)이라는 것 외에는 아무것도 알려진 게 없다.

11) 이 부분은 책을 편집하는 이가 삽입해 넣은 듯. 원래는 질문한 편지가 따로 있고, 또 이에 대한 답장도 따로 있었던 듯. 이렇게 생각할 수 있는 증거로, ※본 번역서 p.295 〈◎ 열째 문답〉의 마지막 구절 주44)이 붙은 문장 뒤에 삽입된 부분의 내용을 들 수 있다.

◎ 첫째 문답

"어떤 것이 도(道)이며[12], 어떻게 닦아야 합니까? 반드시 닦아야만 (도를) 이룰 수 있는 것입니까? 아니면 닦는 수고로움을 들일 필요가 없습니까?"

이렇게 대답한다.

"장애가 없는 것을 도라고 하고, 허망을 알아차리는 것이 수행입니다. 도는 본래부터 완전한 것이지만, 망념이 일어나는 것을 장애라고 합니다. 망념이 싹 사라지면 그 자체가 바로 수행이 완성되는 것입니다."

一問[13]. 云何是道, 何以修之. 爲復必須修成, 爲復不假功用. 答[14]. 無礙是道, 覺妄是修, 道雖本圓, 妄起爲累. 妄念都盡, 卽是修成.

◎ 둘째 문답

"만약 도를 닦아서 이룬다면, 이는 조작에 의해 생긴 것입니다. 그렇게 되면 (생성소멸하는) 세간법과 다르

---

12) 도(道): 다양하게 정의할 수 있겠지만, 이 편지에서는 '선종에서 말하는 도'의 의미로 한정하는 것이 좋을 듯하다.

13) 一問: 『조당집』(권6)에는 '第一問曰'로 표기.

14) 答: 『조당집』(권6)에는 '禪師答曰'로 표기.

지 않아 허망하고 거짓되어 (도를) 이루었다가도 언젠가는 다시 소멸될 터이니, 이래서 어찌 세간 밖의 법이라 할 수 있겠습니까?"

이렇게 대답한다.

"조작을 하게 되면 업을 짓게 되므로 이를 두고 허망하고 거짓된 세간이라고 합니다. 인위적인 조작이 없어야만 (참된) 수행이니 이것만이 곧 진실하게 세간을 벗어납니다."

二問[15]. 道若因修而成, 卽是造作. 便同世間法, 虛僞不實, 成而復壞, 何名出世. 答[16]. 造作是結業, 名虛僞世間. 無作是修行, 卽眞實出世.

◎ 셋째 문답

"수행은 단박에 되는 '돈(頓)'입니까? 아니면 점차로 되는 '점(漸)'입니까? 만약 점차로 하는 것이라면 앞뒤의 순서를 잃게 될 것이니, 어떻게 (수행하는 일을) 누적하여 (도를) 이룰 수 있겠습니까? 그렇지 않고 단박에 닦는 것이라면 만행의 길이 많거늘 어찌 단박

15) 二問: 『조당집』(권6)에는 '第二問曰'로 표기.

16) 答: 『조당집』(권6)에는 '師答曰'로 표기.

에 다 이룰 수 있겠습니까?"

이렇게 대답한다.

"진리는 깨닫기만 하면 그와 동시에 모두가 다 갖추어지고, 망정은 쉬면 차츰차츰 사라집니다. 단박에 모두가 갖추어지는 것은 마치 갓난아이가 (어머니 뱃속으로부터 태어나자마자) 단박에 팔다리가 갖추어지는 것과 같습니다. 차츰차츰 수행하는 것은 그 갓난아이가 점점 자라서 어른이 되어 나이가 들어가야만 의지와 기상이 비로소 서는 것과 같습니다."

**三問[17]. 其所修者, 爲頓爲漸. 漸則忘前失後, 何以集合而成. 頓則萬行多方, 豈得一時圓滿. 答[18]. 眞理卽悟而頓圓, 妄情息之而漸盡. 頓圓如初生孩子, 一日而肢體已全. 漸修如長養成人, 多年而志氣方立.**

◎ 넷째 문답[19]

"마음을 닦는 법이 마음을 깨달으면 그만입니까? 아

---

17) 三問: 『조당집』(권6)에는 '第三問曰'로 표기.

18) 答: 『조당집』(권6)에는 '師答曰'로 표기.

19) 이하의 문답은 「제3편. 온조 상서와의 문답」(※본 번역서 p.298의 주52) 참조)에서 중생과 부처님의 공덕의 차이에 관한 대화와도 맥을 같이한다.

니면 달리 따로 수행해야 하는 부분이 있습니까? 따로 수행해야 하는 부분이 있다면, 어찌 남종 돈오의 종지라 할 수 있겠습니까? 만약에 깨달으면 그대로가 부처님과 같아진다면 어찌 신통 광명을 놓지 않습니까?"

이렇게 대답한다.

"얼음 연못이 완전히 물인 줄 알았다 할지라도 햇볕을 빌려야 녹일 수 있고, 범부가 곧 성인임을 깨달았어도 법력을 빌어 닦아 익혀야 합니다. 얼음이 녹아야 물이 흘러 축축해져서 마침내 식물 등에 물을 대고 더러운 것을 씻어내는 효능을 발휘할 수 있듯이, (중생들도) 허망한 번뇌가 모두 사라져야 마음이 신령스럽게 통하여 비로소 신통 광명을 일으킵니다."

四問[20]. 凡修心地之法, 爲當悟心卽了, 爲當別有行門. 若別有行門, 何名南宗頓旨. 若悟卽同諸佛, 何不發神通光明. 答[21]. 識冰池而全水, 籍陽氣而鎔消. 悟凡夫而卽眞, 資法力而修習. 冰消則水流潤, 方呈漑滌之功. 妄盡則心靈通, 始發通光之應. 修心之外, 無別行門.

---

20) 四問: 『조당집』(권6)에는 '第四問曰'로 표기.

21) 答: 『조당집』(권6)에는 '師答曰'로 표기.

◎ 다섯째 문답

“만일 마음을 닦기만 하면 부처가 된다면, 무슨 까닭에 경에서[22] ‘불국토를 장엄하고, 중생을 교화하여야 비로소 불도를 이룬다’고 말씀하셨습니까?”

이렇게 대답한다.

“거울이 맑으면 그 거울에 맺히는 영상이 수만 가지로 나타나듯이, 마음이 깨끗해지면 신통 묘용은 수만 가지로 드러나게 됩니다. 영상은 불국토를 장엄하는 것에 비유한 것이고, 신통묘용은 중생을 교화하는 것에 비유한 것입니다. 그런데 장엄은 장엄이 아니니, 영상 또한 물질[色]이면서도 물질[色]이 아닙니다.”

五問[23]. 若但修心而得佛者, 何故諸經復說, 必須莊嚴佛土, 教化衆生, 方名成道. 答[24]. 鏡明而影像千差, 心淨而神通萬應. 影像類莊嚴佛國, 神通則教化衆生. 莊嚴而卽非莊嚴, 影像而亦色非色.

22) 『법화경』 「화성유품」(T.9-24상).

23) 五問: 『조당집』(권6)에는 ‘第五問曰’로 표기.

24) 答: 『조당집』(권6)에는 ‘師答曰’로 표기.

◎ 여섯째 문답

"여러 경에서 '중생을 제도하라'[25]고 말씀하였습니다. 그런데 중생은 중생이랄 것이 없는데, 무엇 때문에 애써서 제도하라고 했습니까?"

이렇게 대답한다.

"만일 중생이 고정된 실체로서 실재하는 것이라면 제도하는 것이 힘들겠지만, 이미 스스로가 중생이 아니라고 말했으니, 제도하더라도 제도함이 없는 줄을 어찌하여 모르십니까?"

六問[26]. 諸經皆說度脫衆生. 衆生且[27]卽非衆生, 何故更勞度脫. 答[28]. 衆生若是實度之則爲勞. 旣自云卽非衆生, 何不例度而無度.

◎ 일곱째 문답

"여러 경에서 '부처님이 상주하신다'[29]라고 말씀하고,

---

25) 『법화경』「방편품」(T.9-7상).

26) 六問: 『조당집』(권6)에는 '第六問曰'로 표기.

27) 且: 『조당집』(권6)에는 없다.

28) 答: 『조당집』(권6)에는 '師答曰'로 표기.

29) 송 혜엄 편, 『대반열반경』(23권) 「광명변조고귀덕왕보살품」(T.12-759상).

혹은 '열반에 드신다'[30]라고 합니다. 상주하시면 열반에 들지 않을 것이고, 열반에 들면 상주하지 않아야 하니, 이는 서로 모순이 아닙니까?"

이렇게 대답한다.

"온갖 형상을 여읜 것을 부처라 하거늘, 어찌 세상에 출현하시거나 열반에 드시는 실체가 있겠습니까? 들고남이 있는 것으로 보이는 것은 기연에 달려 있기 때문입니다. 인연이 맞으면 보리수 밑에서 출현하시고, 인연이 다하면 사라 숲에서 열반에 드십니다. 이는 마치 물이 맑아지거나 우리의 마음이 무심해지면, 거기에 맺지 못하는 영상이 없는 것과 같습니다. 그렇게 맺힌 영상에는 나[我]라는 것이 없고 그 모두는 겉모양[外質]이 가고 오는 것입니다. 32상 80종호가 부처의 몸인 건 아닌데, 어찌 여래께서 출몰하시겠습니까?"

**七問[31]. 諸經說佛常住, 或卽說佛滅度. 常卽不滅, 滅卽非常. 豈不相違. 答[32]. 離一切相卽名諸佛, 何有出世入滅之**

30) 당 법현 역, 『대반열반경』(권하, T.1-205상).

31) 七問: 『조당집』(권6)에는 '第七問曰'로 표기.

32) 答: 『조당집』(권6)에는 '師答曰'로 표기.

實乎. 見出沒者在乎機緣. 機緣應則, 菩提樹下而出現. 機緣盡則, 娑羅林間而涅槃. 其猶淨水無心, 無像不現. 像非我有, 蓋外質之去來. 相非佛身, 豈如來之出沒.

◎ 여덟째 문답

"무엇을 두고 부처님의 변화신(變化身)이 출생하셨다 하는 것입니까? 우리 중생들이 만약에 부처님이 출생하시는 것과 같으면, 부처님은 이미 태어남이 없으신데, 출생한다는 것은 무슨 뜻입니까? 만일 '마음이 나면 법이 나고, 마음이 멸하면 법이 멸한다'라고 한다면, 어찌 해야 무생법인(無生法忍)을[33] 얻겠습니까?"

이렇게 대답한다.

"(부처님은) 변화하여 출현하는 것이라고 했으니, 변화하여 출현하는 것은 바로 공한 존재입니다. 공한 존재는 이미 생겨남이 없는데, 어찌하여 생겨남을 질문하십니까? 생성소멸이 싹 사라져서 그리하여 적멸해진 그 자체가 참된 법입니다. 이런 법을 인가하는

33) 무생법인(無生法忍): '무생(無生)'이라는 진리를 인증하는 것. '무생'이란, 생·주·이·멸의 변화가 없다는 뜻으로, 화엄교학에서 말하는 '일심(一心)', 종밀의 용어로 말하면 '본각진심(本覺眞心)'이다. 이는 생성 소멸하는 조건적 존재가 아닌 본래부터 원초적으로 스스로 존재한다.

것을 두고 무생법인이라 합니다."

**八問.[34] 云何佛化所生, 吾如彼生, 佛旣無生, 生是何義. 若言心生法生, 心滅法滅, 何以得無生法忍耶. 答[35]. 旣云如化, 化卽是空. 空卽無生, 何詰[36]生義. 生滅滅已, 寂滅爲眞. 忍可此法無生, 名曰無生法忍.**

◎ 아홉째 문답

"부처님들이 도를 이루시고 설법을 한 것은 다만 중생을 제도하시기 위해서라 했습니다. 그런데 중생이 6도에 퍼졌는데, 어찌하여 부처님께서는 인간 세계에만 나타나십니까? 또 부처님께서 열반에 드시려 할 때 가섭에게 법을 전하시어 마음에서 마음으로 전하시고, 나아가 중국의 7조 스님까지 매번 한 분에게만 전하셨습니다. 이미 중생 저마다 모두 외아들의 지위를 얻게 한다고 하시면서, 어찌하여 두루 여러 사람에게 전해주지 않았습니까?"

이렇게 대답한다.

"해와 달이 하늘에 솟아 상하와 사방을 비추어도

---

34) 八問: 『조당집』(권6)에는 '第八問曰'로 표기.

35) 答: 『조당집』(권6)에는 '師答曰'로 표기.

36) 詰: 『조당집』(권6)에는 '諸' 자로 표기.

소경은 보지 못하고, 엎어진 동이 밑은 밝지 않습니다. 이것이 어찌 해가 두루 비치지 않았기 때문이겠습니까? 장애물의 탓입니다. 이렇듯이 제도하거나 제도하지 않는 이치는 여기에 견주어야 합니다. (교화의 범위를) 인간이나 천상에만 제한하고 귀신과 축생은 제외한 것이 아닙니다. 다만 인간들만은 불경을 결집할 줄 알아서 끊이지 않고 전수했기 때문에, 부처님께서 인간에게만 나타나시는 줄로 아는 것입니다.

부처님이 열반에 드신 뒤 가섭에게 전하여 차례차례 한 사람씩만 내려온 것은, 그분이 당대에 근본을 가르치는 중심인물이심을 논한 것입니다. 이것은 마치 한 나라에 두 임금이 있을 수 없는 것 같으니, 제도 받은 이가 그 숫자만큼 만이라는 것은 아닙니다."

**九問**[37]**. 諸佛成道說法, 秖**[38]**爲度脫衆生, 衆生旣有六道, 佛何但住在人中現化. 又佛滅後付法於迦葉, 以心傳心, 乃至此方七祖每代, 秖傳一人. 旣云於一切衆生, 皆得一子之地, 何以傳授不普.**

**答**[39]**. 日月麗天, 六合俱照, 而盲者不見, 盆下不知. 非日**

---

37) 九問: 『조당집』(권6)에는 '第九問曰'로 표기.

38) 秖: 『조당집』(권6)에는 '只' 자로 표기.

月不普, 是障隔之咎也. 度與不度, 義類如斯. 非局人天, 揀於鬼畜. 但人道能結集, 傳授不絕故, 秖[40]知佛現人中也. 滅度後, 委付迦葉, 展轉相承一人者, 此亦蓋論當代爲宗教主, 如土無二王, 非得度者, 唯爾[41]數也.

◎ 열째 문답

"화상께서는 어떤 인연으로 발심하셨으며, 어떤 가르침을 사모해서 출가하셨습니까? 지금은 어떻게 수행하십니까? 어떤 법의 맛을 보셨습니까? 수행하신 결과 어떤 지위에 도달하셨습니까? 마음을 (무언가에) 머물게 하십니까? 혹은 (무언가를) 닦으십니까?[42]

만약 마음을 (어딘가에) 머물게 하신다면 마음 닦는 일에 방해가 될 것입니다. 만약 마음으로 (무언가

---

39) 答: 『조당집』(권6)에는 '師答曰'로 표기.

40) 秖: 『조당집』(권6)에는 '故只'로 표기.

41) 爾: 『조당집』(권6)에는 '你' 자로 표기.

42) 북종에서 주장하는 "마음을 응집시켜 고요하게 하고, 마음을 집중하여 청정을 보고, 마음을 일으켜 밖을 살피고, 마음을 모아서 안을 살핀다. ; 凝心入定, 住心看淨, 起心外照, 攝心內證."이라고 하는 수행법을 염두에 두고 하는 문답이다. 이 당시의 사정은 『남양화상문답잡징의』와 『보리달마남종정시비론』에 남종과 북종의 대론으로 나타난다.

를) 닦는다면 생각이 움직여져서 편안하지 못할 것입니다. 또 도를 배운다는 것은 무엇입니까? 만일 마음이 하나로 결정되어 있으시다면, 즉 본성은 고정되어 있다는 무리의 주장과 무엇이 다르겠습니까? 바라건대 대덕께서는 대자대비를 베푸시어 이치에 맞게 분명하게 차례차례 대답해 주십시오."

[장경(長慶) 4년(서기 824년) 5월 어느 날. 사제성(史制誠)은 삼가 여쭙니다.][43]

이렇게 대답한다.

"4대가 썩어지고 영원한 실체가 없는 허깨비와 같다는 것을 깨닫고, 6진이 허공의 꽃 같다는 것을 통달했고, 자기의 마음이 부처의 마음임을 깨닫고, 본성품이 법성(法性)임을 보면 이것이 발심입니다. 마음이 머무를 곳이 없음을 아는 게 수행입니다. 머무름이 없는 가운데 '지각하는 기능[知]'이 또렷한 것이 법의 맛입니다. 법에 머물러 집착하면 그것이 요동하는 망념입니다. 그러므로 마치 사람이 어두운 곳에

43) [　] 부분은 『대정본 전등록』의 원문에는 없는데, 『조당집』에 기준해서 삽입하여 번역했다. 이 편지의 작성 연대를 알 수 있는 중요한 부분이다.

들면 아무것도 보이지 않는 것과 같습니다.

이제 머무름이 없으면 물들 것도 없고 집착될 것도 없으므로, 누구든지 눈이 있고 광명이 있으면 갖가지 법을 보는 것과 같으니, 어찌 본성이 결정되어 있다는 무리를 추종하겠습니까? 이미 머물거나 집착하는 것이 없으니, 지금 처해 있는 수행의 지위를 따지겠습니까?"

[같은 해, 같은 달, 2일 사문 종밀 삼가 답합니다.][44)]

〈사 산인은 이 뒤에도 심지(心地)에 대하여 자주 토론했는데, 마침내는 출가하여 도를 닦았다.〉

**十問.[45)] 和尙因何發心, 慕何法而出家. 今如何修行, 得何法味. 所行得至何處地位. 令住心耶, 修心耶. 若住心, 妨修心. 若修心則, 動念不安, 云何名爲學道. 若安心一定, 則何異定性之徒. 伏願大德, 運大慈悲, 如理如如, 次第爲說. [長慶四年五月日. 史制誠謹問.][46)]**

**答[47)]. 覺四大如坏幻, 達六塵如空華[48)], 悟自心爲佛心, 見**

---

44) [ ] 부분은 『대정본 전등록』의 원문에는 없는데, 『조당집』에 기준해서 삽입하여 번역했다. 이 편지의 집필 연대를 알 수 있는 중요한 부분이다.

45) 十問: 『조당집』(권6)에는 '第十問曰'로 표기.

46) [ ] 부분은 『대정본 전등록』과 『동선사본 전등록』의 원문에는 없는데, 『조당집』에 기준해서 삽입했다.

本性爲法性, 是發心也. 知心無住, 卽是修行. 無住而知, 卽爲法味. 住著於法, 斯爲動念. 故如人入闇, 則無所見. 今無所住, 不染不著, 故如人有目, 及日光明, 見種種法, 豈爲定性之徒. 旣無所住著, 何論處所 [階位. 同年同月二日沙門宗密謹對. 〈史山人自後, 頻討論心地, 乃至出家爲道.〉[49]

## Ⅲ. 온조 상서와의 문답

또 다른 편지 문답이 있다.[50]

산남의 온조(溫造; 766~835)[51] 상서가 물었다.

"진리를 깨닫고 망상을 쉰 사람은 업을 짓지 않습니다. (그런 사람은) 한 번 받은 수명이 다한 뒤에는

---

47) 答: 『조당집』(권6)에는 '師答曰'로 표기.

48) 華: 『조당집』(권6)에는 '花'자로 표기.

49) [ ] 부분은 원문에는 없는데, 『조당집』에 기준해서 삽입.

50) 원문의 '又' 자는 온조 상서와의 또 다른 문답이 있음을 표시한 것이 아니다. 온조 상서 말고 다른 사람 즉 사 사인과의 문답은 이미 끝났다. 이 점을 분명하게 드러내기 위해 단락을 바꾸어 번역하였다.

51) 온조(溫造): 장경(長慶) 2년(822)에 경조부사록(京兆府司錄)이 된 후, 이어서 전중시어사(殿中侍御史) 등을 거쳐 대화(大和) 9년(835)에 예부 상서가 되었다. 종밀과 이 편지를 언제 주고받았는지는 명확하지 않다. 전기는 『구당서』(권165) 등에 실려 있다.

(자신의 본질인) '신령한 본성[靈性]'은 어디에 의탁합니까?"

**又山南溫造尙書問. 悟理息妄之人, 不結業. 一期壽終之後, 靈性何依者.**

대답한다.

"온갖 중생은 '(신령한) 깨달음의 본성[覺性]'을 갖추지 않은 존재가 없으니, '신령하게 밝고 공적한' (본성은) 부처님과 비교하여 서로 다름이 없습니다. 다만 비롯함이 없는 겁으로부터 아직까지 깨닫지 못하고, 몸을 '나의 본질'이라고 허망하게 집착하여, 미워하고 좋아하는 감정을 냅니다. 이런 감정을 따라서 업을 짓고, 업에 따라 과보를 받고 생노병사하며 여러 겁 동안 윤회합니다. 그러나 몸 안에 있는 '(신령한) 깨달음의 본성[覺性]'은 아직 한 번도 생성 소멸하지 않았습니다. 마치 어떤 사람이 꿈속에서 남에게 끌려 혹사를 당했지만, 본래의 몸은 한가했던 것과 같고, 또 물이 얼어서 얼음이 되었으나 적시는 성질은 바뀌지 않은 것과 같습니다.

만일 이 '(신령한) 깨달음의 본성[覺性]'이 법신(法身)임을 깨달으면, 본래 생겨남도 없는데 어디에 의

탁할 곳이 있겠습니까? ('신령한 깨달음의 본성[覺性]'이란) 신령스럽고, 어둡지 않고, 분명하고, 항상 작용하는 '자각하는 작용[知]'인데, 이것은 온 곳도 없고 간 곳도 없습니다. 그러나 (중생들은) 여러 생을 거치면서 허망하게 집착하여 습성이 되어 자신의 본성으로 삼아, 기쁨 · 성냄 · 슬픔 · 즐거움 등의 감정이 (그 속으로) 미세하게 흘러듭니다.

참된 이치는 비록 돈오(頓悟)를 통하여 통달하지만, 그 망정은 단번에 제거하기 어렵습니다. 반드시 오래 '알아차리고 살펴서[覺察]' 줄여가고 또 줄여가야 합니다. 마치 바람이 뚝 그쳐도 물결은 시간이 지나면서 차츰 고요해지는 것과 닮았습니다. 그러니 어찌 (중생들이) 일생 닦은 것이 (3아승기겁을 닦아서 되신) 부처님들의 힘이나 작용과 같을 수 있겠습니까?[52]

다만 텅 비고 고요함[空寂]으로써 '자신의 본질[自體]'을 삼을지언정 색신(色身)을 잘못 아시지 마시고, (신령스럽고, 어둡지 않고, 분명하고, 항상 작용하는) '지각기능[知]'을 제 마음으로 여길지언정 허망한 생각을 (제 마음으로) 오인하지 마십시오. 허망한 생각이 일

52) 부처와 중생의 공덕의 차이에 대해서는 ※본 번역서 p.285의 주19) 〈◎ 넷째 질문〉 부분 참조.

어나도 전혀 그것을 따르지 않으면, 목숨이 다할 때 저절로 업이 얽매지 못할 것입니다. 비록 '중음(中陰)'이[53] 있다 하더라도, 어디로든 자유롭게 갈 수 있어 하늘 세상에서건 인간 세상에서건 마음대로 의탁할 수 있습니다.

만일 사랑하고 미워하는 생각이 없어지면 분단신(分段身)을[54] 받지 않고, 도리어 짧은 것을 길게 하고, 거친 것을 섬세하게 할 수 있게 됩니다. 만일 미세한 (망념의) 흐름이 모두 적멸해지면, '대원각의 지혜'만이 뚜렷이 밝아져서, 그리하여 (구제하려는 중생들의) 근기와 인연에 따라 천백억 종으로 변화의 몸을 그들 앞에 나타내어 인연 있는 중생을 제도하면, 이를 두고 부처라 합니다. 삼가 대답을 올립니다."

**答. 一切衆生, 無不具有覺性, 靈明空寂, 與佛無殊. 但以無始劫來, 未曾了悟, 妄執身爲我相, 故生愛惡等情. 隨情造業, 隨業[受][55]報, 生老病死, 長劫輪迴. 然身中覺性,**

---

53) 중음(中陰): ※본 번역서 p.127의 주117) 참조.

54) 분단신(分段身): 수명의 장단이나 육체적 형태의 대소 등의 제한을 가진 몸으로, 이는 유루의 선 또는 악업을 짓는 것이 인(因)이 되고, 거기에 번뇌장이 연(緣)이 되어 받는 과보이다.

55) 受: 『대정본 전등록』에는 '受' 자가 없으나 『동선사본 전

未曾生死. 如夢被驅役, 而身本安閑. 如水作冰, 而濕性不易. 若能悟此性, 卽是法身, 本自無生, 何有依託. 靈靈不昧, 了了常知, 無所從來, 亦無所去. 然多生妄執, 習以性成[56], 喜怒哀樂, 微細流注. 眞理雖然頓達, 此情難以卒除. 須長覺察, 損之又損, 如風頓止, 波浪漸停. 豈可一生所修便同諸佛力用. 但可以空寂爲自體, 勿認色身. 以靈知爲自心, 勿認妄念. 妄念若起, 都不隨之, 卽臨命終時, 自然業不能繫. 雖有中陰, 所向自由, 天上人間, 隨意寄託. 若愛惡之念已泯, 卽不受分段之身, 自能易短爲長, 易麤爲妙. 若微細流注, 一切寂滅, 唯圓覺大智, 朗然獨存, 卽隨機應現千百億身, 度有緣衆生, 名之爲佛. 謹對.

해석해보겠습니다.[57]

마명 보살이 100가지 대승경의 종지를 모아서『대승기신론』을 지었습니다. 그『대승기신론』 속에서 종지를 세우되, “모든 ‘중생의 마음[衆生心]’에는 ‘깨달

---

등록』에 의해 교감해서 보충한다. 본 번역은『동선사본 전등록』을 따른다.

56) 習以性成:『동선사본 전등록』에는 ‘習性以成’으로 표기. 본 번역에서는 동선사본을 따른다.

57) 원문은 ‘釋曰’인데, 이는 훈고 형식의 일종이다. 본문의 내용에 대한 주석자가 자신의 의견을 풀어놓는 말이다. 종밀은『원각경』에 관한 각종 주석에도 이런 훈고의 형식을 활용하고 있다.

은 속성[覺義]'과 '깨닫지 못한 속성[不覺義]'이 있고, '깨달은 속성[覺義]'에는 다시 '본래부터 갖추어진 깨닫는 속성[本覺義]'과 (수행을 통해서) '비로소 깨닫는 속성[始覺義]'이 있다"[58]고 하였습니다. 위 편지에서 서술한 것은, 비록 '이치를 밝히고 마음을 관찰하는 점'을 기준으로 하여 말씀드린 것이지만, ('중생의 마음[衆生心]'에 갖추어진) '본질[法]'과 '속성[義]'은 저 『기신론』과 같습니다.

(즉, 위의 편지에서 써 올린) 첫 부분(온갖 중생은…)부터, "부처님과 비교하여 서로 다름이 없습니다"라고 한 곳까지는, '본래부터 갖추어진 깨닫는 속성[覺義]'입니다. 그리고 "다만 비롯함이 없는 겁으로부터" 이하는 '깨닫지 못하는 속성[不覺義]'입니다. 그리고 "만일 이 '(신령한) 깨달음의 본성[覺性]'이" 이하는 '비로소 깨닫는 속성[始覺義]'입니다.

---

58) 이 부분은 『대승기신론』(T.32-576중~577상)의 내용을 발취하여 소개한 것으로 '아뢰야식'에 들어있는 진여를 자각하는 속성인 '각의(覺義)'와 그렇지 못한 속성인 '불각의(不覺義)'를 나누어 설명하고 있다. 그리고는 다시 '각의'를 '본래부터 항상 작용하는 깨달음의 속성[本覺]'과 '수행을 통해서 비로소 깨닫는 속성[始覺義]'으로 나누어 설명하고 있다.

'비로소 깨닫는 속성[始覺義]' 속에도 '돈오'와 '점수'가 있습니다. "만일 이 '(신령한) 깨달음의 본성[覺性]'이 법신임을 깨달으면,"에서부터 "이것은 온 곳도 없고 간 곳도 없습니다"까지는 '돈오'입니다. 그리고 "그러나 (중생들은) 여러 생을 거치면서" 이하는 '점수'입니다. 점수 가운데서도 처음 발심한 때부터 부처님이 되기까지는 '세 지위의 자재'가[59] 있습니다.

이 문장에서부터 "마음대로 의탁할 수 있습니다"까지는 '생명을 받는 자재'입니다. 그리고 "만일 사랑하고 미워하는 생각이 없어지면" 이하는 '변역의 자재'입니다. "만일 미세한 (망념의) 흐름이 모두 적멸해지면," 이하에서 끝까지는 '궁극의 자재'입니다.

또, "다만 공적함으로 '자신의 본질[自體]'을 삼을지언정"이라고 한 곳에서부터 "저절로 업이 얽매지 못할것입니다"라고 한 곳까지는 진리를 깨달은 사람이 조석으로 마음을 닦고, 지관(止觀)을 닦아 익히는 요

---

59) 세 지위의 자재: 죽은 뒤 어디에 어떤 생명체로 태어나는지를 자유자재로 하는 것을 (1)'생명을 받는 자재'라 하고, 번뇌의 세계를 떠나 윤회를 벗어난 성인들이 자유자재한 모양이나 수명으로 태어나는 것을 (2)'변역의 자재'라 하고, 모두 번뇌를 완전히 다 지워 중생을 구제하기 위하여 자유자재하게 출몰하는 것을 (3)'궁극의 자재'라고 한다.

긴한 대목입니다.

釋曰. 馬鳴菩薩, 撮略百本大乘經宗旨, 以造大乘起信論. 論中立宗, 說一切衆生心, 有覺義不覺義, 覺中復有本覺義始覺義. 上所述者, 雖但約[60] 照理觀心處言之, 而法義亦同彼論. 謂從初至與佛無殊, 是本覺也. 從但以無始下, 是不覺也. 從若能悟此下, 是始覺也. 始覺中復有頓悟漸修. 從此次至亦無所去. 是頓悟也. 從然多生妄執下, 是漸修也. 漸修中從初發心乃至成佛, 有三位自在. 從此至隨意寄託者, 是受生自在也. 從若愛惡之念下, 是變易自在. 從若微細流注下至末, 是究竟自在也. 又從但可以空寂爲自體, 至自然業不能繫, 正是悟理之人, 朝暮行心, 修習止觀之要節也.

저 종밀은 이전에 8구절의 게송으로 위의 편지에서 올린 의미를 드러내어, 일찍이 상서 앞에서 읊었던 적이 있습니다. 그런데 다시 그 게송을 해석해 달라는 상서의 분부를 받고 이제 삼가 다음과 같이 주석을 합니다.

宗密先有八句之偈, 顯云此意, 曾於尙書處, 誦之. 奉命解釋, 今謹注釋, 如後偈曰.

---

60) 但約: 『동선사본 전등록』에는 '約但'으로 표기.

의(義)에 맞는 일을 하면 깨달은 마음이지만,

〈(이 게송에서 말하는) '의(義)'란 이치나 원리[義理]를 말하는 것이지, (유가에서 말하는) 인(仁)이나 은(恩)을 말하는 것이 아닙니다. (이 구절에서 제가) 밝히려는 의미는 다음과 같습니다. 무릇 무슨 일을 하려고 할 때는, 그 일이 이익이 되는지 해가 되는지를 먼저 살펴야 합니다. 반드시 도리에 맞는 이치를 가지고, 그런 뒤에 행해야만 혼미하여 취하고 전도되어 광폭하게 행동하는 사람들과 같아지지 않을 수 있습니다. 불교의 가르침 속에는 3종의 '이치[義]'를 말하고 있으니, 이것을 실천해야만 합니다. 첫째는 육체를 돕는 일이니, 의식과 의약과 방사 따위의 속제(俗諦)에 속하는 '이치[義]'입니다. 둘째는 법신을 돕는 일이니, 계·정·혜 6바라밀 등의 진제(眞諦)에 속하는 '이치[義]'입니다. 셋째는 바른 법을 널리 펴서 뭇 중생을 이롭게 하고 구제하는 것입니다. 그밖에 불법(佛法)을 위하거나 온갖 반연을 짓는 일은 속제와 진제에 모두 통합니다.〉

의(義)에 맞지 않는 일을 하면 미친 마음이다.

〈무릇 무슨 일을 함에 있어, 위에서 열거한 세 가지의 일과 일치하지 않으면 '이치[義]'에 맞지 않는 일이라 할 수 있습니다. 미친 사람이란, 예컨대 세간의 취하고 미친 사람이 장소를 가리지 않고 돌아다니고, 하는 일마다 시비를 가리지 않는 사람을 말합니다. 이미 아무것도 가리지 않으니 어찌 의리와 이로움이 있겠습니까? 그저 감정과 망념을 따라 내키는 대로 하기 때문에 미쳤다고 한 것입니다. 위의 4구는 업의 원인[業因]을 노래한 것이며, 아래의 4구는 업의 결과[果報]를 노래한 것입니다.〉

**作有義事, 是惺悟心,** 〈義謂義理, 非謂仁義恩義. 意明凡所作爲, 先詳利害. 須有所以當於道理, 然後行之, 方免同惛醉顚狂之人也. 就佛法中, 有三[61]種義, 卽可爲之. 一, 資益色身之事. 謂衣食醫藥房舍等世間義也. 二, 資益法身, 謂戒定慧六波羅蜜等第一義也. 三, 弘正法利濟群生也[62]. 乃至爲法諸餘緣事, 通世出世也.〉 **作無義事, 是狂亂心.** 〈謂凡所作爲, 若不緣上三般事, 卽名無義也. 是狂亂者, 且如世間醉人狂人, 所往不揀處所, 所作不量是非. 今旣不擇, 有何義利. 但縱情[63]妄念, 要爲卽爲, 故如狂也. 上四句述業因也. 下四句述受果報云.〉

**미쳐 허망한 생각을 따르면 죽을 때 업에 끌리지만,** 〈이미 망념에 끌려서 하고 싶은 대로 하여, 진리를 깨달은 지혜로 옳고 그름을 가리지 않았으니, 마치 미친 사람과 같습니다. 그러므로 임종할 때 6도 윤회의 길에서 업에 끌려서 오는 세상의 과보를 받습니다. 그러므로 『열반경』에 "무명의 서방님과 탐욕과 애욕의 마왕이 몸과 마음을 부려 채찍질하기를 마

---

61) 三: 『동선사본 전등록』에는 '二' 자로 표기.
62) 也: 『동선사본 전등록』에는 '也' 자가 없음.
63) 情: 『동선사본 전등록』에는 '性'으로 표기.

치 종 다루듯이 한다"[64]라고 하였습니다.〉

깨달아 허망한 생각을 따르지 않으면 임종할 때 업을 바꾼다.

〈허망한 생각 속에 무언가를 하려는 생각이 들어도 '원리[理]'를 살펴 맞지 않거든 멈추어야 합니다. 반대로 허망한 생각 속에서 무언가를 하지 않으려는 생각이 들어도 '원리[理]'를 살피어 맞거든 반드시 해야 합니다. 무엇보다도 시비를 알 수 있는 이치에 근거하고, 사랑과 미움의 허망한 생각에 의하지 않기만 하면, 임종할 때 업에 끌리지 않고 하늘과 인간에 자유자재하게 왕생합니다.

종합적으로 말씀드리면, 아침저녁에 하는 일이 허망한 번뇌에 끌리면, 임종할 때 업에 이끌려 몸을 받습니다. 그러나 하는 일이 깨달은 지혜를 말미암고 허망한 번뇌를 말미암지 않으면, 임종할 때 내 마음대로 자유롭게 몸을 받아 업에 끌리지 않습니다. 분명히 아셔야 합니다. 임종하여 다음의 몸을 받을 때 자유자재한가 그렇지 않은가를 아시려면, 무엇보다 평상시의 행동과 마음이 번뇌의 경계에 자유자재한지 아닌지를 살피시면 됩니다.〉

---

64) 唐, 若那跋陀羅 譯, 『大般涅槃經後分』(卷上) (T.12-9중).

**狂亂隨情念, 臨終被業牽,** 〈既隨妄念, 欲作卽作, 不以悟理之智, 揀擇是非, 猶如狂人, 故臨終時, 於業道被業所引, 受當來報. 故涅槃經云, 無明郞主, 貪愛魔王, 役使身心, 策如僮僕.〉 **惺悟不由情, 臨終能轉業.** 〈情中欲作, 而察理不應, 卽須便止. 情中不欲作, 而照理相應, 卽須便作. 但由是非之理, 不由愛惡之情, 卽臨命終時, 業不能繫, 隨意自在, 天上人間也. 通而言之, 但朝暮之間所作, 被情塵所牽, 卽臨終被業所牽而受生. 若所作所爲, 由於覺智, 不由情塵, 卽臨終由我自在而受生, 不由業也. 當知, 欲驗臨終受生自在不自在, 但驗尋常行心於塵境自由不自由.〉

## Ⅳ. 스승 청량과 제자 종밀의 왕복 서신

### 1. 규봉 정혜 선사가 청량 국사께 멀리서 여쭌 편지 圭峰定慧禪師遙稟清涼國師書[65]

쓴 날 : 원화 6년(811) 신묘년 9월 13일

종밀은 경사롭게도 화상께서 지으신 『화엄경』 주석서[66]를 천행으로 멀리서[遙] 읽게 되었습니다. 비록 인사 올리지는 못했으나 (그 책에 대해) 견해가 생겼습니다. 저 종밀은 한스럽게도 사고에 연루되어 얼른 계신 곳으로 가 뵙지 못하고 마음에 황송함만 키웁니다. 아직 뵙지 못했으나 감히 제 심정을 아룁니다. 만약 이렇게 된 인연을 대략이라도 아뢰지 않으면 어찌 제 마음을 드러낼 수 있겠으며, 진실한 말씀을 적고자 합니다만 (화상의) 이목을 가리고 더럽힐까 두렵습니다. 이러지도 저러지도 못하오니, 바라옵노니 살펴 용서해 주시면 참으로 다행이겠습니다.

---

65) 『大方廣圓覺修多羅了義經』(卷下二) (T.39-576하~577하.).

66) 『화엄경』 주석서: 이하 편지 내용에서 알 수 있듯이, 청량 징관이 쓴 『화엄경』 소(疏)와 초(鈔)를 지칭.

宗密 慶以天幸, 竊稟和尚華嚴疏文. 雖乖禮足, 且解生焉. 宗密 恨以累有事故, 不獲早赴起居, 下情伏增惶懼. 旣未繫目, 敢自陳心. 若不粗述本緣, 寧表誠素. 欲書實語, 恐塵瀆視聽. 進退無已, 伏惟照恕幸甚.

종밀은 본래 파강(巴江)의[67] 천한 선비로서, 마음으로 진리[道] 탐구는 좋아해도, 6예는[68] 좋아하지 않았고, 설사 6예 방면을 배우더라도 반드시 도를 근본으로 하려고 했습니다. 일곱, 여덟 살 어린 시절부터 스무 살 약관의 나이에 이르도록 비록 문학[詩]과 역사[書]를 공부했으나 매번 귀의할 곳이 없었습니다.

그래서 다시 곁으로 부처의 가르침을 찾았더니 어렴풋하게나마 기댈만했습니다. 업연의 과보란 마치 그림자나 메아리가 몸체와 소리에 호응하는 것과 같다는 사실을 분명히 알았습니다. 마침내 냄새나는 오신채를 먹지 않고 경론을 연구하며, 수행 많은 스님을 가까이하고 이름 있는 스님을 가까이하여, 마을에 살면서도 법회를 자주 찾았고, 소복을 입은 채 복강

67) 파강(巴江): 섬서성 남부와 사천성 동북부에 위치한 강.
68) 6예: 고대 중국에서 전통적인 지식인 갖추어야 할 소양으로, 『周禮』에 따르면 예(禮), 악(樂), 사(射), 어(御), 서(書), 수(數).

(覆講)을[69] 넘치도록 감상했습니다. 그러나 다만, 배움은 있었지만 '궁극의 가르침[極教]'에는[70] 좀 모자랐고, 체험은 있었지만 '온전한 가르침[圓宗]'에는[71] 부족했기 때문에, 마음의 근원으로 나아가지 못해 번뇌는 그대로였습니다.

宗密 本巴江一賤士, 志好道而不好藝, 縱游藝而必欲根乎道. 自齠年洎弱冠, 雖則詩書是業, 每覺無歸. 而復傍求釋宗, 薄似有寄, 決知業緣之報, 如影響應乎形聲. 遂止葷茹, 考經論, 親禪德, 狎名僧. 莊居屢置法筵, 素服濫嘗覆講. 但以學虧極教, 悟匪圓宗, 不造心源, 惑情宛在.

뒤에, 수주(遂州)의 대운사 도원(道圓) 화상의 법문을 만났으니, 즉 하택 대사의 후예입니다. 말씀 끝에 서

---

69) 복강(覆講): 강사 스님이 해당 경전에 대해 강의한 것을 들은 제자가 그 내용을 제삼자에게 강의하는 것. 상대어는 본강(本講). '본강(本講)'의 용례는 ※본 번역서 p.335의 주116) 참조.

70) 궁극의 가르침[極教]: '교(教)'는 교학이고, '극(極)'은 궁극을 뜻하는 형용사. 종밀의 저술인 『원각경대소』에 따르면, 이 용어는 화엄의 법성교학을 지칭.

71) 완전한 가르침[圓宗]: '종(宗)'은 선종이고, '원(圓)'은 온전하게 다 갖추어졌음을 나타내는 형용사. 종밀의 저술인 『선원제전집도서』에 따르면, 이 용어는 하택 신회의 남종 가르침을 지칭.

로 계합하여 스승과 제자의 길이 하나 되니, 일심이 밝고 한결같으며 수많은 덕이 이에 갖추어졌습니다. 과거시험과 6예 닦는 것이 (저와) 본래 상관없음을 이미 알았기에, 마침내 비로소 머리 깎고 먹물 옷을 입고, 삼가 노력하고 공경히 섬겨, '익혀온 번뇌[習氣]'는 덜어내고 또 덜어냈으며, '깨침의 지혜[覺智]'는[72] 단련하고 또 다듬었습니다. 그러나 몸과 마음의 인과 관계는[73] 여전히 막연했고, 색과 공의 이치는 마음에 아직 와닿지 않았습니다.

그리하여 (여러 선지식께) 자주 여쭙고 찾아뵙던 차, 마침내 종남 대사[杜順]의 『화엄법계관문』을 수여받게 되니, 불법의 보장(寶藏)이 이로부터 단박에 드러나, 네 명의 동지와 탁마하기 여러 해 했는데, 한 구절[句] 속에 담긴 이치[理]는 논하자면(論) 밤을 새워

---

72) 깨침의 지혜[覺智]: 지식이 아닌 지혜이고, 그것도 알음알이로 얻어진 지혜가 아니고, 체험한 지혜라는 뜻으로 해석했음.

73) 몸과 마음의 인과 관계: 나[我]를 이루고 있는 요소를 크게 나누면 몸[身]과 마음[心]이며, 마음도 여러 법수로 나누어진다. 이런 법들이 인연되어 이루어지는 인과의 관계를 뜻함. 『선원제전집도서』에서 이 문제를 종밀이 다루고 있음.

도 그칠 수가 없었으며, 한 현상[事] 속에 담긴 의미[義]는 맛보자면[旨] 티끌 수와 같은 항하의 모래알 수로도 셀 수 없었습니다.

흐르는 물[水]은 항상 축축한 줄 알았으니 어찌 파도칠 때와 잠잠할 때의 차이가 있다고 의심했겠으며, 거울이 항상 밝은 줄을 깨쳤으니, 영상 때문에 (거울의 밝음이) 달라진다고 놀라지 않았습니다. 깨끗한 국토와 더러운 땅은 파괴되는 것도 생성되는 것도 아닌데, 갖가지 부처와 중생이 어찌 생기며 어찌 소멸하겠습니까? 이로 말미암아, 한 순간[念]은 과거·현재·미래 3세를 감싸되 동시에 서로 당겼다 늘였다 하며, 한 티끌[塵]은 시방과 함께하되 전체로 상즉(相卽)하고 상입(相入)합니다.

後遇遂州大雲寺圓和尙法門, 卽荷澤之裔也. 言下相契, 師資道合, 一心皎如, 萬德斯備. 旣知世業事藝, 本不相關, 方始落髮披緇, 服勤敬事. 習氣損之又損, 覺智百鍊百精, 然於身心因果, 猶懷漠漠, 色空之理, 未卽於心. 遂屢咨參, 方蒙授與終南大師華嚴法界觀門, 佛法寶藏, 從此頓彰, 同志四人, 琢磨數載. 一句中理, 論則通宵未休, 一事中義, 旨則塵沙莫算. 達水常濕, 寧疑波湛之殊. 悟鏡恒明, 不驚影像之變. 淨剎穢土, 非壞非成, 諸佛衆生, 何起何滅. 由是, 念包三世, 同時互促互延, 塵與十方, 全體相卽相入.

여러 생 동안, 잘못 생각해 (참된 성품을) 등지고 가려서, (윤회의 물결에) 잘못하여 빠졌다가, 오늘에, 바로 관찰하여 비로소 깨치고 나니, 위대한 작용[大用]과 원래부터 같았습니다. 그러고 나니, 마음에 드러난[所顯] 대상 경계는 생각을 떨쳐내면[離情] 관조하는 대로[隨照] 분명해졌지만, 문자로 설명한[能詮] 화엄 대경(華嚴大經)은 문장을 대하면[配文] 회통하기 어려우니, 문장과 구절이 넓고도 많고 인과 관계는 중첩[74]되었기 때문이었습니다. 이치는 비록 한 맛이지만 문체의 변화는 복잡다단했으며, 의미의 통로[門]는 구별이 있으나 혈맥은 끝이 없으며, 과단(科段)도[75] 모르겠고

74) 인과 관계는 중첩: 각 품(品) 사이의 관계도 인과적으로 배치되어 있고, 각 품 내부의 법문들도 인과가 첩첩으로 쌓여 있다.

75) 과단(科段): 경전의 본문을 내용에 따라 단락별로 나눈 것. 해당 단락의 내용을 4~5 자로 간단하게 드러낸 제목을 과목(科目), 이런 과목들의 연결 관계를 도표화한 것을 과도(科圖)라 한다. 이렇게 경전을 분석하는 방식은 도안(道安; 312~385) 법사에서 시작되었는데, 당나라 시대 화엄종 의해승(義解僧)들이 활발하게 정비하여 활

의미도 연결되지 않았습니다. 비록 여러 강의 도량[講場]을 다녔어도 저 자신의 깨침에는 보탬이 없었으며, 개념이나 행상[名相]에 관한 설명은 번잡했지만 제 마음에 합하기 어려웠습니다.

**多生謬計反覆, 枉受於沈淪, 今日正觀始覺, 元同于大用. 然後, 所顯境界, 離情則隨照分明, 能詮大經. 配文則難為通會. 章句浩博, 因果重疊. 理雖一味, 勢變多端, 差別義門, 囮[76]盡血脈, 不知科段, 意莫連環. 縱使歷諸講場, 不添己悟, 名相繁雜, 難契自心.**

종밀은 생각하기를, (경전) 해설서란 의례 그런 것이라고 여겨, 마침내 불교를 전하는 일을 마음에서 접고, 만행에 뜻을 두었습니다. 단, 종남(終南)의[77] 『법계관문』을 보조 수단(助緣)으로 삼았고, 망정 덜어 지혜에 순응하는 걸 자력(自力)으로 삼으며, 융통(融通)을 살펴 법계에 이 한 몸을 붙이고 사(事)와 리(理)를 짚어가며 주석 붙이는 걸로 이타행을 삼았습니다.[78]

---

용했고, 조선시대의 학승들도 활용하여 지금에 전한다.

76) 囮: 一本 '罔' 자로 표기.

77) 종남(終南): 종남사에 주석하시던 두순(杜順) 화상을 지칭. 훗날 화엄의 초조(初祖)로 추앙받으심.

78) 종밀 스스로 『주화엄법계관문』을 저술하던 시절의 심정

꿈 같고 허깨비 같은 몸과 마음으로, 그림자 같고 영상 같은 세계를 노닐어, 마음은 오묘한 경계에 명합하고 지혜는 철학 영역[義門]을 편력했습니다. 강산을 이리저리 다니다 양한(襄漢) 땅에 이르러[79] 회각사(恢覺寺)에서 영봉(靈峯) 아사리를 만나니, 화상 문하의 뛰어난 제자 중의 한 분이십니다. 그는 병 져 누운 지 수개월 극도로 야위었는데, 만난 지 3일 만에 겨우 서로 마음을 통했습니다. 같은 말씀 들은 몫[同聲之分]으로[80] 『화엄경』 및 그 『소』와 『초』 받기를 원했는데, 이야기를 다 하지도 못했는데 갑자기 돌아가셨습니다. 이는 곧 전생 인연의 법회이니, "대경(大經)은 죽음을 참으면서 만나길 기다린다"[81]라는 고사를

---

을 표현한 문장.

79) ※본 번역서 p.31의 주18) ; p.249의 주13) 참조.

80) 원문에 나오는 "同聲之分"에서 "同聲"은 동기감응(同氣感應)과 같은 뜻으로, 종밀이 아직 청량의 강의를 듣지는 못했으나 책을 통해서라도 문하생이 될 자격[分]을 청원한 것.

81) 일천제(一闡提)도 불성이 있다는 주장을 도생(道生)이 했지만, 이를 뒷받침할 경전이 없었다. 죽음을 참아가며 이런 내용이 담겨있는 대승 경전이 인도에서 들어오기를 기다렸다. 마침내 『열반경』이 수입되어 도생의 주장이 증명되었다는 고사(故事). 이곳의 『대경』은 『화엄경』이다.

몸소 눈으로 보고 듣는듯하니 탄식하고 놀라지 않을 수 없습니다.

宗密 謂言, 章疏例只如斯, 遂休心傳教, 適志遊方. 但以終南觀門為助緣, 以離情順智為自力, 照融.通法界而棲托, 指事理懸說為利他. 以夢幻身心, 游影像世界. 神冥妙境, 智歷義門. 跋涉江山, 至于襄漢, 於恢覺寺, 遇靈峯闍梨, 卽和尚門下, 一哲人也. 寢疾數月, 漸至羸極, 相見三日, 纔通其情. 願以同聲之分, 經及疏鈔, 悉蒙授與, 議論未周, 奄然遷逝. 斯則夙緣法會, 忍死待來, 若見若聞, 無不歎訝.

저 종밀은 목마른 사람이 감로를 만나고 가난뱅이가 보배 구슬 만난 듯했습니다. 가슴 뛰는 마음으로 손을 올려 춤을 추고, 마침내 이 산에서 빗장을 걸어 잠그고 모든 일을 멈추어, 먹는 것도 잊고 잠도 안 자며 새벽부터 밤늦게까지 열람했습니다.

『화엄경소』로 『화엄경』 막힌 곳을 뚫고, 『화엄경초』로 『화엄경소』를 풀었습니다. 문장을 살피되 본성에서 떨쳐내고 이치를 비추되 생각에서 지우며, 마음에 대조해보고 교리에 합치며, 뿌리까지 다하고 끄트머리까지 연구하니, 으뜸가는 길[宗途]이 훤해졌습니다. 일생 남았던 의심 사라짐이 마치 옥에 티나 눈에 먼지 같았으며, 일찍이 익혔던 의미가 여기에서 툭 터져, 바깥 경계와 안의 마음이 활연하여 간격이 없었습니다. 참으로 태양이 하늘에 뜨니 온 세상이 밝아지고, 큰 바다가 잠잠해지니 만상이 밝게 비추는 듯하다 할만했습니다.

여래성기묘덕보살의[82] 오묘한 지혜[妙智]가[83] 단박에 열리고 보현보살의 두루한 실천[普行]이[84] 나란히 드러났습니다. 5주(周) 인과와[85] 4분으로[86] 이루어진 『화

82) 여래성기묘덕보살: 『화엄경』「여래출현품 제37」의 설주.
83) 오묘한 지혜[妙智]: 「여래출현품」 법문이 시작되자, 여래의 미간 백호에서 '여래출현'이라는 광명이 솟아오르더니 여래성기묘덕보살의 정수리로 들어간다. 그러자 그 보살이 부처님의 공덕을 찬양하던 끝에 여래의 맏아들[法長子]이 누구냐고 질문한다. 이에 부처님은 '두려움 없는 광명'을 보현보살의 입안으로 들여 붙는다. 이런 과정을 거쳐 보현보살이 '여래 출현의 열 가지 이유'를 설한다. 이 모두가 성기묘덕보살의 작전인데, 이를 두고 오묘한 지혜[妙智]라 한다.
84) 두루한 실천[普行]: 한가지 행을 닦으면 일체의 행을 갖춘다는 화엄 원융의 묘한 행. 상대어는 차별행(差別行)
85) 5주(周) 인과: 『화엄경』에서는 '법계'에 관한 이론을 따로 따로 열어서 '인과'에 관한 이론을 완성하고 있다. 화엄의 '5주인과(五周因果)', 즉 ①소신인과(所信因果), ②차별인과(差別因果), ③평등인과(平等因果), ④성행인과(成行因果), ⑤증입인과(證入因果)가 그것이다.

엄경』 전체의 그물이 벼리에 걸리며, 6상과[87] 10현의[88] 3승의 흐름이 바다에 모였습니다. 의미[義]로는

---

86) 4분(分): 전통적으로 『화엄경』 본문에 나오는 '질문-대답'을 연결해서 읽는 방법이 유행했다. 전체의 '질문-대답'을 네 부분으로 나눈다. ①거과권락생신분(擧果勸樂生信分) : 제1회 초에서 제기된 40가지 질문은 그 회에서 모두 대답된다. 중간에 질문이 있기는 하지만, 큰 줄기의 질문은 아니다. ②수인계과생해분(修因契果生解分) : 제2회 초에 50가지의 질문이 있으니 총 제2회~제7회의 총 6회의 모임에서 대답한다. ③탁법진수성행분(托法進修成行分) : 제8회 초에 200가지 질문이 구름처럼 일어나니[雲興二百問]하니 2,000가지로 대답이 물병에서 물 쏟아지듯[甁瀉二千答] 하였다. ④의인증입성덕분(依人證入成德分) : 크게 둘로 나눌 수 있으니, 제9회 초에 60가지 질문이 일어나자 여래께서 '사자빈신삼매'에 드시어 상서로 답하시니 이름하여 '돈증분(頓證分)'이고, 이어서 선재 동자가 남쪽으로 선지식을 순례하여 법을 구하여 각각 문답이 54가지 있으니 이름하여 '점증분(漸證分)'이다

87) 6상: 청량은 『화엄금사자장』에서 황금 사자를 비유로 6상을 설명한다. 사자는 ①총체적 형상[總相]이고, 다섯 가지 감각기관이 서로 다른 것은 사자의 ②개별적 형상[別相]이다. 감각기관이 모두 동일한 연기 작용을 따르는 것은 ③공통되는 형상[同相]이고, 눈이나 귀 등의 다섯 감각기관이 고유의 영역을 벗어나지 않는 것은 ④구별되는 형상[異相]이다. 여러 감각기관이 합쳐서 사자가 되는 것은 ⑤형상의 완성[成相]이고, 각각의 감각기관이 각각의 자기 위치에 흩어져 있는 것은 ⑥형상의 흩어짐[壞相]이다

색과 공이 중도에서 같아지고, 가르침[敎]으로는 권교와 실교가 원종으로 완전히 녹아들었으며, 이치[理]는 본체와 작용이 상즉해서 고요하나[卽寂] 본성과 현상은 완연히 다르고, 지혜[智]는 범부와 성인이 골고루 같으나[混同] 원인과 결과가 분명하니, (그리하여) '수연이면서도 불변하는 원리'[89]가 드러냈습니다.

경을 확대하니[弘經] 이치의 지향점이 두루 원만해져서 허망함을 가리켜도 참임을 알며, 관을 닦으니[修觀] 참선의 마음이 맑아지고 빛났습니다. 9회의 경문[九會經文][90]으로 마음에 계합[契心]하게 하니, 이로 말미암아 가히 경과 하나 되는[契經] 것이라 여길만했

88) 10현: 연기 구성체인 일체 존재를 관찰하는 화엄의 관법. ①동시구족상응문(同時具足相應門), ②제장순잡구덕문(諸藏純雜具德門), ③일다상용부동문(一多相容不同門), ④제법상즉자재문(諸法相卽自在門), ⑤비밀은현구성문(秘密隱顯俱成門), ⑥미세상용안립문(微細相容安立門), ⑦인다라망경계문(因陀羅網境界門), ⑧탁사현법생해문(托事顯法生解門), ⑨십세격법이성문(十世隔法異成門), ⑩유심회전선성문(唯心廻轉善成門)'.

89) 수연과 불변: ※본 번역서 pp. 196~211, 「1. 수연과 불변의 관계로 회통」 참조.

90) 9회의 경문[九會經文]: 80권으로 번역된 『화엄경』은, 총 7처, 9회, 39품으로 구성되었다. 그 구조는 ※본 번역서 pp.532~533 〈7. 80화엄경 구조도〉 참조.

으며, 하나의 참 마음[一眞心地]으로 경에 도장 찍게[印經] 하니, 이로 말미암아 가히 마음으로 도장 찍는[心印] 것이라 여길만했습니다.

이로써 알았습니다, 3장(三藏)의 문자에 집착하는 자는 참으로 도를 잃어버리고, 한 본성[一性]의 의미에 매이는 자는 오히려 완전하게 통한 게 아니란 걸. 이런 부류들을 생각하면 '자격이 없다고 잘라버린[絶分]'[91] 말씀은 참으로 마땅하고, 성문은 귀먹고 눈멀었다는 말씀은 믿을만하여 헛된 게 아니었습니다.

宗密 渴逢甘露, 貧遇摩尼. 騰躍之心, 手捧而舞, 遂於此山, 返關絕迹, 忘餐輟寢, 夙夜披尋. 以疏通經, 以鈔釋疏, 尋文而性離, 照理而情忘, 偶之于心, 會之于教, 窮本究

---

91) 絶分: '회심(廻心)'과 짝이 되는 용어이다. 청량 스님은 『화엄경소초』의 「현담」에서 『화엄경』을 들을만한 근기를 구별하는데, 방편으로 끼워준 근기를, 화엄교학의 용어로 '권위(權爲)'라 하는데, 즉 성문승과 연각승이 여기에 해당한다. 구체적으로는 「입법계품」의 첫 대목 '근본 법회'에 참석한 500명 성문이 '여래의 신통한 힘' 내지는 '보살의 행이 원만함'을 보지도 듣지도 못하는 장면을 연출하여, 그들은 『화엄경』을 받아들일 만한 자격[分]이 없다고 끊어내니[絶], 이것은 '절분'이다. 참고로 뒤의 '가지법회'에서 6천 명의 비구가 마음을 돌리는 장면은 '회심'이다.

末, 宗途皎如. 一生餘疑, 蕩如瑕翳, 曾所習義, 於此大通, 外境內心, 豁然無隔. 誠所謂太陽升而, 六合朗耀, 巨海湛而, 萬象昭彰. 妙德妙智而頓開, 普賢普行而齊現. 五周四分一部之綱在綱, 六相十玄三乘之流會海. 義則色空同於中道, 教則權實融於圓宗, 理則體用卽寂, 而性相宛然, 智則凡聖混同, 而因果不壞, 顯隨緣而不變. 弘經則理趣周圓, 指幻而識眞, 修觀則禪心使[92]曠蕩. 九會經文無不契心, 由斯可謂契經矣. 使一眞心地無不印經. 由斯可謂心印矣. 是知執三藏文者, 誠爲失道, 局一性義者, 猶未圓通. 想夫斯流, 固宜絕分, 聾聞聾瞽, 諒不虛哉.

저 종밀은 『화엄경소』를 만나기 전, 고금의 저술을 열람할 때마다 이치상으로는 혹 옳기도 했지만, 선종과 화해[和會]할 줄 모르는 점을[93] 매번 한스러워했습

92) 使: 이 글자를 뒤에 나오는 '九會'에 앞으로 옮겨, 즉 '使九會經文無不契心'로 해야 할 듯. 그렇게 해서 다음에 이어지는 '使一眞心地無不印經'과 짝이 되게 했다. 속장경을 만들 때 사용한 원본이 일본 경도대학 도서관에 소장되어있으니 기회를 보아 확인했으면 좋겠다. 본 번역서가 대본으로 삼은 속장경본의 표점을 "修觀則禪心使曠. 蕩九會經文無不契心."인데, 오류인 듯.

93) 선종과 화해할 줄 모르는 점: 청량의 『화엄경』 주석서에는 당시 새롭게 발흥하는 선종의 사상을 화엄교학 쪽으로 수용하려는 해석학적 작업이 특징이다. 법장이 유식을 수용하려 했던 점과 대조적이다.

니다. 천태의 경우는 '지관'을 많이 의거해서 좋기는 좋았습니다. 그런데 설명[義勢]은[94] 갈수록 불어나고 넝쿨지지만, 중생의 '제 마음'을[95] 곧장 보여주지 못했고, 행상에[96] 비록 입처가 분명하지만, 그래도 점차(漸次)를 거쳐야만 했습니다. 그러니 어찌 (화상께서) 「보살문명품」에서 문수의 게송을 해석하셔서,[97] 신령한 지각능력[靈知]을 증거하고 마음을 단박에 드러내신 대목이며[98], 『화엄경소초』「현담」에서 〈의리

94) 설명[義勢]: 당시의 학문 방법으로 '경학'과 '의학'을 구분했다. '경학'은 훈고적 'Text Critic' 방법을 사용했고, '의학'은 사변적 'Philosophical Argument' 활용했다. 이때의 '義'의 뜻은 의치, 의족, 의붓아버지 등과 같다. 제 것은 아니지만 대용해서 도움이 되는 것

95) 제 마음: 종밀의 용어로 말하면, '원각묘심' 또는 '본각진심'으로, 중생이면 누나나 간직한 참마음.

96) 행상: 원문은 '行相'인데, 화엄교학의 훈고 용어로 개념이나 문장이 전체 맥락 속에서 작용하는 양상의 뜻하.. 한 사례로 화엄교학에서는 '마음의 행상'을 ※본 번역서 부록 pp.534~534 〈8. 일심수증본말도〉로 정리한다.

97) 『화엄경』「보살문명품 제10」(제13권) 끝부분에 여러 보살이 문수에게 10가지 내용을 질문하자, 이에 문수보살이 10수의 게송으로 답하는 대목이 나온다. 청량의 『화엄경소』 해당 부분에 이 게송을 자세하게 해석하는데, 이 대목을 종밀이 거론.

98) 『화엄경』「십지품 제26」(제34권) 〈환희지〉 대목에 청량

분제〉 장을 개설하셔서, 마음의 바탕[體]은 진공이면서도 그것의 형상[相]과 작용[用]은 번잡하게 일어남을 드러내신 대목만[99] 하겠습니까.

일어나면서도 마음의 본성과 다르지 않기 때문에 사사(事事)가 원융하게 통하며, 통하면서도 거두어들이니 중중(重重)으로 다함이 없습니다. 이런 이치를 깨치면, 수행으로 '결과한 부처님'과 완전히 같아지니 이것이야말로 '완전한 원인'이니, 연연 따라 닦아가면 마음의 본바탕에 딱 들어맞습니다.

돈오와 점수로 선의 요점을 제시하셔서, 이것으로 단계적 수행의 모범 삼으셨으며, 권과 실로 교의 관문을 전하셔서, 이것으로 일정한 규칙 삼으셨습니다. 약은 설산에서 자라는 나무인 '선견약왕수'를[100] 얻어

---

은 모든 중생이 가지고 있는 앎[知]이야말로 마음의 본바탕임을 천명하며 다양한 맥락에서 주석을 붙였는데, 이점을 종밀이 거론.

99) 이곳에서 청량은 두순 법사의 「법계관문」을 기준으로 삼아, 『화엄경』에서 다루는 교리 범위가 얼마나 깊고 넓은지를 논증하고 있다.

100) 선견약왕수(善見藥王樹): 설산에 자라는 나무인데, 이 나무를 보기만 하도 눈이 깨끗해지고, 듣기만 해도 귀가 밝아진다고 한다. 『화엄경』 「입법계품」에서 선재동자가 미륵보살을 만나 '깨치겠다는 마음 내기'야말로 이 나무와

야 뭇 질병을 완전히 치유하며, 보배는 깊은 바닷속에 있는 '마니 구슬'을 얻어야 수많은 보배를 마음대로 가질 수 있습니다.

그러니 하물며 『현담』 저술하시기를 반 권쯤 하셨는데도[101], 갖가지 의미를 다 담으시고, 원류를 싹 조사하시며, 명칭과 그 명칭이 지시하는 본체를 두루하신 뒤에 『화엄경』 전체를 한 덩어리로 녹여 '하나하나 모두 비판 분석하여 오류 골라내기를 거친 다음 다시 그 모두를 체계 속으로 수용하기도 하신 것'은[102] 말씀드려 무엇하겠습니까. 진실로 능히 정교롭게 하시어, 이미 수많은 주석가의 이론을 『화엄경』의 『소』와 『초』에 거두어들이셨습니다. 읽는 이가 공은 약간 들이면서도 얻는 것은 많으니, 중요한 게

---

같다고 설법해준다.

101) 원문은 '懸文卷半'. 현재 한국 전통 강원의 이력으로 보는 『현담』은 총 8권이다. 현담 글쓰기를 막 시작했는데, 그 속에 담긴 내용이 깊고 넓다는 종밀의 소감을 드러나는 문장.

102) 원문의 '전간전수(全揀全收)'. '全揀'에서 '揀'은 감별(鑑別)하여 아닌 것을 골라낸다는 뜻이다. 쌀밥 속에 든 뉘나 돌을 골라내듯이 말이다. 그런 다음의 전체 구조 속에서 골라낸 것을 거둬들여 그것 나름의 기능을 부여하는 것이 수(收)이다.

이 책에 다 들어 있습니다. 다들 이렇게 말합니다. "부처님의 제자로서 누구인들 가히 익히지 않았겠는가"라고 말입니다.

宗密 未遇疏前, 每覽古今著述, 在理或當, 所恨不知和會禪宗. 天台多約止觀, 美則美矣. 且義勢展轉滋蔓, 不直示衆生自心. 行相雖分明入處, 猶歷漸次, 豈如問明釋文殊偈, 印靈知而, 心識頓袪, 懸談開分齊章, 顯眞空而相用繁起. 起不異性, 故事事融通, 通而互收, 故重重無盡. 悟此則全同佛果, 方是圓因, 隨緣造修, 無非稱體. 開頓漸禪要, 可以此為楷模, 傳權實教門, 可以此爲軌範. 藥得雪山善見, 群疾俱消, 寶獲滄海摩尼, 千珍隨念. 況懸文卷半, 諸義盡包, 備叒源流, 遍窮名體, 然後融成本部, 全揀全收. 苟能精之, 已領百家之文義. 少功多獲, 要在玆焉. 凡曰釋流, 孰不可習.

저 종밀은 전생에 다행히도 선근을 (화상과) 함께 심었는지, 우연하게도 이 경(經)을 만났고 이 소(疏)를 만났지만, 왕의 밥상을 받고도 감히 먹지 못하고 있었습니다. 이제 이제 밝은 문장으로 도장 찍어 결재하시니 마음이 태연해졌습니다. 태어나는 세상마다 목숨 다해 널리 유통할 것을 서원했습니다. 이러던 차, 스님네들에게 『화엄경소초』 강의 요청을 받았습니다. 그리하여 스스로 반복 학습하는 노력을 하고 공과(公課; 수업)도 비었기에 명을 따라, 그저 문자에 의지하여 그대로 읽어주었을 뿐이니, 어찌 남들을 깨우친다고 할 수 있겠습니까.

화엄의 원종(圓宗) 드날리기를 했다고 많이 놀라 박수를 쳤습니다. 이에 숙세에 심은 근기 견고한 이 있어 듣자마자 받아 이으니, 처음부터 끝까지 가히 수십 명이 수학을 서원했습니다. 생각건대,『화엄경소』의 문장이 현묘했기에, 이를 전함에 영험이 없지 않았을 따름이니, 어찌 보잘것없는 제 재주로 능히 이같이 감응했겠습니까.

宗密 夙生多幸, 同種善根, 遇如是經, 逢如是疏. 頃於王[103]饍, 未敢卽飡, 今得明文印決, 心意泰然, 誓願生生, 盡命弘闡. 當時便被, 僧尼徒衆, 因請贊揚, 務自溫習, 課虛順命, 但依文配讀而已, 詎足以發明於人. 爲顯圓宗, 多驚撫掌. 爰有宿機堅種, 聞卽稟承, 從始洎終, 可數十人, 誓願修學. 蓋玆疏文玄妙, 傳之不虛, 豈以微才, 能感如是.

양양에서 강의를 마치고 동도의 낙양으로 잠깐 가서

103) 王: '玉' 자로 된 대본(『圓覺經二十五輪三昧禪觀』, 臺北: 全佛文化出版社, 1998年)도 있음.

(하택사에 세워진 신회) 조사의 탑에[104] 인사하고, 그리고는 바로 달려가 화상께 인사 올리려 했습니다만, 여름 안거가 임박해 영목사에 머물렀습니다. 양양의 대중 스님들이 계속 방문하여 2차를 모쪼록 강의하여 이 경전을 다시 듣겠다고 했습니다. 이에 대중의 청에 동의하여 『현담』과 『소』 강의를 마치고 나서 상도에 올라가겠노라 허락하여, 이달(9월) 7일에야 겨우 마쳤습니다.

강의를 들었던 태공(泰恭) 스님이 마침내 팔뚝 하나를 자르고는 이렇게 말했습니다. "불법 만난 것을 스스로 경축하고, 현묘하고 생각으로 가늠하기 어려움을 간절한 정성을 표하여, 이 발원으로 수학하려 합니다." 이는[此迺][105]화상의 도가 위엄스럽고 덕이 풍부하여 장차 유행하게 하려고, (화상) 문하(門下)의

---

104) 조사의 탑: 종밀은 자신의 법계를 선종으로는 하택 신회(荷澤神會; 670~762)에 대고 있다. 청량 징관을 만난 스승 제자의 인연을 맺고 난 뒤로는 선(禪)으로는 하택을, 교(敎)로는 청량을 계승한다고 자임했다.

105) 이는[此迺]: 이때의 '내[迺]'는 '~이다'라고 판단하는 구문에서 사용되는 계사(係詞). 차시(此是)의 '시(是)'와 같은 기능. '이에 내'로 읽어 관계사를 못 찾아 고생했기에 적어둔다.

졸가리 종도에게[106] 이런 정근하는 심한 고통이 있었던 것입니다. 그는 그런데 지체를 끊고 근육과 뼈를 상하게 했어도 전혀 아파하지도 않고 얼굴색 또한 완연했습니다. 처음부터 지금까지 몸과 마음은 예전과 같았습니다. 출가자건 재가자건 이상하게 여기지 않은 자가 없었습니다. '관법 수행을 통해서 얻는 지혜[觀智]'의 공덕은 감응이 밝고도 현저합니다.

襄陽講罷, 暫往東都, 禮祖師塔, 便擬馳赴拜覲. 蓋緣夏逼, 且止永穆寺. 襄陽徒衆, 迤邐訪尋, 再邀第二遍講, 復聞茲經, 遂允衆請, 許終懸疏, 却赴上都, 今月七日纔畢. 聽徒泰恭, 遂斷一臂云, 自慶所逢之法, 玄妙難思, 用表懇誠, 厥願修學. 此迺和尚, 道威德洽, 教令將行, 門下宗枝有斯精苦. 伊且割截支體, 傷斷筋骨, 都無痛惱, 神色宛然. 自初至今, 身心仍舊. 若道若俗, 無不異之. 觀智之功, 感應昭著.

이때, 어사대와 중서문하성의 조사가 있었는데, 사건의 자취가 분명했습니다. 유수(留守)는[107] 화엄 대경

---

106) 자잘한 졸가리 종도: 원문은 '종지(宗枝)'인데, 이때의 '宗'은 '화엄종'이고, '枝'는 '根'에 상대되는 말로 종밀 자신을 겸손을 표한 것.

107) 유수(留守): 당나라 개원 년간 이후에는 북으로는 太原

을 높이 공경하여, (사건의 내용을) 이미 중서문하성에 보고했습니다. (태공) 그 사람의 본뜻을 보더라도 어찌 표창을 안 하겠습니까만 그러나 문(門)을 세우는 것도 역시 관청의 공적조서가 있어야 합니다. 그의 손 상처가 아직 낫지 않음에 따라, 관에서는 사찰로 공문을 보내 잘 치료하게 했으나 돌아다니지는 못합니다. 알현하는 일이 볼수록 늦어집니다. 못나고 무능한 저는 걱정만 늘어갑니다. 삼가 강의 들었던 중[僧] 현규(玄珪)와 지휘(智輝)를 보내 (편지로) 상세한 설명을 먼저 바칩니다. 학도 저 종밀은 재주 없고 말도 서툴러 아는 걸 늘어놓기 어렵습니다. 엎으려 자비를 비오니 특별히 거두어 주시면 참으로 다행입니다.

예를 다 갖추지 못했습니다.

학도 종밀은 화엄소주 청량 국사 대화상께 100번 절하고 올립니다.

당 원화 6년(811) 신묘년 9월 13일, 낙양에서.

**時臺省詢驗, 事迹分明. 留守崇敬, 大經已申中書門下. 據伊本意, 豈盡顯揚. 然發起門, 亦藉旌表. 沿伊手瘡未愈,**

---

에, 동으로는 洛陽에, 서로는 長安에 각각 유수 관직을 두어 황제가 행궁했을 때 수도를 지키게 했다.

官司牒寺, 委令將養, 未便遊行, 以此禮覲, 轉見遲違. 下情無任, 伏增惶懼. 謹差聽徒僧玄珪智輝, 先具申述. 宗密才微語拙, 領悟難陳. 伏乞慈悲, 特賜攝受. 幸甚. 不備.

學徒 宗密 惶恐百拜上華嚴疏主淸凉國師大和尙.

唐 元和六年 辛卯歲 九月 十三日, 在東都.

## 2. 청량이 제자 종밀에게 보내 답신[108]

쓴 날 : 원화 6년(811) 10월 12일~10월 23일 사이.

10월 12일 현규(玄珪)와 지휘(智輝)가 와서, 그대의 편지를 받아드니, 스승으로 모시겠다는 뜻을 멀리서 알린 것이며, 그대의 행적을 갖추어 서술한 것이며, 화엄 대교의 현묘한 뜻을 이해한 것이며, 법을 이은 내력과 스님 모시던 일 말한 것 등이 참으로 감격스럽고 처연하여 마음에 닿는다.

내가 불법 전파 경우는 혹은 얼굴을 마주하여 말하고 마음으로 전하기도 했고, 혹은 나의 문하생이 전하고 전해 다른 지역에 퍼진 사례도[109] 있다. 그런데 공자님은 가던 길 잠깐 멈추고 수레의 산개(傘蓋)

108) 원문의 출전은 『大方廣圓覺修多羅了義經略疏』(卷下二)(T.39-577하). 본 편지에 대한 주석이 종밀 자신이 주석 붙여 『圓覺經大疏釋義鈔』(卷第一之下)(신찬속장9-479하)에 소개된다. 본 번역서는 이를 참조했음.

109) 다른 지역에 퍼진 사례: 발해와 신라 등에도 청량 스님의 『화엄경』 주석서가 들어가서, 그 뜻에 공감하여 스승으로 받든 사례가 있다.

를 기울여 서로 이야기를 나누기도 하셨고, 백아는 거문고를 끊기도 했으니, 역시 모습과 소리를 의탁한 것이다. (내가) 얼굴을 보고 (『화엄경소초』를) 전한 것도 아니지만, (그대는) 말이나 글 너머의 뜻을 얻었으니, 그대의 생각은 내 마음과 같다. 일찍이 없었던 일이다. 성스러운 힘이 붙은 게 아니라면 필경 전생 인연의 도움이니, 마땅히 스스로 그대를 위로하시게. 전륜성왕의 큰아들이라고[110] 가히 비유할 만하다.

**十月十二日, 玄珪智輝至, 得汝書. 遙伸師敬, 備述行迹, 領大敎之玄趣, 說傳贊[111]事, 誠感悽然. 心納矣. 吾自傳揚, 或面言心授, 或展轉分照, 盈于異域. 然仲尼傾蓋, 伯牙輟絃, 亦藉形聲矣. 不面而傳, 得旨繫表, 意猶吾心, 未知[112]有也. 非憑聖力, 必藉夙因, 當自慰爾. 轉輪眞子, 可以喩也.**

---

110) 전륜성왕의 큰아들: 80권본『화엄경』「십지품 제26」의 〈제10 법운지〉(제39권)에는 10지의 '지위 받는 보살[受職菩薩]' 관련 본문이 나온다. 지위 받는 보살이 무수하지만, 그중에서 으뜸가는 보살을 비유하여, 전륜성왕 아들들이 무수하지만, 큰 부인 몸에서 출생한 큰아들을 진자(眞子)라 칭하는 것에 견준다. 청량이 종밀을 상수 제자로 받겠다는 찬사이다.

111) 贊:『원각경약소초』「종밀서」의 주에는 '讚' 자로.

112) 知:『원각경약소초』에는 '之' 자로.

태공이 팔을 자른 일은 불법을 중히 여기는 마음이 지극하여 거기에 간절한 기원을 보탠 것이다. 그러니 반 게송을 얻으려 몸을 버리고, 한 구절 들으려고 불로 뛰어들기도 했으니, 가르침에는 (본바탕인 質도 있지만) 예절 의식[文]도 있다. 몸 밖에, 법으로 중히 여길만한 보배가 있다는 생각을 그대는 반드시 경계해서, 후학들이 모방하지 않지 않도록 해야 한다. 마땅히 번뇌를 끊을지언정 몸뚱이를 자르지 않고, 마땅히 망심을 끊을지언정 손발을 베지 않으면, 식견 모자라고 이단을 배우는 이들이 놀라 쳐다보지 않겠으며, 세속에서 (부모님이 물려 주신) 몸뚱이 손상하지 말라는 가르침에[113] 노력하면, 현묘한 교화는 넓히지 않아도 저절로 넓어진다. 그대는 마땅히 뜻을 다잡고 생각을 깊이 하시오.

혹시라도 같이 만나 이해한 것을 맞추면 어찌 이보다 좋으리오. 가로막힘이 없었던 듯 그저 마땅히

113) 당나라 현종 당시에는 『효경』이 과거시험의 필수 과목으로 책정되기도 했고, 어주(御注) 간행하여 국가적으로 보급하기도 했다. “身體髮膚, 受之父母, 不敢毀傷, 孝之始也. 立身行道, 揚名於後世, 以顯父母, 孝之終也. 夫孝, 始於事親, 中於事君, 終於立身.”(『孝經』).

마음을 저 높은 데에 붙이시오. 어찌 산과 강이며 겉모양과 말들이 우리 사이를 가로막을 수 있겠는가! 노력하시게. 많이 말하지 않겠네.

노승 징관 부침.
법자(法子) 종밀은 쉬거라.

泰恭斷臂, 重法情至, 加其懇禱. 然半偈忘軀, 一句投火, 教有文矣. 意存身外有重法之寶, 爾宜誡之, 後學勿使倣之. 當斷其情慮, 勿斷其形骸. 當斷其妄心, 無斬其肢分, 則淺識異學, 安其所不驚視, 苟俗無髮膚之誡, 則玄化不廣而自博矣. 汝當篤志幽趣, 儻得一面, 印所懸解, 復何嘉[114]焉. 如忽緣阻, 但當心契玄極. 豈山河形聲, 所能隔哉. 勉之. 不多云. 老僧澄觀付.
宗密法子收

114) 嘉: 『원각경약소초』에는 '加' 자로 됨.

### 3. 원화 6년(811) 10월 23일 편지[115)]

10월 23일, 학도 종밀은 본강(本講)을[116)] 하신 화엄경 소주께 편지를 쓰며 재배 올립니다.

현규와 지휘 두 스님이 돌아옴에 가르침 감사히 받았습니다. 저의 미천한 깨침을 받아주시고 법석의 가장자리를 허락하시니, 정대하옵고 받들어 지니니 기쁘고 두려움을 어쩌지 못하겠습니다. 못난 자질을 많이 부끄러워하면서도 부지런히 노력하지도 못한 채, 보잘것없는 마음을 부질없이 드러냈는데, 거두어 주시는 은혜를 거저 입으니 요행이라고 스스로 놀라며 너무 기뻐 슬프기까지 합니다. 자비 원력을 넓고 깊게 이리 과분하게 내려 단번에 인가해주심을 엎드려 받사오니, 아름다운 빛을 단박에 깨쳤습니다. 배우는

---

115) 원문의 출전은 『大方廣圓覺修多羅了義經略疏』(卷下二)(T.39-577하).

116) 본강(本講): 전통 강당에서 해당 경전을 처음으로 한 강의. 본강을 들은 사람이 그 내용을 제3자에게 하는 강의는 복강(覆講)이라 한다. 본강을 하시는 강사 스님을 높여 부를 때는 본강 좌주(本講 座主)라 한다. '복강(覆講)'의 용례는 ※본 번역서 p.310의 주69) 참조.

무리는 공부로 나아가고 때의 무리는 갈수록 우러릅니다. 참으로 다행스럽고 고맙습니다.

十月二十三日 學徒 宗密 裁書再拜本講華嚴疏主.
玄珪智輝迴, 伏奉誨示. 納所微悟, 許廁法席, 頂戴奉持, 不任忻懼. 多慚陋質, 未効勤勞, 空呈寸心, 坐蒙收采, 自驚僥倖, 喜極成悲. 伏蒙慈願弘深, 降斯過分. 一經印決, 頓覺光輝, 學流進功, 時輩增仰. 幸甚.

저 종밀은 달려가 모시고 싶습니다만, 태공은 팔뚝 상처도 아직 아물지 않아 바람을 삼가야 해서 감히 길을 나설 수 없는데 재삼 울며 저 수행하기를 원합니다. 그가 겪은 고생을 생각하니 차마 버려둘 수가 없습니다. 모쪼록 바라옵건대 살펴주소서.

예를 갖추지 못한 학도 종밀은 재배하옵고, 본강(本講)을 하신 화엄경소주께 올립니다.

(宗密) 便欲奔赴給侍, 緣泰恭臂瘡未愈, 慎風不敢冒路, 再三涕泣, 願侍隨行. 念伊迹苦, 不忍棄遺. 伏惟照察.
不備學徒 (宗密) 再拜, 上本講華嚴疏主.

제5편

# 규봉 종밀 선사의 비문

唐故圭峰定慧禪師碑

당고규봉정혜선사비

# 일러두기

1. 이 번역문의 대본은 『圭峰定慧禪師碑』(戶峴文管會·陝西師範圖書館 共稿, 陝西省: 三秦出版社, 1985)이다. 이 책에 실린 탁본은 청대(淸代) 중기의 것이라고 한다. 간략히 「청탁본」으로 표기하기로 한다.
2. 참고 자료는 다음과 같다.
   1) 『속수사고전서(續修四庫全書)』의 『금석췌편(金石萃編)』(권114)에 실린 「정혜선사비(定慧禪師碑)」.
   2) 『전당문(全唐文)』(권743)에 실린 「圭峰禪師碑銘幷書」(淸, 董誥等 編).
   3) 『지나불교사적(支那佛敎史跡)』에 실린 「圭峰禪師碑」(常盤大定, pp.102~106). 간략히 「常盤本」으로 표기하기로 한다.

# 제8장
# 당나라 규봉 정혜 선사의 전법비

### 唐故圭峯定慧禪師傳法碑幷書[1)]

금자광록대부(金紫光祿大夫) 수(守)[2)] 중서시랑(中書侍郎) 겸(兼) 호부상서(戶部尙書) 동(同) 중서문하평장사(中書門下平章事) 충(充) 집현전대학사(集賢殿大學士) 배휴(裵休)는[3)] 비문을 짓고 아울러 글씨를 쓴다.

금자광록대부(金紫光祿大夫) 수(守) 공부상서(工部尙書) 상주국(上柱國) 하동군(河東郡) 개국공(開國公) 식읍이천호(食邑二千戶) 유공권(柳公權)은[4)] 전액(篆額)을 쓴다.

---

1) 『금석췌편』에는 “碑高八尺八寸, 廣四尺二寸, 三十六行, 行六十五字. 正書篆額在鄠縣.” 즉, 비석의 높이 8척 8촌. 넓이 4척 2촌이다. 모두 36줄, 한 줄에 65자. 글씨는 해서체이고 전액은 호현(鄠縣)에 있다.

2) 수(守): 행수법이다. “階高職卑曰行, 階卑職高曰守. ; 품계는 높고 맡은 관직이 낮을 때에는 행(行)을 붙이고, 그 반대일 경우는 수(守)를 붙인다”라는 뜻이다.

3) 배휴(裵休): ※본 번역서 p.36의 주42) 참조. 당대(唐代) 최고의 관료 사대부인 배휴와 당대 최고의 문필가 유공권의 전액으로 이루어진 종밀의 비석을 통해서, 종밀이 당시 지식 사회에 얼마나 높은 평가를 받았는지를 엿볼 수 있다. 비석 명문의 역사에도 빛난다.

金紫光祿大夫 守 中書侍郞 兼 户部尙書 同 中書門下平章事 充 集賢殿大學士[5] 裵休 撰幷書.
金紫光祿大夫 守 工部尙書 上柱國 河東郡 開國公 食邑二千户 柳公權 篆額.

규봉(圭峰) 선사의 호는 종밀(宗密)이고 성은 하(何)씨이고 과주(果州) 서충현(西充縣)[6] 사람인데 석가여래의 39대 법손이시다.

석가여래 세상에 머무시는 80년 동안, 이루 셀 수 없이 많은 인간과 천상의 중생과 성문과 보살들을 위하여, 5계(戒)·8계(戒)·대소승계(大小乘戒)·4성제(四聖諦)·12연기(緣起)·6바라밀(波羅密)·4무량심(無量心)[7]·3명(明)[8]·6통(通)[9]·37조도품(助道品)[10]

---

4) 유공권(柳公權; 778~865): 안진경(顔眞卿; 709~784?)과 더불어 당대 최고의 서법가(書法家)로 해서에 능했다. 문장도 탁월하여 한유와 더불어 고문 운동을 했고 『柳河東集』이 전한다. 원화 초에 진사로 출사하여 함통 초에는 태자태보(太子太保)에 추증. 『구당서』(165권) 『신당서』(163권)에 전기가 실려 있다.
5) 士: 「常盤本」에는 '士' 자가 없음.
6) 서충현(西充縣): 성도의 동남쪽에 위치. 당나라 시절은 梁州 관할이었고, 현재 행정구역으로는 사천성 南充市.
7) 4무량심: 4가지의 이타심으로 자(慈; 남과 우애하는 마음),

비(悲; 남의 고통에 대한 공감), 희(喜; 남을 행복하게 하려는 마음), 사(捨; 모든 이를 평등하게 대하는 마음)를 말한다.

8) 3명: 숙세의 인연을 아는 숙명통, 미래의 과보를 아는 천안통, 번뇌를 소멸시켜 지혜를 생산하는 누진통.

9) 6통: 위의 3명에 모든 곳을 자유롭게 왕래하는 신족통, 온갖 소리를 듣는 천이통, 사람의 마음을 헤아리는 타심통을 합한 것.

10) 37조도품(助道品): 수행을 돕는 37종의 방법으로, 4념처(念處)+4정근(精勤)+4신족(神足)+5근(根)+5력(力)+7각지(覺支)+8정도(正道).

(1)4념처(念處): 身・受・心・法의 무상, 무아, 공을 관찰하는 것.

(2)4정근(精勤): 생긴 악은 없애고, 생기지 않은 악은 나오지 못하게 하고, 생긴 선은 늘리고, 생기지 않은 선은 나오게 하는 것.

(3)4신족(神足): 자재력을 부리는 네 가지 근거로, 뛰어난 명상을 획득하려고 욕구하는 ①欲神足, 그러려고 노력하는 ②勤神足, 그러려고 마음 다스리는 ③心神足, 그러려고 마음 집중하는 ④觀神足.

(4)5근(根): 해탈에 이르기 위한 5가지의 근력으로 믿음, 정진, 기억, 선정, 지혜를 실천하는 것.

(5)5력(力): 5근이 자라나서 생기는 힘.

(6)7각지(覺支): ①택법(擇法; 법의 실상을 잘 아는 것), ②정진(精進; 실상을 알고서 실천하는 것), ③희(喜; 마음이 상쾌하고 거뜬한 것), ④제(除; 거친 번뇌를 버리는 것), ⑤사(捨; 탐욕과 근심을 완전히 버리는 것), ⑥정(定; 선정에 의해 업을 바꾸는 것), ⑦염(念; 생각을 한 곳에 집중)을 말함.

· 10력(力)[11) ]· 4무외소(無所畏)[12)] · 18불공법(不共法)[13)]

(7)8정도(正道): 정견(定見), 정사(正思), 정어(正語), 정업(正業), 정명(正命), 정정진(正精進), 정념(正念), 정정(正定).

11) 10력: 부처님이 가진 10종의 능력. ①처비처지력(處非處智力; 도리에 맞고 안 맞음을 아는 힘), ②업이숙지력(業異熟智力; 업과 그 과보의 관계를 아는 힘), ③정려해탈등지등지지력(靜慮解脫等持等至智力; 각종 선정을 아는 힘), ④근상하지력(根上下智力; 중생의 근기를 아는 힘), ⑤종종승해지력(種種勝解智力; 중생들이 좋아하는 것을 아는 힘), ⑥종종계지력(種種界智力; 중생나 모든 법을 본성을 아는 힘), ⑦편취행지력(遍趣行智力; 중생들이 윤회하는 곳을 아는 힘), ⑧숙주수념지력(宿住隨念智力; 전생을 아는 힘), ⑨사생지력(死生智力; 죽어서 태어나는 곳을 아는 힘), ⑩누진지력(漏盡智力; 열반과 그에 도달하는 방법을 아는 힘).

12) 4무소외(無所畏): ①정등각무외(正等覺無畏; 최고의 진리를 체득함에 있어 남의 비판을 두려워하지 않음), ②누영진무외(漏永盡無畏; 번뇌를 소멸시킴에 있어 남의 비판을 두려워하지 않음), ③설장법무외(說障法無畏; 깨달음을 장애하는 것을 말함에 있어 남의 비판을 두려워하지 않음), ④설출도무외(說出道無畏; 윤회를 벗어나는 길을 말함에 남의 비판을 두려워하지 않음).

13) 18불공법: 부처님에게만 있는 18종의 특징. ①몸에 실수가 없고, ②말에 실수가 없고, ③생각에 실수가 없고, ④다른 생각이 없고, ⑤불안정한 마음이 없고, ⑥다 알기 전까지는 그만두는 일이 없고, ⑦중생을 제도하려는 서원을 접지 않고, ⑧정진 수행을 줄이지 않고, ⑨3세의 부처님의 법을 앎에 기억력이 줄지 않고, ⑩지혜가 줄지 않고, ⑪

·세제법(世諦法)·제일의제법(第一義諦)[14]·무량한 여러 해탈(解脫)·삼매(三昧)·총지문(總持門)·보리(菩提)·열반(涅槃)·상주하는 법성(法性)·불국토를 장엄하는 일[15]·중생을 성취하는 방법[16] 등등에 관해 설법하셔서, 하늘과 인간을 제도하시며 보살을 가르치셨던 일체의 미묘한 가르침이야말로, 가히 광대하고 주도면밀하게 끝없는 공간으로 법계(法界)를 밝히셨으며, 영원한 시간 속으로 하염없는 법성(法性)을 사무치게 하셨다고 이를만하니, 방편도 진실도 그리고 돈과 점 등 빠진 게 하나도 없으셨다.

---

해탈이 줄지 않고, ⑫해탈을 바로 아는 지견이 줄지 않고, ⑬온갖 몸의 업이 지혜에 의해 이루어지고, ⑭온갖 입의 업이 지혜에 의해 이루어지고, ⑮온갖 마음의 업이 지혜에 의해 이루어지고, ⑯지혜로서 과거의 일을 아는 데에 걸림이 없고, ⑰지혜로서 미래의 일을 아는 데에 걸림이 없고, ⑱지혜로서 현재의 일을 아는 데에 걸림이 없다. 이상은 대승불교에서 말하는 18불공법이다. 소승은 이와 다르다.

14) 세제법과 제일의제법: 언어나 사유와 결합한 진리를 세제법(또는 속제)이라고 하고, 언어나 사유와 결합하기 이전에 있는 본래의 사태를 제일의제(또는 진제)라 한다.

15) 불국토를 장엄 : 80『화엄경』「세계성취품 제4」「화장세계품 제5」 등에서 다양한 국토를 장엄하게 한 일.

16) 중생을 성취하는 일: 중생을 구제하는 일.

圭峰禪師號宗密, 姓何氏, 果州西充縣人, 釋迦如來三十九代法孫也. 釋迦如來在世八十年, 爲無量人天聲聞菩薩, 說五戒, 八戒, 大小乘戒,[17] 四諦, 十二緣起, 六波羅密, 四無量心, 三明, 六通, 三十七品, 十力, 四無畏, 十八不共法, 世諦, 第一義諦, 無量諸解脫, 三昧, 摠持門, 菩提, 涅槃, 常住法性, 莊嚴佛土, 成就衆生, 度天人教菩薩, 一切妙道, 可謂廣大周密, 廓法界於無疆. 徹性海於無際, 權實頓漸無遺事矣.

최후에는 법의 핵심[法眼]을 대가섭 존자에게 부촉하여 역대 조사들이 서로서로 전해 별도로 세상에 유행하게 하신 것은, 가섭에게만 살짝 하시고 인간·천상·성문·보살을 제외시킨 것은 아니다. 이 법을 살펴보면, 중생의 본원(本源)이자 여러 부처가 체험하신 내용이다. 일체의 이론을 초월했고 일체의 모양을 여의어서, 언어·지식·있고 없음[有無]·숨고 드러남[隱顯]으로 추구해서 얻을 수 있는 것이 아니다. 오직 마음에서 마음으로 서로 인가하여, 그렇게 인가한 것끼리 서로 들어맞아, 몸소 체험으로 알게 하여, 광명을 수용하게 하시려고 그러신 것일 따름이다.

---

17) 戒: 「常盤本」에는 '戒' 자가 없다. 『전당문』에는 '戒' 자가 있다.

寂後獨以法眼, 付大迦葉, 令祖祖相傳, 別行於世. 非私於迦葉, 而外人天聲聞菩薩也.[18] 顧此法, 衆生之本源, 諸佛之所證. 超一切理, 離一切相, 不可以言語智識, 有無隱顯, 推求而得. 但心心相印, 印印相契, 使自證知, 光明受容而已.

가섭에서부터 달마에 이르기까지 무릇 28대가[19] 된다. 달마는 혜가에게 전하고, 혜가는 승찬에게 전하고, 승찬은 도신에게 전하고, 도신은 홍인에게 전하여 5조로 삼았으며, 또 법융에도 전하니 우두종이 되었다. 홍인은 혜능에게 전하여 6조를 삼았으며, 또 신수에게도 전하니 북종이 되었다. 혜능은 신회에게 전하여 하택종이 되니 하택은 선종에 있어 7조가 된다. (혜능은) 또 남악 회양에게도 전하고 회양은 마조

18) 也: 「청탁본」에는 잘 보이지 않으나, 『금석췌편』에 의거하여 '也' 자로 판독. 『전당문』에도 '也'로 표기.

19) 28대: 인도의 28대의 조사를 나열하는 것은 8세기 초에 중국에서 정착된다. 이런 내용을 싣고 있는 초기 문서로는 『보리달마남종정시비론』(732년), 『역대법보기』(700년대 후반), 『돈황본육조단경』(700년대 말) 등이 있다. 전법게와 함께 정형화된 형식이 나타나는 것은 『보림전』(801년경)이고, 이것을 이어서 『조당집』(952년)에서 일단 완성된다. 1004년에 편찬된 『경덕전등록』은 뒷날의 일이다.

도일에게 전하니, 마조는 선법(禪法)에 있어 강서종이 되었다. 하택은 자주(磁州) 지여(智如) 선사에게 전하고, 지여는 형남(荊南) 장(張) 선사에게 전하고, 장 선사는 수주 도원(道圓) 선사에게 전하고 또 동경(東京) 신조(神照; 776~838) 선사에게도 전했다. 도원은 규봉 대사에게 전하니, 대사는 하택의 5세손이며, 달마의 11세손이며, 가섭의 38세손이다. 저 법통의 계보는 이와 같다.

自迦葉至達摩, 凡二十八世. 達摩傳可, 可傳璨, 瓚傳信, 信傳忍爲五祖, 又傳融爲牛頭宗. 忍傳能爲六祖, 又傳秀爲北宗. 能傳會爲荷澤宗, 荷澤於宗爲七祖, 又傳讓, 讓傳馬, 馬於其法爲江西宗. 荷澤傳石磁[20]州如, 如傳荊南張, 張傳遂州圓, 又傳東京照. 圓傳大師, 大師於荷澤爲五世, 於達摩爲十一世, 於迦葉爲三十八世. 其法宗之系也, 如此.

대사의 집안은 본래 명문가였으니, 어려서는 유교의 서적을 공부하여 세상에 나아가 백성들을 잘살게 하고자 하였다. 우연히 수주(遂州)의[21] 도원 선사를 뵈었는데 도원 선사는 아직 말해주지 않았다.[22] 대중

---

20) 磁: 『전당문』에는 '磁' 자로 표기.

21) 수주(遂州): 당 무덕 원년(武德 元年; 618) 遂寧郡에서 遂州로 변경. 현재 행정구역으로는 四川省 遂寧市.

속에 들어가 지내는데 (도원 선사는) 의젓이 무언가 생각하시는 듯하면서도 일체의 망념이 없으시며, 훤하게 관조하시는 듯하시면서도 어떤 자취가 없으심을 보고는, 이를 흠모하여 마침내 삭발하여 염의를 입고 가르침을 받았다. 이리하여 수행의 길이 이루어지자[23] 이어서 형남 장 선사를 뵈었다.

형남 선사가 "그대는 교학을 전할 사람이다. 분명히 수도 장안에서 법을 성행시킬 것이다"라고 말씀하였다. 다시 낙양의 신조 선사를 뵙자, 선사는 "그대는 보살이구려. 그 누가 이 사람을 알아볼 수 있겠는가?" 하고 말씀했다. 뒷날 장안에 계시는 화엄종주 징관을 뵈니, 징관은 "비로교주의 화장세계에 능히 나와 더불어 노닐 수 있는 자가 그대이구려"라고 말씀하였다.

처음에는 촉 지방에서 (임관 씨 집) 재(齋) 청승으로 인해 차례로 경전을 받는데[24] 『원각경』 13장을[25] 만

---

22) 도원 선사는 아직 말해주지도 않았는데: ※본 번역서 p.29의 주7) 참조.

23) 수행의 길이 이루어지자: 원문은 '道成'이다. 구족계를 받아서 정식 승려가 된 것을 뜻함.

24) 원문은 '齋次受經'. ※본 번역서 p.20의 주15; p.247의 주8); p.371의 주5) 참조.

나, 그 경전이 지향하는 내용을 깊이 통달하고는 드디어 『원각경』을 세상에 전했다.

한상(漢上)에서 어느 병든 노승이[26] 『화엄경』 관련 주석서[27]를 전해주자, 아직 듣거나 본적도 없었는데 그것을 강의하였다. 이로부터 『원각경』·『화엄경』, 내지 『열반경』·『금강경』·『대승기신론』·『유식론』·『우란분경』·『화엄법계관』·『보현행원품』 등에 대한 소초(疏抄)를 지었고, 법(法) 의(義)에 관해 사례별로 모은 글[法義類例][28]·예참과 수행하는 절차에 관한 글[禮懺修證][29]·그림[圖][30]·전기[傳]·중요한

25) 현행본은 12장임. 「청탁본」에는 '十三'.

26) 어느 병든 노승: 양한(襄漢) 회각사(恢覺寺)의 영봉(靈峰) 대사. 청량 징관의 제자이다.

27) 『화엄경』 관련 주석서 : 원문은 '華嚴句義'인데, 이 구절을 책 이름을 볼 것인지에 대해서는 미심쩍다. 『釋門正統』(신찬속장75-359상)에 따르면 이 책이 청량의 작품이라고 했는데, 실제 청량에게는 이런 이름의 작품이 없다. 종밀의 저술에 드러난 전기 및 편지 등을 고려하여 일반 술어로 번역했다. 즉, 청량의 『화엄경소』와 『화엄경초』를 병칭한 것으로 말이다.

28) 미상. 현존하지 않음.

29) 『원각도량수증의』를 지칭.

30) 『도서』의 부록에 붙어 전하는 '그림'이 현존하는데, 학계에서는 이 그림의 이름을 「眞妄和合圖」라 한다. 그런데

부분을 요약한 글[纂略] 등을 지으셨다.

또 각 선종 종파들의 선에 관한 이야기를 수집하여 선장(禪藏)을 만들어, 그것에 대한 전체 서문을 쓰기도 했다.[31] 아울러 편지로 답한 글·게송·비평적으로 쓴 논문 등이 있는데, 이 모든 것을 합하면 무려 아홉 열 권 남짓하다.[32] 모두 일심(一心)에 근본을 두어 모든 법을 꿰시고, 참 바탕[眞體]을 들어내어 본질과 현상[理事]을 융섭(融攝)하셨으며, 상대적으로 대

---

고려의 대각 국사 『의천록』에는 종밀의 저술로 「一心修證始末圖」가 있다고 한다. ※본 번역서 부록 〈4. 종밀 선사 저서 일람〉 p.526의 No.26 참조.

31) 『선원제전집도서』를 지칭.

32) 무려 아홉 열 권 남짓: 원문은 '凡九十餘卷'이다. 이것을 '무려 90여 권'으로 번역할 수도 있다. 그러나 종밀 자신의 저서나 전등사서 어디에도 '90여 권'의 책이 있다는 기록은 없다. 따라는 본 번역자는 '무려 아홉 열 권 남짓'으로 번역했다. 고려국 보조 지눌의 『법집별행록절요 병입사기』가 있는 것을 근거로, 종밀의 저서 중에 『법집』이 존재했음을 추정할 수 있다. 그리고 『법집』에 실린 내용은 이 비문에 밝히듯이 "편지로 답한 글·게송·비평적으로 쓴 논문 등"으로 구성되어 있다. 『법집』은 여러 종류의 글들을 모은 것인데, 그 내용 중에서 "따로 돌아다니던" 즉 "별행(別行)하던 것"이 바로 본 번역서에 제3편에 실린 『중화전심지선문사자승습도』이다. ※본 번역서 P.34의 주32)참조

립하는 모든 존재를 초월하시고, 감쪽같이 물아일체(物我一體)가 되셨으니, 우뚝하여 따를 자가 없었다.

大師本豪家, 少通儒書, 欲于世以活生靈. 偶謁遂州, 遂州未與語. 退遊徒中, 見其儼然若思而無念, 朗然若照而無覺, 欣然慕之, 遂削染受教. 道成乃謁荊南. 荊南曰, 傳教人也, 當盛於帝都. 復謁東京照, 照曰, 菩薩人,[33] 誰能識之. 後謁上都花嚴觀, 觀曰, 毘盧花藏能隨我遊者, 其汝乎. 初在蜀, 因齋次受經, 得圓覺十三章[34], 深達義趣, 遂傳圓覺. 在漢上, 因病僧付花嚴句義, 未嘗聽受, 遂講花嚴. 自後乃著圓覺, 花嚴, 及涅槃, 金剛, 起信, 唯識, 盂蘭, 法界觀, 行願經等疏抄, 及法義類例, 禮懺, 修證, 圖, 傳, 纂略. 又集諸宗禪言, 爲禪藏, 總而敍之. 幷酬答書, 偈, 議論等凡九十餘卷. 皆本於一心, 而貫諸法, 顯眞體, 而融事理, 超群有於對待,[35] 冥物我而獨運矣.

비평하는 이들은 말한다.

대사는 선(禪) 수행은 하지 않고 경론을 널리 강의하여[36], 이름 있는 도시나 서울을 드나들면서 명성을

33) 人: 「常盤本」에는 '人也'. 『전당문』에도 '人也'로 표기.

34) 十三章: 현행 유통본은 12장이다. 비문 탁본을 보면, 돌이 약간 깨지기는 했지만 분명 '十三'임.

35) 待: 「常盤本」에는 '待' 자가 없음. 『전당문』에는 '待' 자가 있다.

36) 종밀은 법맥 상으로는 선승이다. 그러면서도 많은 경론

세우는 것에 힘을 쓰니[37], 이것은 (禪 수행 없이) 많이 배운 지식 탓이다. 어찌 명성과 잇속을 떨쳐버리지 못한 게 아니겠는가?

아! 안타깝구나! 비평하는 이들이야말로 대도가 지향하는 낙처를 어찌 알겠는가? 대저 일심(一心)이란 만법의 총체이다. 나누면 계・정・혜 3학이 되고, 열면 6바라밀이 되고, 흩트리면 만행이 된다. 만행 속에 일심(一心)이 없을 수 없으며, 일심(一心)은 일찍이 만행과 어긋난 적이 없다. 선(禪)이란 6바라밀 중의 하나이니, 어찌 모든 법을 아우를 수 있겠는가? 또 여래께서는 '법의 핵심[法眼]'을 가섭에게 부촉하셨지 법(法)과 행(行)을 부촉하신 게 아니다. 그러므로 제 마음에서 체험한 것은 법(法)이고, (상대의) 뒤집어짐[顚]에 따라 (교화의) 방편을 세운 게 행(行)이니, (행이) 반드시 항상 같은 건 아니다. 그러니 일심(一心)이란, 만법이 생겨나는 곳이지만 만법에 속하지 않는다. 일심을 얻는 자는 법(法)에 자유자재하고, 일

---

을 주석하고 강의했다.

37) 문종의 초청으로 828년(종밀 49세)부터 약 2년간 문종의 초빙으로 궁중에서 머물고, 많은 사대부 관료들과 교류한 것을 비난하는 당시의 여론.

심을 보는 자는 교(敎)에 걸림이 없다. 본래부터 법(法)이 아니었더라면 법이 설해질 수 없고, 본래부터 교(敎)가 아니었더라면 교가 전해질 수 없다. 그러니 드러난 자취만으로 더듬을 수 있겠는가?

議者以大師不守禪行, 而廣講經論, 遊名邑大都, 以興建爲務, 乃爲多聞之所役乎. 豈聲利之所未忘乎. 嘻, 議者焉[38]知大道之所趣哉. 夫一心者萬法之總也, 分而爲戒定慧, 開而爲六度, 散而爲万行. 万行未嘗非一心, 一心者未嘗違万行. 禪者六度之一耳[39], 何能總諸法哉. 且如來以法眼付迦葉, 不以法行. 故自心而證者爲法, 隨顚而起者爲行, 未必常[40]同也. 然則一心者, 万法之所生, 而不屬於万法. 得之者, 則於法自在矣. 見之者, 則於敎無礙矣. 本非法不可以法說, 本非敎不可以敎傳, 豈可以軌跡而尋哉.

가섭 존자에서부터 부나사 존자에 이르는 무릇 10대의 조사들은 모두 아라한이어서, 제도한 대상 역시 아라한이었다. 마명·용수·제파·천친 등의 조사

38) 焉: 「常盤本」에는 '焉' 자가 '爲' 자로 되어 있음. 『전당문』에도 '焉' 자로 표기.

39) 耳: 『금석췌편』에는 '已' 자로 표기. 『전당문』에는 '耳' 자로 표기.

40) 常: 「청탁본」에는 이 글자가 잘 안 보이지만, 「常盤本」과 『금석췌편』과 『전당문』에 의거 '常' 자로 판독했다.

세대에 와서 비로소 대승을 열었기 때문에, 논을 저술하고 경을 주석하여, 외도를 격파하고 보살승이 최고라고 주장하셨다. 그런데 존자 사야만은 유독 계율의 위력으로 위엄과 신통을 삼으셨고, 존자 마라는 홀로 고행으로 수행의 모습[道跡]을 삼으셨다.

그 밖의 여러 조사는 혹은 교법(法教)을 널리 행하시기도 했고, 혹은 선의 고요함[禪寂]에만 오로지 마음을 다하시기도 했고, 혹은 육신의 허물을 벗고 열반에 드시기도 했고, 혹은 불에 타서 돌아가시기도 했고, 혹은 나무 밑에서 열반을 보이시기도 했고, 혹은 해코지를 당하여 묵은 부채를 갚으시기도 했으니, 이는 곧 법(法)은 같더라도 행(行)에 있어서는 반드시 같았던 게 아니라는 증거이다. 게다가, 자취만을 고집하는 건 훌륭한 행(行)이 아니며, 규칙이나 기준만을 지키는 게 훌륭한 솜씨가 아니다. 신속하고 빠르지 않으면 (『법화경』에서 말하는 성문・연각・보살 3승을 모두 실어 나르는) 백우(白牛; 大牛)가 될 수 없고, (성문・연각을) 뛰어넘지 않으면 보살이 될 수 없기 때문이다.

自迦葉至富那奢，凡十祖皆羅漢，所度亦羅漢．馬鳴龍樹提婆天親, 始開摩訶衍, 著論釋經, 摧滅外道, 爲菩薩唱首. 而尊者闍夜, 獨以戒力爲威神, 尊者摩羅, 獨以苦行爲道跡. 其他諸祖, 或廣行法敎, 或專心禪寂, 或蟬蛻而去, 或火化而滅, 或攀樹而示終, 或受害而償債, 是乃法必同, 而行不必同也. 且循轍跡者, 非善行, 守規墨者, 非善巧. 不迅疾, 無以爲大牛, 不超過, 無以大士故.

종밀 대사께서 실천한 도는, '지각하여 아는 것[知見]'으로 묘한 방편으로 삼으셨고, 고요하고 깨끗함[寂淨]으로 바른 법의 맛을 삼으셨고, 자비롭게 인내하는 것으로 갑옷을 삼으셨고, 지혜롭게 끊어버림으로 검과 창을 삼으셨다. 그리하여 마음속에 깃든 마군의 드높은 보루를 부수고, 밖에 있는 적의 견고한 진지를 함락시켜, 삿되고 잡된 것을 진압하여 어루만지셨으며 포승줄과 창살을 풀어주셨다.

거지[窮子]를 만나면 꾸짖어 본래의 집으로 돌려보내고,[41] 가난한 여인[貧女]을 만나면 꾸짖어 제집을 살펴보게 하셨다.[42] 거지가 돌아가지 않고 가난한 여인이 부자가 못 되는 것을 종밀 대사께서는 부끄럽게 여기셨고, 3승의 가르침이 부흥되지 못하고 4분의

41) 『법화경』「신해품」(T.9-16중)에 나오는 비유.

42) 『열반경』「여래성품」(T.12-407중)에 나오는 비유,

율장이[43] 드날려 시행되지 않는 것을 부끄럽게 여기셨으며, 충과 효가[44] 법도대로 시행되지 않고, (부처님께서 지셨던) 짐 짊어지기를[45] 이겨내지 못하는 것을 부끄럽게 여기셨고, 이름에 매이는 것을 피한답시고 형상에 매이고, 아만에 빠져 교만을 늘리는 것을 부끄럽게 여기셨다. 그리하여 구제하고 건지느라고 허둥대셨으며 개발하여 유인하시느라 분주하셨다. 한 가지 행(行)으로 자신을 뽐내지도 않으셨으며, 한 가지 덕으로 당신을 높이시지도 않으셨다.

누구든지 의지하여 귀의하는 자가 있으면 청하건 말건 다가갔으며, 이익을 구하는 자가 있으면 분발하건 말건 계발시키셨다. 비록 아무리 어려도 공경히 대접함에 소홀함이 없으셨으며, 거칠고 사납게 굴더라도 끌어당겨 격려해주시기를 게을리하지 않으셨

43) 종밀 선사가 『사분률』에 주석을 붙였다 하나, 책은 현존하지 않음.

44) 종밀 선사의 『우란분경』에 주석을 내어 불교의 입장에서 부모 봉양하는 효 윤리를 제창한 것을 염두에 둔 표현.

45) 짐 짊어지기: 『금강경』에 "하담여래(荷擔如來)"라는 말이 나온다. 이 말뜻은 여래께서 세상에 오셔서 평생 하신 일생의 사업, 즉 如來 出現의 一大事를 훗날 제자들이 분담하여 짊어진다. 종밀 선사의 저술 『금강경찬요』 속에 이 부분의 주석이 자세하다.

다. 부처님의 가르침을 드날리고 중생 제도하는 것으로, 임금님의 나라 다스림을 도우시는 게 이와 같으셨다.

大師之爲道也, 以知見爲妙門, 寂淨爲正味, 慈忍爲甲盾, 慧斷爲劍矛. 破內魔之高壘, 陷外賊之堅陣. 鎭撫邪雜, 解釋縲籠. 遇窮子則, 叱而使歸其家. 見貧女則, 訶而使照其室. 窮子不歸, 貧女不富, 吾師恥之. 三乘不興, 四分不振, 吾師恥之. 忠孝不並化, 荷擔不勝任, 吾師恥之. 避名滯相, 匿我增慢, 吾師恥之. 故遑遑[46]於濟拔, 汲汲於開誘. 不以一行自高, 不以一德自聳[47]. 人有依歸者, 不俟請, 則往矣, 有求益者, 不俟憤, 則啓矣. 雖童幼不簡於敬接, 雖驁很不怠於叩勵. 其以闡[48]教度生, 助國家之化也如此.

그런 까닭에, 대사의 가르침을 가까이하는 이는, 인색하던 이는 보시하게 되고, 사납던 이는 다소곳해지고, 뻣뻣하던 이는 순종하고, 거스르던 이는 순해지고, 혼미하던 이는 개발되고, 타락하던 이는 분발했다. 저 혼자만 영화를 누리던 이는 염치를 알게 되

---

46) 故遑遑: 『금석췌편』에는 '及遑遑'으로 표기. 『전당문』에는 '故皇皇'으로 표기.

47) 聳: 『전당문』에는 '崇' 자로 표기.

48) 闡: 「常盤本」에는 '聞' 자로 표기.

고, 저만 센 줄 아는 이는 남과 어울리게 되고, 사욕을 드러내던 이는 공평해지고, 감정에 빠진 이는 의로워졌다.

무릇, 일반 사람이면서도, 집과 처자를 버리고 함께 그 가르침으로 들어와 (살던 집의 일부를) 절[寺]로 나누어 사는 자도 있었으며, 생업을 바꾸어 고기를 먹지 아니하고 계법을 지켜 하나의 공동체(家)를 세워 가까이 사는 자도 있었으며, 벼슬길로 나아가 정치의 이치를 배워 질병과 고통 구제로 자신의 수도를 삼는 자도 있었으며, 물러나 부모를 봉양하여 받들어 모시는 것으로 수행을 삼는 자도 있었다.

그 나머지, 동경하면서 멀리서 왔다가는 기쁨에 넘쳐 돌아가고, 소매를 떨쳐 급히 와서는 속을 실답게 하여 되돌아가던 일들은, 계시는 곳마다 너무나 많아 일일이 다 기록할 수 없다.

참으로 여래의 부촉하신 보살이시며, 중생의 청하지 않은 벗이시다. 이야말로 4의(依)에[49] 해당하는 분

---

49) 4의(依): (1)법에 의지하고 사람에 의지하지 않는 것. (2)요의경에 의지하고 불요의경에 의지하지 않는 것. (3)의미에 의지하고 말에 의지하지 않는 것. (4)지혜에 의지하고 식(識)에 의지하지 않는 것.

이 아니겠으며, 10지의 경지에[50] 오른 분이 아니시겠는가! 나 배휴는 선사께서 사시는 울타리와 그 속의 정원이며 건물이 크기가 넓은지 좁은지 깊은지 얕은지를 가늠할 길이 없다. 비평하는 이들이 또 어찌 (선사의) 크나큰 도의 지향점을 알 수 있겠는가!

故親大師之法者, 貧則施, 暴則斂, 剛則隨, 戾則順, 昏則開, 墮則奮. 自榮者慊, 自堅者化, 徇私者公, 溺情者義. 凡士俗有捨其家與妻子, 同入其法, 分寺而居者; 有變活業, 絶血食, 持戒法. 起家爲近住者; 有出而修政理, 以救疾苦爲道者; 有退而奉父母, 以豊供養爲行者. 其餘, 憧憧而來, 欣欣而去, 揚袂而至, 實服而歸, 所在甚衆, 不可以紀. 眞如來咐囑之菩薩, 衆生不請之良友. 其四依之人乎, 其十地之人乎. 吾不識其境界庭宇之廣狹深淺矣. 議者又焉[51]知大道之所趣哉.

규봉 대사는 건중 원년(780년)에 세상에 나시어, 원화

50) 10지의 경지: 보살이 수행해야 하는 52단계 중 제41단계에서 제50단계까지를 말함. 중생을 짊어지고 기르는 것을 마치 대지가 만물을 실어 기르는 것에 비유했다. (1)환희지, (2)이구지, (3)발광지, (4)염혜지, (5)난승지, (6)현전지, (7)원행지, (8)부동지, (9)선혜지, (10)법운지.

51) 焉: 「常盤本」에는 '爲' 자로 표기. 『전당문』에는 '焉' 자로 표기.

2년에(807년; 종밀 28세) 도원 화상에게 마음으로 인가를 받았고, 또 증(拯) 율사[52]에게 구족계를 받으셨다. 대화 2년(828년, 종밀 49세) 경성절에는 천자께서 황궁에 불러들여 법문을 들으시고는 자방포를 하사하시어 대덕으로 삼았는데, 대사께서는 늘 산으로 돌아가겠다고 청하셨다.

회창 원년(841년) 정월 6일에 흥복사 탑원에[53] 앉아서 입적하시니, 의젓하시기가 살아계시는 듯했고 용모는 더욱 훤하셨다. 7일이 지난 뒤에 관으로 모시니, 몸소 체험하신 도력은 가히 알만하다. 그달 22일 출가자와 재가자들이 대사의 전신을 규봉에 모셨다. 2월 13일에[54] 다비하니, 처음에 사리 수 10과를 얻었는데 밝고 희고 윤기가 나며 큼직했다. 뒤에 문인들이 울면서 잿더미 속을 뒤지면 반드시 사리를 얻어서 돌아갔다. 지금 그것들을 모두 거두어들여 석실에 넣어드렸다. 저 댓가 없이 베푸시는 자비는 가히 알

---

52) 증(拯) 율사 : 미상.

53) 홍복사 탑원: 홍복사는 당나라 정관 8년(634) 건립될 당시는 宏福寺였고, 신룡 원년(705)에 興福寺로 개명. 위치는 장안(지금의 서안)의 황성 안.

54) 2월 13일: 『경덕전등록』에는 2월 12일. 본 번역서 p.257의 주57) 참조.

만하다. 세속 나이는 62세요 승랍은 34세이다.

유언으로 남기신 말씀 매우 분명하셨다.

"몸뚱이는 오래 머물 수 없지만, 그러나 진령(眞靈)은[55] 영겁토록 오래 보존된다. 변화하여 생긴 것은 무상하지만, 보존되는 (眞靈만이) 나임을 알아라. 죽은 후에는 수레에 실어다 벌레나 짐승에게 주고, 그 뼈는 태워서 뿌려라. 묘지 쓰지 말고, 탑 세우지 말고, 슬퍼하거나 그리워하여 선관(禪觀)을 어지럽지 마라. 매년 청명절이면 산에 올라 반드시 도(道)를 강하기를[56] 7일 동안 하고 내려가거라. 그 밖의 절에서 생활하고 수행하는 법은 모두 그에 따르는 법도가 있으니, 이를 어기는 자는 나의 제자가 아니다."

**大師以建中元年生於世. 元和二年, 印心於圓和尙. 又受具於拯律師. 大和二年慶成節, 徵入內殿問法要, 賜紫方袍爲大德. 尋請歸山. 會昌元年, 正月六日, 坐滅於興福塔院, 儼然如生, 容貌益悅. 七日而後, 遷於函, 其[57]自證之**

---

55) 진령(眞靈): 영각진심(靈覺眞心) 내지는 본각진심(本覺眞心)의 다른 표현. '참 나' 또는 진여본성 등으로 이해됨.

56) 도(道)를 강하기를: ※본 번역서 p.276 주58) 참조.

57) 其: 『금석췌편』에는 '而' 자로 표기. 『전당문』에는 '其'로 표기.

力可知矣. 其月二十二日, 道俗等奉全身于圭峯. 二月十三日荼毘, 初得舍利數十粒, 明白潤大. 後門文泣而求諸煨中, 必得而歸. 今悉斂而藏于石室. 其無緣之慈可知矣. 俗歲六十二, 僧臘三十四. 遺戒深明. 形質不可以久駐, 而眞靈永劫而長存. 乃知, 化者無常, 存者是我. 死後舉施虫犬, 焚其骨而散之, 勿墓, 勿塔, 勿悲慕以亂禪觀. 每清明上山, 必講道七日, 而後去. 其餘住持法行, 皆有儀則, 違者非我弟子.

지금의 황제께서 다시 불교를 복권하시어[58] '정혜(定慧)' 선사라고 시호를 내리셨고 '청련(青蓮)'이라는 탑호를 내리셨다. 그리하여 탑을 세우지 않을 수 없었고, 비석을 새기지 않을 수 없었다. 또, 그 교학을 독자적으로 하나의 종(宗)을[59] 삼게 하니, 배우는 자들이 기준 삼아 우러르는 바 있었다.

문인 중에 통달한 사람들은 매우 많았는데, 모두

58) 지금의 황제께서 다시 불교를 복권: ※본 번역서 p.277의 주59) 참조.

59) '화엄종'을 지칭. 종밀 이전에는 청량이 『화엄경』에 대한 소초를 붙이면서 『화엄경』에서 제시하는 또는 구추하는 종지(宗旨)라는 의미로 '화엄의 종'을 줄여 '화엄종'라고 표기했지만, 일종의 학파적인 의미로 '화엄종'이라는 용어는 종밀의 『원각경』 관련 주석서가 처음이다. 이 점을 잘 아는 배휴이기에 이렇게 표현했다.

가 여래의 지견을 밝혀 법요를 잘 설했다. 그들은 혹은 깊은 산속에서 망념을 쉬기도 하였고, 도회지에서 전도하기도 했고, 팔을 끊어 그 은덕에 보답하기도 했고[60], 재가의 몸으로 세속에서 교화하기도 했다. 그밖에, 한 번 인사를 올리고 도를 깨쳐 종신토록 수호한 자는 승니를 비롯 4부대중은 수 천 백 명이나 된다. 제자를 길러 일파를 이루어 도와 수행을 후세에 전할 만한 이는 '별전'에[61] 기록되어 있다.

나 배휴는 대사와 법으로는 형제이고, 의리로는 벗이고, 은혜로는 선지식이고, 불법(佛法) 있어 스님은 안에서 보호하시는 분이고 나는 외호자이다. 그러므로 자세하게 서술할 수 있다. 남들은 자세할 수 없다.[62]

---

60) 혹은 팔을 끊어 그 은덕에 보답: ※본 번역서 p.250 주17) ; p.327의 주105 부분 본문 참조.

61) 별전(別傳): 배휴가 이 비문을 종이에 쓰던 때는 종밀 사후 10여 년이 지났다. 문도들에 의한 종밀의 '행록(行錄)' 제작을 짐작하게 하는 대목. 『조당집』(952) 편집자도 '행록'을 거론하는 점에 주목할 필요가 있다. ※본 번역서 p.254의 주25) ; p.400의 주15) 참조.

62) 원문은 '他人則不詳'. 나 배휴만이 종밀 선사의 학문과 수행을 제대로 알 수 있다는 자부심이 담긴 어조. 배휴는 852년(62세) 尙書에 제수 된다. 853년 대중 천자가 칙명으

마음에 새기며 적는다.

今皇帝再闡眞宗, 追謚定慧禪師靑蓮之塔, 則塔不可以不建, 石不可以不斲. 且使其敎自爲一宗, 而學者有所標仰也. 門人達者甚衆, 皆明如來知見, 而善說法要. 或巖穴而息念, 或都會而傳敎, 或斷臂而酬德, 或白衣以淪跡. 其餘一礼而悟道, 終身而守護者, 僧尼四衆數千百人. 得其氏族, 道行可傳於後者, 紀於別傳. 休與大師, 於法爲昆仲, 於義爲交友, 於恩爲善知識, 於敎爲內外護. 故得詳而敍之, 他人則不詳. 銘曰.

여래께서 간직한 지견과
일대사 인연은
조사들께서 서로 계승하시니
등불마다 계속 타오르네.
如來知見, 大事因緣,
祖祖相承, 燈燈相燃.

등불은 나뉘어도 비췸은 같아
말씀으로도 드러내시고 비밀로도 전해
삿됨을 꺾고 마군을 무찔러
부처도 되고 보살 지위에도 오르네.

---

로 탑호와 시호를 내렸고, 비가 세워진 해는 855년이니, 정승 배휴는 이 사이에 비문을 닦았을[修] 것이다.

分光竝照, 顯說密傳,
摧邪破魔, 證聖登[63]賢.

점수한 자는 거기에 들 수 있고
돈오한 자는 온전히 이루니
뉘라서 계승하고 부흥시켰을꼬?
규봉 선사께서 계셨구려.
漸之者入, 頓之者全,
孰紹孰興, 圭峯在焉,[64]

자비심은 매우 커서
두루 베풀지 않으심이 없으며
잡아끌고 부축하여
미혹할까 자빠질까 걱정하시네.
甚大慈悲, 不捨周旋,
以引以翼, 恐迷恐顚.

마음 종지를 곧장 보여주기도 하시고
언어 문자를 곁으로 설하기도 하시어
널리 거두시고 멀리 취하시어

63) 登: 『금석췌편』에는 '證' 자로 표기. 『전당문』에는 '登' 자로 표기.

64) 焉: 「常盤本」에는 '有' 자로 표기. 『전당문』에는 '焉' 자로 표기.

버리지도 않고 줄이지도 않으셨네.
直示心宗, 傍羅義筌,
廣收遠取, 無弃無損,

쇳물이 끓는 마군의 성과
그루터기 박히고 번뇌 덮인 풀밭
뽑아 없애고 베어서 잘라버리시니
드넓은 길이 활짝 열렸네.
金湯魔城, 株杌情田,
銷竭芟伐, 大道坦然.

수업마다 깨침의 도량을 높이시고
모임마다 진리의 자리를 채우시나
물들지 않고 지내시니
진흙 속의 푸른 연꽃이십니다.
功高覺場, 會盛法筵,
不染而住, 淤泥青蓮,

법성이야 오감이 없지만
운세에는 변천이 있어서
입적하심에 탄식하니
중생이 가련하다.
性無去來, 運有推遷,
順世而歎, 衆生可憐.

바람은 어두운 들녘에서 울부짖고
종소리는 어두운 물가에서 부서지는데
뗏목도 놔두시고 가시면
물에 빠진 자는 누가 인도할까?
風號晩[65]野, 鐘摧夜川[66]
舍筏而去,[67] 溺者誰前,

험한 벼랑, 가시덤불
험하고 끊어지고 위태롭고 아득한데
잠깐 사시다 떠나시니
넘어진 저희를 어느 분이 세워주실꼬?
巖崖荊榛, 阻絶危懸,
輕錫而過, 踣者誰肩.

지극한 자비가 없다면
뉘라서 능히 뒤에서 밀어주시고 앞에서 잡아주실까?

---

65) 晩: 『전당문』에는 '曉' 자로 표기.

66) 『금석췌편』에는 다음과 같이 3자가 결여. □□夜□ . 「청탁본」에는 '鐘摧夜川'의 4자 가운데 '夜川'이 누락. 『전당문』에는 '鐘摧夜川'의 4자가 있어서 본 번역에는 이것에 의존해서 교감한다.

67) 『금석췌편』과 「常盤本」과 「청탁본」에는 다음과 같이 2자가 결여. 즉, "□□而去". 『전당문』에만 '舍筏' 2자가 들어 있음.

우리의 큰스님 어디에 계시는가?
다시금 다리 놓고 배 띄워보세.
不有極慈, 孰能後先,
吾師何處, 復建橋船,

가리킨 법은 하나의 신령함이지만
제자는 3천 명을 남기셨네
저버릴 수 없는 은혜
오래도록 공경하고 공경하나이다.
法指一靈, 徒餘三千,
無負法恩, 永以乹乹.[68]

[대중(大中) 7년(853년) 정월 15일, □□□□□□□□ 府 겸(兼) 우가공덕사(右街功德使) 표기대장군(驃騎大將軍) 행(行) 내시성(內侍省) 내알자(內謁者) 監□□□□□□ 식읍삼천호(食邑三千戶) 벼슬 지낸 왕원유(王元宥)가 비석을 보시하면서, 겸하여 황제 폐하께 탑액(塔額)과 시호(謚號)를 내리실 것을 주청 올리니, 당일(當日) □□□…□□□.][69]

---

68) 乹: '乾' 자의 金文體. 『전당문』에는 '乾乾'으로, 「常盤本」과 『금석췌편』에는 모두 '乹' 자로 표기되었다.

69) 이 부분에 대하여 『속수사고전서(續修四庫全書)』 「史部」 「金石類」에 실린 『금석췌편(金石萃編)』(권114)의 31丈에

대중 9년(855년) 10월 13일 비를 세움.
전옥책관(鐫玉册官) 벼슬하는 소건초(邵建初)는 비석의 글자를 새김.

[□□□□□□□□府 兼 右街功德使, 驃騎大將軍 行內侍省 內謁者 監□□□□□□ 食邑三千户 王元宥施碑石, 大中七年, 正月十五日. 兼 奏請塔額謚號, 當日□□□…□□□.][70)]
[大中九年十月十三日建. 鐫玉冊官邵建初刻字.][71)]

---

의하면, 복각(覆刻)하는 사람이 써넣은 것일 수 있다는 의문을 제기하고 있다. 즉, "案末行有, 「府兼右街功德使, 驃騎大將軍, 行驍衛上將軍, 知內侍省事, 上柱國施碑石」 三十字與, 第三十五行重出, 疑是覆刻者."

70) 이 부분은 「常盤本」과 『금석췌편』에는 있으나 「청탁본(清拓本)」과 『전당문』에는 없다.

71) 이 부분은 『전당문』에는 없으나 「청탁본」과 『금석췌편』과 「常盤本」에는 있다.

# 부 록

1. 해제
2. 관련 논문
3. 종밀 선사 연보
4. 종밀 선사 저서 일람
5. 삼천대천세계 및 세계 구상도
6. 원화방진도
7. 80화엄경 구조도
8. 일심수증시말도
9. 중요 참고문헌
10. 찾아보기

## 1. 해 제

### 1) 생애와 저술

① 『원각경대소』의 서문에서 종밀 선사는 자신의 이력을 다음과 같이 회고하고 있다.

나 종밀은 어린 시절에는 노(魯)나라 공자의 말씀을 배웠고,[1] 약관이 되어서는 천축의 전적을 탐구했으나,[2] 모두 (방편인) 통발이나 사다리에 빠져 그저 술지게미나 맛보았을 뿐이다. 다행히도 사천성 수주(遂州)에 있는 부강(涪江)[3]에서 바늘과 겨자가 서로 만나는 듯한 행운을 얻었다.[4]

선(禪)으로는 남종을 만나고, 교(敎)로는 이 『원각경』

1) 규봉 종밀은 명문 가문에 태어나 7~25세 사이에는 유학을 공부했다. 그 기간 중에서도 23~25세 사이에는 당시 지방 국립학교 의학원(義學院)에서 유학에 전념했다.

2) 18~22세 사이에 유학을 공부하면서도 틈틈이 불경을 읽었다.

3) 부강(涪江): 성도 시내를 관통하는 동천강(東川江). 수주(遂州)는 부강의 남서쪽에 있다.

4) 27세에 도원 선사의 문하에 출가하고, 이듬해 28세에 구족계를 받았다.

을 만났다.[5] 도원 선사께서 일러주신 말 한마디 떨어지자마자 '마음의 땅'이 열리고, 이 『원각경』 한 권의 책에서 '이치의 하늘'은 찬란히 빛났다. 늘, 도(道)라고 하더라도 영원한 도가 아니고, 모든 존재는 무상하다고만 생각했다. 그러나 마음이 바로 부처이니, 이 마음으로 인해 마침내는 누구나 다 부처가 되리라는 사실을 이제야 비로소 알았다. 하지만 '종자 노릇하는 지혜[種智]'는 부처님과 똑같더라도 그것을 수행함에는 많이 배우고 들어야 하므로, 온 지방을 돌아다니며 갖가지 서적을 다 뒤져보았다.

---

5) 규봉 종밀은 사미 시절 어느 날(27~29세 사이) 성도부의 부사(府使)인 임관(任灌)의 집에서 『원각경』을 처음 보았다고 한다. 역자는 어찌 그럴 수가 있는가에 대하여 일찍이 월운 사부님께 여쭌 적이 있다. 노 강백의 경험에서 나온 귀한 말씀이시기에 소개하여 함께 나누고자 한다.
수주는 인도는 물론 티베트와 지리적으로 가깝기 때문에, 아직 장안이나 낙양의 양경(兩京)에는 알려지지 않은 여러 불경이 유통되었을 수가 있다고 하셨다. 또 '이차수경(以次受經)'에 대한 말씀도 이렇게 해 주셨다. 공양 청승을 받으면, 초청한 집을 위해서 참석한 승려들이 돌아가면서 『경』을 읽어주는 풍습이 있었다. 다양한 불경을 소장했던 임관은 손에 집히는 대로 참석한 스님들께 『경』을 돌렸는데, 종밀이 받은 것은 『원각경』이었다. 그래서 『경덕전등록』의 행장에서 '이차수경(以次受經)이라고 했다고 말씀하셨다. p.29의 주15); p.229의 주8); p.328의 주24) 참조.

강의로는 비록 포성(蒲城) 땅 신태(神泰)[6] 법사를 넘치지만, 배움만은 그래도 도안(道安: 314~385) 법사를 스승 삼았다. 외람되게 (사부 징관 국사로부터 그대가 강의한 것이) 내 생각과 같다고 거두어 주심을 입었고, 송구스럽게도 (소납을) '큰아들[진자(眞子)]'이라고 인가해 주심도 받았다.[7]

---

6) 신태(神泰): 당나라 현장 삼장의 역경을 도왔고, 이때 번역된 경전을 주해하고 강의하여 세상에 이름을 날렸다.

7) 큰아들[眞子]: 청량 국사가 편지로 종밀을 '큰아들'로 인정. ※본 번역서 〈2. 청량이 제자 종밀에게 보낸 답신〉의 p.322의 주110)의 참조. 여기에는 긴 사연이 있다. 종밀은 31세(810) 시절 양양 땅 회각사에서 청량 국사의 『화엄경대소』(20권) 및 『연의초』(40권)을 1차 강의한다. 이듬해에는 다시 낙양에서 2차로 강의를 했는데, 이때 강의를 듣던 어린 태공(泰恭)이 감동하여 팔을 자른다. 국법으로 금한 일이 벌어졌다. 유수(留守) 정여경(鄭餘慶)이 중서성에 보고하자 취조가 있었고, 강의 내용이 청량의 뜻을 왜곡하여 혹세무민한 것인지를 조사한다. 이때는 아직 청량 국사를 마음으로만 사사했지, 뵙지는 못했다. 그리하여 종밀은 7~8장의 종이에 편지를 써서 자신이 이해한 20권 『소』에 담긴 관절(關節)과 『화엄경』의 혈맥(血脈)을 써서 현규(玄珪)와 지휘(智輝) 두 제자를 시켜 청량에게 보낸다. 이에 청량은 답장을 보내 제자로 허락하는데, 그 편지 표현에 '큰아들' 표현이 나온다. 사자(師資)의 대면은 이로부터 수개월이 지난 812년이다. 이때 제자의 나이는 34세이고 스승의 연세는 75세였다. 슬하에서 2년간 배우고, 그

다시 친한 벗을 만나 부처님의 은혜를 가득 입어, 외롭고 가난한 생활을 길게 한탄하여 장차 법보시를 베풀려하였다. 반야부를 모으고,[8] 화엄을 다스리고,[9] 율장을 검토하고,[10] 유식의 이치를 밝혔다.[11] 그러나 병의 처방은 수 만 가지여서 치료를 어떻게 할지 잘 선택해야 하며, 바닷속에 들어 있는 보배가 천 가지나 되더라도 여의주를 무엇보다 먼저 구해야 한다.

내가 보건대 대저 문장이 풍부하고 뜻이 넓기로는 참으로 『화엄경』에 양보해야 하지만, 본체를 가리켜 상대의 근기에 들어맞게 하기로는 『원각경』에 겨룰 것이 없다. 그러므로 여러 논서를 자세하게 참고하고 백가(百家)의 서적을 반복 연구하여 지혜를 날카롭게 다듬어 마침내 『원각경』을 풀어 해석했다.[12]

---

후에는 일이 있을 때마다 여쭈어 배운다.

8) 원화14년(819) 40세에 장안 홍복사에서 『금강경찬요소』(1권)과 『금강경찬요소초』(1권) 저술.

9) 장경2년(822) 43세에 종남산 풍덕사에서 『화엄윤관』(5권) 저술.

10) 장경3년(823) 44세에 풍덕사에서 『사분률소』(3권) 저술.

11) 원화14~15년(819~820) 40~41세에 장안의 홍복사와 보수사에서 『유식론소』(2권) 저술.

12) 때는 장경3년(823) 종밀 나이 44세이다. 돌이켜보면 27세에 『원각경』을 만났고, 37세 때는 종남산 지거사에서 『원

② 중국 불교의 위대한 학승들에게는 저마다 인연이 되는 경전이 있었다. 천태의 경우는 『법화경』이 그랬고, 지엄의 경우는 『화엄경』이 그랬고, 종밀의 경우는 『원각경』이 그랬다. 이상은 종밀 자신이 『원각경』을 주석하면서, 그 책의 서문에 밝힌 내용이다. 『원각경』에 대한 그의 공들임이 어떠했는지를 짧은 문장 속에서 어쩌면 이다지도 잘 담아내었을까? 문헌의 나라 중국 천하에, 전고가 분명하고 이치와 논리가 상응하며 사장(詞章)이 절제되고 학행(學行)을 겸전(兼全)한 지성으로 이만한 분이 어디 있을까?

하기야 명문가에 태어나 어려서부터 유가(儒家) 글을 읽어 28세에 이르도록 독서인(讀書人)으로 살았으니, 그의 문장에 유학의 경서는 물론 역사서를 비롯한 제자백가의 서를 종횡무진 인용되니, 박람강기(博

---

각경 과문』과 『원각경 찬요』를 저술하고, 같은 해에 『원각경대소초』의 초고를 탈고한다. 43세에는 종남산 초당사에서 『원각경』 관계 저술을 다시 손질하고, 44세에 비로소 『원각경대소』(3권), 『원각경대소초』(13권), 『원각경약소』(12권), 『원각경약소초』(6권)를 매듭 짓는다. 그후 『원각경』에 입각한 수행 참법 지침서인 『원각도량수증의』(18권)을 48세에 완성한다.

覽强記)는 공전절후(空前絶後)이다. 징관 법사에게 스승 되어주시기를 구하는 편지에서 밝히듯이, 종밀은 문(文)은 좋아했지만 제사의 예법이나 음악 등 6예(藝)에는[13] 관심이 없었다.

종밀은 780년 사천성 동남쪽에 위치한 과주(果州) 서충현(西充縣)에서 태어났다. 어려서 문자를 배웠고 7살이 되면서 유학을 공부하여 16세에 이르렀다. 18세 때부터 재가의 몸으로 불경 보기를 5년, 그러다가 23세가 되던 해에 불경 공부를 멈추고 다시 과거시험에 전념한다.

인연이 도래하여 25세 때에 살던 동네에서 그리 멀리 떨어지지 않은 수주(遂州) 땅에서 도원 선사를 만나 사미가 되고, 28세에 구족계를 받는다.

6조 혜능을 정통으로 계승한 선승이 제7조 신회이다. 이 신회의 증손 제자가 바로 도원 선사이다. 즉 종밀의 고조부가 하택 신회이다. 이런 선풍을 만나 깨달은 저간의 소식을 종밀은 위에서처럼 썼던 것이다. 즉, "마음이 바로 부처이니, 이 마음으로 인해서 결국은 부처가 된다는 사실을 이제 비로소 알았다."

---

13) 6예(藝): 본 번역서 p. 289의 주68) 참조.

그 후 자신의 정체가 무엇인지, 인간의 본질이 무엇인지, 돈오(頓悟)했다.

그러던 중 출가한 동네에 있는 신도집에 재 청승을 갔다가 『원각경』을 읽게 되었다. 책을 다 읽기도 전에 마음의 땅과 이치의 하늘이 열렸다. 스승 도원 선사는 젊은 제자 종밀이 화엄의 원돈 교학에 재질이 있음을 간파했다. 게다가 도원의 스승인 유충 선사도 종밀이 화엄교학에 재능이 있음을 알고서는 서울로 가서 화엄종주 청량 징관 국사에게 배우기를 권하였던 것이다.

출가한 지 4년이 채 안 되어 고향 출가 절을 뒤로 하고 북쪽 양주 땅으로 향한다. 그곳 회각사(恢覺寺)에서 청량의 제자 영봉(靈峰) 스님을 만나 청량의 『화엄경소초』를 받아보았다. 대중의 청에 의해 종밀은 나이 31세 되던 해인 원화 5년(810년)에 1차로 강의하고 그 이듬해에 2차 강의한다. 대중은 감격했고 문하생 중에 태공(泰恭)이라는 자는 감읍하여 팔을 베어 바친다. 종밀로서는 송구스럽기 이를 데 없었다. 이런 심정을 이렇게 술회한다. "강의는 비록 외람되게 포주 땅(蒲州) 보구사(普救寺) 사문 신태(神泰) 스님처럼 원저자의 강의를 듣지 않고도 태연하게 했다."

국법에서 금하는 살신(殺身) 공양 사건이 벌어지자 유수는 이 일을 중서성(中書省)에 고한다. 이런 일이 생기자 청량 국사는 종밀이야말로 "나의 큰아들[眞子]"이라고 인가하여, 혐의없음을 보증한다. 종밀은 하루라도 빨리 서울로 가서 청량을 뵙고 싶었지만, 인연이 따라주지 않는다. 여의치 못해, 훗날 찾아뵙고 제자 되기를 원하는 편지를 문인 현규(玄珪)와 지휘(智輝)의 손에 들려 전하니, 때는 811년 9월 13일이었다. 종밀 쪽에서 두 번, 청량 쪽에서 한 번의 편지가 오고 갔다.[14] 드디어 그해 겨울 종밀 나이 32세에, 청량의 슬하에 예를 갖추니 청량이 말했다.

> **"비로교주의 화장세계에 능히 나와 더불어 노닐 수 있는 자가 그대이구려."**

당시 청량의 나이는 74세였다. 밤낮으로 가까이 모시어 2년 동안 청익(請益)했고, 그 후 스승을 떠나 여기저기서 강의하고 제자들을 교육하면서 의심나는 것이 있으면 와 뵈었다. 이때의 자신의 모습을 이렇

14) 스승 제자의 왕복 편지는 ※`본 번역서 p.308 「Ⅳ. 스승 청량과 제자 종밀의 왕복 서신」 참조.

게 서술하고 있다. "학문으로는 그래도 (불경 훈고의 전범을 보이셨던) 도안(道安) 법사를 사사했다."

원돈의 화엄교학에 뜻을 둔 종밀로서는 『원인론』에서 논증했듯이, 인간의 본질은 부처와 다름없는 본각진심(本覺眞心)인 줄 돈오(頓悟)했지만, 그래도 숙세에 훈습한 업장을 소멸시키려면 점수(漸修)의 공이 얼마나 필요한지 잘 알았다. 보살행이 필요했던 것이다. 출가 시절 『원각경』을 만나 돈오한 이후에도, 가는 곳마다 손에 책을 놓지 않았으니 여러 스승의 덕담대로 보살행을 행하였다.

『화엄경』 「십지품」 중 제3지 〈발광지〉를 설하시는 경문 중에, 많이 배우고 듣는 것이야말로 보살행을 닦은 첫 입새라고 하지 않았던가? 816년 37세 되던 해에는 장안성의 남산인 종남산 지거사(智炬寺)에서 3년간 대장경을 열람하면서, 동시에 『원각경과문』과 『원각경찬요』(2권)를 저술하였다.

40세 겨울에는 홍복사에서 『금강경찬요』의 소1권과 초1권을 저술했고, 겨울을 지나면서 홍복사에서 보수사로 옮겨와 『유식론소』(2권)을 지었고, 또 『대운경소』와 『조론소』를 지었다. 화엄의 성지인 청량산을 유람하고 42세 되던 해 정월에 종남산 초당사로 되돌아와, 일전에 했던 『원각경찬요』를 손질하여 이듬해에 완성하였는데, 이것이 바로 『원각경대소』이다. 그해에 또 남산에 있는 풍덕사로 옮겨와 『화엄륜관』(5권)을 지었다.

어느덧 여름이 되었고 종밀의 나이는 벌써 44세가 되었다. 그해 여름에는 그동안 머물던 풍덕사에서 『사분률소』(3권)를 저술하였고, 『원각경』 관계의 모든 저술을 마쳤다. 즉 『원각경대소』(3권), 『원각경대소초』(13권), 『원각경약소』(2권), 『원각경약소초』(6권)가 그것이다.

48세가 되던 827년에 『원각도량수증의』(18권)를 완성하니, 구족계를 받던 28세에 『원각경』을 만난 이후 20년의 세월이 흘렀다.

이미 명성이 안팎으로 자자하여, 49세에는 문종의 생일에 초청을 받아 2년간 궁궐 생활을 하였다. 방외(方外)의 벗 비의도자(非衣道者) 배휴(791~864)를 만난 것도 이즈음이었다. 바로 이해에 서른 살 먹은 배휴는 현량방정능직언극간과(賢良方正能直言極諫科)에 수석 합격한다. 진사로 출사한 지도 6년이나 흘렀다. 지중한 인연은 훗날 정승이 된 배휴로 하여금 종밀의 비문을 쓰게 하였다.

황제에게 여러 번 간청하여 드디어 궁중을 떠나 초당사로 돌아오니 나이는 51세가 되었다. 이 해부터 『중화전심지선문사자승습도』를 지어 배휴의 궁금증을 풀어주었다. 53세가 되던 해에 95세가 되신 청량 국사에게 편지도[15] 보냈다. 이듬해 54세부터 선에 관한 각종 문헌을 수집하고, 그 전집들에 총체적인 서문을 지으니 이것이 바로 『선원제전집도서』였다.

56세 되던 835년 11월 11에는, 이당(李黨)과 우당(牛黨)의 정치적 대립으로 인하여 '감로변(甘露變; 궁중에서 감로수가 났다 속여 정적을 살해하려 한 사건)'이 조정에서 발생했다. 종밀은 자비의 종자인지라 자신이 거처하던 종남산으로 찾아든 도망자를 숨겨주었으나, 국법은 냉엄했다. 구차하게 변명하지 않고 사문의 도리를 다하려 한 종밀의 언행에 조정이 감격하여 다시 절로 모셨다.

종밀은 회갑을 한 해 앞두고, 향년 102세로 사바의 연을 다하는 스승 청량과 영결종천(永訣終天)한다. 회갑을 겨우 지내고 폐불(廢佛)의 폭군 무종이 등극한 원년(841) 정월 초엿새, 향년 62세로 홍복사 탑원

---

15) 이 편지는 현재 전하지 않음.

에서 좌탈하니 부처님의 제자로 산 지가 34년이나 되었다.

폐불의 삭풍도 가시고, 대중(大中) 천자가 등극한 지 7년 되던 해(853년) 정월 보름, 궁궐에서 정혜선사 청련지탑(定慧禪師靑蓮之塔)이라는 칩지가 내려오고, 855년 배휴는 손수 비문을 짓고 해서로 글씨를 쓰고, 당대 최고의 문장가이자 서예가인 유공권(柳公權)이 전서로 전액을 쓰고, 각공(刻工) 소건초(邵建初)는 돌에 글씨를 새겨 넣었다. 돌이켜 보면 종밀 선사가 떠난 지 14년 뒤에 일어난 일들이었다.

2) 사상

① 종밀 선사는 계보 상으로는 '남종선'의 법맥을 잇는 선승이고, 이념적으로는 '법성종(法性宗)'에 속하는 강사이다. 법성종이라 하면, '법성(法性)'이 으뜸가는 근원이라고 주장하는 일종의 학파이다. 이 학파는 불생불멸하는 청정한 '본마음'의 활동을 인정하고, 그런 '본마음'이 무명 번뇌에 가려서 제 기능을 드러내지 못하므로 수행을 통해서 번뇌를 제거하여 '본마음'을 회복하려는 형이상학을 가지고 있다. 이런 '본마

음'을 '본각진심(本覺眞心)' 또는 '일심(一心)'이라고 한다. 종밀은 법성종의 형이상학과 지식론과 그리고 실천론에 입각하여 불교 경전의 여러 주장을 대상화화여 그 서열을 매기기도 하고, 유교나 도교의 도덕론에 비판을 가하기도 했다.

이러한 그의 사상은 여러 저서 속에 나타난다. 본 번역서에 실린 『인간의 근원을 탐구하는 논문』에서도 드러나듯이, 그는 '본각진심'을 긍정적인 어법으로 적극적으로 드러내는 경전이 최고의 경전이라는 교상판석을 바탕으로, 『화엄경』과 『원각경』을 불교의 핵심을 드러낸 최고의 경전으로 꼽는다. 반면에 반야부를 대표하는 『금강경』은 부정의 말투가 많으므로, 대승 경전이기는 하지만 대승의 첫 입새에 해당하는 대승시교(大乘始教)라고 그 교상을 판석하고 있다.

② 이런 관점에서 선종을 평가하고 서열을 매기기도 하는데, 이런 그의 태도는 본 번역서에 실린 『선종에 관한 배휴 정승과의 편지』에 잘 드러난다. 이 편지에서 보여주는 종밀의 논증에 의하면, 선종 중에서는 하택 스님 계열만이 '본각진심'을 적극적으로, 그것도 긍정의 말투로 드러내기 때문에 달마에서 육

조 혜능에 이르는 정통을 계승했고, 반면에 마조 도일이나 그 밖의 선승들은 부정의 말투로 '본각진심'을 드러냈기 때문에 좀 수준이 떨어진다고 평가내린다. 이런 종밀의 생각은 『선원제전집도서』에도 잘 드러나고 있다.

물론 종밀의 이런 생각들은 뒷날 마조 계통이 세력을 키워감에 따라 특히 송대 이후에는 비판의 표적이 되었고, 지금도 마조의 계통을 추종하는 사람들은 그걸 흉내 내어 종밀을 비판하고 있다. 그러나 중국 사상사 내지는 불교사의 입장에서 이 점은 다시 검토해 보아야 할 것이다. 특히 본 번역서에 실린 『선종에 관한 배휴 정승과의 편지』와 『규봉 종밀 선사의 행장과 편지』는 선종사 연구에 귀중한 자료가 될 것이다.

돈황 지방에서 하택 신회의 문서들이 발견되기 전에는, 6조 혜능의 법통을 수호하고 공고히 하는데 하택 신회 선사가 지대한 공을 세웠다는 것을 몰랐다. 송나라 이후에 만들어진 사료에 입각하여 하택 신회 선사를 비난하는 일변도였다. 물론 종밀도 껴잡아서 말이다. 그러나 분명한 것은 신회야 말로 '사실적 역사' 측면에서, 북종을 배격하고 남종을 세우고 또 혜능을 6조의 자리로 옹립한 장본인이다. 따라서 외형적인 사자상승의 면에서도 남종의 정통 계승자이다.

그러면 과연, 신회 선사가 '이념적 역사' 즉 내면적 사상에 있어서 혜능이나 홍인 더 올라가서는 달마의 정신을 계승하느냐? 물론 그렇다고 대답해야 할 것이다. 혜능과 신회에 이르는 일련의 남종 사람들은 돈오무심(頓悟無心)을 주장하기 때문에 계승했다고 말할 수 있는 것이다. 그런데 문제는 종밀 선사이다.

단도직입적으로 물으면, 종밀이 과연 돈오무심(頓悟無心)을 자신의 근본 입장으로 수용하는가 하는 것이 문제이다. 종밀은 실천론에 있어서 돈오무심(頓悟無心) 보다는 돈오점수(頓悟漸修)를 보다 근본적인 방법이라고 논증한다. 종밀은 '사실적 역사'로는 남종선의 맥을 계승하지만, '이념적 역사'로는 화엄의 원돈교학 내부 쪽으로 남종 수양론을 수용해 들인다. 바로 이 점에 훗날 남종선 사람들의 비판이 쏟아진다.

필자는 이런 입장에 주목하여 여러 논문을 발표하였고 일관되게 주장해 왔다. 즉, 종밀은 남종선이 가지고 있는 '이념적 역사' 즉 '돈오무심' 정신을 평가절하했다. 따라서 남종선에 속한 수행자가 이런 점에 종밀을 비난하는 것은 정당하다. 그런데 지평을 남종

선에 국한하지 말고 더 넓혀 대승불교의 대평원에서 볼 때, 과연 종밀의 '돈오점수'가 비난받아야 하는가?

이 점에 대해서 필자는 각종 논문에서 그 부당함을 논증했다. 앞에서 말한 '법성종'의 입장에서 보면 종밀의 분석과 논증이 더 옳다. 화엄교학을 내용으로 하는 법성의 교학에서는 (1)비로법계를 깨닫는 일[悟毘盧法界]과 (2)보현보살처럼 자리이타의 보살행을 실천하는 일[修普賢行]을 양대 축으로 하기 때문이다. 이념적으로 법성종에 소속한 종밀의 입장에서 보면, 당시의 남종선 중에서 홍주종으로 불리던 훗날의 임제종 일파들은 (1)만 있고, (2)가 없다는 것이다.

③ 중국의 불교사는 인도의 경전을 번역하는 과정을 거치면서, 점점 중국 고유의 철학과 종교사상 속으로 지평을 넓혀가게 되었다. 이 과정에서 제일 먼저 생겼던 문제는 중국 고유사상인 유교와 도교와의 교섭(交涉)이었다. 문헌적으로는 3국 중 오(吳)나라 시대에 편집된 『모자이혹론』에서 그 교섭의 구체적 내용이 보이지만, 실제는 더 오래되었을 것이다. 이런 교섭의 역사 속에서 불교는 전통사상의 우산 속에서 보호를 받기 위해서, 또는 잘 몰라서 처음에는

격의적(格義的) 방식으로 교섭했다. 불교의 5계와 유교의 5상을 대비시키는 그런 류 말이다. 그러나 불교의 교리에 대한 중국인들의 이해가 깊어지면서 본의적(本義的) 방식으로 교섭했음을 알 수 있다. 이러한 유·불 교섭사의 흐름 속에서 한 획을 긋는 인물이 종밀 선사이다.

종밀은 인간의 본질이 무엇인가에 대한 논증을 통하여 불교와 유·불과의 차이를 명확하게 구별하려 하였다. 그것이 바로 본 번역서에 실린『인간의 근원을 탐구하는 논문』이다.

유교와 도교에서는 전통적으로 '태허(太虛)' 또는 '무(無)' 또는 '기(氣)' 또는 '무극(無極)' 또는 '원기(元氣)'가 근원이 되어 거기에서 만물이 만들어진다고 이해한다. 물론 이렇게 만들어진 만물 중에서 인간이 가장 신령하다고는 한다. 그러나 종밀이 보기에 이것은 인간을 표면적으로만 관찰한 것으로, 속속들이 제대로 보지 못했다.

그러면 인간의 본질이란 무엇인가? 종밀에 의하면 인간의 본질은 '본각진심(本覺眞心)'이다. 누가 만들어 준 것도 아니고 본래 있으므로 '본(本)'이고, 항상 지각하는 기능이 있으므로 '각(覺)'이고, 일체의 번뇌가 사라져서 자・비・희・사의 참된 공덕을 간직하고 있으므로 '진(眞)'이다. 이렇게 본(本)하고 각(覺)하고 진(眞)한 마음이, 인간 내지는 일체 생명 더 나아가 법계(法界)의 본질이라는 것이다.

그런데 사람마다 살아온 환경 등이 다르므로 어리석음의 정도나 종류도 저마다 다르다. 사람은 누구나 평등하게 '본각진심'을 가지고 있는 존재이면서도, 어리석음이 제각기 달라 천차만별의 생을 살고 있다는 것이다. 그러나 자신이 처한 위치에서 어리석음을 물리치면 누구나 할 것 없이 '본각진심'이 활성화되어 제 몫을 하고 살 수 있다. 이것이 종밀 선사가 일생을 통해서 강의했던 것이고, 수많은 저술 속에서 일관되게 밝힌 것이다.

### 3) 텍스트에 대하여

① 규봉 종밀 선사는 『원인론』과 「원인론서」를 지었다. 여기서 말하는 「원인론서」는 규봉 자신의 '자서(自序)'이다. 그런데 이런 종밀의 '자서(自序)' 이외에도, 배휴가 지은 『원인론서』가 있다고 '와전'되어 급기야는 『전당문(全唐文)』(권743) 「배휴」조에 배휴

찬, 『화엄원인론서(華嚴原人論序)』로 실리기도 했다. 그러나 이 「서문」은 『원인론』의 「서문」이 아니고, 『법집(法集)』의 「서문」이다.

이런 주장을 처음 제기한 사람은 송대의 화엄종사 진수(晉水) 사문 정원(淨源; 1011~1088) 법사이다. 그는 『원인론』에 자세한 주석을 달아 설명을 했고, 또 몸소 그 주석서에 서문을 붙였는데, 이것이 바로 『原人論發微錄 幷 序』(신찬속장58-718하-737중)이다.

정원 법사는 『원인론』의 논주(論主)이신 종밀 선사의 행업(行業)을 자세하게 설명하는 과정에서, 배휴가 지은 『법집서』의 내용을 고스란히 인용하고 있다. 이렇게 인용을 마치고는, 이렇게 말한다. "이상은 모두 『법집서』의 글이다. 후인들이 아는 게 적어서, 이 글을 『보현행원품소초』의 머리글로 붙여놓기도 했고 혹은 『원인론』의 머리글로 붙여놓기도 했다. (나 정원이 생각하기에) 이 글은 『원인론』의 주제와는 매우 상반된다." 그러면서 협주(夾註)에서 단정적으로 밝힌다. "피서법집(彼序法集), 비서원인(非序原人)" 즉 "저것은 『법집』에 대한 서문이지, 『원인론』에 대한 서문은 아니다." 그러면서도 굳이 『원인론』을 주석하면서 배휴의 서문을 인용하는 이유에 대하여, "이제 『

원인론 발미록』 가운데에 써두어 논주(論主)의 행업(行業)을 분명하게 하려고 한다"라고 하고 있다. 즉, 규봉 선사의 일생을 논함에 있어, 생전에 그와 교류한 배휴의 증언이 믿을만하다는 사실은 세상이 공인했기 때문이다.

그러면 『법집』이란 어떤 책인가? 지금 전하고 있는가? 이에 대한 대답은 참으로 옹색하다. 왜냐하면 『법집』이라는 책의 온전한 모습은 현존하지도 않고, 게다가 그의 「비석」이나 「행장」 어디에도 『법집』이라는 서명이 보이지는 않는다. 물론 그렇기는 하지만, 『법집』이 실재하지 않았던 것은 아니다. 『법집』의 내용을 짐작할 수 있는 실마리를 「『법집(法集)』서(序)」에서 찾을 수 있다. ※본 번역서 pp.33~34의 내용이 그것으로, 아래에 인용한다.

> "그밖에, 인간의 본원을 탐구하는 글과 여러 선종의 같고 다른 점을 모은 글 등이 있는데, 이것들은 모두 사람들이 부탁해서 거기에 응한 것이며 물어 와서 대답한 것이었다. 그밖에도 제자들 중에서 멀리 떨어져 있으면서 가르쳐 주시기를 바랐기 때문에 그것에 응해서 보낸 편지도 있고, …… 머물던 산을 이리저리 둘러보면서

> 깨달음의 정취를 읊조린 것도 있었다. …… 수학한 제자들이 이런 것을 모아 와서 편집하니 10권이 되었는데, 빛나고 밝아서 마치 선정과 지혜로 이루어진 밝은 거울 같았다."

즉 배휴의 증언에 따르면 10권으로 이루어진 『법집』이 있었고, 그는 바로 『법집』에 서문을 붙인 것이다. 즉 모두 10권으로 된 『법집』을 배휴는 보았던 것이다. 이런 배휴의 경험은 그가 종밀의 비문을 작성하는 데에도 그대로 드러난다. ※본 번역서 p.349의 주 32)에서 이렇게 말하고 있다. "편지로 답한 글·게송·비평적으로 쓴 논문 등이 있는데, 이 모든 것을 합하면 무려 아홉 열권 남짓하다."

한편, 여기서 우리는 고려 보조 지눌(普照知訥; 1158~1210) 국사의 『법집별행록절요병입사기(法集別行錄節要幷入私記)』를 상기할 필요가 있다. 이 책은, 종밀 선사가 지은 『법집별행록』에 대하여, 보조 국사가 중요한 부분을 요점만 추리고[節要], 그에 대한 자신의 견해[私記]를 나란히 적어 넣은[幷入] 것이다. 보조 국사의 이런 작업으로 인해, 이제 우리 학계는 규봉 종밀의 저서로 『법집』이라는 책이 실재했었음을 확인할 수 있게 되었다. 이와 더불어 고려의 보조 국사보다 약 150년 전에 활동했던 송나라 장수 정원 법사의 말이 사실로 드러났다. 그 물증이 바로 보조 국사의 『법집별행록절요병입사기』이다.

② 『원인론(原人論)』이 종밀 선사의 저작임에 대해서는 누구도 의심할 수 없다. 본문의 문자 출입도 문제 되지 않는다. 「대정본」 『원인론』의 문면(文面)을 그대로 믿어도 좋다는 말이다. 다만 여기에서 살펴보고자 하는 것은 이 책에 쓰인 내용이 과연 종밀 선사의 생애 중 언제 저술된 것이냐는 것이다. 현재 일본 등의 학계에는 1950년 가지뎃데이(加地哲定) 교수에 의해 제기된 '종밀 만년 저작설'이 유통되고 있으나, 그는 주장만 했지, 논거를 제시하지는 않았다. 그래서 필자는 만년설을 따르면서도, 그 논거를 제시하기 위하여 「圭峰宗密の'本覺眞心' 思想硏究」(辛奎卓, 東京大學大學院 博士學位請求論文, 1994年)에서 논증을 시도하였다.

『원인론』에서 거론하고 있는 각종 내용은 이미 종밀의 젊은 시절에 확립되었고, 그것은 『원각경』의 각종 주석서 속에 정리된다. 종밀 선사가 『원각도량수증의』를 끝으로 『원각경』 관계 저술을 마친 것은

48세(827년) 때의 일이다. 그는 이런 일군의 저서 속에서는 이미 선(禪)·교(教), 유(儒)·도(道)·불(佛) 등에 관해 자신의 견해를 분명하게 드러낸다. 이런 선행 작업을 바탕으로 『원인론』에서는 특정한 경문(經文)에 구애됨이 없이 논증적으로 유(儒)·도(道)·불(佛)의 관계를 평가하고 있다.

『원인론』에 주석을 붙인 정원 법사는 바로 이 점에 주목했다. 『원인론발미록』(신찬속장58-718하)의 「서문」에서 정원 법사는 이렇게 말하고 있다.

"나 정원이 지난날 방대한 『원각경』 관계 소초를 읽은 일이 있다. 그 소초 안에서는 만법을 궁구하고 일심을 추궁했는데, 문장이 밝고 참되어 의혹과 막힘을 풀어 그 글에 밝혀 두신 것이 분명하기가 마치 손바닥을 가리키는 것과 같았다. 그래서 내 몽매함을 헤아리지 않고 그 방대한 소초 중의 중요한 말만을 옮겨 적어[錄] 이 논문에 깊게 숨어 있는[微] 의미를 발려낸다[發]."

당이 망하고 5대의 전란이 끝난 뒤인 송나라 시대에, 정원 법사는 종밀의 『원각경』 주석서의 내용을 인용하여 『원인론』의 문장 사이에 깃든 저간의 깊은 내용을 들추어낸다.

규봉 종밀 선사는 자신의 『원각경』 관계 저술 속에서 산발적으로 드러내었던 사상을, 특히 "인간이란 무엇인가?"라는 주제에 초점을 맞추어 하나의 논문으로 구성한다. 이점에 착안한 정원 법사는 위와 같은 방식으로 주석했다. 바로 이 부분이 『원인론』의 저작 시기를 판정하는 데에 귀중한 정보를 제공한다.

한편, 종밀 선사는 49세(828년)부터 그 이듬해까지 궁중 내에서 생활한다. 그리고 54세(833년)부터 선에 관한 각종 서적을 모집하여 '선장(禪藏)' 편집 작업에 착수한다. '선장(禪藏)'이란 '교장(敎藏)'에 상대되는 어휘로써 일종의 '선에 관한 서적 모음집'이다. 고려의 대각 국사 의천 스님이 '교장(敎藏)'을 제작하기 위하여 각종 불교 서적을 수집한 것을 상기하면, 종밀 선사의 '선장(禪藏)'의 성격을 짐작할 수 있을 것이다. 즉, 자기 저서는 아니라는 말이다. 이런 '선장(禪藏)' 대한 전체적인 서문(序文)이 바로 『선원제전집도서』라고 필자는 생각한다.

한편 『선원제전집도서』와 같은 시기에, 게다가 내용을 상호 대조하면서 저술된 것이 『원인론』이다. 특히 '인천교', '소승교', '법상교', '파상교'를 설명하는 부분은 양 문헌이 서로 호응하고 있다. 이런 등으로 보아 『원인론』은 『원각경』 관계 주석을 마친 이후, 그리고 더 나아가 『선원제전집도서』 이후에 저작된 것으로 보인다.

다음으로 『원인론』의 서명 앞에 '화엄(華嚴)'이라는 명칭을 갓 씌운 이유를 해명하기로 한다. "사람의 본질에 대한 탐구[原人]"는 스승인 청량 징관(738~839) 대사의 『화엄경수소연의초』 「현담(玄談)」(洪卷, 제7권)에서도 거론되는 '화엄종' 내지는 '현수종(賢首宗)' 사람들의 해묵은 주제이다. 더 거슬러 올라가면 수나라 시대의 길장(吉藏; 549~623)도 불교의 입장에서 도교나 유교의 '자연설', '허무대도설' 내지는 '태극설'을 비판해 왔다. 이런 누대의 논의를 축적하여 종밀 선사는 화엄의 입장에서 이 문제에 대한 종합적인 논의를 전개한 것이다.

③ 『중화전심지선문사자승습도』는 그 서두에서 보여주듯이, 배휴의 질문에 대한 종밀 선사의 답신이다. 그리고 그 내용은 선종의 법맥과 각 선사의 핵심 주장에 대한 '평가적' 소개이다. 필자가 여기서 '평가적'이라는 용어를 사용한 이유를 독자들은 이미 알 것이다. 선종의 법통에서 볼 때, 5조는 홍인이고, 6

조는 혜능이고, 7조는 하택임을, 종밀 선사는 역사적 맥락은 물론 사상적 맥락에서 입증하고 있기 때문이다.

종밀 선사 당시, 장안의 지식인들은 누구나 달마 선종의 제7대 조사는 하택 신회라고 알고 있었다. 그러나 훗날 등장하는 『보림전』(801년 무렵), 『조당집』(952년), 『경덕전등록』(1004년) 등의 전등서(傳燈書)를 거치면서, 하택 신회 선사는 선종의 방계로 밀려나고 자취마저도 희미해져 간다. 1900년대 초, 돈황 지방에서 신회 선사의 각종 어록이 발견되기 전까지 말이다. 하택 선사의 사상과 법맥을 입증하는 종밀 선사의 『중화전심지선문사자승습도』(『법집』의 일부)가 세상에 버젓이 유행하는 데도 마찬가지였다.

그래도 고려의 보조 국사는 이 책에 주목하여 『법집별행록절요병입사기』라는 책을 해동의 독서계에 남겼다. 보조 국사의 이 저서로 인하여, 종밀 선사의 『법집』 중의 일부 작품이 별도로 유행하다가 고려에 들어왔음을 알 수 있게 되었다. 그런데 보조 국사의 이 책은 일본 명치(明治) 연간인 1911년에 『대일본속장경』에 입장(入藏)된 『중화전심지선문사자승습도』와 '뿌리'를 같이 하고 있다. 즉, 종밀 선사의 『법집

』 중의 일부가 고려는 물론 일본에도 유행했다. 그 후 1936년(昭和11년), 일본 나고야에 있는 '진복사(眞福寺)'에서 『배휴습유문(裵休拾遺問)』이라는 문서가 발견되었다. 이 문서는 『대일본 속장경』에 실린 『중화전심지선문사자승습도』와 일치한다. 그리고 거기에는 (1)「肅相公所呈見解, 呈上草堂和尙與注釋」, (2)「答史山人十問」, (3)「答山南溫尙書所問」 등 세 종류의 문서가 연이어 있다. 그리고 맨 끝에는 "仁治二年 辛丑 新無月 四日"이라고 필사한 연월일도 적혀 있다. 즉 서기 1241년 음력 10월 4일이다. 이 중 (1), (2), (3)은 모두 『경덕전등록』 「종밀조」의 내용과 일치한다. 물론 어느 경우나 다소 문자의 출입은 있다.

현재 일본 학계에서는 『중화전심지선문사자승습도』는 ※본 번역서 pp.164~165에 실린 도표를 지칭하는 것이고, 이 작품의 원래 서명은 『배휴습유문(裵休拾遺問)』이라는 주장이 통용되고 있다. 그러나 필자는 이런 입장에 동의하지 않는다. 왜냐하면 규봉 종밀의 저서로 『법집』이 있음이 규명되고, 또 보조 국사가 『법집』 중에 독립적으로 유행하는 「별행록」을 보았다는 것이 밝혀지기 때문이다.

이 책의 유통에 대하여 필자는 다음과 같이 단계

별로 설명하고자 한다.

첫 단계: 다양한 내용과 여러 편으로 이루어진 종밀 선사의 『법집』이라는 책이 (종밀 또는 그의 문인들의 손에 의해) 편집되었고, 그에 대한 서문을 배휴가 지었다.

둘째 단계: 『법집』 속에 들어 있는 일부가 부분적으로 따로 유통되었고, 사람들은 이것을 『법집별행록』이라 불렀다.

셋째 단계: 고려의 보조 국사는 『법집별행록』을 입수하고는, 그 작품 가운데 자신이 생각하기에 중요하다고 판단되는 부분을 마디마디 추리고[節要], 동시에 그것에 대한 자신의 사적인 견해[私記]를 아울러 집어넣었다[幷入]. 이리하여 완성된 책이 바로 보조 지눌의 『법집별행록절요병입사기(法集別行錄節要幷入私記)』이다. 이 일은 보조 국사 당시 나이 52세 때인 1209년의 일이다. 물론 『법집별행록』의 일부는 보조 국사의 『정혜결사문』에도 인용된다.

역사적으로, 배휴가 보고 그에 대해서 서문을 붙였던 『법집』이 있었다. 그리고 그 「별행본」을 보조 국사가 읽었다. 비록 명치 시절에 일본에서 『대일본속장경』이 간행되어 이 분야의 편리를 돕고 있지만,

당시의 편집자가 고증 없이 붙인 이름인 『중화전심지선문사자승습도』가 『법집별행록』이라는 사실은 기억해 두어야 한다. 게다가 번역하는 과정에서 두 대본을 교감한 필자로서는, 지눌의 『법집별행록절요병입사기』가 속장경본보다 학문적으로 세련된 곳을 여러 곳에서 볼 수 있었다. 비록 「진복사본」이 「속장경본」보다 오래되었고, 또 일탈된 부분이 적다고 하지만, 『배휴습유문』으로 이 책의 서명을 고치기에는 해결해야 할 문제가 많다. 이것은 일종의 호칭이지 서명은 아니다.

분명한 것은 배휴가 『법집』에 서문을 붙였다는 것이고, 보조 국사의 『법집별행록절요병입사기』가 현존한다는 것이다.

④ 본 번역서에서 사용한 대본은 원나라 시대에 간행된 「연우본(延祐本)」을 저본으로 한 「대정본」『경덕전등록』이다. 이와 더불어 「복주동선사판(福州東禪寺版)」『경덕전등록(景德傳燈錄)』(京都: 禪文化研究所 影印 編輯, 1990年)을 이용하여 대조 교감했다.

그런데 『경덕전등록』은 그 기술의 관점에 적잖은 문제를 가지고 있어, 읽는 이의 주의가 필요하다.

『경덕전등록』은 1004년 법안종(法眼宗)의 계보에 속하는 도원(道原; 생몰연대 미상) 선사가 지은 것으로 알려져 있다. 물론 저자의 진위에 대해서는 이론이 있지만, 이 책이 청원 행사(青原行思) 선사 계열에 대해 '특별한 배려'가 있었다는 점만은 분명하다.

『경덕전등록』은 『조당집(祖堂集)』이 학계에 보고되기 전까지는, 988년에 송나라 찬영(贊寧; 912~1002) 스님이 편찬한 『송고승전』과 함께 승사(僧史) 연구에 귀중한 정보를 제공해 왔다. 그런데 『송고승전』이 당시에 활동하던 승려들을 10과(科)로 전공을 분류하여 비교적 '공평한 관점'에서 서술한 데에 반해, 『경덕전등록』은 선종의 계보만 '선별하여' 서술하고 있다. 게다가 '남악 회양 계열' 보다는 '청원 행사 계열'에 편중해서 말이다. 이렇게 계보적 시각에 의해서 편찬된 선종의 등사(燈史)들은 한결같이, 규봉 종밀 선사를 "(남종선의 계보에서) 별도로 배출된[別出]" 일파 즉, 방계로 기술하고 있다.

계보적 시각에 의한 승사(僧史)라는 점은, 952년에 편집된 『조당집』도 상황은 마찬가지이다. 물론 이런 시각은 『대당소주쌍봉산조계보림전(大唐韶州雙峯山曹溪寶林傳)』(일명 『보림전』)에서 물려받은 것이다. 다만

『조당집』이 『경덕전등록』과 다른 점은, 『조당집』 편집자는 규봉 종밀 선사에 대한 자료를 충분하게 입수하지 못했다는 것이다. 우리는 이런 정황을 『조당집』의 「초당화상」조의 다음 문장에서 알 수 있다. "초당 화상은 도원 선사의 법을 이었다. 선사의 휘는 종밀인데 '행록'을[16] 보지 못해서 (선사의 이력에 대해서) 처음과 끝을 서술하지 못했다. ; 草堂和尙嗣圓禪師. 師諱宗密, 未覩行錄, 不敍始終" 그리하여 『조당집』 속에는 일체의 '행록'이 없고, 「사제성과의 문답」만이 수록되어 있다. 그러나 이 문답은 현존하는 최고본(最古本)으로 많은 정보를 제공하고 있어, 본 번역에서 적극 활용하였다.

한편 송나라 신종 원풍(元豊) 3년(1080년) 복주(福州) 동선사(東禪寺)에서 간행한 『경덕전등록』은 현행 「대정본」과 비교해 보면, 「규봉 종밀」조에 국한하여, 글자의 출입은 거의 없었고, 다만 ※본 번역서 p. 300의 주56)에서 밝힌 부분은 현행본의 오류를 바로 잡게 해주었다.

---

16) 행록: 배휴가 종밀의 비문을 지을 당시는 종밀의 일생을 담은 '행록'이 '별록'의 형태로 존재했었음이 확인된다. ※본 번역서 p.362의 주61) 참조.

⑤ 「唐故圭峰定慧禪師傳法碑 幷書」는 일찍이 『금석췌편(金石萃編)』(권114)과 『전당문(全唐文)』(권743)에 실려서, 그 내용이 알려져 왔다. 다만 글자의 출입이 있어 미진한 부분이 있었는데, 본 번역서에서는 다행히 이 비문의 탑본 사진판을 입수하여 본문 교감에 활용할 수 있었다. 현재 비신(碑身)은 서안의 호현 종남사 초당사에 있지만, 세월의 풍상으로 판독이 매우 어렵다. 게다가 전액(篆額)은 섬서사범대학 도서관에 따로 비치되어 있다. 다행히도 전액과 비신 전체의 탁본이 『圭峰定慧禪師碑』(戶峴文管會·陝西師範圖書館共稿, 陝西省: 三秦出版社, 1985)로 출판되었고, 당시 출판 관계자가 연세대 민영규 교수에게 보내왔다. 그리고 서여(西餘) 선생은 생전에 이 책을 연세대학교 도서관에 기증하셨다.

이 탁본은 청대(淸代) 중기의 것이라 하는데, 자획이 선명하여 그간의 자구 문제를 완전하게 해소할 수 있었다. 만주사변 당시에 관동군 사령부와 함께 문물조사단으로 간 도끼와(常盤大定) 박사의 조사보고서의 오류도 교감할 수 있었다. 모두 고인이 되셨는데, 이 기회에 깊이 감사드린다.

한편 본 ※번역서의 pp.367~368의 주69와 주70)에서도 밝혔듯이, 『금석췌편』의 편찬자는 본 비문의 마지막 부분을 복각자(覆刻者)가 임의로 끼워 넣은 부분이라고 의심했다. 그런데 실제의 탁본을 보니 그 의심이 사실로 드러난다. ※본 번역서의 p.10의 〈사진 5〉의 〈규봉 종밀 선사 비 마지막 부분〉을 보면 확실히 알 수 있다. 그런데 비록 이 부분이 복각자가 임의로 넣은 것이기는 하지만, 종밀 선사의 비문이 세워지게 된 내력을 알게 하는 귀중한 정보임에는 분명하다.

끝으로, 〈사진 5〉에서도 알 수 있듯이 이 비석이 세워진 해는 대중 9년(855년)이다. 그러면 배휴가 이 비문을 짓고 쓴 것은 언제인가? 배휴가 상서가 된 시기는 대중(大中) 6년(852년)이니, 이 이후가 되어야 한다. 그런데 ※본 번역서의 p.367의 69)의 내용처럼 천자로부터 탑호(塔號)가 내려온 해는 대중 7년(853년)이니, 이 비문은 이 이후에 작성된 것이다.

## 2. 관련 논문

# 인간론에 대한 종밀의 이해[1)]

- 목 차 -



## Ⅰ. 『원인론』의 중국 사상사적 위상

『원인론(原人論)』은 규봉 종밀(圭峰宗密; 780-841)의 사상을 알아보는 데에 중요한 자료 중의 하나이다. 이 저술은 어떤 한 특정 경전에 구애되지 않고 독립적인 형식으로 이루어진 논(論)이어서, 저자의 사상

1) 본 논문이 처음 게재된 곳. 『동양고전연구』 제3집, 동양고전학회, 1994. 본 번역서에 옮겨 실으면서 자구의 수정을 가했다.

이 작품 속에 선명하게 드러난다. 중국에서 의학승(義學僧)들이 논을 찬술하듯이 어떤 특정한 경(經)이 있고 해당 경에 주석을 붙이는 전통적인 의미의 논(論)과 비교할 때, 책 이름에 같은 논(論) 자가 붙었지만 『원인론』은 저술 형식이 다르다. 이와 함께 『원인론』은 종밀의 만년 작품이기 때문에 그의 생각이 종합적으로 드러난다.

물론 이 『원인론』의 찬술 연대는 여러 설이 있다. 그중 하나는 그의 젊은 시절 작품이라는 설이다. 이 설을 주장하는 이들은 그 근거로는 『원인론』에 선(禪)에 대한 논의가 들어 있지 않은 점을 들고 있다. 사실, 그의 만년 작품인 『선원제전집도서(禪源諸詮集都序)』(이하 『도서』로 약칭), 『중화전심지선문사자승습도(中華傳心地禪門師資承襲圖)』(이하 『승습도』로 약칭) 및 『원각경대소초(圓覺經大疏鈔)』(이하 『대소초』로 약칭) 등에는 선에 대한 언급이 들어 있는데, 『원인론』에서는 전혀 언급이 없다. 그러나 필자는 위의 입장과는 달리한다. 종밀은 54세 이후 선 관련 책 수집에 착수했는데 바로 이 시기에 『원인론』도 지어졌다고 추정하는 설을[2] 따르려 한다. 다만, 이 만년설을 주장하는 가지(加地) 교수는 그 이유는 밝히지는 않았다. 이에 필자는 『원인론』을 종밀의 만년 작품으로 보는 근거를 조사하면서, 『승습도』나 『도서』 등에서 자세하게 설명된 부분이 『원인론』에서 간략하게 요약되는 경우가 있는 것 등[3]을 근거로, 『원인론』의 찬술 연대를 만년으로 추정했다.

50대 후반 종밀은 출가 이전의 유학 연구, 선종사에 관한 연구, 그 후의 『원각경』 관련 제반 연구, 유식 사상의 연구, 반야 사상의 연구, 그리고 청량 징관(淸凉澄觀; 738~839)의 문하에서 자신이 이해한 화엄교학이 제대로 되었는지에 대한 점검, 등을 마친 상태였다. 『원인론』은 이런 시기에 쓰인 작품이다.

한편 『원인론』은 종밀의 사상 연구에는 물론 중국사상사의 연구에도 귀중한 자료이다. 위에서 잠깐 언급했지만, 이 『원인론』은 어떤 특정한 경전에 구애되지 않고 자유롭게 자신의 사상을 펼쳐가고 있다. 게다가 이 책에서 그는 당시의 유학이나 도교의 인

---

2) 加地哲定, 「宗密の原人論について」, 『密教文化』 13號, 1950年.

3) 辛奎卓, 「圭峰宗密の'本覺眞心' 思想研究」, 東京大學大學院 人文科學研究科 博士學位請求論文, 1994年, 第2章 2節 注7.

간론까지 다루고 있다. 물론 이런 점은 종밀 이전의 불교학자들에게도 보이기는 하지만, 교상판석(敎相判釋)의 체계 속에 도교나 유학을 적극적으로 그것도 전(全) 불교적 시야 속에서 평가적으로 수용한 점은 특별하다. 한마디로 종밀의 불교 철학에는 내적 정합성이 있다.

종밀 철학의 이런 정합성에 주목한 불교학자로, 또 전 시대의 화엄교학을 계승한 학승으로, 송대(宋代)의 진수 정원(眞水淨源; 1011~1088)이 있다. 정원 법사는 송대 화엄 교학을 부흥시킨 인물인데, 그는 『원인론』의 주석서인 『원인론발미록(原人論發微錄)』에서, 종밀을 '3교(敎) 비교의 할아버지'로 평가하고 있다. 정원이 이렇게 종밀을 평가하는 데에는 그럴 만한 이유가 있다. 왜냐하면 이 『원인론』에는 종밀 특유의 교판 이론이 들어 있기 때문이다. 종밀 이전에는 불교 이외의 사상, 그중에서도 특히 유학을 비판적으로 수용하는 교판 양상은 보이지 않는다. 종밀은 유학과 도교를 자기 자신의 교학 체계 안으로 수용한다. 이런 면에서 그는 3교(敎)의 사상을 비평적으로 검증하여 자신의 교학 체계 속에 그것들의 유효성을 평가하여 중국철학 연구의 한 지평을 연 인물로 평가될 수 있다. 종밀이 제시한 교판 이론은 불교 내부에서는 물론 중국철학사의 측면에서도 매우 중요하게 평가된다.

교상판석은 그것을 시도하는 당사자의 철학적 견해가 반영된다. 즉, 경전을 번역하고 강의하는 과정에서 해당 경전에 담긴 교리행상[教相]의 비판적 해석[判釋]은 필수이다. 교상판석의 약칭인 교판은, 인도에서 역사적으로 축적된, 그렇지만 중국 지역으로는 시간상 늦게 그것도 뒷 시대에 상황에 따라 전래 번역된 정보들을, 종합적이면서도 논리적으로 정리하려는 의도가 담긴 '재구성의 철학'이다. 이 작업에는 텍스트를 해석하고 분류하는 당시 사람들의 사유는 물론, 중국 고유의 경전 훈고 방법이 활용되어, 향후의 중국 지성사를 풍부하게 했다.[4)]

물론 근대적 연구 방법의 도입으로 인한 불교 문헌 성립 역사 연구와 또 새로운 문헌의 발견 등으로, 교판 과정에 활용된 '역사를 몰라서 생긴 오류'가 드러나 비판되기도 한다. 이런 부분은 새로운 연구 자료에 의해 수정하고 보완하면 된다. 그렇다고 교판이

4) 신규탁 저, 『규봉 종밀과 법성교학』「제2장 한역대장경의 출현」, 올리브그린, 2013, pp.63~87 참조.

라는 방법 자체가 부정될 수는 없다. 철학하는 사람에게, 역사적으로 주어진 문헌을 조목조목 분석하고 해석해서, 그렇게 해석된 정보 알갱이들을 자신의 철학하기 행위 속에서 재구성하는 작업은 이 길을 가는 자의 의무를 넘어 운명이기도 하다. 좁혀서, 사상사 연구에 있어 교판을 통해 드러낸 각종 사유의 산물인 문헌자료는 해당 시대를 조망하는 중요한 연구 소재임은 분명하다. 특히 중국 불교를 중국 사상사라는 커다란 흐름 속에서 이해하고 그 의의를 연구하려는 필자 같은 사람에게, 이 교판 이론에 담긴 정보를 활용하지 않을 수 없다.

이런 측면에서, 『원인론』은 불교 내부만이 아닌 불교 이외의 사상(예를 들면 유교나 도교)을 포함하여 교판의 소재로 삼고 있다는 점에서, 더없이 귀중한 자료적 가치가 있다. 필자가 『원인론』에 주목하는 점도 바로 이런 사상사적 가치이다. 더구나 『원인론』의 주제가 유·불·도의 인간론을 비교하여 논술하고 있으며, 이것은 송나라 이후 오늘에 이르기까지 중국은 물론 조선의 사상계에서 3교를 논하는 기본적인 사고 틀로 이용되고 있기 때문이다.

그러면 여기에서 간단히 중국 불교의 교판 이론의

흐름을 살펴보고, 그 속에서 종밀의 교판 이론이 가지는 특징을 규정해 보기로 한다. 교상판석(敎相判釋) 하면 천태교학(天台敎學)에서 말하는 '5시(時) 8교(敎)'와 화엄교학(華嚴敎學)에서 말하는 '5교(敎) 10종(宗)'이 대표적이다. 그러나 비록 같은 교학의 계통에 속하는 사람이라도 경전 훈고에 사용하는 방식이 다를 수 있다. 그렇게 된 원인은 교판을 할 당시 사상계의 환경이 서로 다르기 때문이다. 다시 말하면 당시 철학 사조가 교판의 소재로 활용되기 때문이다.

화엄교학의 사례를 보더라도, 현수 법장의 경우는 불교의 사상 내지는 경전만을 대상으로 교상을 판석하지만, 그의 제자인 혜원(惠苑; 673~743)의 경우는 '미진이집교(迷眞異執敎)'라는 과목(科目)을 세워 이른바 인도의 외도(外道)는 물론, 중국의 『주역』과 노·장까지도 포함하여 해석하고 있다.[5] 그러나 징관은 혜원의 이러한 태도와 입장을 달리하여, 순수한 불교 내에 외도를 섞어 교판을 시도한 점을 비판하는 동시에, 이른바 외도 사상을 빼고, 그 대신 당시에 유행하는 선불교를 넣어 교판 짜기에 이르렀다.[6] 그런

---

5) 吉津宜英, 「華嚴と禪」, 『講座大乘佛教』3, 春秋社, 昭58, p.294.

가 하면 종밀은 징관과는 달리, 『원인론』 속에서 징관이 외도라고 배척했던 도교와 유교를 자신이 세운 큰 철학 체계 속으로 '비판[揀]하여 수용[收]하는' 작업을 수행한다.

한편, 혜원은 '돈교(頓教)'는 '언망려절(言亡慮絶)'이기 때문에 무엇인가를 설명하는 이른바 '능전(能詮)의 교(敎)'가 될 수 없다는 입장에서, 법장의 5교판을 비판하고 있다. 그런데, 징관은 '돈교'도 다른 교와 마찬가지로 '능전'의 기능이 있다는 입장에서, 혜원을 역으로 비판하고 있다. 즉, '돈교'를 선종의 '이심전심(以心傳心)'에 배당시키는 것은 현수 법장 철학에서는 볼 수 없었던 새로운 해석이라 할 수 있다.[7)]

그런데 종밀의 경우에는 이상과 같은 징관의 사상을 전승하면서도 한편으로는 혜원에 의해서 시도되었던 새로운 교판, 즉 불교 이외의 사상을 불교의 교판 속으로 수용하여 체계 속에서 일정 역할을 인정하는 방식으로 활용한다. 그는 『원인론』에서 '인천교(人天教)'라는 과목을 설정하여, 유교와 도교를 비판

---

6) 鎌田茂雄, 『中國華嚴史上史の硏究』, 東大出版會, 1965, pp.273~284.

7) 鎌田茂雄, 앞의 책, pp.475~484.

적으로 수용하여 일정한 범위에서 그 유효한 의미를 부여하고 있다. '전간(全揀)하여 전수(全收)하는' 방법을 활용했다. 바로 이러한 종밀의 철학 방법이, 그를 중국 사상사의 흐름 속에서 취급할 수 있게 하는 요소의 하나이다. 나아가 필자가 『원인론』 속에 구사되는 종밀의 철학 체계를 넓혀 그의 철학 전체를 이것으로 재구성하려는 방법도 이 점에 착안한 것이다.

## II. 인간의 본질에 대한 종밀의 분석

그러면 『원인론』에서 중심 삼는 문제는 무엇인가? 이에 대한 대답은 이미 그 작품의 제목이 말해주고 있다. 제목을 풀어보면 "인간(의 본질)을 캐는 논문"이 된다. 즉 '원(原)' 자에는 '따지다', '캐묻다'라는 의미가 들어 있다. 이점은 정원이 『원인론발미록』의 서문에서 "원, 고야(原, 考也.), 궁야(窮也.)"(『신찬속장 48-719상』)라고 한 것에서도 입증된다. 또 이것은 한유(韓愈; 768~824)의 논문명에 보이는 「원도(原道)」, 「원생(原生)」, 「원인(原人)」에서의 '원(原)' 자와도 그 맥락을 같이 한다. 종밀은 인간의 본질에 대한 자신의 입장을 논증하기 위해 당시 유행하는 불교 안팎의 이론을 분석한다. 이 과정에 유학이나 도교, 그리고 불교 각 학파의 인간론을 정리·비판·수용한다. 이런 그의 철학 방법과 결실로 인해, 훗날 고대 중국의 철학사에서 유·불·도 3교의 조화 내지는 같고 다름의 문제가 제기되면, 종밀의 『원인론』이 항상 거론된다.

그러면 이 『원인론』에서는 구체적으로 인간의 본질에 대한 논의를 어떻게 전개하고 있는가? 이 질문에 대한 답을 다음과 같은 단계를 거쳐 분석하여, 향후 논의의 발판을 삼기로 한다. 먼저, 「1. 비판의 대상」 부분에서는 종밀이 비판하고 있는 대상을 불교의 내부와 외부로 나누어 검토할 예정이다. 그리고 「2. 비판의 근거와 그 관계」 부분에서는, 그가 어떠한 관점에서 당시의 인간론을 비판하고 있는가? 즉 비판하는 논리와 그 비판에 내재한 종밀의 근거 대기를 밝혀 볼 예정이다. 그리고 그 근거들 사이의 관계는 어떻게 되어 있는지도 추구해볼 예정이다.

그런데, 여기에서 한 가지 밝혀둘 것이 있다. 「1. 비판의 대상」과 「2. 비판의 근거와 그 관계」에서 필자가 조사하는 일련의 작업은, 종밀이 암암리에 사용하고 있는 사고 유형을 추출하기 위한 일종의 '방법'이라는 점이다. 그래서 유교와 도교에 대한 종밀의 이해가 사실에 근거했는가의 여부는 문제 삼지 않을 것이며, 또 유교와 도교를 비판하는 근거의 정당성도 따지지 않을 것이다. 무엇보다도 종밀이 불교 사상은 물론 당시 사상을 체계화하는 양상 파악에 주목해야 한다고 생각하기 때문이다. 이런 다음에, 다시 종밀의 사상이 가지고 있는 의미를 평가하는 작업을 사상사적 맥락에서 수행할 것이다.

### 1. 비판의 대상

종밀은 인간을 포함한 모든 존재에는 '본원(本源)'이 있다고 한다. 『원인론』의 「서문」에서 그는 "이 세상에는 무수한 유정물들이 움직이고 있는데 그 모든 것들에는 모두 '본원(本源)'이 있다. ……. 천·지·인(天·地·人) 3재(才) 중에서도 가장 신령스러운 인간이 어찌 그 '본원'이 없으랴"[8]라고 말하고 있다. 여기에서 말하는 '본원'을 필자는 '근본' 또는 '본질적인 근

---

8) 『原人論』, "萬靈蠢蠢, 皆有其本, 萬物芸芸, 各歸其根, 未有無根本而有技者也. 況三才之中唯人最靈, 而豈無本源乎." (T.45-707하). ; ※본 번역서 p.42 참조.

원'의 의미로 해석한다. '본원'에 대한 설명은 뒤에서 좀 더 구체적으로 하겠지만, '본원'이 존재한다는 가설에 기반하여 그의 사상이 구축되어 있다고 말할 수 있다. 만물에는 '본원'이 있다고 하는 가설에 입각하여, 과연 그 '본원'이 무엇이고 그 작동하는 양상을 규명하자는 것이 『원인론』 저술의 중요 의도이다. 이런, 존재의 근원에 대한 철학적 물음은 당시 지식인들 사이에 중요시되던 문제 중의 하나이다.

원화 년간(元和 年間; 806~820)에 '천(天)'의 기능과 의미 해석을 둘러싸고 한유(韓愈)·유우석(劉禹錫)·유종원(柳宗元) 사이에 오갔던 논쟁이, 바로 이런 근원에 대한 철학적 담론이다. 이것은 문제 제기 자체도 철학사적으로 중요하지만, 문제를 바라보는 내지는 문제를 해결하는 시각의 변화 즉 사유 방법까지도 포함하여 주목할 필요가 있다. 바로 이러한 시대의 철학이 반영된 작품이 『원인론』이다.

인간의 '본원'은 무엇인가? 이는 일종의 형이상학의 범주에 속하는 물음인데, 종밀은 유·도 2교의 입장에서 해명하기도 하고, 또 불교의 입장에서 해명하기도 한다. 먼저 유·도 2교에서는 존재 일반을 어떻게 설명하고 있는가를 검토하기로 한다. 종밀에 의하면, 유·도 2교에서는 인간 존재의 본원을 다음과 같이 설명한다고 한다.

> 유교와 도교에서는 이렇게 말한다. 사람과 동물 등 천지 만물은 모두 허(虛)와 무(無) 또는 대도(大道)가 낳아주고 길러주고 양육한다. 이를테면, 도(道)는 자연(自然)을 본떴고, 원기(元氣)에서 생겨나며, 이 원기가 하늘과 땅을 낳고, 하늘과 땅이 만물을 낳는다.
>
> 그러므로 어떤 한 인간의 어리석음 · 지혜로움 · 귀함 · 천함과 가난함 · 윤택함 · 괴로움 · 즐거움 따위는 모두 하늘로부터 받은 것이며, 때[時]와 명[命]으로부터 말미암는다. 그러므로 죽은 뒤에는 다시 하늘과 땅으로 돌아가서, 그것은 다시 허(虛)와 무(無) 또는 대도(大道)로 되돌아간다.[9)]

이 문장에서 우리는 종밀이 유·도에서 말하는 인간관을 어떻게 이해하고 있는지를 알 수 있다. 그것을

---

9) 『原人論』, "儒道二教說, 人畜等類, 皆是虛無大道生成養育, 謂道法自然生於元氣, 元氣生天地, 天地生萬物. 故愚智貴賤貧富苦樂皆稟於天, 由於時命. 故死後却歸天地, 復歸虛無."(T.45-708상). ; ※본 번역서 pp.51~53 참조.

요약해 보면 다음과 같다. ①허무(虛無)인 대도(大道)가 만물과 인간사를 낳았다. ②만물과 인간사는 저절로 그렇게 되는 자연(自然)이지, 결코 사람의 의지나 노력으로 그렇게 되는 것이 아니다. ③만물은 모두 '원기(元氣)'의 흩어지고 모임에 의해서 생기기도 하고 없어지기도 하는 것이다. ④빈부·선악·길흉·화복 등은 모두 '천명'에서 나온다.

한편 당시의 기성 불교에 대해, 종밀은 어떻게 이해하고 있는가를 보기로 하자. 종밀은 당시의 불교를 모두 5종류로 분류하고 있다. 그것은 (1)인천교(人天教), (2)소승교(小乘教), (3)대승법상교(大乘法相教), (4)대승파상교(大乘破相教)이다. 이상의 부류에 속한 이들의 주장을 비판하며 (5)일승현성교(一乘顯性教)를 현창한다.

그러면 비판의 대상이 되는 네 부류에서 인간의 본원을 무엇이라고 하는지 요점만 추출하기로 한다. 먼저 인천교에서는 ⑤업(業)이 몸의 근본이라 했고, ⑥소승교에서는 무시 이래의 인연력(因緣力)에 의해 지속되는 '심(心)'과 '색(色)'이라고 했고, ⑦대승법상교에서는 제8 아리야식(阿梨耶識)이 인간의 본원이라고 했고, ⑧대승파상교에서는 인간의 본원이 공(空)

하고 적(寂)하다고 했다. 이것을 도표로 정리하면 다음과 같다.

| 교 명 | | 인간의 본원에 대한 이론 |
|---|---|---|
| 유교·도교 | | ①허무설, ②자연설, ③원기설, ④천명설 |
| 불교 | 인천교 | ⑤업설(業說) |
| | 소승교 | ⑥색심설(色心說) |
| | 대승법상교 | ⑦아리야 심식설(阿賴耶 心識說) |
| | 대승파상교 | ⑧일체개공설(一切皆空說) |
| | 일승현성교 | ⑨본각진심(本覺眞心) |

이상의 ①~⑧에서 말하는 8종류의 인간론이 종밀이 비판하고 있는 대상이고, 내세우는 것은 ⑨이다. 그러면 이러한 당시의 주장들에 대하여 그는 어떻게 비판하고 있는가를 검토하고, 그 비판하는 논의에 사용하는 근거를 추출해보기로 한다.

## 2. 비판의 근거와 그 관계

본론에 들어가기 전에 한 가지 밝혀둘 것이 있다. 그것은 종밀은 무엇을 근거로, 유·도에서는 인간의 '본원'에 대하여 ①, ②, ③, ④라고 주장한다고 생각했는지, 그 이유를 확인할 직접의 자료가 없다는 점이다. 종밀 자신이 『원인론』 속에 그 근거를 일일이 밝혀두지 않았기 때문이다. 그래서 차선의 방법으로,

정원이 주석한 『원인론발미록』과, 종밀 자신의 『원각경대소초』와 『원각경대소』에 의하여 간접적으로 추론하는 방법을 사용하기로 했다.

먼저, 정원은 『원인론발미록』에서 ①과 ②의 근거로 『노자』의 "道生一, 一生二, 二生三, 三生萬物"을 들고 있다. 그리고 ③의 근거로 『예기』의 "魂氣歸于天, 骨肉歸于地"와, 『장자』의 "人之生, 氣之聚, 聚則爲生, 散則爲死"와, 『문중자(文中子)』의 "天氣爲魂, 地氣爲魄", 그리고 『주역』의 "精氣爲魂, 游魂爲變" 등을 들고 있다. ④의 근거로는 『논어』의 "生死有命, 富貴在天"과, 『예기』의 "天命之謂性, 率性之爲道, 修道之謂敎" 등을 들고 있다.[10)]

한편, 종밀 자신은 『원각경대소』에서 그 예문으로 『노자』의 '자연'·'도', 『장자』의 '허무', 『열자』의 '무형', 『문중자』의 '허', 『논어』의 '명' 등을 들고 있음을 확인할 수 있다.[11)]

당시의 유·도에 속한 사람들이 인간의 '본원'을 어떻게 보고 있는가에 대한 대답을 찾기 위해서, 이상의 자료를 활용한 것은 매우 적절했다고 볼 수 있다.

---

10) 『原人論發微錄』(신찬속장58-721하).

11) 『圓覺經大疏』(신찬속장9-378상-379하).

그리고 그 내용의 요약 또한 매우 적절하다고 할 수 있다. 그러면 ①~④의 주장을 비판하는 종밀의 근거를 찾아보기로 하자.

①의 '허무대도설'을 비판하는 근거를 검토하기로 한다. 종밀은 두 가지 측면에서 '허무대도설'을 비판하고 있다. 첫 번째는, 유·도에 속하는 이들은 만물의 본원으로 '대도'를 말하고 있는데, 그러나 그들은 '대도'에서 어떠한 과정으로 만물이 생성되고, 다시 만물에서 어떻게 '대도'로 복귀하는지 그 과정을 명시적으로 설명하고 있지 못한다는 것이다.[12)]

두 번째로, 유·도에서 말하듯이 만약 '대도'에서 만물이 생겼다고 한다면, 길흉·화복·생사 등도 모두 '대도'에서 생긴 것일 것이다. 물론 그들이 말하는 '대도'란 항상 존재하는 불변의 존재이다. 그렇다면 이런 불변하는 존재에서 나온 선악 내지는 길흉 등을 비롯하여 모든 현상[萬事]도 불변해야 할 것이다.
그러나 세상사는 그렇지 않다. 끊임없이 변하고 있다. 그리고 또 '대도'가 역사상 포악한 지도자의 대표

---

12) 『原人論』, "雖指大道爲本, 而不備明順逆起滅染淨因緣故." (T.45-708중). ; ※본 번역서 pp.54~55 참조.

로 거론되는 걸·주(傑·紂)를 이 세상에 내보내기도 하고, 어진 사람의 표본으로 전해지는 공자의 제자 안연을 일찍 죽게 한 셈이다. 그러나 이것은 『주역』에서 말하고 있는 "천지지대덕왈생(天地之大德曰生)"이라는 말과 모순이라고 종밀은 지적한다.[13] 나아가 모두가 '대도(大道)'에 의해서 결정되는 것이라면, 유·도 그네들이 말하는 교화 따위가 무슨 필요가 있겠는가?[14] 이런 등등의 이유에서 종밀은 유·도에서 인간의 본원을 '대도'라고 주장하는 견해를 비판하고 있다.

이상에 의하면 종밀이 ①의 비판에 사용하는 문장 속에 다음과 같은 주장이 있음을 알 수 있다. 즉, "만물의 본원이 되기 위해서는, 그 '본원'에서부터 만물이 생기는 과정을 설명하지 않으면 안 된다. 그리고 현실상 엄연하게 존재하는 '악'의 존재를 밝혀내지 않으면 안 된다."(이하, 이 주장을 기호 [1]로 표시.)

---

13) 『圓覺經大疏』, "易曰天地之大德曰生, 生者爲大德則, 死爲大賊, 今既不問賢愚罪孝, 皆賊之以死, 何用生之乎."(신찬속장9-378중).

14) 『原人論』, "基本既其常存, 則禍亂凶愚, 不可除也, 福慶賢善, 不可益也. 何用莊老之教耶."(T.45-708중). ; ※본 번역서 p.56 참조.

②의 '자연설'을 어떠한 근거로 비판하고 있는지를 검토하기로 한다. 현상계 속에 만물이 생기기까지, 만약 거기에 인과 관계가 없다면, 풀에서 사람이 생겨나고, 사람에게서 동물이 생기는 등 극단적인 주장도 가능하게 된다[15]고 한다. 그런가 하면 모든 것이 저절로 그런 것[自然]이라 한다면, 노·장·주·공(老·莊·周·孔) 등의 가르침이 무슨 필요가 있겠느냐고 종밀은 반문한다.[16] 종밀의 이러한 반문을 통해, 우리는 종밀의 반박 속에는 다음과 같은 주장이 들었음을 추론할 수 있다. 즉, "인간과 인간을 둘러싸고 있는 세계에는 그것을 움직이게 하는 혹은 그 속에 움직이고 있는 원인이 반드시 존재한다."(이하, 이 주장을 기호 ②로 표시.)

③의 '원기설'을 어떠한 근거에서 비판하는가를 검토하기로 한다. 그는 『장자』의 기의 '취산(聚散)'에 대한 주장과 『주역』의 "精氣爲魂, 游魂爲變" 등의 문구

---

15) 『原人論』, "一切無因緣處, 悉應生化, 謂石應生草, 草或生人, 人生畜等."(T.45-708중). ; ※본 번역서 p.57 참조.

16) 『原人論』, "應生無前後, 起無早晩, 神仙不藉丹藥, 太平不藉賢良, 仁義不藉教習, 老莊周孔, 何必立教, 爲軌則乎."(T.45-708중). ; ※본 번역서 p.57 참조.

를 인용하여, 기(氣)에 대한 이론을 비판하고 있다.[17)]

만물의 근원인 기에서 인간이 생겨난 것이라면, 갓 태어난 어린아이에게는 인식하는 작용이 없어야 할 것이다. 왜냐하면 '원기'는 인식 능력이 없는 존재이기 때문이라고 한다. 그러나 금방 태어난 어린이라 할지라도 좋아하고 싫어하는 지각작용이 있지않느냐[18)]라고 종밀은 반박하고 있다.

한편, 만물이 흩어져 '원기'로 돌아간다면, 세간에서 말하고 있는 귀신의 존재를 어떻게 설명하겠느냐[19)]라고 반문하면서 죽으면 '원기'로 되돌아간다는 주장을 반박하고 있다. 즉, 세상 사람들이 문화적으로 인정하고 있는 귀신의 존재를, 즉 그들의 문화적 상식에서 생기는 충돌을 어떻게 해결하겠느냐는 것이다. 이렇게 '세간상위(世間相違)'의 모순을 드러내는

17) 『圓覺經大疏』, "莊曰, 人之生, 氣之聚則爲生, 散則爲死, ……. 易曰. 精氣爲物, 遊魂爲變. 非之曰, 若云氣成人等則欻生之神未曾習慮. 豈得嬰孩, 便能愛惡憍恣焉."(신찬속장9-378하).

18) 『原人論』, "又言皆從元氣而生成者, 則欻生之神, 未曾習慮. 豈得嬰孩, 便能愛惡驕恣焉."(T.45-708중). ; ※본 번역서 p.58 참조.

19) 『原人論』, "又若生是稟氣而忽有. 死而氣散, 而忽無則, 誰爲鬼神乎."(T.45-708중). ; ※본 번역서 p.58 참조.

방식으로 반박하는 종밀의 입장을 다음과 같이 정리할 수 있다. 즉, "만물의 근원이 되기 위해서는 그 존재 자체는 상주하고 불변하면서도 지각 작용을 겸비해야 한다." (이하, 이 주장을 기호 [3]으로 표시.)

④의 '천명설'을 비판하는 근거를 찾아보도록 하자. 종밀은 『장자』·『열자』·『논어』 등을 중심 자료로 삼아 당시의 '천명설'을 정리하여 비판하고 있다.[20] 이 책들에서 말하고 있듯이 인간의 모든 일이 전부 '천명'에 의해서 좌우된다면, 우리가 사는 현상계를 합리적으로 설명하기가 어렵다는 것이다.

모든 일이 '천명'에 의한다면, 요즈음 세상을 살펴보면 덕행이 없어도 부귀를 누리고, 혹은 덕행을 해도 비천하게 되는 실례를 얼마든지 볼 수 있다. 이것은 대단히 불공평한 것인데, 하늘이 명령하여 그런 것이라면, 천명은 대단히 비합리적이라는 것이다.[21]

---

20) 『圓覺經大疏』, "莊云, 天地萬物之父母合則成體, 散則成始. 又曰才之殊者, 受之於天. 列子曰, 精氣者所受於天, 骸骨者所稟於地. 語曰, 死生有命富貴在天等. 非之曰, 若爾則天之賦命, 奚爲貧多富少, 賤多貴少."(신찬속장9-378중).

21) 『原人論』, "又言, 貧富貴賤賢愚善惡吉凶禍福, 皆由天命者, 則天之賦命, 奚有貧多富少, 賤多貴少, 乃至禍多福少."(T.45-708중하). ; ※본 번역서 pp.62~63 참조.

모두가 '천명'에 의하여 결정되는 것이라면, 인간 삶에 있어 수행이라든가 성인의 교화도 필요가 없게 되는 게 아니냐고[22] 반론을 제기하고 있다. 이렇게 '천명설'을 반박하는 종밀의 생각 저변에는 다음과 같은 전제가 깔려 있음을 알 수 있다. 즉, "현상계 속에는 정연한 '원리'가 있어서, 인간은 그 '원리'를 익히고 배워 좀 더 나은 상태로 나아갈 수 있다."(이하, 이 주장을 기호 ④로 표시.)

이상에서 유·도 2교를 비판하는 종밀의 입장을 다음과 같이 요약하는 것이 가능하다. 첫째, 종밀에 의하면 유·도를 배우는 사람들이 ①태허원기설, ②자연생성설, ③기의 취산설, ④천명설 등을 주장하고 있다. 둘째, 이상의 설명으로는 만물의 근본을 해명하지 못한다고 종밀은 생각하고 있다. 셋째, 종밀이 이상과 같이 유·도의 주장을 비판하는 과정에서, 종밀의 사고 속에는 ①~④의 주장이 참이라는 전제가 놓여 있다. 이하에서는 불교 쪽으로 논의를 계속해 가기로 한다.

---

22) 『原人論』, "旣禍亂反逆, 皆由天命, 則聖人設教, 責人不責天, 罪物不罪命, 是不當也."(T.45-708하). ; ※본 번역서 p.64 참조.

⑤의 '업설'에 대한 비판을 검토하기로 하자. 종밀에 의하면, '인천교'에서는 '업(業)'에 의해서 인간 내지는 만물이 생명을 받는다고 주장하는데, 그렇다면 그 '업'은 누가 만들며 나아가 그 '업'을 받는 주체는 무엇이냐고 반문한다. 이렇게 반문을 던지고, 종밀은 그들의 입장에 서서 그들은 '육체'가 '업'의 주체라고 대답하리라고 추정한다. 이렇게 하고, 종밀은 질문과 대답 사이에는 모순이 있다고 따져간다. 먼저 그들이 주장하는 인간의 육체는 '업'을 만들 수 없다고 종밀은 반박한다. 왜냐하면 심장[肉團心] 내지는 육체가 '업'을 만드는 주체라면, 육체를 가지고 있는 금방 갓 죽은 몸뚱이도 '업'을 지을 수 있어야 할 것이다. 그러나 금방 죽은 사람은 육신은 멀쩡하지만 '업'을 짓지 못하는 사례를 들어 반박한다.[23] 한편, 종밀에 의하면 희로애락 등의 감정도 '업'을 지을 수 없다고 한다. 그 이유는 감정이라는 것은 상황에 따라 변화하기 때문에 '업'의 주체가 될 수 없다고 한다.[24]

---

23) 『原人論』, "據此教中, 業爲身本, 今詰之曰, 旣由造業, 受五道身, 未審, 誰人造業, 誰人受報. 若此眼耳手足, 能造業者, 初死之人, 眼耳手足宛然, 何不見聞造作."(T.45-708하). ; ※본 번역서 pp.70~71 참조.

이상의 논의를 통하여 주장 ⑤를 비판하는 근거를 다음과 같이 요약할 수 있다. 즉, "만물의 본원이 되기 위해서는 '불변의 속성'을 갖고 있지 않으면 안 된다."(이하, 이 주장을 기호 [5]로 표시.)

⑥소승교의 '아공법유설(我空法有說)'을 비판하는 종밀의 이론을 검토하기로 한다. 종밀에 의하면 소승교에서는 '아(我)'는 없지만, '아'를 이루고 있는 아소(我所)인 5온(蘊)은 실재한다고 한다. 그리니 그것이 바로 만물의 본원이라고 한다. 그런데 이에 대해 종밀은, 만물의 본원 노릇을 하는 존재가 되려면 그 존재는 어느 경우에도 중단되는 일이 있어서는 안 된다고 한다.

그런데, 5온 중에서 '색'은 말할 것도 없고, '식'의 경우도 때로는 그 존재의 지속이 중단되는 경우가 있다.[25] 예를 들면, 전(前) 5식에 해당하는 안식·이식·비식·설식·신식의 지식작용은 인식의 대상(색·

24) 『原人論』, "喜怒等情, 乍起乍滅, 自無其體, 將何爲主, 而作業耶."(T.45-709상). ; ※본 번역서 pp.72~73 참조.

25) 『原人論』, "今詰之曰, 夫經生累生, 爲身體者, 自體須無間斷, 今五識, 闕緣不起, 意識有時不行."(T.45-708하) ; ※본 번역서 pp.90~91 참조.

성·향·미·촉)이라든가 인식하는 기관(안·이·비·설·신)이 없으면, 그것의 작용이 중단된다. 제6식의 지식작용도 잠잘 때는 중단된다. 결국 '심'도 그 존재가 중단되는 때가 있다. 여기서 우리는 주장 ⑥을 비판하는 종밀의 입장을 다음과 같이 정리할 수 있다. 즉, "만물의 본원이 되려면 그것은 중단됨이 없이 자기동일성을 시간 속에서 유지해야만 한다."(이하, 이 주장을 기호 [6]으로 표시.)

⑦법상교의 '아리야식설'을 비판하는 종밀의 이유를 찾아보기로 하자. 종밀에 의하면, 법상교에서는 제8식인 '아리야식'이 스스로 움직여서[轉生] 인식의 대상[相分]·인식주관[見分]·선악의 종자·제7식을 만든다고 한다. 그리고 또 그는 법상교에서는 '아리야식'에서 생긴 것은 모두 실체가 없는 허망한 존재라고 한다.[26]

다시 말하면, 참 그 자체인 '아리야식'이 이른바 허망한 현상계의 존재 근거라는 것이다. 바로 이 지점을 종밀은 추궁한다. '아리야식'에서 생긴 일체 존재

26) 『原人論』, "第八阿賴耶識, 是其根本, 頓變根身, 器界, 種子, 轉生七識, 皆能變現自分所緣, 都無實法."(T.45-709중). ; ※본 번역서 pp.92~93 참조.

가 허망한 것이라면, 이런 허망한 존재를 만든 '아리야식'도 결국은 허망한 존재라는 것이다.[27] 허망한 존재가 어찌 모든 존재의 근원이 될 수 있느냐? 이렇게 종밀은 이것이 모순이라고 지적한다. 이 문제를 종밀은 '환몽비유설(幻夢比喩說)'에 의해서 다음과 같이 반박하고 있다. 이것은 바로 『장자』의 '호접몽(胡蝶夢)'에 대한 존재론적 비판이기도 하다.[28]

즉, 꿈꾸는 행위[아리야식의 활성화 작용]에 의해 꿈속에서 나비[=인식의 소재]도 생기고, 나비를 보는 나[=인식하는 주체]도 생긴다. 그러나 꿈에서 깨어나면 나비는 물론 나비를 감상하던 꿈속의 나도 없어진다. 깨고 나면, 멀쩡한 당사자[=本覺眞心]만 남게 된다. 따라서 아리야식은 물론 그것에서 생겨난 만물도 그것을 마주한 자신도 본질적으로 자성이 없다고 종밀은 추궁한다.

종밀은 자신의 이런 주장을 『중관론』·『대승기신

---

27) 『原人論』, "將欲破之, 先詰之曰, 所變之境既妄, 能變之識豈眞."(T.45-709하). ; ※본 번역서 p.101 참조.

28) 『原人論發微錄』, "所變之境, 既妄者, 則胡蝶之相, 豈獨是有乎, 如莊周睡時, 夢見身爲胡蝶, 在花園中."(신찬속장58-732상).

론』·『금강경』[29] 등의 내용을 빌려서 근거 지우고 있다. 이런 등등의 이유로, 유식종 즉 법상종에서는 만물의 '본원'으로서 '아리야식'을 주장하고 있지만, 그 식의 본체가 자성이 없는 공한 존재이기 때문에 참된 '본원'은 될 수 없다고 한다. 당시 중국의 법상종에 대한 종밀의 비판을 통해, 근원에 대한 그의 전제를 다음과 같이 요약할 수 있다. 즉, "만물의 본원이 되기 위해서는 그 존재는 자성이 있어야만 한다."(이하, 이 주장을 기호 [7]로 표시.)

⑧파상교의 '일체개공설'에 대한 비판을 분석하기로 한다. 종밀에 의하면 공 사상의 형성에 크게 공헌한 용수는, 소승 학자의 법집(法執)을 논파하기 위해 '공반야(共般若)'를 말했다고 한다.[30] 그러나 용수를 중심으로 하는 파상교(破相敎)에서는 소승의 법집 논

---

29) 『原人論』, "中觀論云, 未曾有一法, 不從因緣生, 是故一切法無不是空者. 又云因緣所生法, 我說旣是空. 起信論云, 一切諸法, 唯依妄念, 而有差別, 若離心念, 卽無一切境界之相. 經云, 凡所有相, 皆是虛妄, 離一切相, 卽名諸佛."(T.45-709하). ; ※본 번역서 pp.103~104 참조.

30) 『原人論』, "龍樹立二種般若, 一共, 二不共. 共者二乘同聞信解, 破二乘法執故, 不共者, 唯菩薩, 解密顯佛性故."(T.45-709하). ; ※본 번역서 p.99 참조.

파에는 성공했지만, '신령한 성품'의 존재를 긍정의 논법으로 명시적으로 드러내는 데에까지는 이르지 못했다고 한다.[31] 또 종밀은 주관[心]과 대상[境]이 실체가 없는 존재라면, 그 '없음'을 인지하고 판단하는 그 주체는 무엇이냐고 반문한다.[32]

이상과 같은 종밀의 추궁을 통해, 우리는 이렇게 추궁하는 종밀의 생각 속에는 이런 주장이 깔려 있음을 추론할 수 있다. 즉, "모든 존재가 실체는 없다 할지라도, 그 없음을 아는 '그놈' 즉 인식 주체는 존재의 중단이 없어야 하며 '그놈'의 속성이 바로 '앎[知]'이라는 '신령한 성질'이다."(이하, 이 주장을 기호 8로 표시.)

이상의 여덟 가지 주장을 검토하는 과정에서 드러난 종밀의 속생각을 정리해보기로 한다.

먼저, 유교와 도교를 비판할 때 종밀은 다음과 같

---

31) 『原人論』, "今旣心境, 皆空, 未審, 依何妄現, 故知此教, 但破執情, 亦未明顯眞靈之性."(T.45-710상). ; ※본 번역서 p.107 참조.

32) 『原人論』, "若約此原信, 身元是空, 空卽是本, 今復詰此教曰, 若心境皆無, 知無者誰."(T.45-709하). ; ※본 번역서 p.105 참조.

은 전제를 깔고 있다는 것을 확인할 수 있다. 즉, 모든 현상적 존재에는 그것을 존재하게 하는 '본원(本源)'이 있고, 그 '본원'은 다음과 같은 자기 자신 속에 소속된 성질을 갖추지 않으면 안 된다. 즉, 만물의 '본원'이라면, 그 '본원'으로부터 우리가 사는 현상계가 어떤 과정을 거쳐 생겨나는지 그 과정을 인과적으로 설명하지 않으면 안 된다. 그리고 '본원'은 항상 존재하는 것이어야 하고, 그것은 앎[知]이라는 인식 능력을 갖추고 있어야 한다.

다음으로, 기존의 불교를 비판하는 과정에서 드러나는 종밀의 속마음에는 이런 전제가 깔려 있음을 확인할 수 있다. 만물의 본원이 되기 위해서는, 그 존재는 실체로써 자기 존재의 연속성을 갖추지 않으면 안 된다. 또, 그 '본원'은 인식 능력을 갖추고 있어야 한다. 즉 본원이 되기 위해서는 앎[知]이라는 '신령한 성품'을 자기 속에 갖추고 있어야 한다.

그렇다면 종밀 자신은 무엇이 '본원'이라고 생각하는가? 이 물음은 인간과 천지 만물을 관통하는 본질적 '본원'을 탐구하려는 종밀의 형이상학적 작업과도 맞물려 있다. 과연 종밀에게 있어 그 '본원'이란 무엇인가? 종밀의 말을 빌리면 그것은 '本覺眞心(본각진심; 본래부터 또렷한 참 마음)'이다. 이 개념을 종밀은 다음과 같이 설명하고 있다.

> 일체 중생은 모두 본래부터 또렷한 참 마음[本覺眞心]을 지니고 있다. 이것은 끝없는 옛적부터 지금에 이르기까지 늘 존재하고, 청정하고, 매우 밝아 어둡지 않고, '또렷하면서도 항상 작용하고 사물을 있는 그대로 지각하는 기능[了了常知]'이다. 이것을 때로는 불성(佛性)이라고 명칭하기도 하며, 또는 여래장(如來藏)이라고 부르기도 한다.[33)]

이것은 인간 본성의 존재론적으로 규명한 형이상학적 해석으로, 이런 종밀의 해석을 다음과 같이 평가할 수 있겠다.

첫째, 인간이라면 누구나 '본각진심'을 갖추고 있다. 이것은 인간 본성에 대한 재해석으로서 중국 인성론사의 새로운 국면을 열고 있다. 당시에도 작동하던 운명론적 세계 인식에서 인간을 해방하는 사유로, 당대(唐代)의 '성삼품설(性三品說)'에 대한 도전으로도

---

33) 『原人論』, "一切有情皆有本覺眞心, 無始以來, 常住清淨, 昭昭不昧, 了了常知, 亦名佛性, 亦名如來藏."(T.45-710상). ; ※본 번역서 pp.111~112 참조.

평가할 수 있다.

둘째, '본각진심'은 무시 이래 항상 존재하여 시간의 제약을 벗어난다. 이것은 '본각진심'을 시공을 초월한 원리로써 설정하려고 하는 형이상학적 세계 해석이라고 평가할 수 있다.

셋째, '본각진심'은 소소령령한 성질을 갖추고 있는 것으로 선악의 상대가 있는 선이 아니고 일체의 상대가 끊어진 절대 선이다.

넷째, '본각진심'에는 완벽한 인식 능력이 속성으로 내재해 있다.

이상으로, '본각진심'을 인간의 본원으로 주장하는 종밀의 견해를 평가적으로 해석해보았다. 그는 '본각진심(本覺眞心)'을 다른 말로 '일진령성(一眞靈性)'이라고도 표기하는데, 그것은 절대적이고, 참이고, 신령함을 자신의 본성으로 한다. 그런데 현실의 인간은 전연 그렇지 않다. 보편으로써의 '본각진심'과 특수로서의 개개의 사람을 어떻게 관계 지으면 좋을까 하는 문제라고 할 수 있다.

위의 문제를 해명하기 위해 종밀은 불교 전통의 '미혹' 개념을 활용한다. 즉, '미혹' 개념과 연기론을 여래장 사상과 결부시켜, 현실 개별 인간의 악의 문제를 해명하고 있다. 이런 방법을 종밀은 『대승기신론』의 '마음 이론'에 근거하여, 인성에 관한 철학적 문제를 체계화하고 있다.

불생불멸하는 '본각진심'이 생·주·이·멸하는 '미혹'에 가려서 장애 받는다는 『기신론』의 일원론적 사유체계를 활용한다. 불교 전래의 '아뢰야식' 개념을 확장적으로 해석하고, 이와 더불어 '여래장(如來藏)' 사상과 결합한다.[34)]

'아뢰야식' 속에는 '본각진심' 내지는 '일진령성'을 '깨닫는 기능'도 있고, '깨닫지 못하는 기능'도 있다고 한다. 그리하여 '깨닫지 못하는 기능'에 의하여 '무명'이 생기고, 이 '무명'에 의하여 사량하고 분별하는 인식주관[轉相]과 인식대상[境界相]이 생긴다고 한다. 이렇게 번뇌에 물들어가는 연기 과정을 '염연기(染緣起)'라고 하는데, 이런 과정에서, 지식의 소재가 되는 감각 대상에 고유한 불변한 자기 영역이 존재한다고 집착하는 법집(法執)의 현상을 일으킨다고 한다. 이

34) 『原人論』, "謂初唯一眞靈性, 不生不滅, 不增不不減, 不變不易, 衆生無始, 迷睡不自覺之. 由隱覆故名如來藏, 依如來藏故. 有生滅心相, 所謂不生滅眞心, 與生滅妄想和合, 非一非異, 名爲阿賴耶識."(T.45-710중). ; ※본 번역서 pp.120~122 참조.

와 동시에 대상을 향하는 주관으로써의 '아(我)'는 실체가 있는 것이라고 여겨 아집(我執)이 생기게 된다. 이렇게 주관과 대상이 양립하여, 이 둘의 상호작용으로 인해 '업'을 짓게 된다고 한다. 그 뒤에는 '업(業)'의 기운에 의하여 인간사의 선악·고락·귀천·빈부 등등 여러 가지 행위를 만들어가게 된다고 한다.[35)]

이렇게 '본각진심'이 '미혹'과 화합하여 현상계에서 자신의 존재를 드러내 가는 과정을 위에서 '염연기(染緣起)'라고 했다. 반면, '본각진심'이 '미혹'에 덮여 있는 현상계에서 이런 '미혹'을 제거해 가는 과정을 '정연기(淨緣起)'라고 했다. 이 과정을 도표로 만든 것이 ※본 번역서 부록에 소개한 pp.534~535의 〈8. 일심수증시말도〉이다. 이 기회에 밝혀 둘 것이 있다. 이 도표는 현행하는 『도서』 속에 삽입되어 〈진망화합도〉라는 이름으로 불리지만, 고려의 대각 국사 『의천록』에서는 〈일심수증시말도〉라고 적고 있다. 제

---

35) 『原人論』, "此識(阿賴耶識) 有覺不覺二義, 依不覺故, 最初動念, 名爲業相. 又不覺此念, 本無故, 轉成能見之識, 及所見境界相現, 又不覺此境, 從自心妄現, 執爲定有, 名爲法執, 執此等故, 遂見自他之殊, 便成我執, 執我相故, 貪愛順情諸境, 欲以潤我, 瞋嫌違諸境, 恐相損惱, 愚癡之情, 展轉增長."(T.45-710중). ; ※본 번역서 pp.122~126 참조.

대로 된 이름을 찾아 붙여야 한다.

인간이 수양을 통하여 주체적으로 자신의 삶을 개발할 수 있는 이론적인 근거도 이상과 같은 논리에 의해서 가능하게 되었다. 이것이 바로 수양론을 떠받치는 형이상학적 마음 이론이며, 한편으로는 당시 유행하던 '천명설(天命說)'의 폐쇄성으로부터 인간을 해방하는 논거이기도 하다.

이상에서 '본각진심'의 속성을 살펴보았는데, 여기에서 한 가지 분명히 해야 할 것이 있다. 그것은 '본원'을 외물에서 구한 것이 아니라 인간의 내부에서 구했다는 점이다.[36] 이것은 '본원'에 접근하는 방법의 측면에서 평가하더라도, 새로운 사고 패러다임의 출현이다.

이하에서는, 유·불·도에서 주장하는 인간의 근원에 대해 비판하는 형이상학적 담론 속에서 종밀이 노출 시킨 근거들을 좀 더 추궁해보기로 한다. 종밀에 따르면, 이상과 같은 '본각진심'을 '번뇌'가 뒤덮고 있는 현실적 인간의 마음을 '여래장' 개념을 빌려 설

---

36) 『原人論』, "評曰, 我等多劫, 未遇眞宗, 不解反自原身, 但執虛妄之相, 甘認凡下, 或畜或人."(T.45-710상). ; ※본 번역서 pp.114~115 참조.

명하고 있다. 현실 속에 행동하는 인간은 '본각진심'과 '번뇌'를 하나의 유기적 '창고[藏]'에 저장하고 살아간다. 이런 인간 이해를 바탕으로 '번뇌'의 무상성을 공종(空宗)의 '공사상'으로 설명하고, '번뇌'와 '본각진심'과의 관계를 상종(相宗)의 '아리야식' 사상으로 설명했다. 그리하여 인식하는 주관은 물론 인식 재료로서의 대상도, 각각 그 나름의 존재 역할을 확보할 수 있게 되는 것이라고 한다. 나아가 소승교의 '심식설'과 인천교의 '업설' 등도 이런 인간관을 수용하면 각각 논리의 정당성을 부여받을 수 있게 된다고 한다.

그러면 유·도의 경우는 어떻게 되는가? 이에 대하여 종밀은, '업의 힘'을 받아 만물이 생성되게 되는데, 이 기운의 근원이 바로 '원기(元氣)'이며 이 '원기'의 근본은 신령한 마음[眞一靈心]이라고 한다.[37] 그러므로 '업' 사상도 '본각진심'에 의해, 존재의 당위성을 확보할 수 있게 된 셈이다. 그리하여 이 '업'에 의하여 만물도 생기게 된 것이고, 인간도 이 '업'에 의하

---

37) 『原人論』, "所稟之氣, 展轉推本, 卽混一之元氣也, 所起之心, 展轉窮源, 卽眞一之靈心也. 究實言之, 心外的無別法, 元氣亦從心之所變, 屬前轉識所見之境, 是阿賴耶相分所攝." (T.45-710하). ※본 번역서 p.131 참조.

여 영향을 받는다고 한다. 이로 인해 만물의 운행에도 절도 있는 운영이 성립 가능해진다고 할 수 있다. 겉에서 보면 저절로 그렇게 되는 것처럼 보이지만, 실은 '업'의 기운에 의하여 그렇게 되는 것이라고 종밀은 해석하고 있다. 그에 의하면 인간이 문제는 결코 운명에 의한 것이 아니라고 한다.

이상은 '본각진심'을 핵심으로 하는 '일승현성교(一乘顯性敎)'의 입장에서, 인도에서 수입된 불교를 비롯하여 중국 고유의 유교와 도교에서 주장하는 인간 본질에 대한 철학적 논의까지를 비판적으로 체계화한 것이라고 할 수 있다.

나아가 그는 이 사상에 의하여 주술적인 사고를 비판하고 있다. 천지신명에게 빌거나 사주팔자로 점을 칠 일이 아니다. 모든 존재는 '본각진심'을 자기 속에 간직하고 있으므로, 본래적인 측면에서 말하면 인간의 본성은 같다. 인간 본성에 대한 문제를 인간 밖의 그 무엇이 아닌, 현실 생활 속에서 실존하는 구체적 인간 자체 속에서 해명하려는 새로운 모색이다. 이런 점에서 '본각진심'에 기초한 인간 본질에 관한 종밀의 학설은 중국 인성론 역사에 중요한 의미를 던지고 있다 하겠다.

## Ⅲ. '본각진심설'의 의의

필자는 이상의 논의를 통해, 인간의 본질을 탐구하는 과정에서 종밀이 활용하는 형이상학적 근거를 확인해보았다. 그는 "천지의 만물에는 반드시 그것을 있게 한 '근원'이 있는데, 그 근원은 '본각진심'이다"라는 형이상학 체계를 확립고 있다.
종밀은 이런 자신의 형이상학적 체계 입각하여 당시의 유교와 도교 나아가서는 전래의 불교 사상을 비판적으로 체계화하는 양상도 분석적으로 검토해 보았다. 이제 필자는 그의 이런 인간 본질에 대한 형이상학적 탐구를 '본각진심설'이라고 이름 붙이고, 이 학설이 가지는 의의를 검토하고 나아가 중국사상사의 지평에서 평가해 보기로 한다.

첫째, 이상의 학설이 가지는 의의는 먼저 철학적 문제의식의 전환이라는 점에서 주목할 필요가 있다. 종밀은 유·도의 천명설과 자연설과 원기설 등을 비판하는 과정에서 '본원'에 대한 자신의 형이상학적 체계를 명시적으로 드러내고 있다. 즉 인간과 세계를 일반화하여, 그 속에 내재하는 '근원'이 무엇인가를 해명해 내고 있다. 이러한 그의 사변적 탐구의 사상사적인 의미는, 인간과 인간을 둘러싸고 있는 자연에 대한 무지에 의한 공포 내지는 운명론에 의한 자기 존재의 위축에서 벗어날 수 있는 이론을 체계화한 것으로 평가할 수 있다. 그뿐만 아니라, 천명론적인 사고의 부정적인 요소인 주술적 행위에 대한 철학적 도전이기도 하다. 종밀은 주술에 의한 폐쇄가 아니고, 오히려 원리의 탐구와 그것에 바탕을 둔 실천을 통해 인간에 대한 새로운 해석의 지평을 열었다고 평가할 수 있다.

둘째, 원리에 대한 인식이라 할 수 있다. 이 세계 속에서 움직이고 있는 원리에 눈을 돌려서, 그 원리는 무엇인가, 그것을 어떻게 하면 인식할 수 있을까 하는 것들을 생각하게 했다. 이러한 발상은 인간 본질에 대한 탐구를 시작하게 하고, 인간을 둘러싼 세계의 존재 원리를 탐구하게 했다. 그 결과, 인간의 본성에 대한 재검토가 제기되었다. 이것은 당대(唐代)의 말기에 제기된 '생득(生得)'을 중시한 인성론에 대한 새로운 반성을 일게 하였다.

인간의 본질에 대한 탐구로, 인간 그 자체에 대한

인위적인 개발과 관리가 가능하게 되었다. 나아가 세계에 대한 인식을 통해 자연에 대한 공포에서 벗어날 수 있게 되었고, 세계에 대한 적극적인 해석이 가능하게 되었다. 그리하여 이른바 원리적 사고의 한 장을 열어가게 되었다. 그러므로 향후 중국에서 철학의 관심은 현상계를 꿰뚫는 원리 탐구에 주목하기 시작했다.

당말(唐末)에 '천(天)'을 원리(原理)의 측면에서 이해하려 했던 유종원(柳宗元)과 유우석(劉禹錫) 사이에 오고 갔던 논쟁도 이러한 선상에서 자리매김을 할 수 있다. 종밀이 주장하는 '본각진심설'이 가지고 있는 사상사적인 의미도 바로 이런 점에 있다고 할 수 있다.

셋째, 수양의 문제를 인간 본질과 연결하여 해명한 점에서 '본각진심설'의 의의를 찾을 수 있다. 인간의 본성에 대한 문제를 이론적으로 해명하여, 실천이라고 하는 인간 행위가 적극적으로 주목받게 되었다. 즉, 도덕 실천의 정당성이 형이상학적 이론으로 체계화되게 되었다.

그것은 실천의 문제를 형이상학적 원리와 결합하는 사유로, 인간 행위의 당위 문제를 존재의 지평에서 해결하려는 새로운 철학적 시도라고 평가할 수 있다. 이렇게 당위의 문제를 형이상학적인 원리와 결합해서 해결하려는 발상은, 당말 이후 현저하게 나타나는 중국 사상사 위의 특징 중의 하나이다.

형이상학적 원리는 주술로부터 인간을 해방하는 기능이 있다. 그러나 반면, 형이상학적 원리 그 자체를 실체로써 고정화하는 사유는 종교적 호교의식(護教意識)이라든가 또는 주희(朱熹)와 그의 제자들에 의해 교조화된 체제의 교학(教學)과 결합 되어, 개인과 나아가 공동체를 위협하는 '절대'로 이념화하는 부정적 면을 드러내기도 했다. 실체화된 이념이 개인 위에 군림한다.

넷째, 종밀의 '본각진심설'은 보편과 특수에 관한 문제를 제기한 점에서의 의의가 있다. 그는 '미혹'이라는 개념에 의한 인간 성품의 다양성을 해명하고 있다. 즉, '본각진심'을 갖추고 있는 인간에게 왜 악이 존재하는가를, '미혹'이라는 개념으로 개별자의 악(惡)을 해명하고 있다. 이렇게 본래성으로서의 보편 선(善)과 현실성으로서의 개별 악(惡)의 문제는 당대 이후의 철학에도 계속 이어지고 있다. 이 점에서 『원인론』에서 제기된 종밀의 문제 제기는 중국 인성론

철학사의 흐름 속에서 평가되어야 할 것이다.

다섯째, 종밀의 '본각진심설'은 형이상학적 구조론의 틀을 제공하고 있다. 이 학설이 함유한 사상사적 의미 분석을 좀 더 세밀하게 하기 위해서는, '발생론'과 '구조론'의 의미를 명시적으로 나눌 필요가 있다. 이 둘은 '능생자(能生者)'와 '소생자(所生者)'가 서로 분리되어 있다는 점에서는 같다. 그러나 '구조론'의 경우는, '소생자'의 구조 속에 '능생자'가 이미 내재적으로 존재한다는 점에서 '발생론'과 다르다. '구조론'적 사유는 상즉(相卽)과 상입(相入)의 관례 논리를 구사하는 화엄교학의 전통과 닿아있다.

인간 본질을 형이상학적 구조 속에서 규명하는 종밀의 방식은 '구조론'이라고 할 수 있다. 종밀은 법상종 학자들이 '아리야식'의 전변(轉變)에 의해 천지 만물이 생긴다고 하는 '발생론'의 지식이론과 존재 이해를 비판한다. 그는 『대승기신론』에서 구사되는 진·망(眞妄)의 식(識)이 화합하여 그 둘의 관계를 때로는 각섭(各攝)의 측면에서 때로는 공섭(共攝)의 측면에서 인식 내지는 지식의 문제 나아가서는 법계(法界)까지도 확장적으로 해석해 가고 있다.

나아가 그는 여래장(如來藏)의 의미를 3종류로 확

장적으로 해석하여 인간 본질을 해명하고 있다. 모든 인간은 불생불멸하는 '본각진심'을 함섭(含攝)하고 사는 동시에, 현실에 살아가는 인간은 저마다의 업으로 '본각진심'을 은복(隱覆)하고 살아가며, 현실적 번뇌에 물든 삶이지만 그 속에서도 '본각진심'을 출생(出生)하여 도덕적 삶을 추구하기도 한다.

구체적이고 개별적인 현실 속에서 언제나 '능생자'가 작동하고 있는 셈이다. 다만 '미혹'에 의하여 '능생자'인 '본각진심'의 기능이 숨겨질 뿐이다. 그런데 '발생론'의 사고에서는 모든 가치가 '능생자' 쪽에 부여되어 있다. '소생자'는 의존적 비본질적 존재로 취급된다. 이런 점은 종밀이 『원인론』에서 법상교를 비판하는 중요한 표적의 하나이다. 이런 사고가 통용되는 사회에서는 탈세속적인 행위가 성행하게 된다.

'구조론'의 사고에서는 개념상으로는 '능(能)-소(所)'를 나누고 있지만, '소생자'가 움직이고 있는 현상계 속에 '능생자'의 존재 의미가 있다. 이러한 특징을 잘 드러내는 종교 철학이 남종선(南宗禪)이 발견한 '일상'이다. 그런 그들의 철학을 단적으로 드러내는 표현이 일상의 마음이 도이다는 평상심시도(平常心是道)이다.

종밀의 이런 구조론적 사고는 '아리야식'의 내용을

정의하는 곳에서도 잘 나타나 있다. 즉 법상종에서는 '아리야식'을 '망식(妄識)'이라고 간주하는 반면에, 종밀의 '본각진심설'에서는 '아리야식'을 '진망화합식(眞妄和合識)'으로 규정하고 있다. 종밀은 『화엄경』·『원각경』·『대승기신론』 등에 내재하는 마음 이론을 재구성하여 제시한 '본각진심설'은, 인도 재래의 대승교학 분류법과는 달리 '법상종' · '파상종' · '법성종'이라는 분류 범주를 만들어 '일승현성교(一乘顯性教)'를 현창하게 한다.

## Ⅳ. 맺음말

종밀이 『원인론』 속에서 인간의 '본원'을 규명하려는 노력이 있었음은 위에서 보아온 대로이다. 그런데 그에게는 인간을 둘러싸고 있는 물질세계를 대상화하여 그것을 연구하는 이른바 자연학은 그의 철학하기 영역의 밖이었다. 이런 입장은 오히려 자연스러운 것으로, 불교 고유의 오랜 전통이다. 『화엄경』「세계성취품 제4」이나 「화장세계품 제5」를 비롯하여 인도에서 전래 된 불경 등을 통해, 인도 재래의 자연 이

해에 관한 이론을 접할 수 있었던 종밀이지만, 그의 철학은 대승불교의 교학 전통에 서 있었다. 이른바 불교적 마음 이론에 기초해서 세계를 설명하는 형이상학의 범주 내에서 존재 일반을 논하고 있다.

종밀의 말을 인용하면, "'심식(心識)'이 변화하여 생긴 대상 세계[境]는 (크게) 둘로 나누어지는데, 한쪽은 '심식'과 합하여 사람이 되고, 한쪽은 '심식'과 화합하지 않아 천(天)·지(地)·산(山)·하(河)·국(國)·읍(邑)이 되었다"[38]라고 한다. 이렇듯이 결국 종밀의 철학 세계에서는 자연물의 존재도 '심식'의 변화를 설명하는 연장선에서 해석되고 있다.

이런 그의 견해를 두고 그가 보편적 원리를 탐구하는 사고를 하면서도, 다만 도덕 형이상학 방면으로 문제를 치환한 결과, 자연을 마음의 문제로 환원시켰다고 '지적'할 수도 있다. 결국 이것은 '본각진심설'에 입각한 인간 존재의 '본원' 찾기가 가지는 한계를 드러내는 것이며, 한편으로는 경험적으로 논증할 방법도 알려지지 않은 형이상학적 원리에 입각한 인간

38) 『原人論』, "心識所變之境, 乃成二分, 一分卽與心識, 和合成人, 一分不與心合, 卽是天地山河國邑."(T.45-7108하). ※ 본 번역서 p.133의 주122) 참조.

도덕에 관한 확인할 수 없는 주장에 지나지 않는다고 말할 수도 있다.

『원인론』의 작품 분석을 통해 살펴보았듯이, 종밀은 인간과 자연을 일반화하여, 그것들을 정합적으로 설명할 수 있는 근원적이며 총체적인 원리를 찾아내려고 하였다. 이러한 철학 작업 속에서 그는 '본각진심'의 존재를 '요청'하고 있다. 즉, "만물 존재의 근원적 원리인 '본각진심'이 상주하고 있다"라는 주장을 하는데, 이 주장의 참 거짓은 경험적으로 인식할 수 있는 명제도 아니고, 그렇다고 비판적 추론을 통해 정당화되는 것도 아니다. 그런 점에서 즉 현량(現量)도 아니고 비량(比量)도 아니라는 점에서 필자는 '요청'이 말한 것이다. 그게 아니고 여러 경전의 말씀들을 집약하여 '성언량(聖言量)'으로 '수용'한 것이라면, 이런 논의는 믿음의 영역으로 필자 같은 철학자들에게는 학문 영역 밖의 일이다.

그렇더라도 즉, '요청'이든 '수용'이든 이런 사변적 작업 속에는 종밀 나름의 철학하기가 들어 있고 그것을 담고 있는 문헌자료는 사상사 연구의 소재가 될 수는 있다. 사상사의 측면에서 종밀의 이 문제를 필자는 다른 논문에서[39] 다루었다. 이 문제는 그 논문으로 미루고, 이제 이 논문을 마무리하면서 위에서 언급한 필자의 '지적'에 대해, 이제는 화엄교학의 전통에서 '해명'해 보기로 한다. '지적'이 철학(哲學)으로 불교를 대상화해서 연구해온 교수의 관점이었다면, '해명'은 불교를 자기화해서 살아내려는 종학(宗學)의 과제이다.

출가 사문(沙門)인 종밀에게 있어 독서와 사유와 집필함에, 역사 속에서 축적된 불교의 교학과 거리두기를 할 필요도 그럴 이유도 없었다. 오히려 그 연장선에서, 한편으로 그 축적 위에서, 불교 교학의 내부는 물론 세상 학문도 설명하려는 간절함이 있었으며, 또 자신의 철학으로 전통의 사유에 맞서기보다는, 화엄교학의 전통 위에 자신의 사유와 독서를 점검했다고 생각된다. 종밀이 청량 국사에게 쓴 편지에서도 밝혔듯이, 지식을 여행하면서도 『화엄법계관문』을 방법으로 의지한 것이며, 여러 스승을 만나 자신을 점검한 일들이 필자를 그렇게 생각하게 했다.

그렇다면 위에서 필자가 사용한 '지적(指摘)'이라는

---

39) 신규탁 저, 『규봉 종밀과 법성교학』 「제10장 종밀의 교학과 법성교학의 만남」(올리브그린, 2013, pp.384~398), 〈III. 법성교학 현양의 의의〉 부분에서 다루었다.

단어의 뜻대로 '손가락질'하는 그 손가락의 끝이 가리키는 지점인 종밀의 '본각진심설'을 위에서 말한 '종학'의 영역에서 '해명'하는 것도 필요하다.

종밀 선사와 그의 스승 청량 국사는 자타가 공인하는 화엄종주(華嚴宗主)로서 『화엄법계관문』을 자신들의 교학 방법으로 활용하고 있다. 이 과정에서 그들은 진리와 존재 내지는 우주 전체를 '법계(法界)'라는 개념으로 체계화하고 있다. '법계'를, 언어나 사유가 매개되기 이전 우리 앞에 주어진 사태 그 자체의 측면에서, 근원적 진리의 측면에서, 근원적 진리와 사태의 관계 측면에서, 사태와 사태끼리의 관계 측면에서, 사변적으로 해석해 내고 있다. 필자는 화엄교학의 '사법계관'·'이법계관'·'이사무애법계관'·'사사무애법계관'을 풀어서 위와 같이 설명했다.

이 중에서 종밀은 '이사무애법계관'에 중점을 두고 인간과 인간을 둘러싼 세계 해석을 시도했다. 그는 ※본 번역서 p.534에서 첨부했듯이 『대승기신론』의 구조를 '일심수증시말(一心修證始末)'로 이해하여 그것을 도상(圖像)화했다. 이런 구조적 이해는 종밀이 『원각경』을 주석하는 골격이기도 하다. 이런 면은 청량 국사가 '사사무애법계관'에 중점을 두고 『화엄법계관문』의 구조를 활용하여 『화엄경』에 담긴 교리의 위상을 평가했던 방법과는[40] 대비를 이룬다.

청량과 종밀은 '10문(門)'으로 과목을 나누어 각각 『화엄경』과 『원각경』을 방대하게 주석을 붙였다. '10문' 중에서 '1문~9문'을 『현담』이라고 부르는데, 그 속에 각각 「의리분제」와 「분제유심」라는 '1문'을 개설하여, 청량은 『화엄법계관문』의 체계를 기준 삼아 『화엄경』의 교리 범위[分齊]를 분석했고, 종밀은 『대승기신론』의 체계를 기준 삼아 『원각경』의 교리 범위[分齊]를 분석했다.

비록 이 두 스승-제자가 해당 경전에서 언급된 교리의 깊이를 설명하는 과정에서 4종(種)의 법계관(法界觀) 중 어느 관(觀)을 활용했는지는 달랐지만, 형이상학적 존재의 문제, 인식론적 지식의 문제, 가치론적 윤리의 문제, 나아가 우주 전체를 '법계(法界)'라는 개념을 활용하여 체계화하고 있는 점에는 같다. 이런 점에서 본다면 종밀의 '본각진심설'을 '지적'할 것인

40) 이런 방법에 대해 필자는 다음의 논문으로 학계에 발표한 바 있다. 「내가 보는 세계의 실상에 대한 화엄교학적 성찰」(『동아시아불교문화』 제20집, 동아시아불교문화학회, 2014) ; 「현담으로 풀어 본 화엄교학」(『화엄경초역 · 해석』, 김월운 초역, 신규탁 해설, 운당문고, 2024)-.

가? 아니면 '해명'을 것인가? 이 문제는 관찰자적 입장에 설까, 아니면 참여할까? 그 어느 쪽이든 당사의 몫이다.

# 선종의 심성론[1]

- 목 차 -



## Ⅰ. 선종의 출현

동북아시아 불교 철학을 이해하기 위해서는 선 불교 연구가 필수이고, 선 불교 연구를 위해서는 당나라 시대 선사들이 남긴 선어록 독서는 이 방면 연구자

---

1) 본 논문이 처음 게재된 곳. 『동양철학』 제6집, 한국동양철학회, 1995. 본 번역서에 옮겨 실으면서 자구의 수정을 가했다.

들이 통과해야 할 첫 관문이다. 이런 점에서 규봉 종밀이 남긴 많은 저술은 연구자들에게 긴 세월 주목받고 있다.

종밀은 당시 유행하던 선사들의 스승-제자 계보를 분류 정리하고, 그들이 전수하는 사상과 수행 방법을 평론했다. 그리고 그것을 자신이 집필한 여러 문헌 속에 격조 있는 문장으로 오늘에 전하고 있다. 단순 기록을 넘어, 젊은 시절부터 그 시절 유행하던 유·불·도의 철학을 섭렵한 독서인(讀書人)답게 '철학적 글쓰기'를 했다. 독서를 통해 고전과 대화하고, 성찰을 통해 자신의 지식을 점검하며, 수행자의 삶으로 그것들을 되비추어, 사유의 결 따라 조리 있게 문장으로 정착시켰다. 이런 '철학적 글쓰기'는 종밀의 저술 전편을 관통한다.

선 불교에 관한 기록도 역시 예외는 아니었다. 그런 관계로 '철학'을 달리하는 사람들이 보기에는 동의하기 어려운 부분이 있을 수밖에 없었다. 당시 선종에 대한 종밀의 평가는 사실의 기록을 넘어 '자신의 철학'이 반영되었기 때문이다. 여기서 말하는 '자신의 철학'이란 규봉 종밀이 자신의 철학적 기준을 가지고 당시 유통하던 선 사상을 자신의 철학 체계 속으로 수용했다는 의미인데, 구체적으로 말하면 그의 '본각진심설(本覺眞心說)'이다.[2] 즉 당시에 논의되고 유행하는 선(禪)을 있는 그대로 기록하기보다는 평가적인 언어와 체계로 재해석했다. 해석 없는 지식이 과연 가능한가는 지식이론의 중요하고도 오래된 문제임을 인정하더라도, 선에 대한 종밀의 평가와 기록에는 그만의 독특한 '철학적 해석' 개입에는 논란의 여지가 있다. 그중의 하나가 바로 마음[心]의 이해를 둘러싼 종밀의 해석이다.

구체적으로 말하면, 종밀은 달마로부터 역대의 선사들이 스승 제자 사이에 전수했다고 하는 '이심전심(以心傳心)'에서의 '심(心)'을 '청정본각(淸淨本覺)'으로 재해석한다.[3] 즉 청정하고 본래부터 깨달은 마음을 역대 선사들이 전했다는 것이다. 그리고 마음은 항상 고요하면서 무엇을 인식하는 작용이 있는데, 이 마음이 작동하여 대상 세계를 그 마음 안쪽으로 표상시

---

2) 본각진심설: ※본 번역서 p.439의 「Ⅲ. '본각진심설'의 의의」 참조.

3) 『中華傳心地禪門師資承襲圖』, "然達摩西來, 唯傳心法. 故自云, 我法以心傳心, 不立文字. 此心是一切衆生淸淨本覺, 亦名佛性, 或云靈覺."(신찬속장63-33상). ; ※본 번역서 p.167 참조.

켜 형상을 만든다[4]고 한다. 그러나 마음을 이렇게 해석하는 것은 연기법의 적용 범위를 넘어선 근원적인 그 무엇을 상정하는 것으로, 초기 불교의 본래 입장에도 그리고 '무심(無心)'을 주장하는 선종의 입장에서도 비판받을 수 있다. 그런데 그런 비판에 앞서 종밀의 입장에 우선 귀 기울여 볼 필요가 있다.

종밀은 '청정본각심'의 존재를 형이상학적으로 체계화하여 당시 선종의 무심 사상을 평가적으로 논의

---

4) 『圓覺經大疏』, "萬法虛僞, 緣會而生. 生法本無, 一切唯識. 識如幻夢, 但是一心. 心寂而知, 目之圓覺. 彌滿淸淨, 中不容他, 故德用無邊, 皆同一性. 性起爲相, 境智歷然. 相得性融, 心身廓爾 ; 모든 존재는 모두 실체가 없는 헛된 것이다. 그것은 인연이 모여서 생긴 것으로, 인연에 의해서 생긴 것은 본래 실체가 없다. 그것은 오직 식(識)의 작용으로 생겼는데, 이 식도 허깨비나 꿈처럼 실체가 없다. 다만 일심(一心)만이 허망하지 않다. 마음의 작용은 고요하면서도 무엇을 인식하는데 이것을 일러 원각이라 한다. 마음은 깨끗함이 가득하여 그 속에 다른 것이 없다. 그래서 덕의 작용이 끝이 없는데, 이는 일성(一性)과 완전히 동일하다. 이 일성이 작동하여 대상 세계를 마음속에 표상시켜 형상[相]을 만든다. 이리하여 대상 세계[境]와 그 대상 세계를 바라보는 인식 주체[智]가 분명하게 드러난다. 이렇게 상(相)을 얻고 성(性)이 융합되어 몸과 마음이 뚜렷해진다."(신찬속장9-323하~324상).

한다. 종밀이 사용하는 '무심'의 말뜻은 '마음이 없다'가 아니고, '마음에 번뇌가 없다' 또는 '마음에 있는 번뇌를 없애다'이다. 마음에 번뇌가 있으면 그 결과, 번뇌 작용의 힘이 '업(業)'을 지어 결국 그 과보에서 벗어날 수 없다. 이런 발상은 불교의 오랜 전통으로 교학에서는 물론 선학에서도 마찬가지이다. 선의 남종(南宗)이나 북종(北宗)을 막론하고 모두 '무심'할 것을 요청한다. 그런데 종밀이 보기에 잘못된 선사들은 그저 '무심'만을 말할 뿐, '무심'이 된 뒤에 나타나는 '청정본각심'의 작용을 제대로 제시하지 못했다는 것이다. 종밀의 비판은 여기에 겨냥되어 있다.

이 논문에서는 선종에서는 남종·북종을 막론하고 모두 '무심'을 주장한다는 점을 먼저 논증하고, 다음으로 '청정본각'의 성질을 갖은 일심(一心)의 실재성을 인정하여 이것을 기준으로 선을 분류하고 평가한 종밀의 '철학적 해석' 구조를 드러내 보려 한다. 위에서도 언급했지만, 여기서 말하는 '철학적 해석'이란 '본각진심설'이다. 미리 말해두지만, 종밀은 '본각진심설'의 입장에서 당시의 선종 사상을 자신의 철학에서 재해석하고 있다. 이게 필자의 주장이다.

필자의 이런 주장을 논증하기 위해 방법적으로,

해당 문헌의 내면에 흐르는 주장과 그것을 주장하는 근거를 추출해보는 방식을 택했다. 물론 이 경우에, 어느 자료를 분석의 자료로 삼는가가 분석 결과에 영향 줄 수밖에 없지만, 그렇다고 종래처럼 체험에 호소하거나 호교론(護教論)으로 종교화하지는 않을 것이다. 이 점을 보다 객관적으로 하기 위해, 종밀이 논증의 근거로 인용한 원자료의 본래 사상, 종밀의 철학 체계 속에서 재해석된 의미, 이 둘 사이의 모순점을 논증하려 한다.

모든 존재를 연기로 파악하는 불교의 본래 정신을 지나치게 확장적으로 해석하면서까지, 실재하는 근원으로써 '청정(清淨)하고 본래부터 깨달은 상태[本覺]인 참마음[眞心]'의 실재를 궁극의 존재로 상정한 것은, 어디까지나 종밀의 철학이다. 그 '심'을 이론적으로 깨치고[돈오(頓悟) 중에 해오(解悟)에 해당], 그다음에 그것을 향하여 점차 수행하여[漸修], 마침내 '심'을 체험한다[證悟]는 소위 '해오→점수→증오'의 프로세스는 당나라 시절 유행하던 '사변 불교'에 반기를 들고 '실천 불교'를 표방하는 선(禪) 운동가들에게는 받아들이기 쉽지 않았다. 이 역시 필자의 주장이다.

이상의 주장을 논증하기 위해, 필자는 종밀 당시

의 실제 선 사상을 그 특성에 따라 분류하고 조목조목 검토할 것이다. 알려진 바대로 선종의 분류 방식에는 5가(家) 7종(宗)[5]이 있지만, 그것은 종밀 사후 당말 송나라 초에 형성된 분류 방식으로, 이 논문의 쟁점과는 시기상 거리가 있다. 그래서 종밀 자신이 제시한 분류 방식을 채용하여 그 양상을 살펴보려고 한다.

## II. 종밀이 분류한 당시 선종

종밀에게는 선종을 분류하고 그 우열을 평가한 문헌들이 꽤 많이 남아 있는데, 대표적으로 셋을 들 수 있다.

첫째, 뒷날 정승이 된 배휴(裵休; 791~864)는 종밀

---

5) 5가 7종: 5가는 위앙종, 임제종, 조동종, 운문종, 법안종을 말함. 송대에 임제종파에서 갈라진 황룡파와 양기파를 합해서 7종이라 한다. 종밀의 『선원제전집도서』에 의하면, 중당의 선종을 우두종, 북종, 남종(하택종, 홍주종) 등 많은 종파로 나누고 있지만, 당 말에는 남종의 남악 마조계(馬祖系, 洪州宗)와 청원(靑原) 석두(石頭系) 뿐이었다. 5가는 이 두 계통에서 나왔다. (이철교·일지·신규탁 공저, 『선학사전』, 불지사, 1995, pp.469~470 참조.)

에게 당시 선종의 여러 분파를 정리하여 그 각각의 장단점 설명을 부탁했는데, 이 과정에서 지은 문헌자료가 『중화전심지선문사자승습도(中華傳心地禪門師資承襲圖)』(이하에 때로는 『승습도』로 약칭)이다. 오래전 일본 코마자와(駒澤) 대학 이시이 슈도(石井修道) 교수가 발표한 논문에 따르면, 이 문헌은 『배휴습유문(裵休拾遺問)』이 원래의 제목이고 '중화전심지선문사자승습도'는 이 책 속에 들어 있는 '선종혈맥도'를 지칭하는 것이라 한다.[6] 그런데 필자는 『원인론』과 『승습도』 등을 교감하고 번역하여 『화엄과 선』이라는 제목으로 편역하여 출판하면서, 이 책의 원래 제목이 『법집(法集)』임을 다시 논증했다.[7] 따라서 필자의 이 책에서도 『법집(法集)』으로 표기하는 것이 온당하겠지만, 그간 학계에 『승습도』로 쓰여 왔기 때문에 관례에 따라 기존의 서명을 그대로 사용하기로 한다.

둘째, 『선원제전집도서(禪源諸詮集都序)』(이하 『도서』로 약칭)가 있는데, 이 책의 배휴 서문에도 나타나듯

---

6) 石井修道, 「眞福寺文庫所藏の『裵休拾遺問』の飜刻」, 『禪學研究』 第60號, 1981.

7) 규봉 종밀 원저, 신규탁 편역, 『화엄과 선』, 정우서적, 2010, pp.308~312. ※본 번역서 해제 pp.394~398 참조.

이, 『도서』는 여래의 교학(教學)에서 언급하는 세 종류 교의(教義)를 이용하여, 선종(禪宗)의 세 종류 법문(法門)이 참임을 확인하는 것을 내용으로 한다. 다시 말하면 교학으로 선종을 점검하려는 의도에서 집필되었다. 후세 연구자들은 이점에 주목하여 당나라의 종밀을 '교선일치', 오대의 영명 연수(永明延壽; 904~975)를 '선교일치'라고 평가했다.

세째, 『원각경대소초』(이하 『대소초』로 약칭)의 「현담(懸談)」(卷三之下)에서 수행론을 정리하는 부분이 있는데, 이곳에서 종밀은 당시에 유행하던 선풍을 7종으로 나누어 논평하고 있다.

이하에서는 이 세 자료를 중심으로 종밀이 당시의 선 사상을 어떻게 분류했는지 알아보기로 한다. 그런데 검토에 들어가기에 앞서, 『대소초』, 『승습도』, 『도서』의 찬술 순서를 결론만 적어본다. 『원각경대소』가 그의 나이 44세(823년)에 완성된 것, 50세(829년) 때 배휴와 궁중에서 서로 만난 것, 그리고 54세부터 『도서』의 저술에 착수한 것 등등을 고려하고, 나아가 『승습도』에서는 간략하게 논의된 것이 『대소초』에서 자세하게 서술한 점들을 미루어 볼 때, 『대소초』 보다 『승습도』 쪽이 좀 더 먼저 저술된 것으로 생각된다. 그리고 『도서』는 그가 말년에 교와 선을 통일적으로 설명하기 위해 문서를 수집하고, 그런 다음에 그것들에 대한 '전체 서문[都序]'을 쓴 것임을 고려하면, 『대소초』 보다 늦게 집필된 것으로 추정된다. 정리하면, 『승습도』, 『대소초』, 『도서』 순으로 찬술 연대를 추정할 수 있다.

먼저, 『승습도』의 분류법을 보자. 『승습도』에서 배휴는 종밀에게 남종과 북종의 차이 및 남종 중에서도 하택종·홍주종·우두종 사이의 우열, 돈(頓)과 점(漸), 그리고 그들 간의 장단점을 간결하게 적어 달고 한다. 이 부탁이 계기 되어 종밀은 달마의 선맥은 하택 신회에게 전수되었음을 주장하며, 그 과정에서 당시 유행하던 선종의 사상을 정리하고 논평한다.

종밀은, 선종의 본줄기인 달마의 전통에서 ②북종(北宗)을 분리해내고, 여기에 남종과 북종으로 갈라내기 이전의 ①우두종(牛頭宗)을 별도로 처리하고, 달마선의 본줄기를 다시 ③홍주종(洪州宗), ④하택종(荷澤宗)으로 나눈다. 물론 할주(割注)에 정중종(淨衆宗) 및 보당종(保唐宗)의 명칭은 보이나 그 종지의 설명은 생략하고 자세한 것은 후일을 기약한다고 한다. 이 기약은 『대소초』의 저술 작업에서 실현한다.

다음, 『대소초』에서의 분류법을 보자. 종밀은 『원각경대소』 「현담」에서 '수증계차문(修證階差門)'이라는 과목(科目)을 세워 『원각경』이 그 중 어디에 해당하는가를 논한다. 이렇게 과목을 세운 데는 이미 그의 철학적 해석하기의 의도가 숨어 있다. 그 숨은 의도는 다름 아닌 『원각경』의 수행법, 즉 '해오→점수→증오'의 프로세스가 바른 수행 이론임을 논증하기 위함이다. 종밀은 당시에 유행하던 선 사상을 '정-혜(定-慧)'·'오-수(悟-修)'·'돈-점(頓-漸)'의 틀로 나누어 요약하고, 『원각경』이야말로 이 세 가지 요소를 모두 갖추었다고 한다.[8)]

그러면 『대소초』에서 당시 선종의 선 사상을 어떻게 분류했는가를 보기로 한다. 그는 먼저 『원각경대소』에서 당시의 선 사상을 이렇게 소개하고 있다.

(신수 등 북종[9)]에서는) 혹은 번뇌를 털어 청정

---

8) 『원각경대소』(신찬속장9-334하). ; 신규탁 번역, 『원각경 · 현담』(운당문고, 2013), pp.432~442 참조.

9) 신수(神秀: 606~706) 등 북종(北宗): 북종의 선 사상에 대해서 규봉 종밀은 『습유문』(신찬속장63-33상)에서는 '마불혼진(磨拂昏塵: 마음의 때를 닦고 텀)'으로, 『도서』(T.48-402하)에서는 '식망수심(息忘修心: 번뇌를 쉬고 마음을 닦음)'으

함을 살피고, 방편으로 경전을 연구하기도 하며, (지선의 정중종[10])에서는) 무억(無憶)·무념(無念)·막망(莫妄)하라고 하고, 마음 씀씀이 그대로가 계(戒)·정(定)·혜(慧) 3학(學)이라 하며, (노안의 보당종[11])에서는) 교학이나 수행에 구애됨이 없고[12]) '알음알이[識]'를 없애라[13]) 하기도 하고, (마조의 홍주종[14])에서는) 부딪치는 대상마

---

로 각각 소개하고 있다.

10) 지선(智詵: 609~702)의 정중종(淨衆宗): 5조 홍인에게 수학. 제자로 처적(處寂)이 있고, 그 제자에 익주의 김 화상(金和尙)이 있다. 김 화상은 성도 정중사(淨衆寺)에서 선법을 날렸다.

11) 노안(老安)의 보당종(保唐宗): 노안은 5조 홍인의 방계 제자. 노안의 제자로 진초장(재가 불자)이 있고, 그의 제자에 보당사의 무주(無住)가 있다.

12) 교학이나 수행에 구애됨이 없고: 삭발하자마자 '7조(條) 가사'를 수하고 금계를 지키지 않는다. 예참이나 독경이나 사불(寫佛) 등 일체의 의식을 거부한다.

13) '알음알이[識]'를 없애라: 이들은 생사윤회는 모두 마음을 쓰기 때문이라고 한다. 마음을 쓰지 않아야 참이고, 무분별이 진정한 도라고 한다.

14) 마조(馬祖: 709~788)의 홍주종(洪州宗): 혜능의 방계 제자에 남악 회양이 있고, 회양의 제자에 마조가 있다. 뒷날 장안을 중심으로 하는 하택종이 몰락하면서 홍주종은 남종의 정통이 되었다. 이들의 선 사상에 대해 규봉 종밀은 '임심(任心; 마음에 내맡김)', '임운자심(任運自在: 마음 내키는

다 모두가 진리[道]라고 하여 마음대로 내맡기기도 하고, (법융의 우두종[15]은) 본래 일삼을 것이 없으니 그저 '알음알이[情]'만을 없애라 하기도 하고, (선습의 남산 염불 선종[16]에서는) 향불을 전하는 (참회 의식)을 바탕으로 '불상(佛像)을 마음에 담게[存想]' 하기도 하고, (신회의 하택종[17]에서는) '고요한 인지 작용[寂知]'이 '본바탕

---

대로 함)' 그리고 '천진자연(天眞自然: 있는 그대로 함)'이라고 비평한다.

15) 법융(法融: 594~657)의 우두종(牛頭宗): 4조 도신의 제자로 남경의 우두산을 근거지로 삼아 선풍을 드날림. 종밀은 우두종의 선 사상을 『습유문』에서는 '상기망정(喪己忘情)'으로, 『도서』에서는 '민절무기(泯絶無寄)'라고 소개한다.

16) 선습(宣什)의 남산 염불 선종(南山念佛禪宗): 선습(宣什)은 5조 홍인의 제자.

17) 신회(神會: 670~762)의 하택종(荷澤宗): 6조 대통 신수를 제치고 혜능을 선종의 6대 조사로 만든 장본인. 20세기 초 중국 돈황에서 선 문헌이 발굴되면서 그의 저서가 세상에 알려진다. 규봉 종밀에 따르면 하택종에서는 '공적지심(空寂之心), 영지불매(靈知不昧)', '적지(寂知)', '영지지심(靈知之心)' 등을 긍정의 논법으로 중생의 마음을 정확하게 밝혀주기 때문에, 선종의 정통이라고 한다. 『남양화상돈교해탈선문직료단어』, 『남양화상문답잡징의』, 『보리달마남종정시비론』 등이 있다. 이것들이 다음의 한 책에 소개되어 열람을 편하게 한다. 楊曾文 編校, 『神會和尙禪話錄』, 北京: 中華書局出版, 1996年.

[體]'임을 천명하여 '무념(無念)'을 으뜸으로 삼기 도 한다.[18)]"

이상에 인용한 부분은 다시 『대소초』(신찬속장 9-523중~535중)에서, 자세하게 복주(復注)하여 7가(家)로 명명하고 하나하나 논평한다. 7가란 차례대로 ①북종(北宗), ②정중종(淨衆宗), ③보당종(保唐宗), ④홍주종(洪州宗), ⑤우두종(牛頭宗), ⑥남산염불종(南山念佛宗), ⑦하택종(荷澤宗)이다. 또 『도서』에서는 종지의 깊고 낮음에 따라 ①외도선, ②범부선, ③소승선, ④대승선, ⑤최상승선 등 5종 선으로 분류한다. 그중에서 달마 이하의 선종을 최상승선이라고 한다. 한편 인물을 중심으로 하여 10실(室)로 나누기도 한다. 10실이란 ①강서(江西), ②하택(荷澤), ③북수(北秀), ④남선(南銑), ⑤우두(牛頭), ⑥석두(石頭), ⑦보당(保唐), ⑧선습(宣什), ⑨조나(稠那), ⑩천태(天台)이다. 이 외에도 교종(敎宗)과의 관계 속에서 선 사상을 ①식망

18) 『원각경대소』, "有拂塵看淨, 方便通經., 有三句用心, 謂戒定慧. 有敎行不拘, 而滅識. 有觸類是道, 而任心. 本無事, 而忘情, 有籍傳香, 而存佛. 有寂知指體, 無念爲宗."(신찬속장9-334하). ; 신규탁 번역, 『원각경 · 현담』(운당문고, 2013, pp.435~436).

수심종(息妄修心宗), ②민절무기종(泯絶無寄宗), ③직심현성종(直心顯性宗) 등 3종(宗)으로 나누기도 한다. 이상의 분류를 도표로 그리면 아래와 같다.

| 승습도 | 원각경대소초 | 선원제전집도서 | | |
|---|---|---|---|---|
| | | 10室 | 5種 | 3宗 |
| ②北宗 | ①北宗 | ③北秀 | ⑤최상승선 | ①息妄修心宗 |
| | ②淨衆宗 | ④南銑 | " | |
| | ③保唐宗 | ⑦保唐 | " | |
| ④洪州宗 | ④洪州宗 | ①江西 | " | ③直顯心性宗 |
| ①牛頭宗 | ⑤牛頭宗 | ⑤牛頭 | " | ②泯絶無寄宗 |
| | ⑥南山念佛禪宗 | ⑧宣什 | " | |
| ③荷澤宗 | ⑦荷澤宗 | ②荷澤 | " | ③直顯心性宗 |
| | | ⑥石頭 | " | |
| | | ⑨稠那 | " | |
| | | ⑩天台 | ④대승선 | |
| | | | " | |
| | | | ③소승선 | |
| | | | ②범부선 | |
| | | | ①외도선 | |

## III. 종밀의 선 사상 이해와 그 특징

위에서 필자는 종밀이 당시 선의 계보를 어떻게 분류했는가를 정리해보았다. 이제부터는 그가 선 사상을 어떻게 이해하고 평가했는지 검토하여 거기에 내재하는 종밀의 입장을 밝혀 보기로 한다. 그 결론을 간단하게 미리 말해보면, 종밀은 하택종의 주장이 여타의 선 사상보다 더 우수하다고 주장하며, 그렇게 주장할 수 있는 이유는 하택종만이 '본래부터 깨달은 참 마음[本覺眞心]'을 제대로 드러냈기 때문이라는 것이다. 그러면 『승습도』의 분류 방식을 중심으로 위의 문제에 접근해보기로 한다. 앞에서도 간단히 언급했다시피 『승습도』는 배휴의 청에 의해 당시 선 사상의 갈래를 나누고 그 우열을 논한 것이므로, 종밀이 당시의 선 사상을 어떻게 이해하고 평가했는지를 잘 보여준다. 종밀의 '철학하기'가 드러난다. 이하에서 『승습도』의 분류 방식에 따라 논의를 진행하는 이유도 바로 여기에 있다.

### 1. 우두종

종밀은 우두종의 내력과 그 선 사상을 『승습도』에서 이렇게 설명하고 있다.

> 1995년 발표한 논문에는 그 내용을 모두 인용했지만, ※본 번역서(pp.143~145)의 해당 부분을 표기해 두는 것으로 대체한다.

이 인용문에서 우리가 알 수 있는 것은 5조 홍인 이전에는 남종과 북종의 구별이 없었고, 우두산에서 개종한 법융 선사는 4조 도신의 직계가 아닌 방계이고, 그리고 우두종의 주장은 반야 계통과 맥을 같이 하는 것으로 이른바 "모든 존재는 본질이 없으면서도, 본질이 없지 않은 오묘한 본성을 드러낸다"라는 점이다. 물론 종밀의 눈에 비친 것이다.

종밀은 우두종의 선 사상을 위와 같이 이해하고, 그들의 수행 방법을 『승습도』에서는 '상기망정(喪己忘情)'으로 정리하고[19], 『원각경대소』에서는 '본무사이망정(本無事而忘情)'으로 정리하고[20], 『도서』에서는

---

19) 『中華傳心地禪門師資承襲圖』, "旣達本來無事, 理宜喪己忘情. 情忘卽絶苦因, 方度一切苦厄. 此以忘情爲修也. ; "본래부터 일삼을 것이 없음을 알았으니, 이치적으로 볼 때 반드시 자기를 없애고 감정을 잊어야 한다. 감정을 잊으면 곧 괴로움의 원인이 끊어져 마침내 모든 괴로움과 재앙을 건널 수 있다. 이 종파에서는 감정을 잊는 것을 수행으로 여긴다." (신찬속장63-33하).

상기망정(喪己忘情): 여기에서의 '己'는 실체로서 실재한다고 믿는 자기의식을 말하고, '정(情)'은 그 자기의식이 발동하여 선악시비를 가리는 의식 활동을 말한다. 따라서 이 귀절을 우리말로 번역하면, '자기 자신의 본질이 있다는 생각을 없애고, 좋아하거나 싫어하는 감정을 없애라'는 뜻이다. 이 말의 전후 문장을 인용하면 위와 같다.

'민절무기(泯絶無寄)'[21]로 정리한다. 그런데 『승습도』와 『대소초』가 그 내용은 물론 사용하는 어휘마저도 일치하는데, 『대소초』 쪽이 좀 더 체계화되었음을 알 수 있다. 이것은 『대소초』가 『승습도』보다 뒤에 정리된 것임을 말해준다. 그리고 『도서』에서는 다만 석두(石頭)나 우두(牛頭)의 문하생인 경산(徑山) 선사가 이 '민절무기'에 해당한다고만 언급했을 뿐 직접적으로 평가하여 설명하지는 않았다. 물론 선종을 3등급으로 나누어 거기에 배치함으로써 간접으로 평가하기는 한다.

---

20) 『원각경대소』(신찬속장9-334하). 종밀은 이 '本無事而忘情'을 『대소초』(신찬속장9-534하)에서 자세하게 주석을 하는데, "'본래무사(本來無事; 전혀 일삼지 않음)'이란 깨달은 이치로써, 말하자면 마음과 대상이 본래 실체가 없으므로 공들여 노력해서 없어지는 게 아니다. 미혹해서 그것이 실체로서 존재한다고 생각할 뿐이다."고 한다. 그리고 '망정(忘情; 번뇌를 쉼)'에 대해서는 "번뇌를 쉬면 괴로움과 재앙을 건넌다"고 한다. 그리하여 종밀은 "'본래무사'는 깨달음의 영역에 속하고, '번뇌를 쉼'은 수행의 영역에 속한다"라고 한다.

21) 『도서』(T.48-408상). '민절무기(泯絶無寄)'란 모두를 부정하고 어디에도 의지하지 않는다는 뜻이다. 『도서』의 한글 번역으로는 『선의 근원』(공연 무득 註釋, 우리출판사, 1991)이 있으니, 그 책의 p.125. 참조.

그러면 이 우두종의 선 사상을 종밀이 어떻게 평가하는지를 보도록 하자. 『승습도』에서 마니 구슬을 비유로 들어 설명한다. 그 비유는 이러하다.

> 마니 구슬에 비치는 갖가지의 색깔은 모두 실체가 없는 것으로 철두철미하게 모두 공(空)하다는 말을 듣고는, (1)이 한 알의 밝은 구슬도 모두 공하다고 이해한다. 그리고서는 대뜸 말하기를, "모두가 실체가 없다고 알아야 비로소 통달한 사람이다. 그러나 (2)한 법이라도 있다고 인정하면 이는 제대로 깨친 것이 아니다"라고 한다. (그러나 이것은) 물질이나 형상이 모두 사라진 그곳이야말로 바로 공하지 않은 구슬임을 모른 것이다.[22)]

위의 비유에 종밀은 자세하게 할주(割注)를 붙이는데, 이것을 보면 우두종의 선 사상에 대한 그의 평가가 명확하게 드러난다. 먼저, (1)의 의미는, "본각(本覺)의 본성도 역시 공하여 인식할 대상이 없다는 것이다"[23)]고 한다. 그리고 (2)의 의미는, "모든 존재가

22) 『中華傳心地禪門師資承襲圖』, "聞說珠中種種色, 皆是虛妄, 徹體全空, 卽計此一顆明珠, 都是其空. 便云, 都無所得, 方是達人. 認有一法, 便是未了, 不悟色相, 皆空之處, 乃是不空之珠."(신찬속장63-34중). ; ※본 번역서 p. 204 참조.
23) 『中華傳心地禪門師資承襲圖』, "本覺性亦空, 無有所認."(신

실체가 없는 공적한 상태에서 (무언가를) 분명히 아는 것이 본각진심(本覺眞心)이라는 말을 듣고서도, 도리어 마음의 본체는 공하지 않음을 모르는 것을 말하는 것이다[24]"고 한다.

이것을 정리하면 이렇다. 만약 어떤 사람이, 밝은 구슬에 비친 그림자는 실로 실체가 없는 줄 알기는 알았는데, 그런데 한 걸음 더 나아가 구슬도 실체가 없다고 주장한다면, 이 사람은 실체가 없는 그림자를 투영시킨 구슬 자체는 실재하는 것임 모른 꼴이 되고 만다는 것이다. 구슬, 즉 마음은 실재한다. 그러니까 마음의 지평에 떠오른 모든 현상은 실체가 없는 공한 것이지만, 마음만은 본바탕으로 공하지 않다는 것이 종밀이 주장하는 바이다. 그러나 종밀이 보기에 우두종의 선 사상은 이 점을 제대로 몰랐다는 것이다. 이렇듯, 마음의 본질을 파악하지 못한 채로 마음 수련 방법으로 제시한 우두종의 '본래무사(本來事)'와 '망정(忘情)'은 잘못이라고 종밀은 주장한다.

---

찬속장63-34중).

24) 『中華傳心地禪門師資承襲圖』, "聞說, 諸法空寂之處, 了了能知, 是本覺眞心. 却云不了不知心體不空."(신찬속장63-34중).

우두종의 이런 점을 종밀은 『대소초』에서도 지적한다. 『원각경』에서는 '작(作)', '지(止)', '임(任)', '멸(滅)' 네 가지를 선병(禪病)으로 들고 있는데, 종밀은 이것을 인용하여 우두종은 '지병(止病)'[25]을 범했다고 비판한다.

## 2. 북종

먼저 북종의 유래와 그 사상을 종밀이 어떻게 정리했는지를 보도록 한다. 『승습도』에 이렇게 적고 있다.

> 1995년 발표한 논문에는 그 내용을 모두 인용했지만, 여기서는 생략하고 ※본 번역서 pp.145~147의 해당 부분 참조로 대체한다.

여기에서 우리는 신수 당시에는 북종이라는 칭호

---

25) 『원각경대소초』, "又三是滅病, 四是任病, 五是止病."(신찬속장9-534하). 여기서 말하는 '三'이란 (1)북종, (2)정중종, (3)보당종을 말하며, '四'는 홍주종을 말하며, '五'는 우두종을 말한다. 그리고 '지병(止病)'이란 모든 망념을 영원히 쉬면 자연히 뚜렷한 깨달음을 얻으려는 그릇된 견해를 말한다. 자세한 설명은 『원각경·현담』(신규탁 번역, 운당문고, 2013), pp.167~168. 참조.

는 없었고 당시에는 달마종으로 불렸음을 확인할 수 있다. 사실 북종이라고 폄칭한 것은 하택 신회 선사가 자신을 제7조로 칭하려는 법통 싸움의 과정에서 혜능을 6조로 삼아 '남종'이라 칭하고, 신수를 '북종'이라고 몰아세운 산물이다.[26] 신회에게 법계를 대는 종밀로서는 이 사실을 익히 알고 있었다. 남에 의해서 그것도 폄하되어 붙여진 이름이므로 학술 용어로 쓰는 것은 문제가 없지는 않지만, 관용적으로 '북종'이라고 칭하므로 이 논문에서도 그것을 따른다.

그러면 이 북종의 선 사상을 종밀은 어떻게 이해했는가? 종밀은 북종의 선 사상을 『승습도』(신찬속장63-33상)에서는 '마불혼진(磨拂昏塵; 마음의 때를 닦고 텀)'으로 이해하고, 『대소초』(신찬속장9-532하)에서는 '불진간정, 방편통경(拂塵看淨, 方便通經; 마음의 때를 털어 깨끗한 마음을 보고, 방편으로 경전을 독서함)'으로 이해하고, 『도서』(T.48-402하)에서는 '식망수심(息忘修心; 번뇌를 쉬고 마음을 닦음)'으로 각각 이해하고 있다. 각 그 표현은 다르나 내용은 같다.

---

26) 이를 위해 지은 작품이 『보리달마남종정시비론』이다. 이 책은 돈황에서 출토되었는데, 호적의 『신회화상유집』(美亞書版公社, 民國59, pp.258~318)에 점교본으로 실렸다.

『승습도』에서는 이렇게 말한다.

> 북종의 주장은 중생이 본래부터 간직하고 있는 깨달은 본성은 마치 거울에 밝은 성질이 있는 것과 같다. 그런데 번뇌가 그 본성을 덮으면 마치 거울에 뿌연 먼지가 낀 것과 같다. 만일 스승의 말씀과 가르침을 따라 허망한 생각을 없애면 그 허망한 마음이 사라져서 심성이 밝아져 모르는 게 없게 된다. 이것은 마치 먼지를 닦고 털어서 모두 사라지면 거울의 본 모습이 밝고 깨끗해 모든 사물이 거기에 비치는 것과 같다.[27]

이렇게 북종의 선 사상을 정리하고는, 종밀은 북종의 입장을 다음과 같이 비판한다.

> 이 주장은 단지 염연기(染緣起)나 또는 정연기(淨緣起)의 겉모양만을 본 것으로써, 깨끗한 데서 더러운 곳으로 흘러가는 것을 되돌리며, 번

---

27) 『中華傳心地禪門師資承襲圖』, "北宗意者, 衆生本有覺性, 如鏡明性. 煩惱覆之不見, 如鏡有塵闇. 若依師言教, 息滅忘念, 念盡則心性覺悟, 無所不知. 如磨拂昏塵,塵盡則, 鏡體明淨, 無所不照."(신찬속장63-33상). ; ※본 번역서 pp.169~170 참조.

> 뇌에서 벗어나는 측면만을 말한 것이다. 그리하여 허망한 마음이란 본래 실체가 없는 공이며 심성은 본래부터 깨끗하다는 사실을 모르고 말았다. 깨달음이 철저하지 못했으니, 수행이 어찌 참될 수 있으리오.[28)]

종밀의 소개에 따르면, 북종에서는 망념을 씻는 수행을 말하는데, 망념이란 본래 실체가 없어 공하다고 한다. 그런데 이 망념은 '염연기'와 '정연기'의 작용 때문에 일시적으로 드러난 겉모습에 지나지 않는다. 그러나 종밀의 입장에서 보면, 그들은 연기(緣起)의 근저에 작동하는 '심성(心性)', 또는 '일성(一性)'[29)]의

---

28) 『中華傳心地禪門師資承襲圖』, "此但是染淨緣起之相, 反流背習之門, 而不覺忘念本空, 心性本淨. 悟旣未徹, 修豈稱眞."(신찬속장63-33상). 원문의 '染淨緣起'는 '염연기'와 '정연기'를 병칭한 것이다. '염연기'는 본래의 깨끗한 심성이 더러운 세계로 연기하여 물들어 가는 연기를 말하고, '정연기'는 그 반대를 말한다. 또 원문 '반류배습지문(反流背習之門)'에서 '유(流)'는 '유전문(流轉門)'을 말하고, '습(習)'은 습기(習氣) 즉 번뇌를 말한다. ; ※본 번역서 pp.171~172 참조.

29) 『中華傳心地禪門師資承襲圖』에서는 '본성(本性)', 『원각경대소초』에서는 '일성(一性)'이라 각각 표기했으나, 내용은 동일.

존재를 알지 못한 채 세운 마음 수행 이론이므로 그 수행 방법이 제대로 될 리가 없다고 할 수 있다. 여기에서도 명확하게 드러나듯이 종밀은 청정한 심성의 실재를 인정한다.

한편, 여기에 종밀 저서의 찬술 시기를 확정하는 데 실마리가 될 만한 부분이 있어 첨가해 둔다. 종밀은 위의 비판에 이어, '정중종'의 선 사상은 북종과 완전히 같고, '보당종'의 견해는 북종과 일치하나 수행은 전혀 다르다고 할주(割注)를 첨가하면서, 번거로운 설명은 생략하지만, 뒷날 이 부분에 대해서는 직접 만나서 자세하게 (배휴에게) 설명하겠다고 한다. 아마도 이것이 말씨가 되어 뒷날 『대소초』를 지을 때 자세하게 설명한 듯하다.

다음은 북종의 선 사상으로 종밀이 평가한 '방편통경(方便通經)'을 알아보도록 한다. 이 말은 『승습도』에는 보이지 않고, 오직 『대소초』에만[30] 보인다. 여기서 말하는 '방편(方便)'이란 다섯 가지 방편을 말하는 것으로, 구체적으로 말하면 (1)부처의 본체를 총체적으로 드러냄, (2)지혜의 문을 염, (3)부사의한 해탈

---

30) 『원각경대소초』(신찬속장9-532하).

을 드러냄, (4)모든 법의 바른 성품을 밝힘, (5)자연스러워 걸림이 없는 해탈과 다름없음을 요달함 등이다. 종밀에 의하면 북종에서는 (1)을 위하여 『대승기신론』에 의지하고, (2)를 위해 『법화경』에 의지하고, (3)을 위하여 『유마경』에 의지하고, (4)를 위하여 『사익경』에 의지하고, (5)를 위해 『화엄경』에 의지한다고 한다. 여기에서 우리는 북종에서는 경전을 소홀히 하지 않았음을 간접적으로 알 수 있다. 돈황 지방에서 북종에 관한 자료가 발굴되기 전까지는 종밀이 인용한 이 자료가 북종의 선 사상을 엿보는 데 중요한 역할을 했다. 그리고 돈황 문서의 발굴로 드러나게 되었지만, 북종선에 대한 종밀의 이 인용 부분은 사실에 부합했음을 알 수 있다.

### 3. 홍주종

앞에서와 마찬가지로 홍주종의 유래를 종밀이 어떻게 정리했는가를 보기로 한다. 『승습도』에서는 이렇게 적고 있다.

1995년 발표한 논문에는 그 내용을 모두 인용했지만, 여기서는 생략하고 ※본 번역서 pp.159~1

61의 해당 부분 참조로 대체한다.

여기서 알 수 있듯이 홍주종의 마조 도일은 육조의 제자인 남악 회양을 만나기 전에 이미 김 화상에게 가르침을 받았고, 또 남악 회양도 사실은 육조의 방계임을 알 수 있다. 이 점은 『대소초』에서도 마찬가지이다. 그런데 마조의 문손이 번성해짐에 따라 남악 회양을 육조의 적손으로 족보를 날조하고, 또 마조가 남악 회양을 만나기 전에 정중종 계통의 김 화상의 제자였다는 점도 숨기고 있다. 『조당집』(952년 찬술)과 『경덕전등록』(1004년 찬술)이 바로 그렇다. 그러나 종밀로서는 그 법계를 조작할 아무런 이유가 없었다.

다음은 이 홍주종의 선 사상을 종밀이 어떻게 이해했는가 보기로 한다. 종밀은 『습유문』과 『원각경대소초』 등에서 홍주종의 선사상을 '임심(任心; 마음에 내맡김)', '임운자재(任運自在; 마음내키는 대로 자유자재함)' 그리고 '천진자연(天眞自然; 있는 그대로 함)' 등으로 파악하고, 다음과 같이 말한다.

> 깨달음을 설명하는 원리가 모두 있는 그대로이므로 수행도 그 원리에 따르는 것이 마땅하다.

즉 마음을 움직이지 않고서 악을 끊고, 마음을 움직이지 않고서 도를 닦는다. 도란 바로 마음일 뿐이니 마음을 써서 일부러 마음을 닦을 필요가 없다. 악조차 역시 마음이니 마음을 써서 일부러 마음을 끊을 필요가 없다. 악을 끊지도 않고 선을 짓지도 말고 마음 내키는 대로 자유자재한 것을 해탈이라 한다. 우리를 구속할 법도 없고 그렇다고 완성해야 할 부처도 없다. (마음이란) 마치 허공과 같아서 늘지도 줄지도 않으니 무슨 보태거나 채울 필요가 있으리오? 왜냐하면, 심성 밖에 결코 그 어떤 법도 없기 때문이다. 그러므로 단지 마음에 내맡기는 것 그대로가 수행이다.[31]

종밀이 홍주종의 선 사상을 위와 같이 정리하면서, 한편으로 홍주종의 주장을 『능가경』과 대비시킨 점은 주목할 필요가 있다. 왜냐하면 홍주종이 자신들의

---

31) 『中華傳心地禪門師資承襲圖』, "既悟解之理, 一切天眞自然. 故所修行, 理宜順此. 而乃不起心斷惡, 亦不起心修道. 道卽是心, 不可將心還修於心. 不斷不造, 任運自在, 名爲解脫人. 無法可拘, 無不可作. 猶如虛空, 不增不減, 何假添補. 何以故.心性之外, 更無一法可得故. 故但任心卽爲修也."(신찬속장63-33중). ; ※본 번역서 pp.179~180 참조.

마음 이론을 『능가경』을 근거로 증명한 것은 종밀이 자의적으로 끌어들인 게 아니라, 홍주종 사람들이 『능가경』을 깊이 연구하고 또 전수했음을 간접적으로 말하기 때문이다.

『능가경』에 "혹은 불국토가 있다고 하고, 혹은 눈썹을 치켜들기도 하고, 혹은 눈동자를 굴리기도 하고, 혹은 웃음소리를 내고, 혹은 기침을 하고, 혹은 몸뚱이를 움직이는 것 모두가 불사(佛事)다"[32]라는 문구가 있다. 그런데 홍주종도 역시 이런 입장을 수용하고 있다고 종밀은 이해했다.

> 홍주종의 주장은 마음을 통제하고 사념을 움직이며, 손가락을 튕기고 눈동자를 움직이는 등 모든 행위가 불성(佛性) 그 자체의 작용일 뿐 다른 게 아니다. 탐내고 성내고 어리석은 짓 모두가, 혹은 좋은 일을 하거나 나쁜 일을 하거나, 혹은 즐거움을 받거나 괴로움을 받거나 이 모두가 불성 그 자체이다.[33]

---

32) 『楞伽經』「一切佛語心品」(T.16-493상).

33) 『中華傳心地禪門師資承襲圖』, "洪州意者, 起心動念, 彈指動目, 所作所爲, 皆是佛性全體之用, 更無別用. 全體貪嗔癡, 造善造惡, 受樂受苦, 此皆是佛性."(신찬속장63-33상). ; ※본 번역서 p.175 참조.

이상의 평가에 따르면, 홍주종에서는 우리들의 일상에서 하는 생활 그대로가 모두 불성(佛性)의 작용이라는 것이다. 그리고 모든 현상은 불성에서 나온 것으로 선악 시비로 그것을 규정할 수 없다라는 입장이다. 이런 연장선 속에서, 달리 수행할 필요도 없고 그저 있는 그대로 내맡기는 것이 참된 수행이라고 주장했다는 것이다. 홍주종이 정말 그러했는지의 사실 여부는 이하에서 검토하겠지만, 종밀의 눈에는 그렇게 보였다. 그런데 참된 본성의 실체를 인정하는 종밀로서는 홍주종의 그런 입장을 보아 넘길 수는 없었다. 그리하여 여러 측면에서 비판을 가하는데 그것을 요약하면 다음과 같다.

그네들은 '천진자연(天眞自然)'만을 믿고 수행을 부정한다[34]고 한다. 행주좌와 어묵동정이 모두 불성이라고 보는 홍주종에서는 특별히 수행 방법을 두지 않는다. 종밀이 홍주종을 비판하는 것은 바로 이 점이다.

종밀에 따르면 '청정하고 본래부터 깨달은 참 마음

---

34) 『원각경대소초』(신찬속장9-534중).

[淸淨本覺眞心]'이 사람마다 모두 있는 점에서는 평등하지만, 번뇌의 많고 적음에 따라 그 참마음의 드러남에 차이가 있다고 한다. 그러므로 수행을 통해 번뇌를 제거해야 한다는 것이다. 이러한 마음 이론의 입장 차이가 종밀로 하여금 홍주종의 '천진자연' 수행 이론을 비판하게 한 것이라고 볼 수 있다.

물론, 홍주종에서도 비록 '영각(靈覺; 신령한 깨달음)'이 사람의 마음에 있다고 말은 하지만, 정확하게 그것이 무엇인지 말하지 못했다는 것이 종밀의 비판이다. 비록 그들이 '언어동작(言語動作)' 그대로가 '불성(佛性)'이라고 말하지만, 그것은 단지 '수연응용(隨緣應用; 인연에 따르는 작용)'일 뿐 결코 '자성본용(自性本用; 자성 본래의 작용)'은 아니라고 종밀은 비판한다.[35] 매우 날카로운 비판이다.

그런가 하면 홍주종에서는 ※본 번역서 p.222의 주203)처럼부정하는 논법으로 일관하여 '진공(眞空)'을 겨우 드러내기는 했으나 '묘유(妙有)'를 적극적으로 드러내지 못했다고 비판한다. 그러나 홍주종에서는 일상성을 떠난 배후의 실체를 인정하지 않는다.

---

35) 『中華傳心地禪門師資承襲圖』(신찬속장63-35상~중). ; ※본 번역서 p.222 참조.

그들의 이런 입장은 작용하는 것이 바로 불성(佛性=作用是性)이라는 마조 선사의 말에 잘 드러난다. 그러나 종밀이 보기에 이들이 말하는 작용에는 '자성본용(自性本用)'이 없다는 비판이다. 연기의 저편에 있는 본질적인 근원으로써의 '본각진심'을 상정하는 종밀로서는 당연한 비판일 수밖에 없다.

## 4. 하택종

하택종의 유래에 대해서는 『승습도』와 『원각경대소초』에 모두 기록되었는데, 차이라면 『대소초』 쪽이 좀 더 자세한 정도이다. 먼저 남종 북종의 구별이 생기게 된 유래를 보고 다음에 하택종의 내력을 보기로 하자.

종밀은 남종(南宗)의 근원을 혜능 선사에 둔다. 그에 따르면, 남종은 혜가 스님이 달마 선사의 가르침을 받아 대대로 의발을 전해 내려온 선종의 '근본 종가(本宗)'라고 한다.[36] 그런데 훗날 5조 홍인의 제자인 홍인 대사(神秀大師)가 북쪽 지방에서 점교(漸敎)

---

36) ※본 번역서 p.209의 주173) 참조.

를 폈기 때문에 이것과 구별하느라고 신수를 '북종'이라 하고, 5조의 같은 제자인 혜능 계통을 '남종'이라고 구별하게 되었다는 것이 종밀의 해석이다. 그런데 분명한 것은 북종은 방계이고 남종의 종조인 혜능이 5조 홍인의 법통을 이어받아 6조가 되었다는 것이다. 그리고 혜능의 법통을 정통으로 받은 인물은 바로 하택사의 신회 선사로서, 신회가 선종의 제7조라는 것이다. 하택사는 그가 머물던 사찰로 낙양에 있다.

여기서 우리는 남종과 북종의 대립 구도를 세우고, 5조의 법통이 혜능에게 갔다는 설화를 만들어 낸 것은 어디까지나 신회가 지어낸 이야기이지, 역사적 사실이 아님을 알아야 한다. 이 점은 『남양화상돈교해탈선문직료성단어(南陽和尙頓教解脫禪門直了性壇語)』(이하 『단어』로 약칭)가 돈황에서 발견됨에 따라 분명해졌다. 즉 『단어』를 보고 마조 계통의 선사들이 『육조단경』을 편찬했다. 그러니까 제자의 문집을 보고 스승의 문집을 만든 셈이다.

한편, 하택 신회는 활대(滑臺)에서 신회의 제자들과 논쟁을 벌여 자기의 스승인 혜능이 5조의 법통을 계승했음을 밝혔고, 이 논쟁을[37] 당시의 왕권을 빌어서 인정받았다. 그리하여 임금이 『칠대조사찬문(七代

祖師讚文)』을 지어 세상에 유포했다는 것이다.[38)]

하택 신회가 이렇게 왕권을 이용할 수 있었던 것은 당시 전란의 피해로 문란해진 국가재정을 '향수전(香水錢)'을[39)] 팔아 재건하려는 국가적 사업에, 그가 적극적으로 동참한 점도 작동했다. 혜능이 6조임을 논증하려는 의도 속에는 신회 자신이 7조라는 자부심이 들어 있다.

이상에서 하택종의 유래를 알아보았다. 종밀이 하택종의 선 사상을 어떻게 이해했는지를 보기로 한다. 종밀은 자신을 하택종의 전법 계보에 넣고, 이 종만이 '달마의 정통'이고 중생들을 깨달음으로 바르게 인도하는 유일한 길이라고 한다.

---

37) 이 논쟁의 내용은 돈황에서 발견된 『보리달마남종정시비론』으로 정리된다.

38) 『中華傳心地禪門師資承襲圖』에는 『칠대조사찬문』이 종밀 당시에 현존했다고 하는데, 지금은 전하지 않는다. 그리고 이런 사건이 있었던 때는 덕종 황제(德宗皇帝) 정원(貞元) 12년(796)으로 이때 종밀의 나이는 17세였다. 물론 이때 종밀은 출가 이전으로 성도에서 유학을 공부했다.(신찬속장63-31하) ; ※본 번역서 p.158의 주40) 참조.

39) 山崎 宏, 『隋唐佛教史の研究』, 法藏館, 昭和42, pp.211~218 참조.

하택종의 주장은 참으로 말로 표현하기 어렵다. 이것은 석가모니가 이 세상에 나온 본래의 목적이며, 달마가 멀리 인도에서 온 본래의 의도이다. ……. 지금 억지로 말해보자면, 모든 (의식에 표상된) 현상은 꿈처럼 실체가 없다는 말은 모든 성인이 말하는 바이다. 그러므로 허망한 마음도 본래 실체가 없고 번뇌도 실체가 없다. 그렇지만 실체가 없는 마음에는 신령스런 앎의 작용이 있어 어둡지 않다. 이 실체가 없으면서도 신령스런 앎의 작용이 달마가 전한 바인 '공적심(空寂心)'이다. 미혹에 물들거나 깨치거나 이 마음에 본래부터 스스로 아는 작용이 있어 연(緣)이 없어도 생기고 인(因)이 없어도 생긴다. 미혹한 때에 번뇌가 있더라도 이 신령스런 앎의 작용은 번뇌가 아니며, 깨달았을 때 신통변화하더라도 이 신령스런 앎의 작용은 신통변화하지 않는다. 그러므로 이 '앎'이라는 이 한 글자는 모든 불가사의한 작용의 샘이다.[40]

---

40) 『中華傳心地禪門師資承襲圖』, "荷澤宗者尤難言述. 是釋迦降出, 達磨遠來之意也. ……. 今强言之, 謂諸法如夢, 諸聖同說. 故妄念本寂, 塵境本空. 空寂之心, 靈知不昧. 卽此空寂寂知, 是前達磨所傳空寂之心也. 任迷任悟, 心本自知, 不藉緣生, 不因境起. 迷時煩惱, 亦知非煩惱. 悟時神變, 亦知知非神變. 然知之一字, 衆妙之源."(신찬속장63-33하). ; ※ 본 번역서 pp.187~189 참조.

여기서 우리는 종밀이 하택종을 극찬하는 까닭이 이 종에서 '공적지심(空寂之心)', '영지(靈知)', '적지(寂知)', '영지지심(靈知之心)' 등을 긍정의 논법으로 명시적으로 언급하기 때문임을 알 수 있다. 종밀에 의하면 이 마음은 상주하고 불변하는 실체로 인연에 의해 생겨나는 것도 아니고, 그렇다고 대상 세계를 반연하여 생기는 것도 아니라고 한다.

여기에서 우리는 불교의 근간이 되는 연기설이 종밀에 이르러 제한적으로 해석되는 점에 주목할 필요가 있다. 초기 불교에서는 모든 존재를 인과 연의 상호 의존 관계에서 설명하고 있다. 이것은 석가모니의 깨달음의 핵심이고 불교의 근본 사상이다. 그런데 종밀은 '마음'을 실재하는 것으로 보고 그것을 '본래의 근원'으로 해석하여, 이것은 연기에 의해서 생긴 게 아니라고 한다. 왜냐하면 연기에 의해서 생긴 법은 모두 실체가 없고, 실체가 없는 존재라면 인간의 본질적인 근원이 될 수 없기 때문이라는 것이다.

이런 입장에서 종밀은 '식(識)'도 허깨비나 꿈처럼 실재가 아니고 '심(心)'만이 실재라고 한다. 이것은 유식설을 비판하는 것이다. 그는 '마음'의 본래적 속성으로 '적(寂)'과 '지(知)'를 들고 있다. 이런 속성을 가지고 있는 '마음'은 '본각진심(本覺眞心)', '영각(靈覺)', '일심(一心)', '여래장심(如來藏心)', '청정본각(淸淨本覺)' 등등으로 명칭은 문맥에 따라 다르게 이지만, 그 바탕[性]은 같다고 한다. 이 바탕이 일어나서[性起] 대상세계[相]가 만들어지고 나아가 몸과 마음이 분명하게 된다[41]고 한다.

이것은 '연기(緣起)'에서 '성기(性起)'로 이행하는 불교 교학 이해의 새로운 지평을 열고 있다. 마음의 작용에 의해서 생기는 일체 모든 법(法)을 연기론으로 설명하는 인도의 초기 불교의 입장을 받아들이면서도, 한편으로는 그 연기의 현상 너머에 또는 그 이면에 실재하는 그 무엇이 있다고 확장적으로 상정했다. 그 실재란 바로 위에서 말한 '본각진심'임은 두말할 나위도 없다.

이렇게 '영지지심(靈知之心; 신령스럽게 앎의 작용이 있는 마음)'의 실재를 인정한 그는 『대승기신론』의 '불변(不變)-수연(隨緣)'의 논리를 빌려와, 이 '영지지심'을 자신의 본질로 하는 인간이 어떻게 번뇌에 휩

---

41) ※본 번역서 p.48의 주17) ; p.173의 주58) ; p.455의 주 4) 참조.

싸이는지를 설명한다.[42] 즉 '영지지심'에는 불변하는 본바탕이 있고, 한편으로는 인연에 상응하여 변하는 측면이 있다고 하는데, 이것이 '불변-수연'의 논리이다.

이상의 검토를 통하여, 종밀이 표방하는 하택종의 심성론을 이렇게 정리할 수 있다. 달마 스님이 중국에 오직 '일심(一心)'만을 전했는데, 이 '일심'은 '청정본각진심'이다. 그런데 이 '청정본각진심'의 본질에는 인연에 따르는[隨緣] 속성도 있고, 한편 인연에 따르지 않는[不變] 속성도 있다. 이런 구조적 양상 때문에 '청정본각심'이 갖가지로 현실에 자기 자신의 모습을 드러낸다. 그러나 번뇌 속에 휩싸여 있어도 이 마음은 사라지지 않고, 깨달았다고 해서 없었던 것이 생겨나는 것도 아니다.

이런 마음 이론에 근거하여, 종밀은 북종(北宗)에서는 우리의 마음이 본래 청정하다는 사실을 모르고, 나아가 이런 마음 이론에 입각한 수행이어서 잘못이라고 비판한다. 한편, 우두종에서 비록 모든 존재는 다 공하여 실체가 없다는 입장에서 '청정한 마음'의

---

42) ※본 번역서 p.196의 「1. 불변과 수연의 관계로 회통」 참조.

실재를 부정하는데, 그것은 '진공(眞空)'만 알았지 '묘유(妙有)'는 몰랐다는 것이다.

이렇게 저들을 비판할 수 있는 근거는 모든 존재는 실재가 없는 공인 줄 아는 인식 주체는 실재한다는 종밀의 '본각진심설'에 기초한다. '영지지심(靈知之心)'의 실재를 인정하고, 그 마음의 작용으로 '적(寂)'과 '지(知)'를 인정하는 종밀로서는 당연한 귀결이다. 그리하여 홍주종에서는 '영지지심(靈知之心)'의 실재를 직접적으로 말하지 못하고, 사람이 그저 말하거나 움직이는 행위를 미루어 불성의 존재를 간접적으로 드러낼 뿐이라[43]고 비판한다.

## IV. 종밀의 선종 비판은 사실에 근거했는가?

위에서 검토했듯이 종밀은 하택종을 제외하고는, 모든 선종이 '청정본각진심(淸淨本覺眞心)'의 실재를 모르거나 긍정의 논법으로 드러내지 못했기 때문에 달마 선종의 정통이 아니라는 것이다.

---

43) 『中華傳心地禪門師資承襲圖』, "洪州云, 心體不可指示, 但以能語言等驗之, 知有佛性, 是比量現."(신찬속장63-35중). ; ※본 번역서 〈◎ 셋째 문답〉의 p.223 참조

여기에서 중대한 문제가 발생한다. 정통이냐, 방계냐의 논의는 차치하더라도, 과연 '본각진심' 등의 실재를 인정하는 것이 선종의 본래 입장인가? 나아가 이것이 과연 석가모니 본래의 생각인가? 종밀 말대로라면 하택종을 제외하고는, 여타의 선종 계열에서는 '청정본각진심'의 실재를 알지 못했거나 인정하지 않았다고 한다. 그런데 유독 종밀만이 '청정본각진심'의 실재를 인정했다면, 그런 실재를 인정하는 종밀의 생각이 옳은가? 그리고 하택 신회가 정말 마음을 그렇게 실재론적으로 이해했는가?

이 두 문제를 해결하기 위해서는 종밀의 말만을 믿을 수는 없고, 종밀이 비판하는 북종·우두종·홍주종 사람들의 말을 들어보아야 한다. 그리고 선종의 종조가 되는 달마의 입장에도 주목해야 한다. 이하에서 그 작업을 해보기로 한다.

### 1. 달마의 심론

달마 선사가 자신의 선 사상 속에서 '마음'이 어떤 의미로 쓰고 있는지 알아보기 위해서는 무엇보다도 달마 자신의 말을 전하는 자료에 의존해야 한다. 필자는 여러 자료 중에서 돈황에서 출토되어 지금은 대영박물관에 소장되어있는 『무심론(無心論)』(Stein 5619)을 택하고자 한다. 이 자료는 일찍이 『명사여운(鳴沙餘韻)』(矢吹慶輝, 岩波書店, 1933)에 그 사본이 사진판으로 소개되었고, 『대정신수대장경』(제85권)으로 활자화되었다. 우리나라에서는 성철 선사가 해석판을 낸 적이 있다.[44]

『무심론』의 핵심 내용은 그 제목이 말해주듯이 무심(無心)을 근간으로 한다. 이 글은 스승과 제자 사이의 대화 형식으로 되었다. 그러면 『무심론』에서 무심을 어떻게 주장하는지 보기로 한다.

> 제자가 스승에게 물었다.
> "마음이 있습니까?"
> "마음이 없다."
> "마음이 없다고 하신다면 무엇을 보고 느끼고 알며, 무엇이 무심(無心)인 줄 압니까?"
> "(1)도리어 이는 무심이다. 이미 보고 듣고 느끼고 알지만 도리어 이 무심이 무심임을 능히 안다." *

---

44) 『무심론』은 『백련불교논집』(제2집, 백련불교문화재단, 1992년)에 원문 대역을 냈고, 뒤에 다시 이것은 『고경』(장경각, 1993)에 재수록했다. 본 장의 한글 번역은 이것을 따랐다.

"무심하면 지금 보고 듣고 느끼고 아는 것이 없어야 할텐데, 어째서 보고 듣고 느끼고 아는 것이 있게 됩니까?"
"나는 무심하나, 볼 수 있고 들을 수 있고 느낄 수 있다."
"보고 듣고 느끼고 알 수 있다면 마음이 있는 것인데, 어찌 무심하다 할 수 있습니까?"
"(2)그저 보고 듣고 느끼고 아는 그대로가 무심이니, 보고 듣고 느끼고 아는 것 말고 어디 따로 무심이 있겠는냐? 그대가 이해하지 못할까 하여, 내 낱낱이 설명하여 진리를 깨닫게 하겠다."[45]
…….
* 원문의 '旣'를 '能'으로 보는 견해도 있다. "무심이 도리어 보고 듣고 느끼고 알며 무심이 무심인 줄을 안다."

(1)의 원문 중 '환시(還是)'의 '환(還)'은 강조를 나타내는 부사어이다. 이 문장을 필자는 이렇게 고쳐 읽으

45) 『무심론』, "弟子問和尚曰, 有心無心. 答曰, 無心. 問曰, 既云無心, 誰能見聞覺知, 誰知無心. 答曰, 還是無心. 既見聞覺知, 還是無心能知無心. 問曰, 既若無心, 卽今無有見聞覺知, 云何得見聞覺知. 答曰, 我雖無心, 能見能聞能覺能知. 問曰, 既能見聞覺知, 卽是有心, 那得稱無心. 答曰, 只是見聞覺知, 卽是無心, 何處更離見聞覺知, 別有無心. 我今恐汝不解, 一一爲汝解說, 今汝得悟眞理."(『고경』, p.727).

려 한다. 즉, "무심일 뿐이다. 보고 듣고 느끼고 아는 작용이 있더라도, 그것은 그저 무심일 뿐이다. (따라서) 무심임이 분명하다." 이를테면 일상적인 모든 행위 하나하나의 마음 씀씀이가 그대로 무심일 뿐이라는 것이다.

이런 무심의 입장은 다음에 이어지는 (2)에서 더욱 분명하게 드러난다. 곧 '보고 듣고 느끼고 알고' 하는 행위 그대로가 무심이므로 이 '보고 듣고 느끼고 알고' 하는 행위를 떠나 달리 무심하려고 인위적 작위를 가해서는 안 된다는 말이다.

이렇게 볼 때 선종의 할아버지에 해당하는 달마의 기본 입장은 무심(無心)임을 알 수 있다. 이때의 무심은 보통의 일상생활에서 그저 무심하라는 것이다. 일상성을 떠난 어떤 실재 내지는 근원으로써 '마음'을 상정하고 하는 말이라고 보기는 어렵다. 따라서 종밀이 달마 선종의 심법을 '청정본각진심(淸淨本覺眞心)'으로 해석한 것은,[46] 어디까지나 종밀의 해석으로 그의 철학 체계 내에서 평가해야 할 것이다. 심(心)에

46) 『中華傳心地禪門師資承襲圖』, "達摩西來, 唯傳心法, 故自云, 我法以心傳心, 不立文字. 此心是一切衆生淸淨本覺."(신찬속장63~33상). ; ※본 번역서 p.167의 주52) 참조.

대한 종밀의 이런 이해는 달마의 의도와는 현격한 차이가 있다.

달마 선사는 무심할 것을 주장한다. 『무심론』의 다음 대화가 이 점을 분명하게 말해준다.

> "그렇지만 현실적으로 마음속에 짓는 것이 있으니, 어찌 수행해야 합니까?"
> "무엇에서든지 무심을 깨닫기만 하면 그것이 바로 수행이지 따로 수행할 게 없다. 그러므로 무심하면 일체가 적멸하여 그대로가 무심이다."
> 제자가 여기에서 홀연히 크게 깨쳐, 마음 밖에 물건이 없고 마음 밖에 마음 없음을 비로소 알았다.[47]

위의 대화는 수행의 방법을 묻는 제자에게 스승 달마가 대답하는 형식으로 이루어져 있다. 여기서도 분명하지만, 달마 선사는 수행 방법으로 일체의 사량분별을 쉬고 쉬어 그저 무심할 것을 강조한다. 무심이란 『무심론』 후반에서 다시 강조하듯이, 망상 없는

---

47) 『무심론』, "問曰, 今於心中作, 若爲修行. 答曰但於一切事上, 覺了無心, 卽是修行. 更不別有修行. 故知無心, 一切寂滅, 卽無心也. 弟子於時, 忽然大悟, 始知心外無物, 物外無心."(『고경』, pp.733~734).

마음을 두고 하는 말이다.[48)]

이 달마의 무심 사상에 대해 해인사 백련암의 성철 선사는 이렇게 평가 해석한다.

> "『무심론』의 무심은 미세한 (번뇌)까지 없는 여래 지위의 진심으로 불지(佛地)이다. 『단경』에서 '이 법을 깨친 이는 곧 무념(無念)이다'라고 하였는 바, 무념은 무심이다. 또 거기에서 '안팎으로 사무쳐 밝아 자기의 본래 마음을 알면 곧 무념이다'고 하였으니, 달마의 무심은 불지(佛地)임이 한층 더 명백하다. 그러므로 '무심할 수만 있으면 곧 구경(究竟)이다'라고 황벽(黃檗) 선사는 말한 것이다."[49)]

'무심(無心)'에 대한 종밀의 해석과 성철의 해석이 다름을 알 수 있다. 종밀은 말하기를, "(마음이 없다[無心]에서) '없다'라고 말한 이유는 마음속에 분별하거나 탐내고 성내는 등의 상념이 없을 경우, 이를 두고 마음이 공하다 한 것이지, '마음' 자체가 없다는 것은 아니다. 없다는 것은 다만 마음속에 있는 번뇌를 없앴다는 뜻이다[50)]"라고 한다. 이 문장에서도 알 수 있

---

48) 『무심론』, "無心者, 卽無妄想心也."(『고경』, p.736).

49) 퇴옹 성철, 「무심론 평석」, 『고경』, p.739.

듯이 종밀은 마음속에 작용하는 '신령스러운 지각작용[靈知]'을 상정하고 있다. 그리하여 이 '영지'를 가로막는 번뇌를 없애라는 것이다. 결코 이 '영지'가 없다. 또는 '영지'를 없애라는 것은 아니다. 그러나 달마의 경우는 '영지'의 존재 여부 자체는 아예 관심을 두지 않는다. 그저 사무치도록 마음을 쉬어야만 어디에도 매이지 않는 자유로움을 얻을 수 있다는 것이다. 달마와 종밀 사이에 이런 '무심' 이해의 차이에도 불구하고, 종밀이 달마의 문하에서 스승 제자가 서로 전한 '심(心)'이 '청정본각(清淨本覺)'이라 해석한 것은 '본각진심설'에 입각한 종밀의 '철학적 해석'으로 보아야 할 것이다.

## 2. 북종의 심론

북종의 사상을 전하는 자료는 많이 유실되어 현재 열람하기에는 한계가 있지만, 『대승무방편문(大乘無方便門)』(혹은 『大乘五方便門』), 『대승북종론(大乘北宗論)』 등이 돈황에서 발견되고 학자들의 연구에[51] 의

50) 『中華傳心地禪門師資承襲圖』, "言無者, 心之中無分別貪嗔等念, 名爲心空. 非謂無心. 言無者, 但爲遣却心中煩惱也." (신찬속장63~34중). ; ※본 번역서 p.205 참조.

해 오늘날 어느 정도 읽을 수 있게 되었다.

그러나 이런 자료가 소개되기 이전부터 조선에서는 이른바 북종의 선어록을 가까이 두고 읽어왔다. 바로 『관심론(觀心論)』이 그것이다. 물론 이 작품을 달마의 작품으로 믿어 의심치 않으면서 말이다. 그러나 이 작품은 달마의 저술이 아니고, 북종이라고 폄칭 당하는 대통 신수(大通神秀)의 작품임은 해인사판 『일체경음의』를 보면 분명하다.52) 그럼에도 불구하고 이 작품이 달마의 것으로 오인한 조선에서는 『선문촬요』, 『법해보벌』 등에 실려 남종선의 여러 선사의 작품과 어깨를 나란히 하여 전해졌다. "광서 계미 맹추 우란회일 감로사 지(光緖癸未孟秋盂蘭會日甘露社識)"라는 간기가 있는 『법해보벌』(이하 '조선본 『법해보벌』'이라 칭함.)에서도 "관심론 초조달마대사설(觀心論 初祖達摩大師說)"이라 쓰고 있다.

한편, 대정신수대장경 제85책(pp.1270~1273)에 『관

---

51) 宇井伯壽, 『禪宗史研究』, 岩波書店, 1935 ; 鈴木大拙, 『鈴木大拙全集』, 岩波書店, 1968 ; 田中良昭, 『敦煌禪宗資料分類目錄初稿 2』, 駒澤大學佛教學部研究紀要 第32号, 1974.

52) 『일체경음의』, "觀心論, 大通神秀作."(권 제100)(T.44-931하)이라고 분명하게 기록하고 있다.

심론』을 싣고 있는데, 이 대본은 스타인 2395본으로 제목과 본문에 약 436자 파손되었다. 그래서 이 논문에서는 '조선본 『법해보벌』'을 활용하여 그 내용을 살펴보기로 한다.

> 혜가가 달마에게 여쭈었다.
> "만일 어떤 사람이 있어 그가 불도를 구하려 한다면 어떤 법을 수행해야 힘도 안 들이고 핵심에 이를 수 있습니까?"
> 선생께서 대답했다.
> "관심(觀心)하는 오직 이 한 방법만이 모든 수행을 포괄할 수 있으므로 힘 안 들이고 핵심에 이를 수 있다고 하겠다."
> 물었다.
> "어떻게 그 한 가지 방법(관심법)이 모든 수행을 전부 포섭합니까?"
> 선생께서 대답했다.
> "(1)마음은 모든 '법(法)'의 뿌리이다. 모든 법(法)은 마음이 만들어낸 것이다. 만일 마음을 분명하게 알게 되면 모든 수행이 다 그 속에 포섭된다. ……. 만약 마음을 분명하게 깨쳐 수도하면 (쓸데없이) 애쓰지 않아도 쉽게 (도가) 완성된다. 마음을 깨치지 못하고 수도하면 힘만 들일 뿐 이익이 없다. 그러므로 다음의 사실을 분명하게

알아야 한다. 모든 선악이 마음에서 일어나는 것이다. 마음 밖에서 달리 구하면 결코 옳지 않다."[53)]

(1)의 말뜻을 분명히 해보자. 여기에서 나오는 '법(法)'을 전통적으로 조선의 강당에서는 『구사론』에 의거하여 '임지자성, 궤생물해(任持自性, 軌生物解)'의 의미로 풀이하는데, 우리말로 하면 '그것' 자체로서 일정한 자성이 있으면서, '그것'을 대하는 우리에게 '그것'이 무엇이라고 하는 일정한 견해를 낳도록 한다면, '그것'들 하나하나가 모두 '법(法)'이다.

그런데 이런 '법'은 마음의 작용에 의해 생긴다는 것이다. 따라서 이런 마음의 작용을 관(觀)하는 것이 바른 수행법이라는 것이다. 『관심론』에서는 마음을 어떤 실체로 보지 않고 대상을 표상하는 지식작용 내지는 기능의 측면을 말한다. 그래서 『관심론』에서는 이러한 마음의 작용을 멈추라고 가르친다. 대상으

53) 『관심론』, "惠可問曰, 若有人, 志求佛道, 當修何法, 最爲省要. 師答曰, 唯觀心一法, 總攝諸行, 名爲省要. 問曰, 云何一法總攝諸行. 師答曰, 心者萬法之根本也. 一切諸法唯心所生. 若能了心, 萬行俱備. ……. 若了心修道則, 省功而易成. 若不了心, 而修道乃, 費功而無益.故知, 一切善惡, 皆由自心.心外別求, 終無是處."(조선본 『법해보벌』, 1丈~右葉).

로 향하는 우리 의식의 지향(志向)을 중지하는 그런 '무심'이다. 이렇듯이 북종의 신수도 『관심론』에서 무심하라고 한다. 또 이런 대화가 있다.

> 다시 물었다.
> "3계 6취(趣)가 넓고도 커서 끝이 없는데, 만약 그저 심(心)을 관조하라고만 한다면 어떻게 저 괴로움을 면하리오?"
> 대답했다.
> "3계의 업보는 모두 마음에서 생겨난 것이다. 만약 무심하기만 하면 곧 3계도 없다."[54)]

3계는 색계・욕계・무색계를 말하는 것으로 이곳에서 일어나는 모든 괴로움이 마음의 작용에서 생기는 것이므로, 마음만 쉬면 이 괴로움이 싹 사라진다

54) 이 부분의 원문은 돈황본(스타인 2395)을 대본으로 한 T.85-1270에서는 "又問, 三界六趣廣大無邊, 若唯觀心, 云何免彼之苦. 答曰, 三界業報惟心所生, 本若無心, 則無三界."로 되어있다. 이 대본에는 무심할 것을 주장하는 신수의 입장이 명확하게 드러나 있다. 다만 밑줄 친 부분의 '본(本)'자는 그 의미를 알 수 없다. 한편, '조선본 『법해보벌』'에는 밑줄 친 부분이 "若能了心於三界之中, 則出三界."라고 되어 있다. 즉 "3계 속에서 만약 마음을 깨치면, 3계를 벗어난다."이다. 따라서 '조선본 『법해보벌』'에서는 무심사상(無心思想)이 제대로 드러나지 않음을 알 수 있다.

는 것이다.

여기서 우리는 종밀이 북종의 수행법을 '마불혼진(磨拂昏塵)'이라고 폄하하여 비유한 것을 상기할 필요가 있다. 종밀은 북종에서는 마음을 실재하는 그 무엇으로 보고 거기에 붙은 번뇌를 제거하는 수행을 한다고 주장했다. 그러나 이것은 어디까지나 종밀이 '본각진심설'의 입장에서 해석한 것임을 알아야 한다.

그러나 북종의 입장은 모든 현상은 마음이 작용하여 구성한 것으로 본래 실체가 없다는 사실을 관하라는 것이다. 그리하여 그 허상인 마음을 없애면, 즉 무심하기만 하면 표상으로부터 자유로울 수 있다는 것이다. 북종의 신수는 결코 마음을 실재하는 그 무엇으로 보지 않는다.

### 3. 우두종의 심론

우두종의 사상을 전하는 문서로 『절관론(絶觀論)』을 들 수 있다. 돈황에서 문서가 발견되기 전에도 우리는 종밀의 『대소초』를 통해 그 내용을 부분적으로 알 수 있었고, 또 『도서』(T.48-402중)의 '민절무기종(泯絶無寄宗)'을 설명하는 곳에서 그 사상의 얼개를 간접적으로 알 수 있다. 현대에는 야나기다 세이잔(柳田聖山)의 「絶觀論の本文研究」(『禪學硏究』 제58호, 1970)가 발표되어 우두종에 대한 종밀의 인용이 사실대로였음을 확인할 수도 있었다.

종밀이 말하듯이 '무사(無事)'(『대소초』), '망정위수(忘情爲修)'(『승습도』) 등의 문구가 그들 사상을 여실히 보여준다. 이들은 반야 사상에 입각해 일체의 실체를 부정하는 입장을 견지하고 있다. 따라서 이 우두종은 상주하고 불멸하는 '마음'의 실재를 인정하지 않는다. 그들은 '마음'을 실체 내지는 실재하는 것으로 이해하기보다는 '마음의 작용'에 주목하면서, 철저히 '무사(無事; 일삼지 마라)'할 것을 주장한다. 무사(無事)는 무심(無心)과 같은 의미이다. 이 점은 이미 종밀 자신도 동의하고 있으므로, 필자가 논증을 더 할 필요도 없다. 분명한 것은 우두종의 심론(心論)도 무사(無事), 무심(無心)이라는 점이다.

### 4. 홍주종의 심론

종밀이 말하는 홍주종이란 마조 도일의 후예들을 지칭함은 이미 앞에서 검토한 대로이다. 마조 스님의 사상은 그의 제자 백장, 황벽, 임제 등을 거쳐 송대 이후 임제종을 형성한다. 그런데 이 홍주종에서는, 종밀도 말하듯이 '언어동작' 그대로가 '심성'이라고 한다. 일상적인 활동을 떠나거나 혹은 그 속에 내재는 '심성'을 인정하지 않는다. 이런 정신은 마조의 '평상심시도(平常心是道; 일상의 마음이 그대로가 도이다)'라는 말로 잘 대변된다. 이 말이 나오게 된 전후를 그의 어록을 통해 살펴보자.

마조 선사 관련 일화는 여러 선 문헌에 나오지만,[55] 문헌마다 그 내용에 많은 차이가 있어 편람에 불편하다. 본 논문에서는 『고경(古鏡)』(퇴옹 성철 편역, 장경각, 1993)에 실인 『마조록』(pp.235~292)을 대본 삼아, 마조의 선 사상을 살피도록 한다. 주지하다시피 『고경』은 성철 선사가 '돈오돈수'의 기준으로 작품을 엄선한 것이어서, 홍주종의 선 사상이 무심임을 증명하려는 필자에게 좋은 자료이다.

---

55) 마조 선사에 대한 이야기는 『조당집』(952), 『종경록』(960), 『송고승전』(988), 『경덕전등록』(1004), 『천성광등록』(1029), 『사가어록』(송초), 『고존숙어록』(1267), 『오등회원』(1252) 등등에 나온다.

> (1)도란 닦아서 되는 게 아니다. 다만 물들지만 말라. 무엇을 물듬이라하는가? 생사심으로 무엇인가를 하려고 하면 모두 물듬이다. 그 도를 당장 알려고 하는가? 평상심이 도이다. (2)무엇을 평상심이라 하는가? 조작이 없고, 시비가 없고, 취사(取捨)가 없고, 단상(斷常)이 없으며, 범부니 성인이니 하는 차별이 없는 것이다.[56]

(1)의 주장은 "깨달음[悟]은 '닦음[修]'의 범주에 속하는 게 아니다[57]"는 말과 일맥상통한다. 마조의 이런 주장 저변에는 "여러분들은 자신의 마음이 바로 부처라는 사실을 확신하시오. 이 마음이 바로 부처입니다[58]"라는 심성 이론이 놓여 있다. 보통 사람의 마음이나 부처의 마음은 그 바탕은 같다는 사실을 확신해야 한다는 것이다. 따라서 번뇌에 물들지 않으면

---

56) 『마조록』, "道不用脩,但莫汚染. 何爲汚染. 但有生死心, 造作趨向, 皆是汚染. 若欲直會其道, 平常心是道. 何爲平常心. 無造作, 無是非, 無取捨, 無斷常, 無凡無聖."(『고경』, p.252).

57) 『마조록』, "僧問, 如何是修道. 曰, 道不屬修."(『고경』, p.249).

58) 『마조록』, "示衆云, 汝等諸人, 各信自心是佛, 此心卽佛."(『고경』, p.247).

되는 것이지, 달리 참 마음이 따로 실재한다고 여겨, 그 마음을 닦으려고 해서는 안 된다는 것이다. 이런 입장에서 "평상심이 도이다"라는 발언도 의미 있다. '평상심'이란 (2)에서도 말하듯이, 인위적으로 조작 시비 판단 취사선택하는 등등의 마음을 멈추면, 그것이 바로 '평상심'이란다. 다른 말로 바꾸면 '무심(無心)'하라는 것이다. 이 '무심' 사상은, 자기의 마음이 부처의 마음이라는 사실을 자각하라는 '돈오(頓悟)' 사상과 짝이 되어 임제종의 '돈오무심(頓悟無心)' 사상으로 그 진면목을 드러낸다.

마조 스님의 이런 '무심(無心)' 사상은 백장 스님을 거쳐 황벽 스님에 이르면 더 선명하게 드러난다. 예를 들면 『전심법요』의 "시방의 여러 부처님에게 공양하는 것도, 한 명의 무심한 도인에게 공양하는 것보다 그 공덕이 못하다[59)]"라는 말에서도 마조의 문하에서 '무심'을 얼마나 강조하는지 알 수 있다.

또, 『전심법요』에서 말하듯이, "만일 여러 부처님이 나를 반기는 듯한 여러 상서로운 현상이나 갖가지의 경계가 눈앞에 나타나더라도 무심(無心)하게 거

59) 『전심법요』, "供養十方諸佛, 不如供養一個無心道人."(『고경』, p.421).

기에 응해야 한다. 그런가 하면 험악한 일이 눈앞에 보여도 두려워해서는 안 된다. 다만 '마음을 쉬면[忘心]' 법계와 하나가 되어 자유자재하게 된다. 이것이 바로 핵심이다.[60]"

이렇게 '무심(無心)'을 강조하는 홍주종의 정신은 다음의 대화에서도 잘 드러난다. 이 『전심법요』는 당시 최고의 지식 관료 배휴가 정리한 것으로, 그는 질문자로서의 예리함은 물론 기록자로서의 섬세한 필체도 겸비했다. 당시 최대의 관심사였던 '점차로 수행을 쌓아서 깨달을 수 있는가?'에 대한 문제를 놓고 주고받은 대화를 보자. 상공 배휴가 질문하고 황벽 선사가 대답한다.

> "스님, 도란 무엇이며 어떻게 수행해야 합니까?"
> "상공께서는 도가 무엇이라 생각하시기에 수행하려 하십니까?"
> "여러 지방의 큰스님들께서 모두들 참선하여 도를 배운다고 말씀하시는 것은 왜입니까?"
> "그것은 근기가 낮은 사람을 지도하느라고 그런 겁니다. 그 말에 의지해서는 안 됩니다."
> "참선해서 도를 배우는 것이 모두 근기가 낮은

60) 『전심법요』(『고경』, p.434).

사람을 지도하느라 한 말이라면, 근기가 뛰어난 사람을 위해서는 도대체 어떤 가르침[法]을 말합니까?"

"(1)근기가 뛰어난 사람이라면 어찌 남에게 그것(=法)을 구하겠습니까? 자기 자신도 (실체가) 없다고 생각하는데, 어찌 자기 자신의 인식의 대상이 되는 가르침[法]이 별도로 있다고 인정하겠습니까? 경전에서도 말하고 있지 않습니까? '가르침이라고 하는 그 가르침이 어찌 모양이 있겠느냐?'라고 말입니다."

"그러시면 구하지 말라는 말씀입니까?"

"(2))구하려 하지 않으면 마음의 수고가 줄어들지요."

"그렇다면 모두 부정하는 것이니 (결국 도(道)가) 없다는 말씀인가요?"

"누가 그것(=道)이 없다고 했습니까? 그것이 무엇이길래 상공께서는 구하려 하십니까?"

"선사께서는 조금 전에 그것을 구하려하지 말라고 하시고서, 왜 이제와 그것(=道)이 없다고 해서는 안 된다라고 하십니까?"

"(3)만약 (道를) 구하려 하지 않으면 그것으로 됐습니다.[61]

---

61) 『전심법요』(『고경』, p.441).

이 부분은 간결하면서도 밀도 있게 대화가 진행되었기 때문의 한 자 한 자 세심히 그 뉘앙스마저 살려서 읽어야 한다. 그래서 먼저 논쟁점이 되는 부분의 어법 구조를 검토하기로 한다. (1)의 원문은 "若是上根人, 何處更就人覓他, 自己尙不可得, 何況更別有法當情"이다. 여기서의 '타(他)'는 앞에 나온 '도(道)'를 지칭하는 지시대명사이다. 또 '별유법당정(別有法當情)'에서의 '정(情)'은 마음의 작용으로 넓은 의미의 인식활동이다. 직역하면 '인식작용의 대상이 되는 법이 별도로 있다'이다.

(2)의 원문은 "若與麽則, 省心力"이다. '여마(與麽)'는 문어체의 '여차(如此)'와 같은 뜻으로, 당대의 속어이다. 즉 앞에서 말한 구하려 하지 말라는 내용을 받은 것이다. 다시 말하면 무심(無心)하라는 것이다. '성심력(省心力)'은 '성력(省力)'으로도 쓰는 말로 '비력(費力; 수고하다)'의 상대어이다.[62]

(3)의 원문은 "若不覓, 便休."이다. '변휴(便休)'는 '족하다', '됐다'이다. 무심하면 됐지, 그밖에 다른 수행

62) 신규탁, 「중국선사의 번역을 위한 문헌학적 접근(2)」, 『백련불교논집』 제2집, 백련불교문화재단, 1992, p.183 참조.

따위는 첨가할 필요 없다는 것이다.

황벽 스님의 대답은 마음 밖에서 도를 구하지 말고 그저 '무심'하라는 말로 일관된다. 이 무심 사상은 마음에 대한 홍주종의 입장을 단적으로 드러낸 것이다.[63)]

## 5. 하택종의 심론

하택 신회는 어쩌면 우리나라 선종사에서는 억울하게 푸대접을 받았다고 할 수 있다. 왜 억울하냐 하면 『단어』가 돈황에서 발견되기 전에는 종밀의 말만 듣고 신회가 '지(知)'를 중시한다는 부분만 발췌 인용되어 전해졌기 때문이다. 그러나 『단어』 전체를 읽어보면, 신회 자신의 생각과 종밀이 이해한 신회의 생각에는 차이가 있음을 알게 된다.

신회가 말한 '공적지심(空寂之心)', '영지불매(靈知不昧)', '적지(寂知)', '영지지심(靈知之心)' 등에 대해, 종밀은 그것들이 모두 '본원청정심(本源淸淨心)'의 다른 이름이라고 재해석했음은 앞에서 살펴본 대로이다.

---

63) 신규탁, 『선문답의 일지미』, 정우서적, 2014, pp.224~229. 참조.

'심(心)'이라는 글자 앞에 '본원(本源)'이라는 수식을 붙인 점에 주목해야 한다. 『단어』에서 하택 선사가 비록 '적(寂)', '지(知)' 등을 말하기는 했지만, 그것은 어디까지나 '마음의 작용'을 설명하는 수식이지, 결코 종밀처럼 '근원적 실체의 마음'을 상정한 것은 아니다. 『단어』의 한 귀절을 보자.

> 여러분, 모든 선도 악도 생각하지 말라. 그렇다고 마음을 어딘가에 집중하거나[凝心] 마음을 집착해도[住心] 안 된다. 또한 마음을 내어 마음을 직시해도 안 된다. 그렇게 하면 마음을 직시하는 집착[直視住]에 빠져 활용을 할 수 없다. 시선을 밑으로 해서도 안 된다. 그렇게 하면 시선을 밑으로 하는 집착에 떨어져 활용할 수 없다. 그렇다고 마음을 추스르려 해도 안 된다. 멀리 보아도 가까이 보아도 모두 활용할 수 없다.[64)]

이처럼 하택 신회는 인위적으로 마음을 내어서 무엇인가를 하려는 태도를 경계하고 있다. 그가 '무념(無

64) 『단어』, "知識, 一切善惡, 總莫思量. 不得凝心住[心]. 亦不得將心直視心, 墮(底本作隨,下同)直視住, 不中用. 不得垂(平本作睡)眼向下, 便墮眼住, 不中用. 不得作意攝心, 亦不得(二本皆作復)遠看近看,皆不中用."(胡適, 『神會和尙遺集』, 美亞書版公司, 民國59, pp.236~237).

念)'이 진여의 몸체라고 보아 '무념'을 으뜸으로 여기는 것도[65] 이런 맥락에서 이해할 수 있다. 그러면 하택 신회가 '무념'을 어떻게 설명하고 있는지 보기로 한다.

> 다만 (무엇인가) 하려는 생각을 하지 않으면 마음이 생기지 않는다. 이것이 진짜 무념(無念)이다. 결코 보는 작용은 아는 작용과 분리되지 않고, 아는 작용은 보는 작용과 분리되지 않는다. 모든 중생은 본래 형상[相]이 없다. 지금 형상이 있다고 한다면 이는 모두 망녕된 마음이다. 만약 마음에 형상이 없으면 이는 곧 부처의 마음이다. 만약 마음을 일으키지 않으면 이것이 바로 '식(識)의 선정'이며 또한 '법견심자성(法見心自性)의 선정'이라고도 이름한다.[66]

이렇게 무념을 주장하는 신회의 선 사상에서는 결코 마음을 가다듬어 선정에 들거나, 마음을 한 곳에 집

---

65) 『단어』, "眞如是無念之體. 以是義故, 立無念爲宗."(『神會和尙遺集』, pp.240~241)

66) 『단어』, "但不作意, 心無有起, 是眞無念. 畢竟[見]不離知, 知不離見. 一切衆生本來無相. 今言相者, 并是妄心. 心若無相, 卽是佛心. 若作心不起, 是識定, 亦名法見心自性定."(『신회화상유집』, pp.246~247).

중시켜 깨끗함을 관찰하거나, 마음을 일으켜 대상을 비춰보거나, 또 마음을 모아들여 안으로 깨치려는 행위 따위는 모두 깨달음에 이르지 못하게 하는 장애라고 한다. 이런 입장에서 신회는 '좌선'에 대하여 이렇게 정의를 내리고 있다.

> 지금 말한 좌(坐)란, 생각이 일지 않는 것을 좌(坐)라 말한 것이고, 지금 말한 선(禪)이란, 본성을 보는 것을 선(禪)이라고 말한 것이다.[67]

이것은 즉 무심히 견성하라는 말이다. 이렇게 보면 하택종에서도 무심(無心)을 강조하고 있음을 알 수 있다.

## V. 맺음말

이상의 검토에서 알 수 있듯이, 달마 이후의 선종에서는 남종·북종 구별할 것 없이 모두 '무심(無心)'할 것을 강조한다. 『무심론』에 보이듯 달마의 마음 이론도 무심이었고, 북종 신수 역시 『관심론』에서 무

---

67) 『보리달마남종정시비론』, "今言坐者, 念不起爲坐. 今言禪者, 見本性爲禪."(『신회화상유집』, p.288).

심하면 3계의 업보도 모두 사라진다고 했고, 우두 법융은 '무사(無事)'라는 용어를 쓰지만 역시 그 내용은 무심이었고, 홍주종 계열의 마조, 황벽, 임제도 모두 무심할 것을 강조했다. 이 점은 하택 신회도 예외는 아니었다. 이것이 선종의 심(心)에 대한 입장이다.

그러나 달마가 전하고 역대 조사가 상승한 선종의 '심(心)'을 '청정본각심(淸淨本覺心)'으로 해석한 종밀은 자신의 '본각진심설'의 입장에서 '심(心)'을 연기론의 너머로 내몰았다. 그가 연기설(緣起說)보다 성기설(性起說)을 우위에 두는 것도, 그 이면에는 위와 같은 그의 '본각진심설'이 작동하고 있다. 이런 입장에서 그는 자신의 견해와 맞지 않는 심론을 주장하는 선 사상을 평가 절하했던 것이다. 이점은 어디까지나 그런 해석을 시도하는 당사자의 철학적 체계 속에서 재검토되어야 한다. 후세의 우리로서는 한 철학사상가에 의해 해석된 지식과 실재하는 사태를 동일시하는 오류를 범해서는 안 될 것이다.

선종에서는 마음을 '본원(本源)'으로 이해하기보다는 일상생활에서 드러나는 작용의 측면에 주목한다. 그들은 일상에서 작용하는 마음을 자각할 것을 당부한다. 결코 현상 배후에 또는 그 이면에 있는 근원자로서의 마음을 용납하지 않는다. 따라서 깨달음 자체를 내면적으로 실재화 시키거나, 자신의 일상적인 마음을 떠나 불성(佛性)이 상주한다는 집착을 선종에서는 정면으로 부순다. 홍주종의 후예인 임제의 선 사상을 그 대표적인 예로 들 수 있다. 임제 선사의 다음과 같은 말들이 바로 그것이다.

> 그대들이 부처를 알고자 하는가? (1)바로 그대. 내 앞에서 설법을 듣고 있는 그대이다. 학인들이 이 사실을 믿지 못하고 다른 데서 구하는구나.[68]

> 수행자들이여. 바로 그대. 내 앞에서 움직이는 그대는 우리 조상인 부처와 다를 게 없지만, 그대는 믿지 못하고 밖에서 부처를 찾는구나. 아서라. 말아라.[69]

첫 번째의 인용문 중 (1)은 번역에 착각을 많이 일으키는 부분이다. 흔히 "그대의 앞에서 설법을 듣는 이가 부처"라고 해석하고는, 이것을 곧장 '그대의 주인공'에 끌어 붙인다. 그러나 이는 잘못된 번역으로 필

68) 『임제록』, "爾欲得識佛祖麽. 祇爾面前聽法底是. 學人信不及, 便向外馳求."(T.47-497중).

69) 『임제록』, "道流, 是爾目前用底, 與祖佛不別. 祇爾不信, 便向外求, 莫錯."(T.47-500하).

자는 그 오류를 검토한 바 있다.[70] 선에서는 내면화된 주체를 상정시키지 않는다. "일삼지 않는 이가 귀한 사람이다. 조작하지 마라. 그저 평상대로 하라[71]"는 임제가 일상의 자신은 제쳐두고 내면화된 주인공을 인정할 리가 없다. 이렇게 임제는 '무사(無事)'할 것을 강조하는 임제의 입장을 『임제록』 곳곳에서[72] 읽어낼 수 있다.

그러나 이런 기상도 송나라 시대로 내려오면서 사라지고, 깨달음을 내면화시키며 마음을 실체로 떠받드는 경향이 대두된다. 심지어는 무심(無心)하라는 것이 또 하나의 지상 명제로 내면화된다. 무심하려고 '아무것도 일삼지 않는 상자 속[無事匣裏]'으로 스스로를 가둔다.

그래서 이 '무심(無心)'을 또 실재론적으로 오해할까 염려하여 성철 선사의 경우는 '무심' 대신 '돈수(頓修)'라는 말을 사용한 것으로 생각된다. '무심'이 지상 명제로 변하여 실재화되고 내면화되면 이것은 또다

---

70) 신규탁, 『선문답의 일지미』, 정우서적, 2014, pp.230~238.
71) 『임제록』, "無事是貴人, 但莫造作, 祇是平常."(T.47-497하).
72) '無事'의 용례가 보이는 곳은 『臨濟錄 一字索引』(花園大學國際禪學研究所, 1993)에 따르면 20군 데나 나온다.

시 우리를 속박한다. 선종에서는 어디에도 안주하지 않고 끝없이 무심할 것을 주장한다.

이런 선종의 심론(心論)을 잘 표현한 말의 하나가 '향상일로(向上一路; 끝없이 위로 향하는 외가닥 길)'이다. 『선문염송』 제249화가 〈향상화(向上話)〉인데, 반산 보적 선사의 시중에서도 나타난다. 끝없이 위로 향하는 외가닥 길은 천명의 성현도 전하기 어렵다고 한다. 그러니, '마음'을 실재하는 실체로 파악하면서 이것이 선종의 종지라고 말한다면, 이는 '우리 어머니는 지금도 처녀이다'는 말처럼 모순이다.

종밀이 '청정본각진심'을 연기의 법칙에서도 제외되는 궁극적인 실재로 인정하여, 이것을 기준으로 당시 선종의 우열을 논한 것은 종밀의 '철학하기'의 투영이다. 종밀의 '철학하기'를 무비판적으로 수용하여 '진심(眞心)'의 초월적 상주불멸을 주장하는 고려 보조 지눌(普照知訥)의 견해는[73] 선종의 입장에서 보면

---

73) "진심의 본체는 인과(因果)를 초월하고 있고 고금에 일관되어 있으며, 범부와 성현을 차별하지 않고 온갖 상대적인 대립 관계를 넘어서 있어, 마치 허공이 어디에서나 두루한 것 같다. ……… . 그러므로 옛날의 '주인옹'이라고도 하며, '위음나반인(威音那畔人)'이라고도 하며, 또 '공겁이전의 자기'라고도 한다."(이기영 역주, 『현대불교신서 9· 眞

모순이다. 이 모순을 현재의 우리는 어떻게 이해해야 할까? 이 점에 대해 필자는 보조학회에서 '통시적(通時的) 현재성(現在性)'이라는 관점으로 해석할 수 있다는 발표를 했다.[74] '청정본각심(淸淨本覺眞心)'이나 '진심(眞心)'을 궁극적 실재로 파악한 '철학하기'에 대해서는, 중국이면 중국, 한국이면 한국, 그 각각의 사상사적 맥락에서 그 의의를 평가해야 함을 밝혔다.

종밀은 심(心)의 속성을 '청정본각(淸淨本覺)'으로 해석하고, 그것을 바탕으로 당시의 유·불·도의 사상을 자기 철학 속에 체계화한다. 이 점은 중국의 사상사적인 맥락에서 그 의의를 부여해야 한다. 그 구체적인 내용과 분석 과정에 대해서는, ※본 번역서 pp.439~445에서 소개한 필자의 다른 논문 「인간론에 대한 종밀의 이해」에서 고찰했다. 자세한 논증은 그것으로 미루고 여기서는 그 결론만 환기한다.

---

心直說』, 동국대학교 부설 역경원, 1978년, p.57). 이 부분은 '진심묘체(眞心妙體)'를 설하는 부분으로 보조 국사가 『대승기신론』, 『방광반야경』, 『원각경』 등의 경문을 인용하고, 나아가 규봉 종밀의 마음에 대한 해석을 수용한다. 자세한 것은 위의 책, pp.55~60. 참조.

74) 신규탁, 「보조 지눌 사상의 통시적 현재성」, 『보조사상』 제35집, 보조사상연구원, 2011.

종밀의 '본각진심론'은 도덕적 실천의 주체를 인간 본질에서 형이상학적으로 정립함으로써, 인간이 귀중한 이유를 인간 자체에서 찾도록 인간 존재 이해의 시좌(視座)를 열어 놓았다. 그 결과, 기도 또는 운명이 아닌 인간의 노력으로 자신의 삶을 개선할 수 있는 이론적 근거를 마련해 주었다. 나아가 인간의 자유의지와 실천적 행위를 형이상학적 체계 속에서 논증하려는 도덕철학의 지평을 열어갔다.

## 3. 종밀 선사 연보

수록 범위: 종밀의 각종 이력, 화엄종 및 선종 인물, 방외의 벗.

| 서기 | 연호 | 종밀 관련 행적 | | 관련 사안 |
|---|---|---|---|---|
| 771 | 大曆 6년 | 나이 | 행적 | 위산 출생 |
| 774 | 大曆 9년 | | | 보당사 무주 입적(61세)/『역대법보기』 출현 |
| 780 | 建中 원년 | 1세 | 종밀 출생 (果州 西充縣) | |
| 781 | 建中 2년 | 2세 | | |
| 782 | 建中 3년 | 3세 | | |
| 783 | 建中 4년 | 4세 | | |
| 784 | 建中 5년 | 5세 | | |
| 785 | 貞元 원년 | 6세 | | |
| 786 | 貞元 2년 | 7세 | 유학 공부 | |
| 787 | 貞元 3년 | 8세 | 유학 공부 | |
| 788 | 貞元 4년 | 9세 | 유학 공부 | 마조 도일 (80세) 입적 |
| 789 | 貞元 5년 | 10세 | 유학 공부 | |
| 790 | 貞元 6년 | 11세 | 유학 공부 | |
| 791 | 貞元 7년 | 12세 | 유학 공부 | 배휴 출생 |
| | | 12세 | 유학 공부 | |
| | | 13세 | 유학 공부 | |

| | | | | |
|---|---|---|---|---|
| | | 14세 | 유학 공부 | |
| | | 15세 | 유학 공부 | |
| | | 16세 | 유학 공부 | |
| | | 17세 | | |
| | | 18세 | 재가에서 불경 공부 | |
| | | 19세 | 재가에서 불경 공부 | |
| | | 20세 | 재가에서 불경 공부 | |
| | | 21세 | 재가에서 불경 공부 | |
| | | 22세 | 재가에서 불경 공부 | |
| 802 | 貞元18년 | 23세 | 불경 공부 멈추고 遂州 義學院에서 유학에 전념 | |
| 803 | | 24세 | 위와 동일 | |
| 804 | | 25세 | 위와 동일 | |
| 805 | | 26세 | | |
| 806 | 元和원년 | 27세 | ▸道圓 문하에 출가(沙彌)<br>▸이후 府吏 任灌의 齋에서 원각경 만남 | |
| 807 | 元和2년 | 28세 | ▸구족계 품수 | |
| 808 | 元和3년 | 29세 | ▸성도부 성수사에 형님 유충 선사 알현<br>▸유충의 권유로 帝都로 가서 洛陽 神照를 만남 | |
| 810 | 元和5년 | 31세 | ▸襄州 (襄漢) 恢覺寺에서 靈峰으로부터 징관의 『화엄경대소』(20권) 및 『연의초』(40권)를 받고 1차 강의 | |
| 811 | 元和6년 | 32세 | ▸東都에 가 祖塔에 예배. 『화엄경소』 2차 강의<br>▸문인 泰恭 斷臂(9월 7일)<br>▸永穆寺에서 『원각경』강의<br>▸문인 玄珪와 智輝에 편지를 들려 澄觀에게 보냄(9월 13일)<br>▸10월 12일에 징관이 답장 씀<br>▸10월 22일 재차 징관에게 편지를 보냄<br>▸그 후 상경하여 징관을 알현 | |

| | | | | |
|---|---|---|---|---|
| 812 | 元和 7년 | 33세 | ▶징관 문하에서 만 2년간 주야로 隨從 | |
| 813 | 元和 8년 | 34세 | ▶징관 문하에서 만 2년간 주야로 수종<br>▶여기저기 강의를 다니면서 의문이 있으면 징관에 왕래 | |
| 814 | 元和 9년 | 35세 | | 백장 입적 (66세) |
| 815 | 元和 10년 | 36세 | | |
| 816 | 元和 11년 | 37세 | ▶종남산 智炬寺에서 『원각경과문』, 『원각경찬요』(2권) 저술. 정월에 『원각경대소초』 탈고<br>▶이 해부터 3년간 이 절에서 대장경 열람 | |
| 817 | 元和 12년 | 38세 | ▶智炬寺에서 대장경 열람 | |
| 818 | 元和 13년 | 39세 | ▶智炬寺에서 대장경 열람 | |
| 819 | 元和 14년 | 40세 | ▶興福寺에서 『금강경찬요』 소1권, 초1권 저술<br>▶상도 興福寺와 保壽寺에서 『유식론소』 2권 완성. 『大雲經疏』『肇論注疏』 탈고 | |
| 820 | 元和 15년 | 41세 | ▶지난해 겨울부터 이해 봄까지 興福寺와 保壽寺에 주석 | |
| 821 | 長慶 원년 | 42세 | ▶당년 正月 종남산 草堂寺로 다시 돌아감<br>▶이 절로 돌아오기 이전에 淸凉山 순례 | |
| 822 | 長慶 2년 | 43세 | ▶당년 봄 종남산 초당사에서 『원각경』을 다시 손질하여 이듬해 여름 완성<br>▶남산 豊德寺에서 『華嚴綸貫』(5권) 완성 | 배휴(32세) 진사에 급제, 종밀 선사는 풍덕사에서 원각경 헌책을 보았음 |
| 823 | 長慶 3년 | 44세 | ▶당년 여름에 종남산 풍덕사에서 『사분률소』(3권) 탈고<br>▶원각경 관계 저술 완성 『대소 』(3권) 『대초』(13권) 『약소』(2권) 『小鈔』(6권) 『도량수증의 | |

| | | | | |
|---|---|---|---|---|
| | | | 』(18권) | |
| 824 | 長慶 4년 | 45세 | ▶이해 5월에 史制誠에게 답장 | |
| 827 | 大和 원년 | 48세 | ▶『원각도량수증』 손질 | |
| 828 | 大和 2년 | 49세 | ▶文宗의 慶成節에 入內(2년간) ▶大德號와 紫方袍 하사 | 배휴(38세) 賢良方正能直言極諫科에 수석 합격 |
| 829 | 大和 3년 | 50세 | ▶궁중 생활(2년간) | |
| 830 | 大和 4년 | 51세 | ▶초당사로 다시 돌아옴<br>▶궁중 생활과 그 후에 『중화전심지선문사자승습도』 저술 | |
| 831 | 大和 5년 | 52세 | | |
| 832 | 大和 6년 | 53세 | ▶동도에서 청량 국사에게 편지를 올림 | 배휴(42세) 史官修撰이 됨 |
| 833 | 大和 7년 | 54세 | ▶이해부터 선장(禪藏)의 수집과 정리 작업 착수 | |
| 834 | 大和 8년 | 55세 | | |
| 835 | 大和 9년 | 56세 | ▶11월 11일 甘露의 변 발생 | |
| 836 | 開成 원년 | 57세 | | |
| 837 | 開成 2년 | 58세 | | |
| 838 | 開成 3년 | 59세 | | |
| 839 | 開成 4년 | 60세 | | 청량 징관 입적(102세) |
| 840 | | 61세 | | |
| 841 | 會昌 원년 | 62세 | ▶당년 정월 6일 초당사 흥복탑원에서 입적 | 배휴 홍주 관찰사가 됨 |
| 842 | 會昌 2년 | | | 배휴(52세) 황벽산에서 희운 만남 |
| 843 | 會昌 3년 | | | 배휴(53세) 호 |

| | | | | | |
|---|---|---|---|---|---|
| | | | | | 남관찰사 승차 |
| 845 | 會昌 5년 | | | | 무종 폐불극도 |
| 848 | 大中 2년 | | | | 배휴(58세) 온릉 개원사에서 황벽의 초청으로 강의 |
| 851 | 大中 5년 | | | | 배휴(61세) 漕運法10條를 지어 올림 |
| 852 | 大中 6년 | | | | 배휴(62세) 상서로 승차 |
| 853 | 大中 7년 | | | 定慧禪師靑蓮之塔라는 탑호 하사 | 위산(83세) 同慶寺에서 입적 |
| 855 | 大中 9년 | | | 배휴(65세) 종밀의 비문 지음 | |
| 856 | 大中 10년 | | | 배휴(66세) 宣武 절도사가 됨 | |
| 859 | 大中 13년 | | | 배휴(69세) 河東 절도가가 됨 | |
| 862 | 咸通 3년 | | | 배휴(72세) 荊南 절도사가 됨 | |
| 864 | 咸通 5년 | | | 배휴(74세) 별세 | |

## 4. 종밀 선사 저서 일람

| 연번 | 저서명(권수) | 확정 근거 |
|---|---|---|
| 1 | 금강반야경소(1) | 원각경대소초/비문 |
| 2 | 금강반야경소초(1) | 원각경대소초/비문 |
| 3 | 화엄륜관 | 원각경대소초/의천록 |
| 4 | 사분률소(2) | 원각경대소초/송고승전 |
| 5 | 유식론소(2) | 원각경대소초/비문/송고승전 |
| 6 | 원각경대소(3) | 원각경대소초/비문/송고승전/경덕전등록/의천록 |
| 7 | 원각경대소과문 | 원각경대소초/법계종오조약기/의천록 |
| 8 | 원각경대소초(13) | 원각경대소초/비문/송고승전/경덕전등록/의천록 |
| 9 | 원각경찬요(2) | 원각경대소초/비문/송고승전/법계종오조약기 |
| 10 | 열반경 | 비문/송고승전/법계종오조약기 |
| 11 | 우란분경소 | 비문/송고승전/법계종오조약기/의천록 |
| 12 | 주화엄법계관문 | 비문/송고승전/법계종오조약기/의천록 |
| 13 | 보현행원품소초 | 비문/송고승전/법계종오조약기/의천록 |
| 14 | 法義類例 | 비문/송고승전 |
| 15 | 원각도량수증의 | 비문/송고승전/법계종오조약기/의천록 |
| 16 | 예참약본 | 비문/조당집/송고승전/의천록 |

| | | |
|---|---|---|
| 17 | 禪藏(禪詮) | 비문/조당집/송고승전 |
| 18 | 원인론 | 경덕전등록/의천록 |
| 19 | 酬答書(修門人書) | 비문/송고승전/법계종오조약기/조당집/경덕전등록/의천록 |
| 20 | 행원품소초과 | 의천록 |
| 21 | 기신론주 | 송고승전/법계종오조약기 |
| 22 | 圖 | 비문/송고승전 |
| 23 | 금강경찬요소 | 법계종오조약기/의천록 |
| 24 | 금강찬요소초 | 법계종오조약기 |
| 25 | 원각경약소 | 법계종오조약기/의천록 |
| 26 | 원각경약소초 | 법계종오조약기/의천록 |
| 27 | 선원제전집도서 | 법계종오조약기 |
| 28 | 원각경약소과 | 의천록 |
| 29 | 一心修證始末圖 | 의천록 |

## 5. 화엄의 우주 이해

수미산을 중심으로 하여 그 주위에 4대주가 있고, 그 주변에 9산 8해가 있는데 이것을 모두 합쳐 1소세계라 한다. 소세계가 1,000개가 모이면 소천세계(小千世界)를 이룬다. 소천세계가 1,000개가 모이면 중천세계(中千世界)를 이룬다. 중천세계(中千世界)가 1,000개가 모이면 대천세계(大千世界)를 이룬다. 이렇게 1,000이 세 번 곱해졌다고 해서 '삼천대천세계'라 한다. '삼천대천세계'는 10억 개의 태양계로 이루어졌다. '삼천대천세계'를 1불국(佛國)이라고도 하는데, 1불국에는 한 분의 부처님이 계셔서 교화를 담당한다.

불경에서는 이런 불국이 무수하게 많다고 한다. 지금 우리가 사는 세계를 '사바(娑婆; sahā)' 세계라 한다. 이 사바세계의 주님[娑婆教主]은 석가모니이시다. 대한민국은 사바세계 중에서도 4대주의 남쪽에 위치한 '염부제주'에 속하고, 그중에서도 '해동'에 속한다. 축원할 때 많이 들을 수 있는 소리이다.

· 세계 구상도 (『범망경』의 내용에 기초하여)

<table>
<tr><td rowspan="8">천상<br>天上</td><td rowspan="7">공거천<br>空居天</td><td>무색계<br>無色界</td><td>4공천<br>四空天</td><td colspan="3">비상비비상처천<br>무소유천<br>식무변처천<br>공무변처천</td><td></td><td rowspan="8">천상계</td></tr>
<tr><td rowspan="5">색계<br>色界</td><td>정범지<br>淨梵地</td><td colspan="3">색구경천<br>선현천<br>선견천<br>무열천<br>무번천<br>무상천</td><td></td></tr>
<tr><td>4선천<br>四禪天</td><td colspan="3">광과천<br>복생천<br>무운천</td><td></td></tr>
<tr><td>3선천<br>三禪天</td><td colspan="3">변정천<br>무량정천<br>소정천</td><td></td></tr>
<tr><td>2선천<br>二禪天</td><td colspan="3">광음천<br>무량광천<br>소광천</td><td></td></tr>
<tr><td>초선천<br>初禪天</td><td colspan="3">대범천<br>범보천<br>범중천</td><td></td></tr>
<tr><td rowspan="2">욕계<br>欲界</td><td rowspan="2">6욕천<br>六欲天</td><td colspan="3">타화자재천<br>화락천<br>도솔천<br>야마천</td><td></td></tr>
<tr><td>지거천<br>地居天</td><td>도리천<br>4천왕천<br>동: 지국천<br>북: 다문천</td><td>꼭대기<br>중턱<br>1. 수미산</td><td>도리천<br>4천왕천<br>남: 증장천<br>서: 광목천</td><td>9산(山)<br>8해(海)<br>* 수미산을 중심으로 7금산(金山)이 둘러있</td></tr>
</table>

<table>
<tr><td rowspan="3">지 상<br>地 上</td><td rowspan="5"></td><td colspan="2">2. 지쌍산<br>3. 지축산<br>4. 담목산<br>5. 선견산<br>6. 마이산<br>7. 상비산<br>8. 지지산</td><td rowspan="3">고, 그 산<br>안쪽마다<br>바다가 있<br>어 7해(海)<br>를 이룬다.</td><td></td></tr>
<tr><td colspan="2">4대주<br>동 ~ 승신주 남 ~ 섬부주<br>북 ~ 구로주 서 ~ 우화주</td><td>인간계<br>축생계<br>아귀계</td></tr>
<tr><td colspan="2">9. 철위산</td><td>아수라계</td></tr>
<tr><td rowspan="6">지 하<br>地 下</td><td>8열 지옥</td><td>8한 지옥</td><td rowspan="2"></td><td rowspan="2">지옥계</td></tr>
<tr><td>등활지옥<br>흑승지옥<br>중합지옥<br>호규지옥<br>대규지옥<br>염열지옥<br>극열지옥<br>아비지옥</td><td>알부타지옥<br>니랄부타지옥<br>알석타지옥<br>학학파지옥<br>호호파지옥<br>온발라지옥<br>발특마지옥<br>마하발특마지옥</td></tr>
<tr><td colspan="5">지 륜 (地 輪)</td></tr>
<tr><td colspan="5">수 륜 (水 輪)</td></tr>
<tr><td colspan="5">화 륜 (火 輪)</td></tr>
<tr><td colspan="5">풍 륜 (風 輪)</td></tr>
</table>

· 화장세계해 구상도 (『화엄경』의 내용에 기초하여)

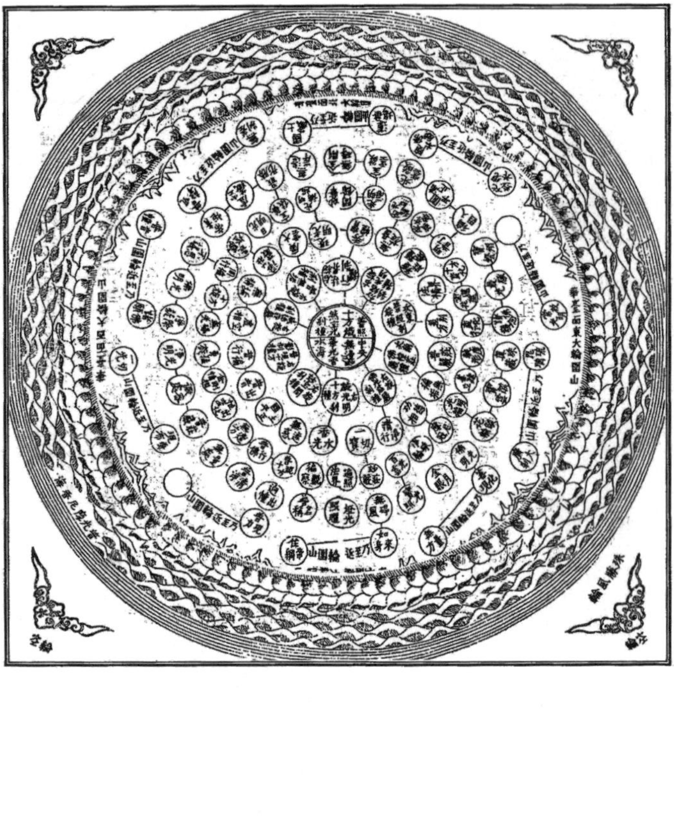

# 6. 원화방진도(元和方鎭圖)

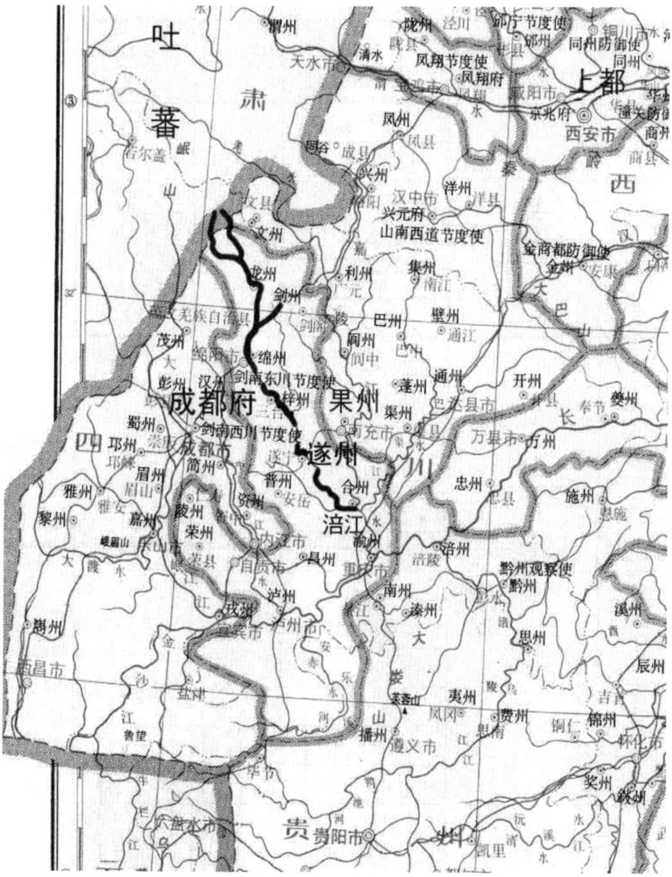

## 7. 80화엄경 구조도

| 會 | 住處<br>(會主)<br><放光> | 品次 | 說法 | 入定 | 分次 |
|---|---|---|---|---|---|
| 제1회 | 보리도량<br>(보현보살)<br>〈齒,眉間〉 | 1. 세주묘엄품 | 如來<br>依正法 | 毘盧藏身三昧 | ①<br>擧果勸樂<br>生信分 |
| | | 2. 여래현상품 | | | |
| | | 3. 보현삼매품 | | | |
| | | 4. 세계성취품 | | | |
| | | 5. 화장세계품 | | | |
| | | 6. 비로자나품 | | | |
| 제2회 | 보광명전<br>(문수보살)<br>〈兩足輪〉 | 7. 여래명호품 | 10信法 | 未入定<br>……<br>信未入位故 | ②<br>修因契果<br>生解分 |
| | | 8. 사성제품 | | | |
| | | 9. 광명각품 | | | |
| | | 10. 보살문명품 | | | |
| | | 11. 정행품 | | | |
| | | 12. 현수품 | | | |
| 제3회 | 도리천궁<br>(법혜보살)<br>〈兩足指〉 | 13. 승수미산정품 | 10住法 | 無量方便三昧 | |
| | | 14. 수미정상게찬품 | | | |
| | | 15. 십주품 | | | |
| | | 16. 범행품 | | | |
| | | 17. 초발심공덕품 | | | |
| | | 18. 명법품 | | | |
| 제4회 | 야마천궁<br>(공덕림보살)<br>〈兩足趺〉 | 19. 승야마천궁품 | 10行法 | 菩薩善思惟三昧 | |
| | | 20. 야마궁중게찬품 | | | |
| | | 21. 십행품 | | | |
| | | 22. 십무진장품 | | | |

| | | | | | |
|---|---|---|---|---|---|
| 제5회 | 도솔천궁 (금강당보살) 〈兩膝輪〉 | 23. 승도솔천궁품 | 10廻向法 | 菩薩智光三昧 | |
| | | 24. 도솔천궁게찬품 | | | |
| | | 25. 십회향품 | | | |
| 제6회 | 타화자재천궁 (금강장보살) 〈眉間白毫〉 | 26. 십지품 | 10地法 | 菩薩大智慧光明三昧 | |
| 제7회 | 보광명전 (여래) 〈眉間,口〉 | 27. 십정품 | 等覺 妙覺法 | 刹那際三昧 | |
| | | 28. 십통품 | | | |
| | | 29. 십인품 | | | |
| | | 30. 아승기품 | | | |
| | | 31. 수량품 | | | |
| | | 32. 제보살주처품 | | | |
| | | 33. 불부사의법품 | | | |
| | | 34. 여래십신상해품 | | | |
| | | 35. 여래수호 광명공덕품 | | | |
| | | 36. 보현행품 | | | |
| | | 37. 여래출현품 | | | |
| 제8회 | 보광명전 (보현보살) 〈방광없음〉 | 38. 이세간품 | 二千行 | 華嚴藏三昧 | ③ 托法進修成行分 |
| 제9회 | 급고독원 (여래 · 선우) 〈眉間白毫〉 | 39. 입법계품 | 果法 | 獅子嚬呻三昧 | ④ 依人證入成德分 |
| | | 40. 보현행원품 (별행본) | | | |

## 8. 일심수증시말도(一心修證始末圖)

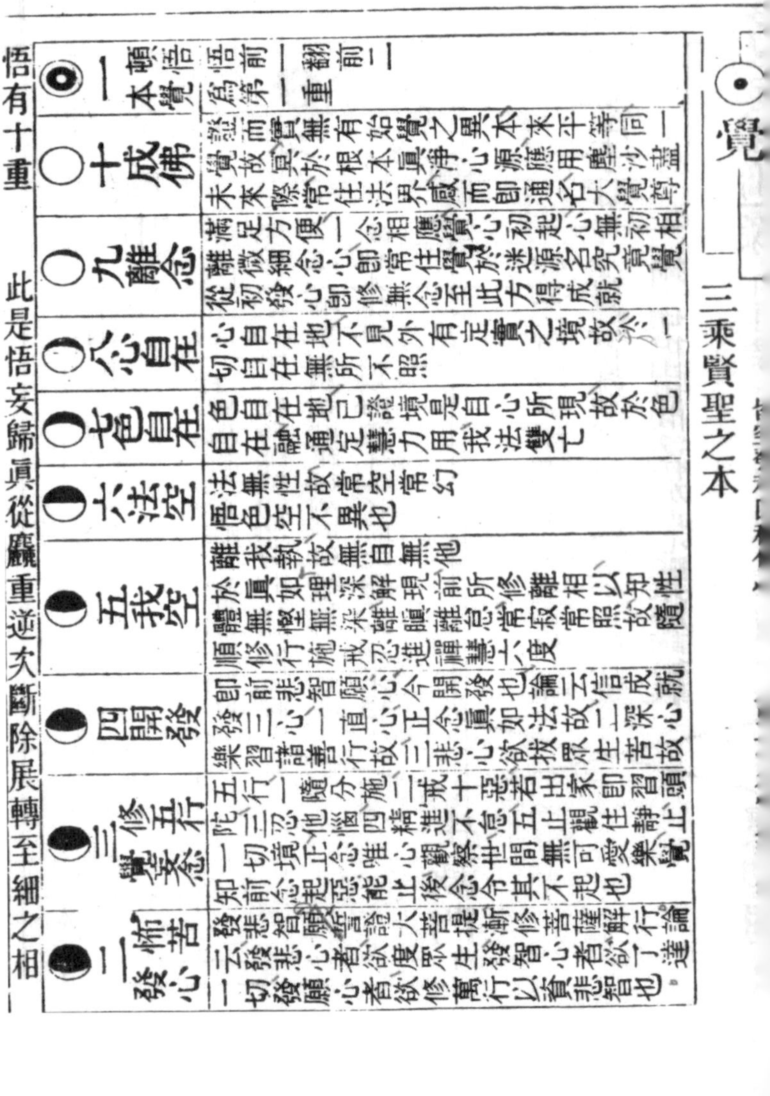

迷有十重　此是迷眞逐妄從微細順次生起展轉至麤之相

| | |
|---|---|
| ○一本覺 | 謂一切衆生皆有本覺眞心○如富貴人端正多智在自宅中住也 |
| ○二不覺 | 未遇善友開示法爾本來不覺不覺迷眞也論云不如實知眞如之法如宅中人睡自不知也 |
| ○三念起 | 不覺故法爾念起如睡法爾有夢論云以依不覺故心動說名爲業三細相此其第一也 |
| ◐四見起 | 念起故有能見相如夢中之想也論云以依動故能見不動則無見 |
| ◐五境現 | 以有見故根身世界妄現如夢中別見有身在他鄉貧苦及見種種好惡事境 |
| ◐六執法 | 不知境從自心起執爲實有名爲法執如正夢時法爾必執夢中所見之物爲實有也 |
| ◑七執我 | 執法定故見自他之殊計自爲我名爲我執如夢時必認他鄉貧苦之身爲己本身也 |
| ◑八煩惱 | 執四大爲我身故貪愛順情境瞋違情境愚癡計校如夢在他鄉所見違順等事亦貪瞋也 |
| ●九造業 | 由三毒擊發故造善惡等業如夢中或偸奪打罵或行恩布德等也 |
| ●十受報 | 業成難逃如影響應於形聲故受六道業繫之苦已受之身非可斷法故無對治之法如夢因偸奪打罵被捉枷禁決罰或因行恩得報擧薦拜官署職也 |

●不覺

六道凡夫之本

謂有衆生遇善知識開示
上說本覺眞心宿世曾聞

○信根本樂念眞如法故○信
佛有無量功德常念供養○信

○可衆邪識

## 9. 중요 참고문헌


- 「華嚴原人論序」(『全唐文』)
- 『原人論』(T.45)
- 『原人論發微錄』(新纂卍字續藏經 58冊)
- 『華嚴原人論續解』(冏鑑, 東京: 增上寺, 1698)
- 『中華傳心地禪門師資承襲圖』(新纂卍字續藏經 63冊)
- 『法集別行錄節要幷入私記』(知訥, 妙香山 普賢寺, 康熙19年)
- 『景德傳燈錄』(T.51)
- 『東禪寺版 景德傳燈錄』(禪文化硏究所 影印 編輯, 京都: 禪文化硏究所, 1990)
- 『祖堂集』(孫昌武 外 2人 點校, 北京: 中華書局, 2007)
- 『圭峰定慧禪師碑』(陝西師範圖書館 共稿, 陝西省: 三秦出版社, 1985)
- 「定慧禪師碑」(『金石萃編』)
- 「圭峰禪師碑銘幷書」(『全唐文』)
- 『大乘起信論筆削記』(智異山 能仁庵刊本)
- 『華嚴經疏鈔』(靈覺寺刊本)
- 『傳法寶紀』(T.85)
- 『宋藏遺珍 寶林傳 傳燈玉英集』(柳田聖山 主編, 中文出版社, 1983)
- 『한글대장경 181・경덕전등록 1』(김월운 역, 서울: 동국역경원, 1970)
- 『원인론』(이홍파 역, 서울: 관음종 총무원, 1995)
- 『규봉 종밀과 법성교학』(신규탁 저, 서울: 올리브그린, 2013)
- 『原人論』(鎌田武雄, 東京: 明德出版社, 昭和48)
- 『大乘佛典 7 - 原人論 -』(小林圓照, 東京: 中央公論社, 1989)
- 『大乘佛典 12 - 禪語錄-』(石井修道, 東京: 中央公論社, 1992)

- 『華嚴心詮 - 原人論考釋-』(聖嚴, 臺北: 法鼓文化事業服份有限公司, 2010)
- 『神會和尙禪話錄』(楊曾文 編校, 北京: 中華書局出版, 1996)
- 『화엄경 보현행원품소』(청량 징관 소, 신규탁 역주, 서울: 운당문고, 2022)
- 『원각경・현담』(신규탁 역, 서울: 운당문고, 2023, 개정판)
- 『화엄경초역・해설』(월운 역, 신규탁 해설, 서울: 운당문고, 2024)
- 「眞福寺文庫所藏の『裵休拾遺問』の翻刻」(石井修道, 『禪學硏究』 第60号, 花園大學, 1981)
- 「圭峰宗密の'本覺眞心'思想硏究」(辛奎卓, 東京大學大學院 博士學位請求論文, 1994)

## 10. 찾아보기

용례가 복수일 경우 핵심적인 쪽수를 〈 〉로 표시.

신규탁 辛奎卓 ananda@yonsei.ac.ke

경기도 이천 출생. 연세대 철학과와 대학원을 졸업하고, 1988년 봉선사 월운 조실에 입실하여 계문과 조파를 품 받고 건당(당호: 脫空). 그해 동경대 대학원으로 유학하여, 인도철학과 연구과정과 중국철학과 박사과정 수료. 1994년 「圭峰宗密の'本覺眞心'思想硏究」 논문으로 문학박사 학위 받고 연세대 철학과 교수로 부임하여, 화엄철학, 선불교, 도가사상, 중국철학사 등을 강의 중.

저서로는 『선학사전』(공저), 『선사들이 가려는 세상』, 『규봉 종밀과 법성교학』, 『선문답의 일지미』, 『때 묻은 옷을 걸치고』, 『한국 근현대 불교사상 탐구』가 있고, 번역서로는 『벽암록』, 『선과 문학』, 『원각경·현담』, 『화엄과 선』, 『선문수경』, 『화엄경 보현행원품소』 등이 있음. 『화엄종주 경운 원기 대선사 산고집』, 『화엄종주 월운당 해룡 강백 문집; 월운당 가리사』, 『못다 갚을 은혜; 월운당 도중사』, 『화엄경초역·해설』(월운 초역, 신규탁 해설), 『선문염송 초선·번역·해설』(석전 초선, 월운 번역, 신규탁 해설) 등을 편집 번역.

불교평론상, 청송학술상, 연세대 공헌교수상, 우수연구실적 표창 등을 수상했고, 한국정토학회장, 한국선학회장, 한국동양철학회장 등 역임.